必ず診療に役立つ

スポーツ傷害の画像診断

スポーツ傷害ならではの診断・撮影の基本と読影のポイント、治療方針の考え方と患者への上手な説明

帖佐悦男 編

謹告

　本書に記載されている診断法・治療法に関しては，発行時点における最新の情報に基づき，正確を期するよう，著者ならびに出版社はそれぞれ最善の努力を払っております．しかし，医学，医療の進歩により，記載された内容が正確かつ完全ではなくなる場合もございます．

　したがって，実際の診断法・治療法で，熟知していない，あるいは汎用されていない新薬をはじめとする医薬品の使用，検査の実施および判読にあたっては，まず医薬品添付文書や機器および試薬の説明書で確認され，また診療技術に関しては十分考慮されたうえで，常に細心の注意を払われるようお願いいたします．

　本書記載の診断法・治療法・医薬品・検査法・疾患への適応などが，その後の医学研究ならびに医療の進歩により本書発行後に変更された場合，その診断法・治療法・医薬品・検査法・疾患への適応などによる不測の事故に対して，著者ならびに出版社はその責を負いかねますのでご了承ください．

序

　今回のタイトルを「必ず診療に役立つスポーツ傷害の画像診断」としました．スポーツ診療にかかわる医師は，医療面接（問診）や診察（身体所見）である程度疾患は予測できますが，確定診断，鑑別診断，治療方針の決定や治療後の評価に画像診断は必要不可欠です．一方，MRIなど画像機器の進歩は目覚しく，診断技術も向上していますが，そのため医療面接や身体所見を十分とらずにMRIなどの結果のみで診断し，主病因の診断を誤ることがあります．

　そこでこの度，本書「必ず診療に役立つスポーツ傷害の画像診断」では，実臨床で役立つようスポーツ傷害の画像診断におけるモダリティ別の特徴，特有の診断・画像撮影の基本と読影のポイントをまとめていただき，診断に際してのTIPSやPitfallなどに陥らないように執筆していただきました．さらに治療方針の考え方と患者への上手な説明をコンパクトにまとめ日常診療で役立つ書となるよう編集しました．

　第1章では画像診断の基本として，スポーツ傷害を画像診断する際の特徴や注意点について概説していただきました．第2章では効果的な撮影法として，モダリティや撮影法の特徴，TIPS，Pitfallに陥らないための診断方法を取り上げました．第3章は，スポーツ傷害に関し，部位ごとに代表的疾患や見逃しやすい疾患について，疾患のポイント，画像の提示・画像所見のポイント，臨床所見，鑑別診断を簡潔に記載していただき，さらに治療方針と患者への説明を加えることで実臨床でのハンドブックとなるようにしました．また，本書では「Q&A」を加えることで，知識の整理に加えより広い視野で疾患の診療の手助けになるようにしました．ただ，紙面の制約上，とりあげることのできなかった疾患がありますことを御容赦ください．

　執筆は現在，臨床の最前線で活躍されています指導医の方々にお願いしました．

　本書は整形外科医のみならずスポーツ診療に携わる医師やメディカルスタッフを含めた医療関係者すべてにも役立つものと考えています．さらに本書はスポーツにあまりかかわることの少ない先生にも診療の一助となり整形外科医（スポーツドクター）にコンサルトする際の手近な参考書として利用していただけるものと思います．

　最後に執筆いただいた先生方には，ご多忙のなか決められた原稿構成にしたがって執筆していただいたため，大変ご苦労をお掛けしたと拝察致しております．本書にご執筆いただいた先生方にあらためまして深謝するとともに，本書籍が常に診療の傍らに置かれ読者の皆様方の臨床に即役立つことを祈念し序文の挨拶と致します．

2013年9月

宮崎大学医学部整形外科
帖佐悦男

必ず診療に役立つ スポーツ傷害の画像診断

スポーツ傷害ならではの診断・撮影の基本と読影のポイント、治療方針の考え方と患者への上手な説明

CONTENTS

- 序 ......帖佐悦男...... 3
- Color Atlas 9
- 執筆者一覧 12

第1章 スポーツ傷害（外傷・障害）の画像診断について

1. 画像診断におけるスポーツ傷害の特徴 ......松本秀男...... 14
2. 年齢別の画像診断における注意点 ......福田亜紀...... 19

第2章 効果的な撮影法

1. モダリティ別の特徴 ......東條慎次郎, 福田国彦...... 32
2. 疾患ごとに有用な撮影法 ......岩噌弘志...... 40
3. 画像診断の遅れとその対処 ......江原 茂...... 47

第3章 画像診断

§1 脊椎

A) 頸椎の傷害

1. Klippel-Feil症候群に伴う脊髄損傷 ......宮本 敬...... 56
2. 頸椎椎体破裂骨折, 脊髄損傷 ......宮本 敬...... 59
3. 頸椎椎間板ヘルニアに伴う脊髄症 ......宮本 敬...... 61

B）胸椎・腰椎の傷害

1. 胸腰椎損傷　　　　　　　　　　　　　　　吉本三徳, 竹林庸雄, 山下敏彦　64
2. 腰椎分離症　　　　　　　　　　　　　　　吉本三徳, 竹林庸雄, 山下敏彦　66
3. 腰椎椎間板ヘルニア　　　　　　　　　　　竹林庸雄, 吉本三徳, 山下敏彦　68

Q&A　A）頚椎の傷害

- 53歳男性．モータースポーツ　　　　　　　　　　　　　　　　　　　宮本 敬　70

B）胸椎・腰椎の傷害

- 18歳男性．野球　　　　　　　　　　　　　　竹林庸雄, 吉本三徳, 山下敏彦　73
- 17歳女性．バスケットボール　　　　　　　　吉本三徳, 竹林庸雄, 山下敏彦　75

§2　肩関節（鎖骨含む）・上腕

A）肩関節（鎖骨，胸骨含む）の外傷

1. 胸鎖関節後方脱臼　　　　　　　　　　　　　　　　　　　　　　中川照彦　77
2. 肩関節前方脱臼　　　　　　　　　　　　　　　　　　　　　　　中川照彦　79
3. 鎖骨骨幹部骨折　　　　　　　　　　　　　　　　　　　　　　　中川照彦　81
4. 大結節不顕性骨折　　　　　　　　　　　　　　　　　　　　　　中川照彦　83

B）肩関節の障害

1. 外傷性肩関節前方不安定症　　　　　　　　　　　　　　　河合伸昭, 菅谷啓之　85
2. SLAP病変，腱板関節面断裂　　　　　　　　　　　　　　河合伸昭, 菅谷啓之　89
3. リトルリーグショルダー　　　　　　　　　　　　　　　　河合伸昭, 菅谷啓之　93
4. ガングリオンによる肩甲上神経麻痺　　　　　　　　　　　河合伸昭, 菅谷啓之　96

C）上腕の傷害

1. 上腕二頭筋長頭腱断裂　　　　　　　　　　　　　　　　　北村歳男, 井手淳二　99
2. 上腕骨骨幹部骨折（投球骨折，腕相撲骨折）　　　　　　　北村歳男, 井手淳二　101

Q&A　A）肩関節（鎖骨，胸骨含む）の外傷

- 25歳男性．ラグビー　　　　　　　　　　　　　　　　　　　　　　中川照彦　103

B）肩関節の障害

- 16歳男性．ラグビー　　　　　　　　　　　　　　　　　河合伸昭, 菅谷啓之　106
- 21歳男性．大学硬式野球部　　　　　　　　　　　　　　河合伸昭, 菅谷啓之　109

C）上腕の傷害

- 15歳男性．柔道　　　　　　　　　　　　　　　　　　　北村歳男, 井手淳二　112

§3 肘関節・前腕

A）肘関節の傷害

1. 離断性骨軟骨炎 .... 富田一誠, 稲垣克記　114
2. 変形性肘関節症 .... 富田一誠, 稲垣克記　117
3. 上腕骨外側上顆炎 .... 富田一誠, 稲垣克記　119
4. 肘関節脱臼 .... 富田一誠, 稲垣克記　121
5. 上腕骨遠位端関節内骨折 .... 富田一誠, 稲垣克記　123

B）前腕の傷害

1. 交差点／腱交差症候群 .... 正富　隆　126
2. 上腕二頭筋腱遠位皮下断裂 .... 正富　隆　129

Q&A　A）肘関節の傷害

- 25歳男性．テニス .... 富田一誠, 稲垣克記　132
- 11歳男児, 小学5年生．軟式野球 .... 富田一誠, 稲垣克記　134

B）前腕の傷害

- 33歳男性．野球 .... 正富　隆　136

§4 手関節・手

A）手関節の傷害

1. TFCC損傷 .... 松井雄一郎, 岩崎倫政　139
2. 舟状骨骨折 .... 松井雄一郎, 岩崎倫政　142
3. 橈骨遠位端骨折 .... 松井雄一郎, 岩崎倫政　146

B）手・手指の外傷

1. 有鉤骨鉤骨折 .... 藤岡宏幸, 田中寿一　149
2. 中手骨骨折 .... 藤岡宏幸, 田中寿一　151
3. 指節骨骨折 .... 藤岡宏幸, 田中寿一　155

Q&A　A）手関節の傷害

- 15歳男性．野球 .... 松井雄一郎, 岩崎倫政　158
- 31歳男性．テニス .... 松井雄一郎, 岩崎倫政　160

B）手・手指の外傷

- 20歳男性．空手 .... 藤岡宏幸, 田中寿一　163

§5 骨盤・股関節・大腿部

A) 骨盤の外傷

1. 骨盤部裂離骨折（下前腸骨棘裂離骨折，上前腸骨棘裂離骨折，坐骨結節裂離骨折）
 ....中村嘉宏，帖佐悦男　166

B) 股関節の障害

1. 股関節唇損傷 ....中村嘉宏，田島卓也，帖佐悦男　170
2. 大腿骨頭すべり症 ....中村嘉宏，帖佐悦男　173

C) 大腿部の外傷

1. 大腿四頭筋筋挫傷 ....中村嘉宏，帖佐悦男　176

Q&A　骨盤・股関節・大腿部の傷害

- 18歳女性．ヒップホップダンス ....中村嘉宏，帖佐悦男　180

§6 膝関節

A) 膝関節の外傷

1. 膝前十字靱帯損傷 ....武田秀樹，増島 篤　182
2. 膝内側側副靱帯損傷 ....武田秀樹，増島 篤　184
3. 膝半月（板）損傷 ....武田秀樹，増島 篤　186

B) 膝関節の障害

1. 離断性骨軟骨炎 ....林 大輝，丸毛啓史　189
2. 有痛性分裂膝蓋骨 ....林 大輝，丸毛啓史　193
3. Osgood-Schlatter病 ....林 大輝，丸毛啓史　196
4. 腸脛靱帯炎 ....林 大輝，丸毛啓史　199

Q&A

A) 膝関節の外傷
- 13歳女性．バレーボール ....武田秀樹，増島 篤　201
- 21歳男性．アメリカンフットボール ....武田秀樹，増島 篤　203

B) 膝関節の障害
- 17歳女子．空手 ....林 大輝，丸毛啓史　205
- 9歳男児．サッカー ....林 大輝，丸毛啓史　207

§7 下腿

● 下腿の障害

1．疾走型脛骨疲労骨折 .... 亀山　泰　209
2．シンスプリント .... 亀山　泰　213
3．腓骨疲労骨折 .... 亀山　泰　216

Q&A ● 下腿の障害
- 38歳女性．市民ランナー .... 亀山　泰　220

§8 足関節・足

A）足関節の障害

1．距骨骨軟骨病変（離断性骨軟骨炎） .... 熊井　司　223
2．アキレス腱付着部障害 .... 熊井　司　227
3．足関節前方・後方骨性インピンジメント .... 熊井　司　232

B）足・足趾の障害

1．副骨障害，種子骨障害 .... 仁木久照　236
2．足根骨癒合 .... 仁木久照　239
3．足部の疲労骨折 .... 仁木久照　242

Q&A A）足関節の障害
- 13歳男性，中学1年生．サッカー .... 熊井　司　245

B）足・足趾の障害
- 14歳女性．野球 .... 仁木久照　248

● 索引 250

本書で取り上げているスポーツ

アイスホッケー 228	柔道 85, 112, 121	ハンドボール 216
アメリカンフットボール ... 79, 203	乗馬 174	ヒップホップダンス 180
ウォーキング 61	ジョギング 220	フットサル 186
腕相撲（アームレスリング）101, 129	スキー 83, 142	モータースポーツ 70
空手 152, 153, 163, 205	スノーボード 56, 59, 123	野球 73, 93, 109, 114, 117, 134,
体操 89, 243	テニス 99, 119, 126, 132, 139, 160	136, 149, 158, 167, 189, 193, 248
競輪 81	ハードル 167, 211	槍投げ 89
剣道 240	バスケットボール	ラグビー 77, 103,
ゴルフ 96	.... 75, 174, 182, 209, 213	106, 152, 156, 170, 176, 184, 199
サッカー 166, 173, 196,	バレエ 42, 237	陸上 146, 227, 243
207, 223, 232, 236, 239, 242, 245	バレーボール 201	

Color Atlas

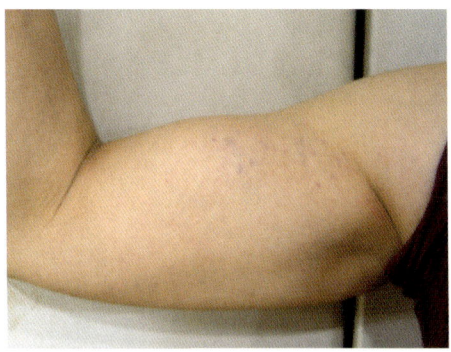

図1●右外側レリーフのたわみによる上腕中央部での膨瘤と皮下出血

(本文p.99図1参照)

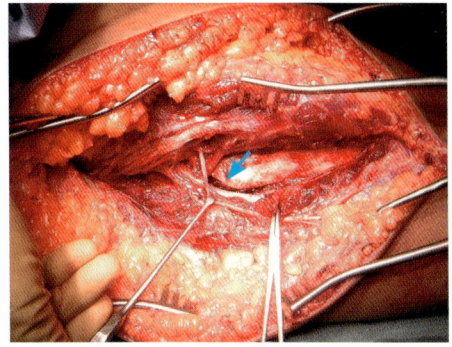

図2●本症例の術中所見

骨折部の直上を神経が走行していた．神経断裂はない．→：骨折部．
(本文p.113図2参照)

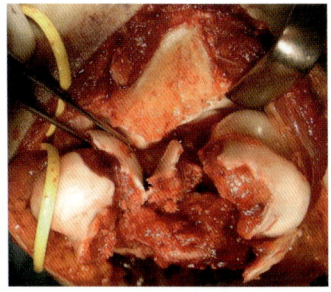

図3●関節面粉砕骨折の評価

(本文p.124図3参照)

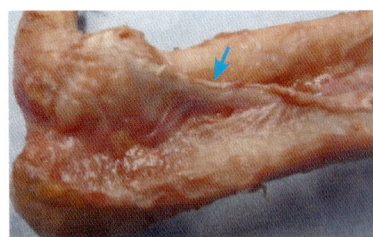

図4●外側尺側側副靱帯（LUCL）

(本文p.133図6参照)

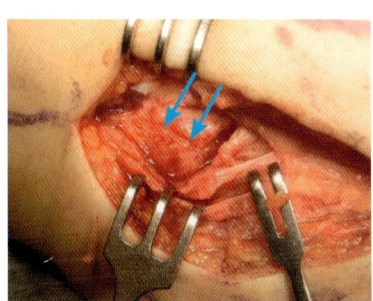

図5●外側上顆から剥離した靱帯成分

(本文p.133図7参照)

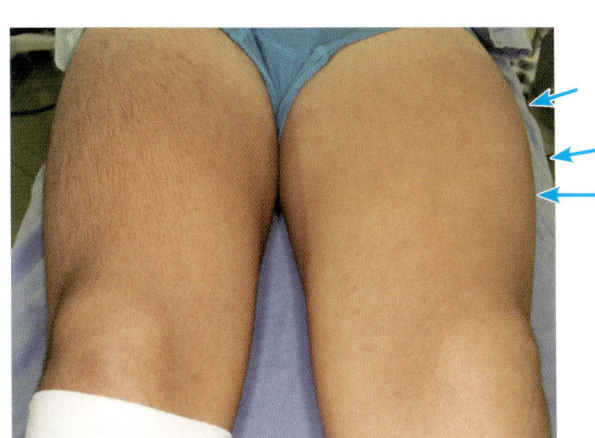

図6●体表面の写真

受傷部位の腫脹（→）．(本文p.176図2参照)

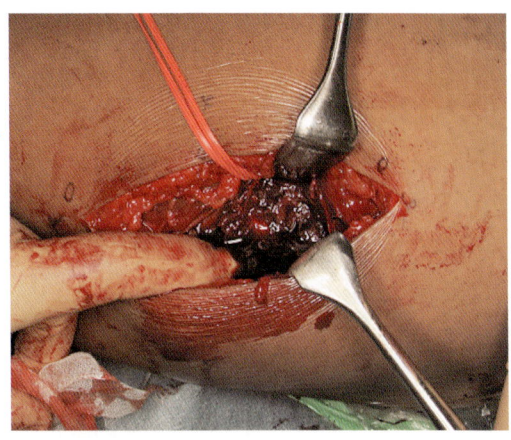

図7●術中写真（提示症例）

(本文p.178図4参照)

Color Atlas

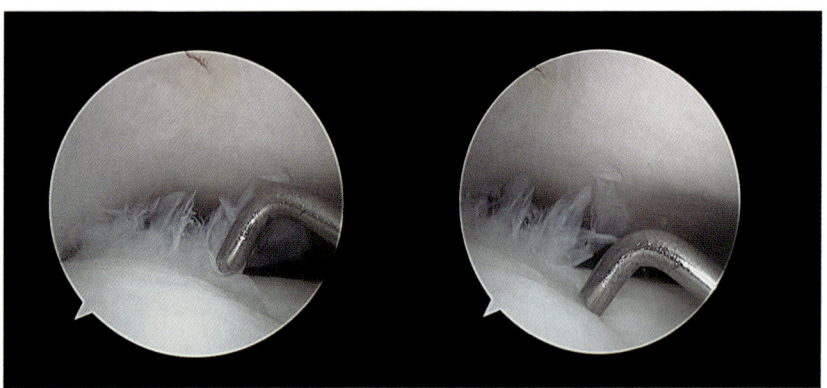

図8● 関節鏡所見
病変部は軽度膨隆，変性しているが軟骨に被覆されている．probingにより正常軟骨面との境界が把握できる．
（本文p.224図4参照）

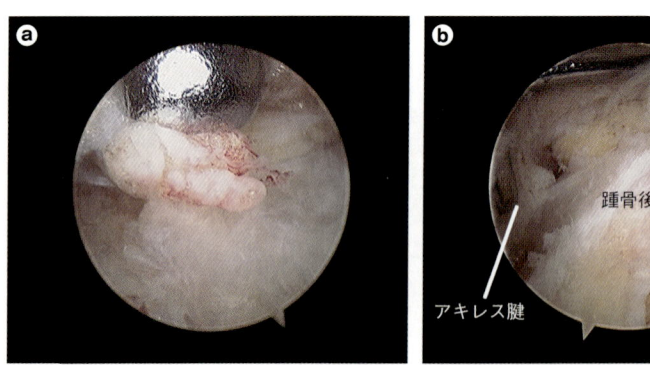

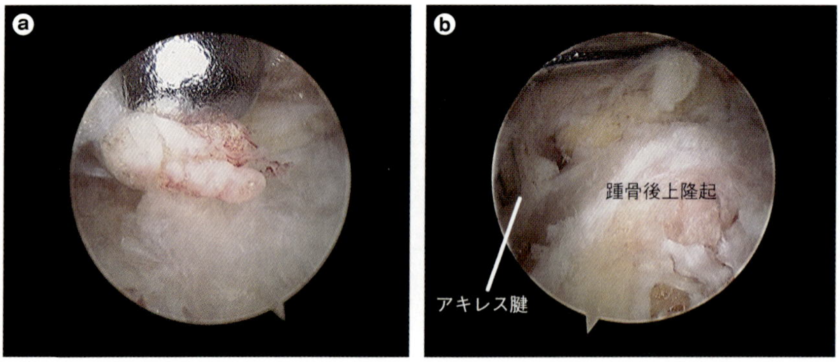

図9● 関節鏡所見
滑液包内には滑膜増生が認められ（a），踵骨後上隆起表面には線維軟骨組織のびらん像が認められる（b）．
（本文p.228図4参照）

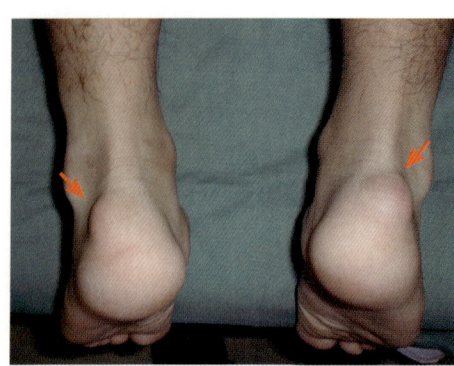

図10● 体表写真
両足のアキレス腱骨付着部やや外側に有痛性の腫瘤（→）を認める．
（本文p.228図5参照）

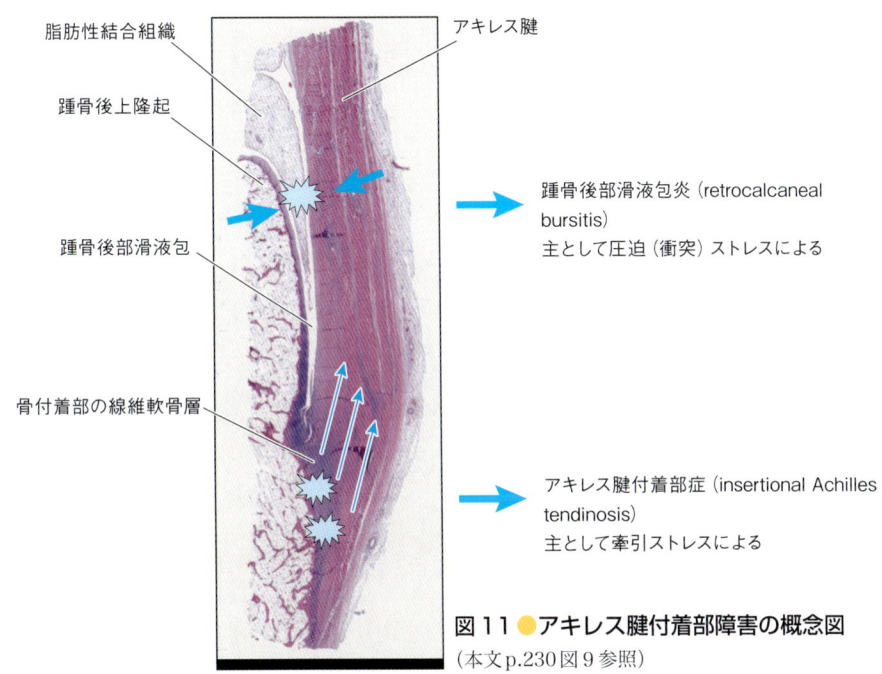

図11 ● アキレス腱付着部障害の概念図
（本文p.230図9参照）

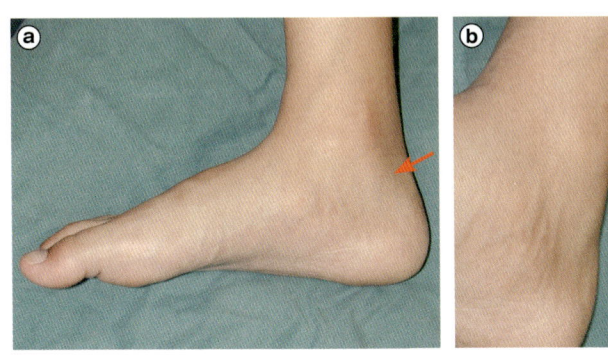

図12 ● 体表写真
右足関節内側，→の部位に軽度の腫瘤が触知され，圧痛および内がえし時の疼痛がみられる．
（本文p.245図1参照）

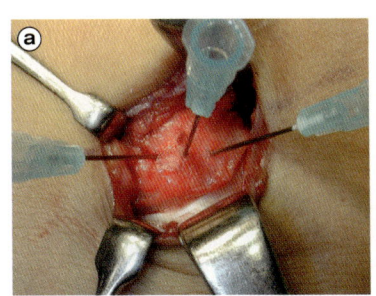 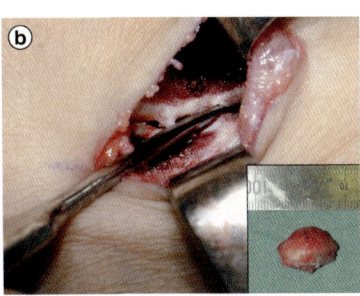

図13 ● 解説：術中所見
a）距踵関節後方の癒合部．
b）癒合部を切除し（右下小写真），本来の関節面が確認される．
（本文p.247図6参照）

執筆者一覧

■ 編　集

帖佐悦男　　宮崎大学医学部 整形外科

■ 執　筆（執筆順）

松本秀男	慶應義塾大学 スポーツ医学総合センター	稲垣克記	昭和大学医学部 整形外科学講座
福田亜紀	鈴鹿回生病院 スポーツ医学センター	正富　隆	行岡病院 整形外科
東條慎次郎	東京慈恵会医科大学 放射線医学講座	松井雄一郎	北海道大学大学院医学研究科 医学専攻機能再生医学講座 整形外科学分野
福田国彦	東京慈恵会医科大学 放射線医学講座	岩崎倫政	北海道大学大学院医学研究科 医学専攻機能再生医学講座 整形外科学分野
岩噌弘志	関東労災病院 スポーツ整形外科	藤岡宏幸	兵庫医療大学 リハビリテーション学部
江原　茂	岩手医科大学 放射線医学講座	田中寿一	兵庫医科大学 整形外科
宮本　敬	岐阜大学医学部 脊椎骨関節再建外科学講座	中村嘉宏	宮崎大学医学部 整形外科
吉本三徳	札幌医科大学医学部 整形外科学講座	田島卓也	宮崎大学医学部 整形外科
竹林庸雄	札幌医科大学医学部 整形外科学講座	帖佐悦男	宮崎大学医学部 整形外科
山下敏彦	札幌医科大学医学部 整形外科学講座	武田秀樹	東芝病院 スポーツ整形外科
中川照彦	同愛記念病院 整形外科	増島　篤	東芝病院 スポーツ整形外科
河合伸昭	船橋整形外科病院 肩関節・肘関節センター	林　大輝	東京慈恵会医科大学 整形外科学講座
菅谷啓之	船橋整形外科病院 肩関節・肘関節センター	丸毛啓史	東京慈恵会医科大学 整形外科学講座
北村歳男	熊本整形外科病院 整形外科	亀山　泰	公益財団法人 スポーツ医・科学研究所 スポーツ整形外科
井手淳二	熊本大学医学部附属病院 整形外科	熊井　司	奈良県立医科大学 スポーツ医学講座
富田一誠	昭和大学附属豊洲病院 整形外科	仁木久照	聖マリアンナ医科大学 整形外科学講座

第1章

スポーツ傷害（外傷・障害）の画像診断について

第1章 スポーツ傷害（外傷・障害）の画像診断について

1. 画像診断におけるスポーツ傷害の特徴

松本秀男

> **用語解説** スポーツ傷害…スポーツ活動中に明らかな外傷により受傷したものが「**スポーツ外傷**」，明らかな外傷の既往なく（通常はくり返す負荷により）障害が生じたものが「**スポーツ障害**」であり，この2つを合わせたものを「**スポーツ傷害**」と呼ぶ．

Point
- ▶ スポーツ外傷はその場で試合復帰の可否を判断するなど現場での診断が重要であり，その際には超音波診断が有用である．
- ▶ スポーツ外傷は自家筋力や自分自身の動作による損傷（非接触型損傷）が多く，直達外力による外傷に比べて所見に乏しい．
- ▶ 成人のスポーツ障害の多くはオーバーユース障害であり，単純X線，MRI，CT，シンチグラフィーなどを適宜利用して診断する．
- ▶ 小児のスポーツ障害は骨端部の障害が多く，骨端部に注目し，左右差を確認することが大切である．

■はじめに

　一般的に運動器の傷害を診断する際には，臨床症状とともに補助診断として単純X線，MRI，CTなどによる画像診断が大きな役割を果たす．スポーツ傷害は，その多くが運動器の傷害であり，画像診断はきわめて有用である．しかし，スポーツ傷害は通常の運動器傷害と比べていくつかの特徴があり，その特徴を把握したうえで画像診断を利用することが大切である．

　まず，スポーツ外傷ではスポーツ現場で診断を下し，復帰の可否をその場で判断する必要があることもあり，これに合わせた現場での画像診断が必要となる．一方，スポーツ障害はその多くが同一の動作をくり返すことによって，特定部位に過負荷が加わって生じるオーバーユース障害であるが，小児期では骨端部の障害が多く，成人期では腱の骨付着部や関節面の障害が多いため，それに合わせた画像診断が必要である．本稿では，画像診断におけるスポーツ傷害の特殊性を解説する．

1 スポーツ外傷の画像診断

1）スポーツ現場での診断

　スポーツ活動には外傷が避けて通れず，外傷が生じた場合には迅速な対応が必要になる．特に，試合中に生じた外傷では，その後の試合復帰の可否をその場で判断する必要がある[1,2]．脳震盪などの重篤なスポーツ外傷についてはガイドラインが策定されるなど，安全性が最重要視されるが，運動器の外傷では復帰の可否が試合結果に影響することもあって判断が難しい．

　臨床症状で復帰の可否を即断できる場合はよいが，判断に迷う場合も少なくない．そのような際

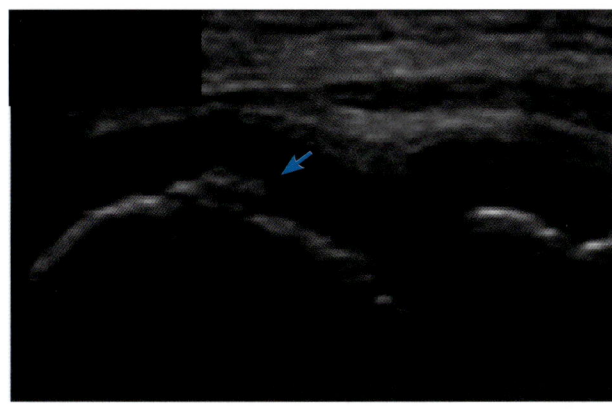

図1● 野球肘の超音波所見
15歳男性，投手．
スポーツ現場では超音波診断が有用である．
➡：内側側副靱帯付着部の不整化を認める．

には超音波診断が有用である[3]．近年，スポーツ現場に携行でき，その場で診断できるポータブルタイプの超音波診断装置が開発され，その精度も格段に進歩している．靱帯損傷や腱断裂などの現場での補助診断に超音波診断を活用するとよい（図1）．超音波診断は受傷部位や受傷内容によってプローブを当てる方向などに工夫が必要であるが，熟達すると簡便に，かなり正確に受傷部位の情報が得られる．また，関節などを動かしながら確認することが可能であり，動作に伴う受傷部位の動きなど**動的な観察ができる**ことが最大のメリットである．

2）非接触型損傷（non-contact injury）

労働災害や交通外傷による運動器の外傷は，そのほとんどが大きな外力が加わって受傷するが，スポーツ外傷は純粋な外力によるものばかりでなく，自家筋力や自分自身の動作による損傷も多い（非接触型損傷）．ジャンプや着地による膝関節靱帯損傷，アキレス腱断裂や肉離れ，投球動作による上腕骨の投球骨折，ゴルフスウィングによる肋骨骨折などである．これらの非接触型損傷では，直達外力による外傷に比べて損傷の程度が比較的軽度なことが多い．加えて骨折が存在しても単純X線では転位が小さいことが多く，必要によりCTやMRIなど，他の画像診断で確認する必要がある．またMRIでは，周囲の軟部組織の腫脹像が乏しいことが多く，損傷部の詳細な読影が必要である．

2 スポーツ障害の画像診断

1）成人のスポーツ障害

スポーツ障害はその多くが同一の動作をくり返すことによって，特定部位に過負荷が加わって生じる，いわゆるオーバーユース障害である[4]．小児期には骨端線の障害が多いが，成人は男性では腱や腱の骨付着部に対する過牽引による障害（enthesopathy）や疲労骨折，女性では関節の関節弛緩性（laxity）に伴う関節面の過負荷による関節軟骨の障害が多い．

❶腱や腱付着部の障害

腱や腱の付着部の障害は単純X線では異常を認めないことが多いが，付着部にくり返し牽引力が加わることにより，付着部の剥離や腱そのものの骨化がみられることもある（図2）．MRIでは障害部位に一致して腱そのものの腫脹像や高信号化などの炎症像を認めることが多いが（図3），部位によっては疼痛などの症状が強いにもかかわらず，画像診断では所見が得られないこともある．

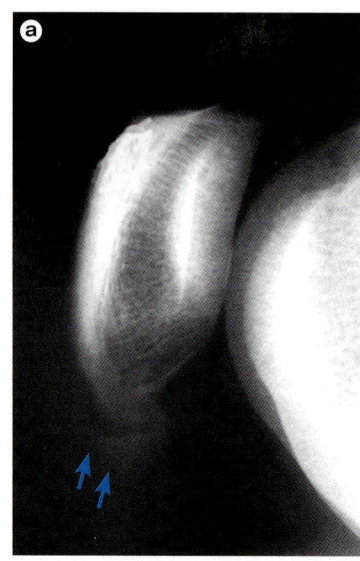
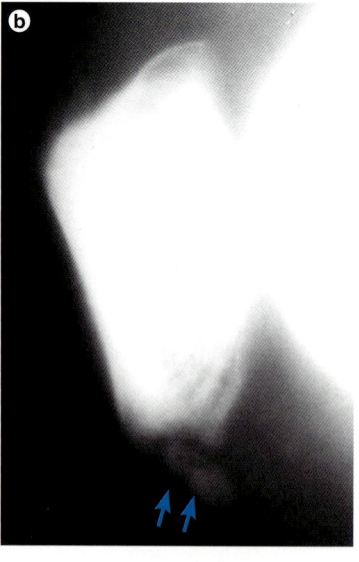

図2● 骨化を伴うジャンパー膝
膝蓋腱付着部の剥離や骨化がみられることもある.
a, b) 膝蓋腱の骨化 (→).

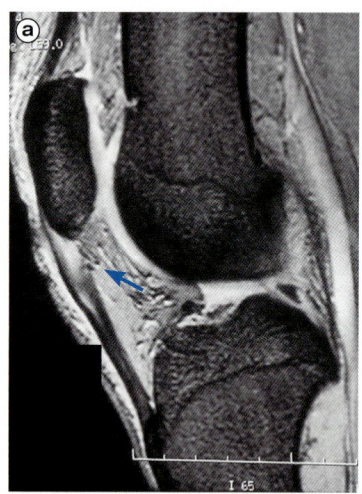
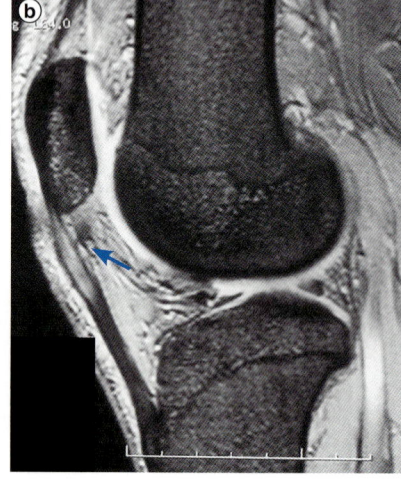

図3● ジャンパー膝のMRI所見
24歳男性, プロ野球選手.
a, b) 腱の腫脹像や高信号化などの炎症像を認める (→).

❷疲労骨折

　疲労骨折は単純X線で骨折線が明らかな場合は診断可能であるが，**発症後初期の症例では骨折線が確認できない場合もある**．その際にはMRIによる診断も有用であるが（図4），初期の段階では骨シンチグラフィーによる確認も有用である（図5）．単純X線も発症後数週後に再撮影してみると，時間の経過とともに骨癒合が進み，骨折部が確認できるようになることが多い（図6）．

❸関節面の過負荷による障害

　関節面の過負荷によるスポーツ障害はもともと膝蓋大腿関節不安定症などで関節の弛緩性が高い場合，関節軟骨にくり返す過剰な剪断力が加わって関節の疼痛や腫脹などの炎症症状をきたすものが多い．したがって，その病態を把握するためには，MRIなどで関節軟骨の状態を確認すると同時に，関節の弛緩性などの確認も重要である．さまざまな関節の屈曲角度によるアライメントの変化を単純X線を用いて確認したり（図7），超音波診断装置などを用いて関節運動による関節構成体の動きそのものを直接確認する．

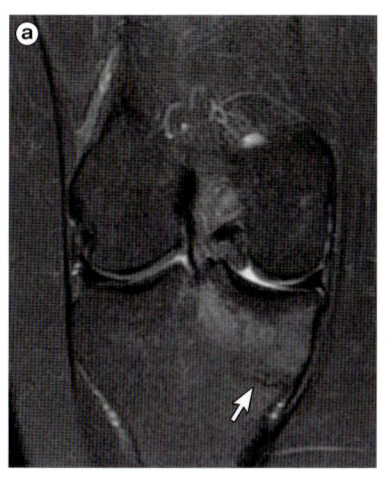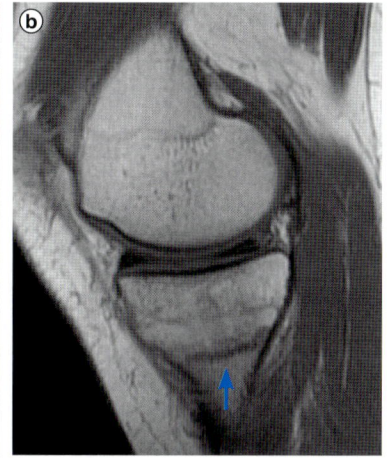

図4 ● 疲労骨折のMRI所見
24歳女性,ラクロス選手.
単純X線で把握できない骨折線を確認できる.
⇨:正面像,→:側面像における骨折線.

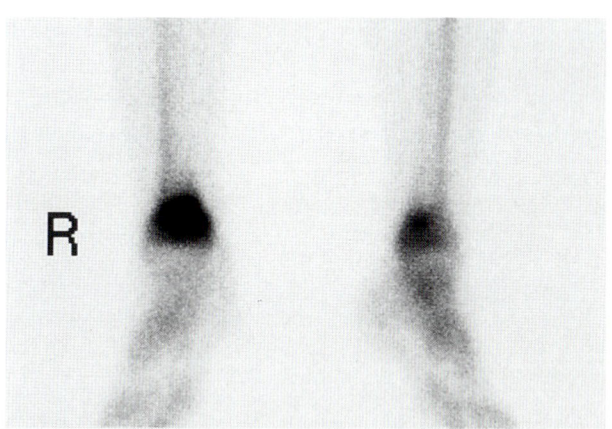

図5 ● 疲労骨折の骨シンチグラフィー所見
33歳男性,テニス.
MRIと同様に初期の疲労骨折の診断に有用である.

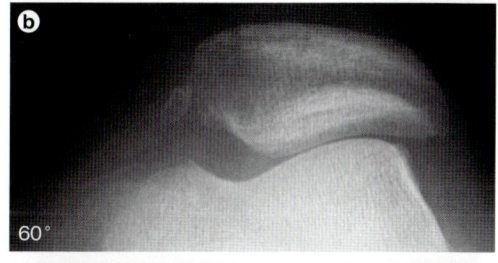
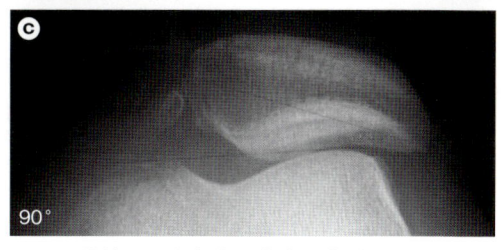

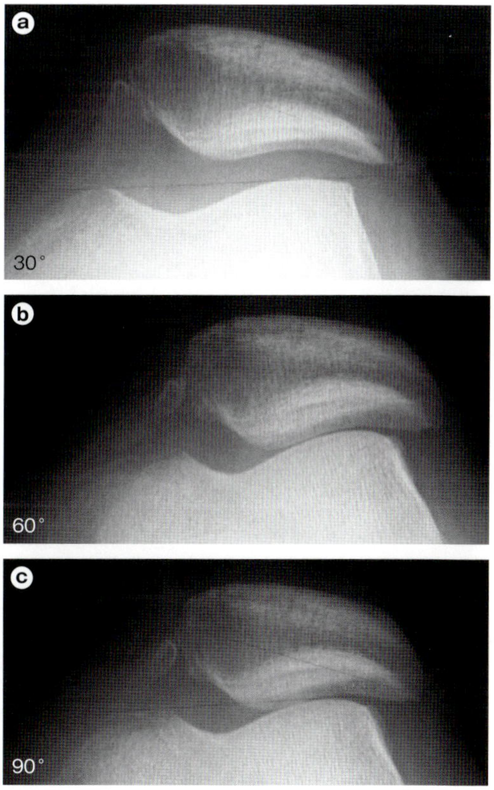

図7 ● 膝蓋骨不安定症の単純X線所見
23歳女性,フィギュアスケート.
屈曲角度の違いによるアライメントの変化を認める.

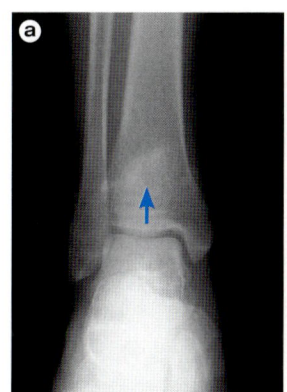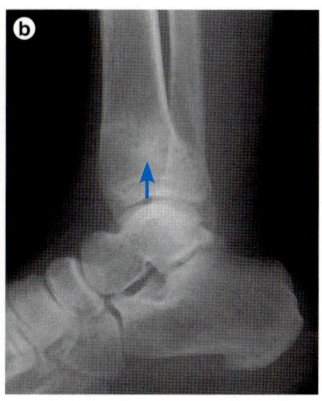

図6 ● 疲労骨折の経過後の単純X線所見
図5と同一症例.a)正面像,b)側面像.
骨癒合が進み,骨折部(→)が確認できるようになる.

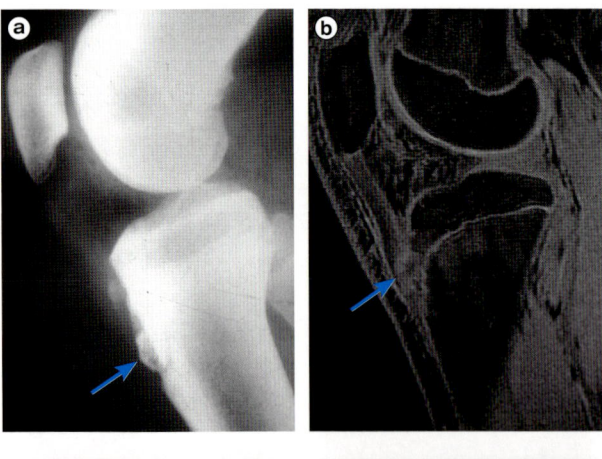

図8 ● Osgood-Schlatter病の単純X線所見（a）とMRI所見（b）

12歳男性，サッカー．
骨端部にくり返し外力が加わって生じる骨端障害である（→）．

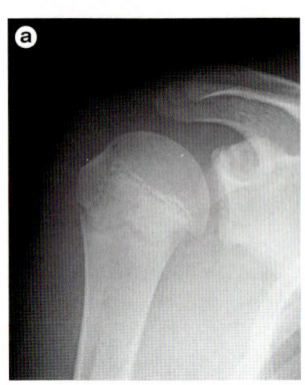 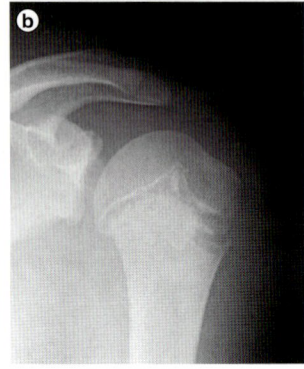

図9 ● リトルリーグショルダーの単純X線所見

10歳男性，野球．
a）腱側，b）患側．
両側を撮像して左右差を比較することが大切である．

2）小児のスポーツ障害

　小児のスポーツ障害は，野球肩，Osgood-Schlatter病など，その多くが骨端部にくり返し外力が加わることによって生じる骨端障害である（図8）．したがって，**画像診断では骨端部の状態を詳細に観察する必要がある**[5]．骨端部の剥離や損傷は，ある程度単純X線所見でも確認できるが，周囲の軟部組織の腫脹や軟骨部の変化はMRIを撮像して確認する必要がある．また，小児期は成長に伴い骨端部の状態も著しく変化するため，単純X線もMRIも可能であれば**両側を撮像して左右差を比較する**ことが大切である（図9）．

参考文献

1）福林 徹：運動と外傷—骨・関節の外傷．「スポーツ医学研修ハンドブック」（日本体育協会指導者育成委員会スポーツドクター部会 編），pp. 119-126，文光堂，2005
2）三木英之：運動と外傷—軟部組織の外傷．「スポーツ医学研修ハンドブック」（日本体育協会指導者育成委員会スポーツドクター部会 編），pp. 127-137，文光堂，2005
3）松浦哲也 ほか：野球肘．「超音波画像診療の実際」，臨床スポーツ医学，28（9）：949-953，2011
4）鳥居 俊：運動と外傷—過労性スポーツ障害．「スポーツ医学研修ハンドブック」（日本体育協会指導者育成委員会スポーツドクター部会 編），pp. 127-137，文光堂，2005
5）宮川俊平 ほか：発達に伴う画像所見の特徴とピットフォール．「スポーツ外傷・障害における初期診断のピットフォール」，臨床スポーツ医学，30（1）：1-5，2013

第1章 スポーツ傷害（外傷・障害）の画像診断について

2. 年齢別の画像診断における注意点

福田亜紀

■ はじめに

　近年，スポーツに対する関心が高まり，スポーツ人口の増加とともにスポーツ傷害が増加している．また，スポーツの低年齢化や健康・生涯スポーツの普及によりスポーツ傷害の発生年齢も多様化している（図1）．スポーツ傷害における画像診断を正確に行うためには，競技特性に加えて，年齢などの身体的特性を理解することが重要である．本稿では，年齢別のスポーツ傷害，特に小児・成長期および中・高齢者における画像診断の特徴および注意点について解説する．

1 小児・成長期のスポーツ傷害

1) 小児のスポーツ傷害

Point
- 小児では，腫瘍や感染性疾患との鑑別が困難な場合もあり注意が必要である．
- 小児のスポーツ傷害は骨折が最も多く，成人に多い靭帯損傷や脱臼は比較的稀である．
- 小児では不全骨折や骨端線損傷，裂離骨折など小児特有の骨折が発生しやすい．
- 小児スポーツ傷害の画像診断では，骨端核や骨端線の存在および正常変異などに注意する必要がある．

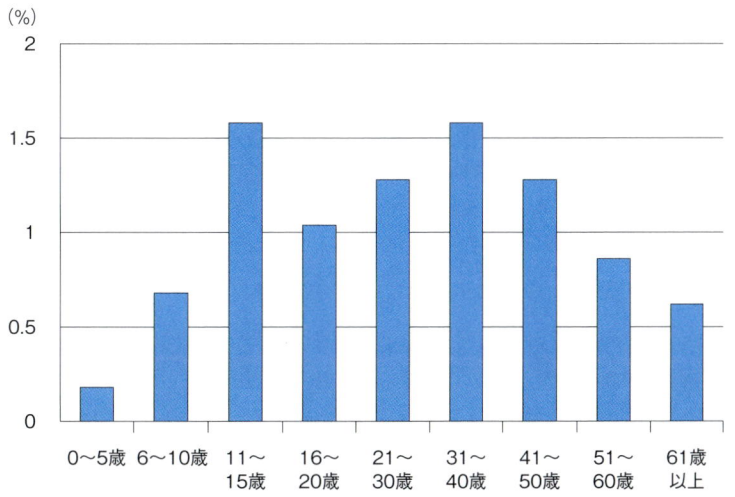

図1 ● スポーツ安全保険加入者におけるスポーツ傷害の年齢別発生率
文献1より引用

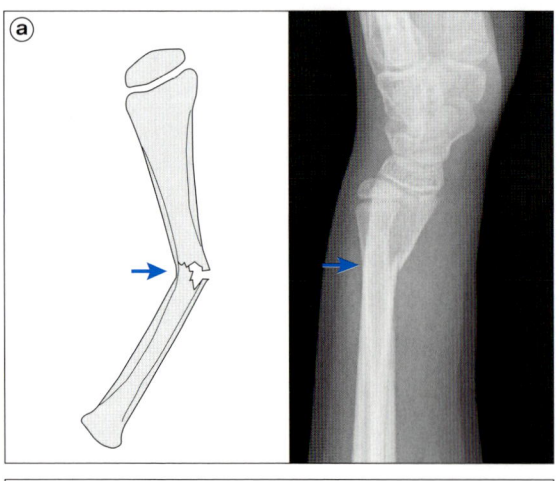
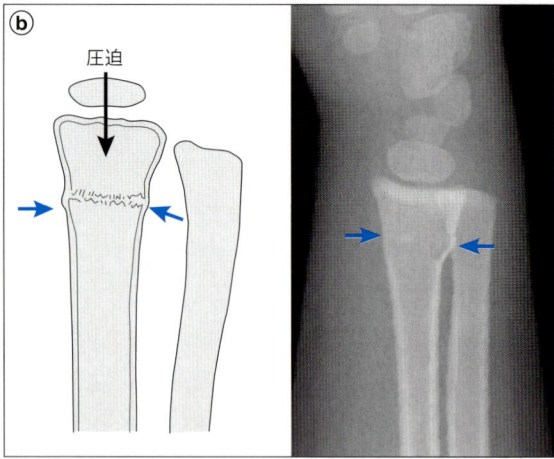
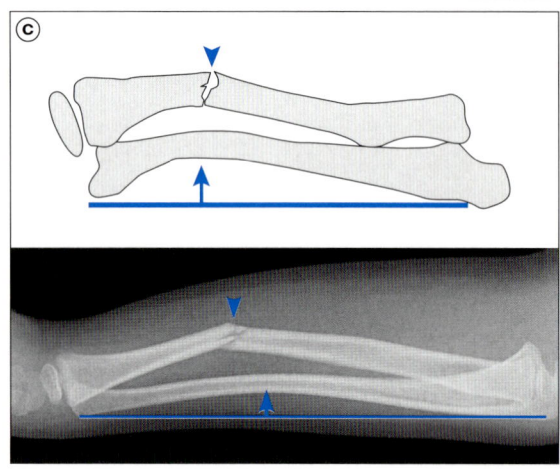

図2● 小児骨折の特徴（不全骨折）

a) 橈骨若木骨折：11歳女性．緊張が加わる側の骨皮質は破断し，圧迫が加わる側（→）の骨皮質は温存され不全骨折となる．

b) 橈骨膨隆骨折：4歳男性．骨の長軸方向への圧迫力により竹節状隆起（→）を生じ不全骨折となる．

c) 尺骨急性塑性変形：7歳男性．橈骨は完全骨折（▶）を生じているが，尺骨は弾性限界を超える外力により骨は弯曲したままの状態となり不全骨折（→）となる．前腕骨と腓骨が好発部位である．

イラストは麻生邦一：小児の骨折．「骨折・脱臼 第3版」p.231，南山堂，2012より転載，一部改変

❶不全骨折

小児の骨は，成人よりも柔らかく弾力性があるため骨折を起こすことが多い．しかし骨膜が厚く強靭なため，骨折が生じても不全骨折となることが多く，**若木骨折**（図2a）や**膨隆骨折**（図2b），**急性塑性変形**（acute plastic bowing）（図2c）などの特殊な形態をとることがある．

❷骨端線損傷

小児には力学的に弱い骨端線（成長軟骨板）が存在するため骨端線損傷をきたしやすく，**損傷の形態や程度によっては，成長障害による変形を生じることもある**．

骨端線損傷の分類としてよく用いられているのが**Salter-Harris分類**であり，予後との関連からも重要である（図3）．一般に，Type Ⅰ，Type Ⅱは正確な整復と固定を行えば予後良好であるが，Type Ⅲ，Type Ⅳは正確な整復と固定を行っても成長障害を生じることもあり予後不良である．Type Ⅴは稀であるが，骨端線全体の圧挫損傷のため成長障害が必発であり，単純X線写真による診断が困難な場合も多い．

❸裂離骨折

大きな外力が関節部に作用した場合，**成人では靭帯や腱の損傷が生じるが，小児では靭帯や腱の付着部の脆弱な骨が剥離し裂離骨折となる**．裂離骨折は筋の強い収縮あるいは靭帯の張力により発生し，骨端核の出現する10歳代（特に12～16歳）に多く，骨盤周囲（上前腸骨棘：縫工筋・大

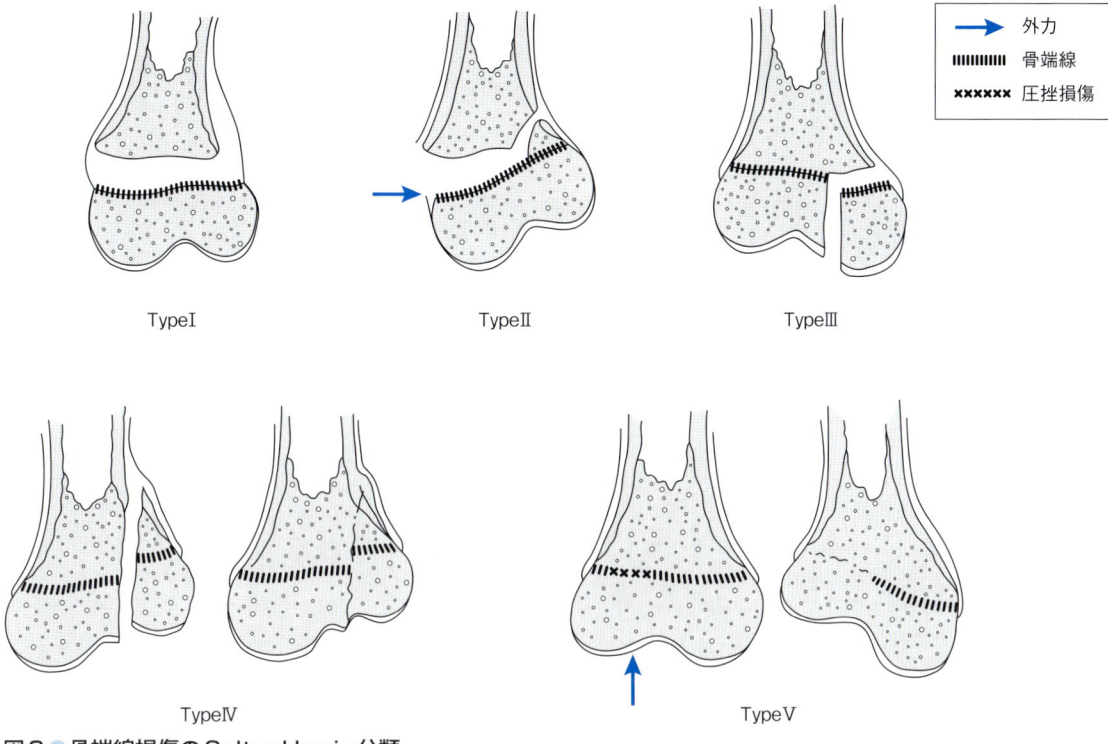

図3 ● 骨端線損傷のSalter-Harris分類
文献3より引用

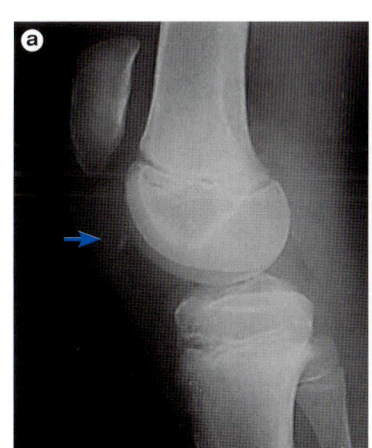
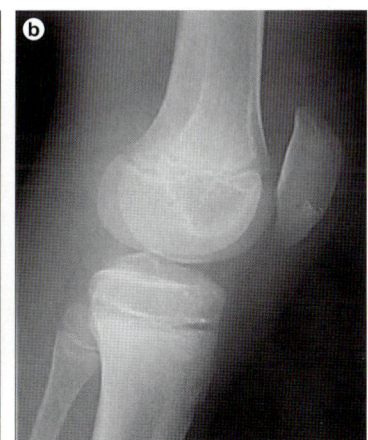

図4 ● 右脛骨粗面裂離骨折
13歳男性,サッカー.
a) 右膝関節(患側)単純X線正面像:小さな裂離骨片(→)と膝蓋骨高位を認める.
b) 左膝関節(健側)単純X線正面像.

腿筋膜張筋,下前腸骨棘:大腿直筋,坐骨結節:ハムストリング,腸骨稜:内・外腹斜筋)や膝関節,足関節,肘関節などの靱帯付着部が好発部位である.

単純X線写真で骨片が認められれば診断は容易だが,骨片が非常に小さな場合(図4)や小児では軟骨成分が多いため単純X線写真に描出されないこともある.見落とさないためには,筋,腱,靱帯の解剖学的構造を理解し,受傷機転から本疾患を疑うことが重要である.適切な治療がされず放置すると関節不安定症や変形性関節症などの機能障害を残すこともある.

❹小児スポーツ傷害の画像診断

　　小児の場合，病歴の聴取が難しく疼痛の訴えも正しく示さないことも多い．そのため，圧痛，腫脹，変形，異常可動性などの身体所見から損傷部位を同定することが重要となる．小児における骨端核の出現時期や融合時期（図5）は部位により異なるため，骨折の有無や転位の程度がわかりにくい場合には健側との比較（図6）や時間をおいて再度検査を行うことが必須である．また，**種子骨**（手足などの腱や靱帯内に発生した小骨）や**副骨**（胎生期に消失すべき骨の遺残）などの正常変異は骨折との鑑別が必要なだけでなくスポーツ障害の原因にもなるため，発生部位や頻度を知っておく必要がある．単純X線写真では描出されない骨端部の未骨化軟骨部の評価には，超音波検査やMRIがきわめて有用である．

❺その他の注意点

　　スポーツ選手にスポーツ傷害以外の疾患が偶然合併する場合には，初期診断が困難な場合や診断を誤ることも多い．スポーツ傷害との鑑別を要する疾患として，特に重要なものとして**腫瘍性疾患**や**感染性疾患**がある．これらの疾患は稀ではあるが，診断および治療が遅れると予後不良となるため，スポーツ傷害の診断に際しても，これらの疾患を念頭に置くことが必要である．

◆腫瘍性疾患

　　小児の場合には，骨肉腫やEwing肉腫などの好発年齢の重なる骨軟部腫瘍も多く，初期には疼痛や腫脹などの症状がスポーツ傷害によるものと誤診される場合も多い（図7）．初診時にスポーツ外傷と誤診された骨軟部腫瘍は **sports tumor** と呼ばれ，下肢，特に膝関節周囲の発生例が最も多く，約半数が悪性病変とされる．**症状が予想より強く長期化する場合や画像所見にて骨膜反応や溶骨性病変を認める場合には，腫瘍性病変の可能性を強く疑うべきである．**

◆感染性病変（骨髄炎・化膿性関節炎）

　　骨髄炎は，新生児期と10歳前後に2つのピークがあり，下肢長幹骨の骨幹端に好発するが，骨盤や椎体などの扁平骨に発生することもある（図8）．骨端と骨幹端の境界に存在する骨端軟骨は骨髄炎のバリアーとなっているが，**骨幹端が関節包内に存在する股関節などでは化膿性関節炎に進展することも多い．**初期には症状が軽度であり，単純X線写真でも異常所見を示さないことが多いため，見逃しや治療の遅れにより後遺症をきたす場合もある．**骨髄炎や化膿性関節炎が疑われる場合には，画像診断に頼らずに関節穿刺や外科的排膿，抗菌薬投与などの治療を早急に開始する必要がある．**

2）成長期のスポーツ傷害

> **Point**
> - 成長期のスポーツ傷害は，二次成長のピーク時に頻発し，オーバーユースによるスポーツ障害が多い．
> - 年齢別では，骨端線閉鎖前は骨端症（踵骨骨端症：Sever病など）や骨端線離開・裂離骨折の発生が多く，二次成長のピーク前後には骨端障害が多い．その後，骨端線閉鎖に伴い疲労骨折が発生しやすくなる（図9）．
> - 成長期スポーツ傷害の画像診断では，後遺症を残さないためにも傷害予防や早期発見がきわめて重要である．

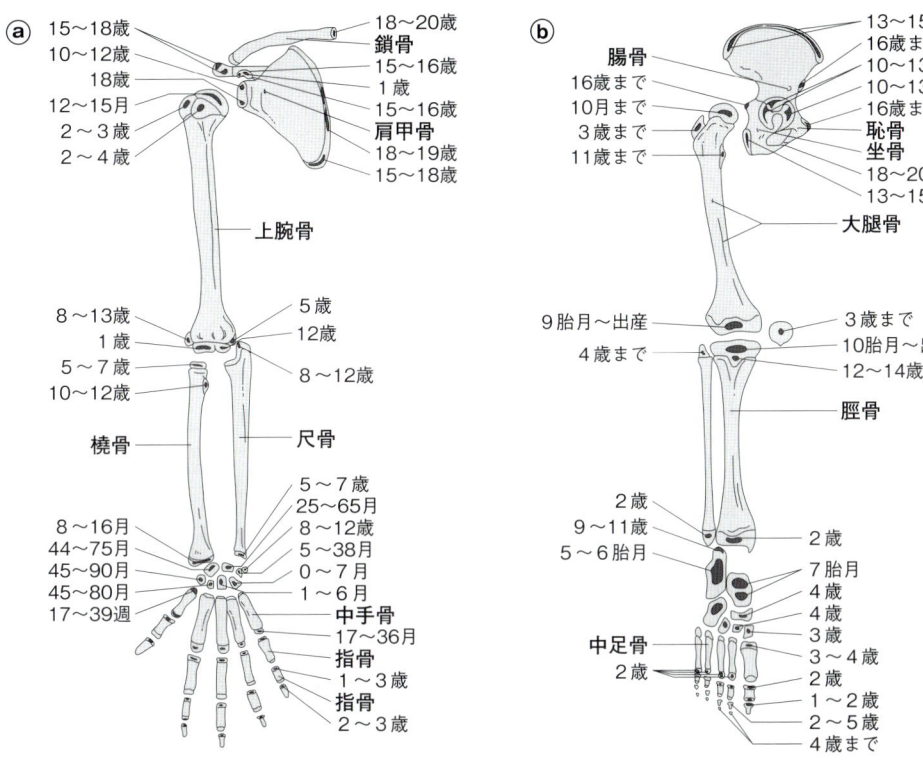
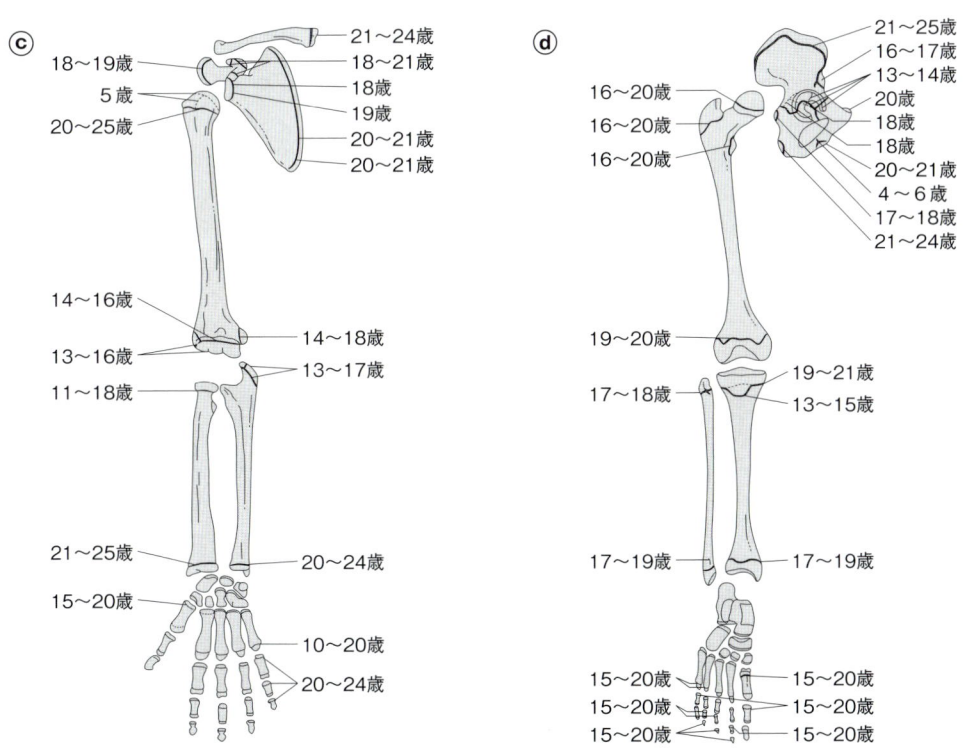

図5● 骨端核の出現時期と融合時期
a）上肢骨端核の出現時期，b）下肢骨端核の出現時期，c）上肢骨端核の融合時期，d）下肢骨端核の融合時期．
文献4より引用

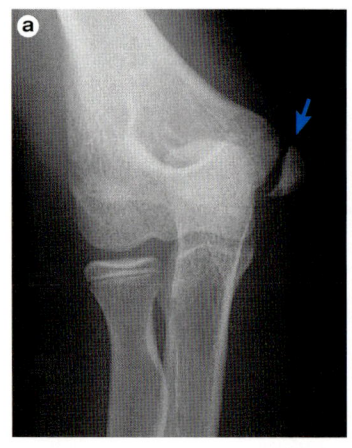
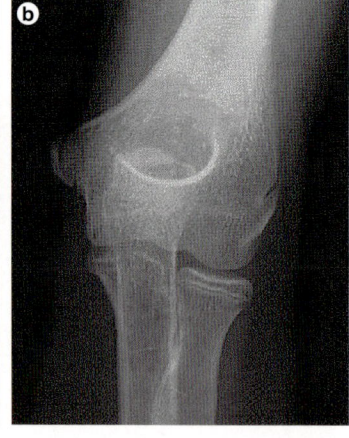

図6● 右上腕骨内側上顆投球骨折

14歳男性，野球．
a) 右肘関節（患側）単純X線正面像：骨端線の離解・骨端核の転位を認める．
b) 左肘関節（健側）単純X線正面像．

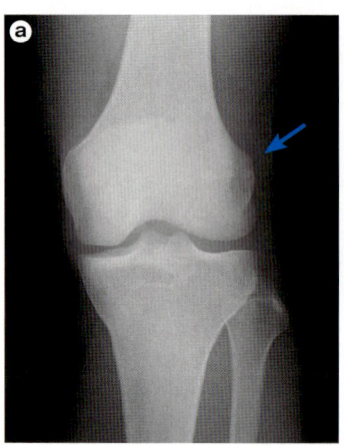
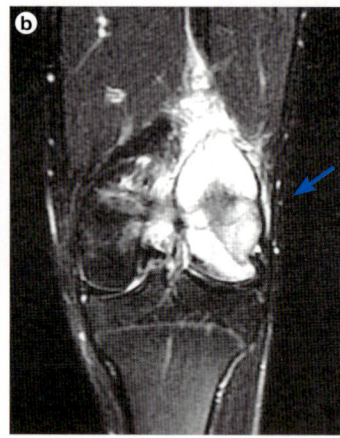
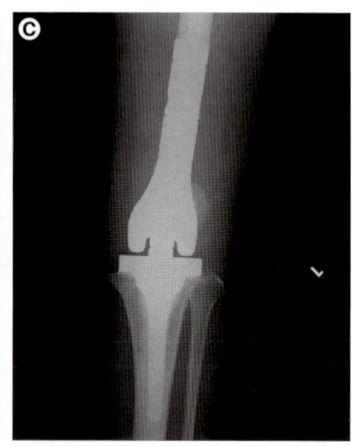

図7● 左大腿骨遠位骨肉腫

17歳男性，野球．近医にて半月板損傷と診断され保存療法が施行された．症状増悪のため精査施行され，初診時から1カ月半後に骨肉腫と診断し腫瘍広範切除術および腫瘍用人工関節置換術を施行した症例．
a) 左膝単純X線正面像（初診時）：大腿骨外顆にわずかな骨吸収像および骨皮質の不鮮明化（→）を認める．
b) 左膝MRI像：大腿骨外顆に不均一な高信号を認める．
c) 左膝単純X線正面像（術後）．

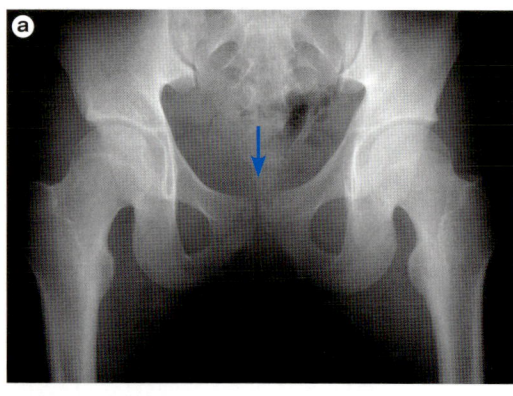
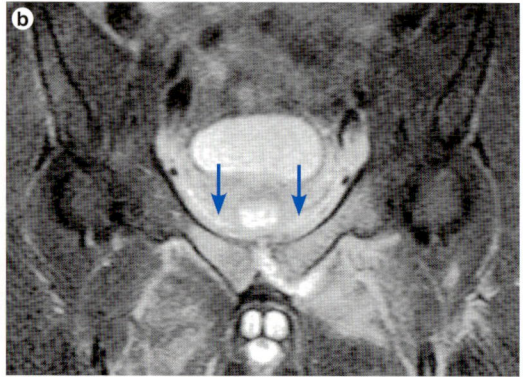

図8● 恥骨骨髄炎

16歳男性，ラグビー．内科にて不明熱と診断され，抗菌薬投与にて症状は改善した．しかし，1週間後に発熱再燃し，精査にて恥骨骨髄炎と診断された症例．
a) 単純X線正面像：恥骨結合部周囲に骨吸収像（→）を認める．
b) MRI脂肪抑制T2強調像：恥骨結合から両恥骨上行枝に高信号を認める．

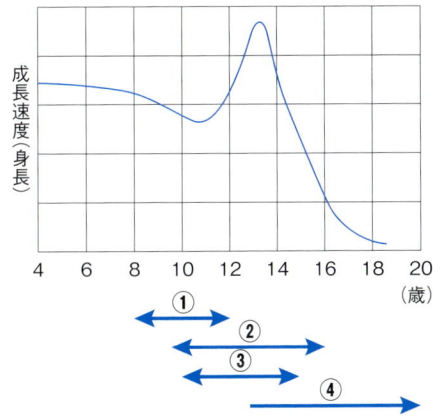

**図9 ● 成長速度曲線と
スポーツ傷害**
①骨端症（Sever病など），
②骨端線離開・裂離骨折，
③骨端障害，
④疲労骨折．

❶骨端障害

◆ 骨端障害の特徴

　骨端は骨端核の出現していないcartilaginous stageから骨端核の出現するapophyseal stage，骨端核の癒合するepiphyseal stageを経て骨化が完了する（図10）．力学的に脆弱な骨端および椎体終板を中心とした骨端障害は10〜12歳の成長期に頻発し，主病変の局在により以下の5型に大別できる（図11）．

　Ⅰ型：骨端線に主病変がある上腕骨近位骨端線損傷（little league shoulder，p.93参照）
　Ⅱ型：骨端に主病変があり，compression epiphysisに好発する上腕骨小頭や大腿骨顆部の離断性骨軟骨炎（p.114,189参照）
　Ⅲ型：骨端に主病変があり，traction epiphysisに好発するOsgood-Schlatter病（p.196参照）や上腕骨内側上顆障害
　Ⅳ型：椎体終板に主病変がある腰椎終板障害（脊椎の変形や神経障害を合併する場合や，骨年齢の若いcartilaginous stageの腰椎分離症（p.66参照）では，終板障害を基盤に分離すべり症に発展することがある）
　Ⅴ型：骨端構造を有しないが，病態として同様の障害と考えられる膝蓋骨に発生する分裂膝蓋骨やSinding-Larsen-Johansson病

◆ 骨端障害の画像診断

　骨端障害における単純X線所見の特徴は，初期では骨透亮像，進行期では分離像，終末期では遊離像を呈する．単純X線写真で診断困難な初期病変の診断や治療方針の決定には，CTやMRIが有用である．

　骨端障害の多くは未然に防ぐことができ，早期発見により後遺症を残さず完治できることも多い．予防医学的観点からも，超音波検査を用いたメディカルチェックによる早期発見がきわめて有用である．

❷疲労骨折

◆ 疲労骨折の特徴

　疲労骨折は，骨の同一部位に小さな負荷がくり返し加わることにより発生する骨折である．さまざまな年齢層に発生するが，男女ともに16歳にピークがあり，下肢（脛骨，中足骨，腓骨）の発生が圧倒的に多い．その他，体幹部（腰椎，肋骨，恥骨）や舟状骨（足部），踵骨，大腿骨，足関

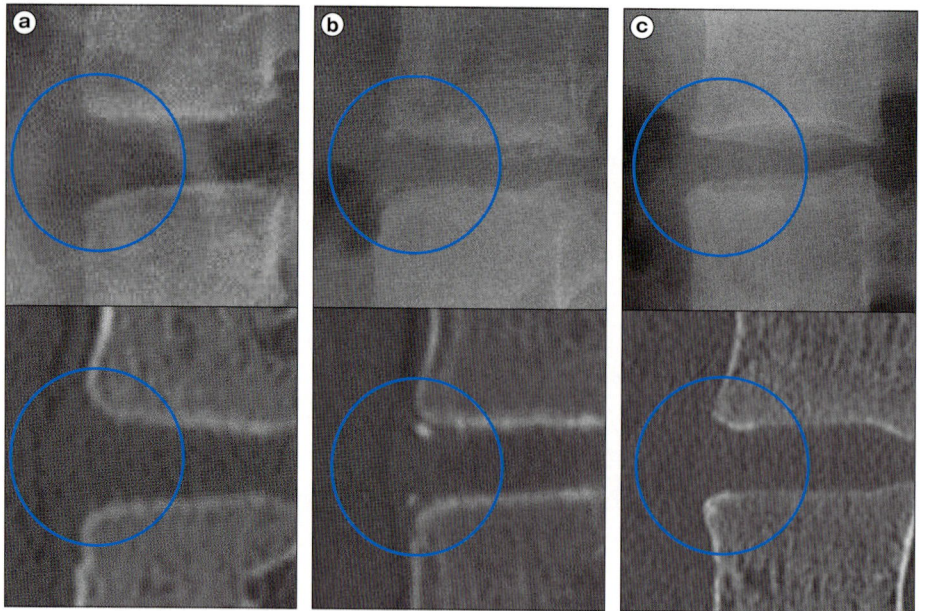

図10 腰椎椎体における骨年齢（正常所見）
a）cartilaginous stage．6歳男性．二次骨化核はまだ出現していない．b）apophyseal stage．10歳女性．二次骨化核が出現する．c）epiphyseal stage．17歳男性．二次骨化核が椎体と融合する．
a～cとも上段が腰椎単純X線側面像，下段が腰椎CT矢状断像．

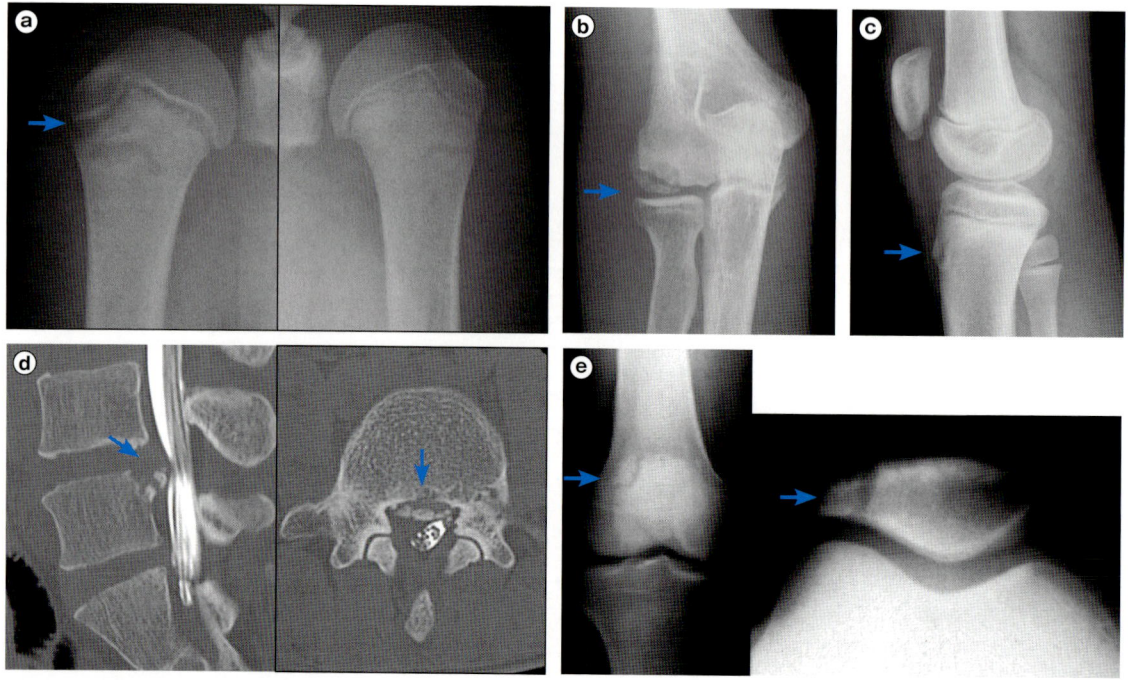

図11 骨端障害（➡が病変部）
a）Ⅰ型：上腕骨近位骨端線損傷．13歳男性，右上腕骨近位骨端線の開大を認める．肩関節単純X線正面像．b）Ⅱ型：上腕骨小頭障害．15歳男性，右上腕骨小頭部に分離像を認める．肘関節単純X線正面像．c）Ⅲ型：Osgood-Schlatter病．12歳男性，脛骨粗面部に膨隆・分離像を認める．膝関節単純X線側面像．d）Ⅳ型：腰椎終板障害．26歳男性，腰椎CT像（左：矢状断像，右：横断像）にて椎体後方部に分離骨片を認める．e）Ⅴ型：分裂膝蓋骨．16歳男性．右膝蓋骨の上外側部に分離像を認める．膝関節単純X線像（左：正面像，右軸射像）．

表●疲労骨折の画像所見による分類

	単純X線	MRI	スポーツ復帰（週）
正常	正常	正常	0
Grede1	正常	STIR像での異常所見	3.3
Grede2	正常	STIR像・T2強調像での異常所見	5.5
Grede3	骨膜反応	T1・T2強調像・STIR像での異常所見（骨折線なし）	11.4
Grede4	骨折	T1・T2強調像での骨折線あり	14.3

文献5より引用

節内果，膝蓋骨，種子骨などにも発生する．
　難治性疲労骨折も多く，**完全な骨癒合が得られるまでスポーツを中止する必要がある**．痛みの消失により自己判断でスポーツ復帰した結果，完全骨折に至る場合もあるため慎重な経過観察が必要である．

◆疲労骨折の画像診断

　疲労骨折の単純X線写真では骨折線や骨膜反応，骨硬化像がみられる．疲労骨折では**発症時期と単純X線所見の出現時期に約2～6週間のずれがあり，初診時単純X線写真の陽性率は低い**．一方，MRIは早期診断に有用であり，骨折線を示す線状，帯状の低信号領域とその周囲の骨髄浮腫を示すT2強調像・STIR（short TI inversion recovery）像での高信号領域を認める（表）．また，**疲労骨折の診断では，過労性骨膜炎や骨腫瘍，骨髄炎などとの鑑別が重要**であり，詳細な病歴聴取と適切な検査法の選択，慎重な経過観察が必要である．

2 中・高齢者のスポーツ傷害の特徴

> **Point**
> ▶ 中・高齢者では，運動器の加齢変化を基盤に骨折や筋・腱などのスポーツ傷害を起こしやすい．
> ▶ 中・高齢者では，関節や脊椎に退行変性を伴うことが多く，スポーツ障害が発生しやすい．
> ▶ 中・高齢者スポーツ傷害の画像診断では，臨床所見と画像所見との整合性を検討する必要がある．

1）骨折・脆弱性骨折

　中・高齢者では，加齢に伴う骨密度の低下により，スポーツ時の転倒による骨折が発生しやすい．特に閉経後女性では，骨粗鬆症による橈骨遠位端部，大腿骨頸部，上腕骨頸部，脊椎，肋骨等の骨折を起こしやすい．骨粗鬆症や関節リウマチなどを基盤に脆弱な骨に生理的負荷が加わって生じる骨折は**脆弱性骨折**と呼ばれる．

2）関節のスポーツ傷害

❶変形性関節症

　変形性関節症（osteoarthritis：OA）は，加齢による関節軟骨の退行変性を原因として発生し，膝関節に最も多く，その他股関節，足関節，肘関節，指節関節，母趾MTP関節などに好発する．退行変性の存在する関節にスポーツによる負荷がかかると，関節痛やOAの悪化などを生じやすい．単純X線写真では関節裂隙の狭小化や軟骨下骨の骨硬化，骨棘形成が認められる．MRIは軟骨損傷

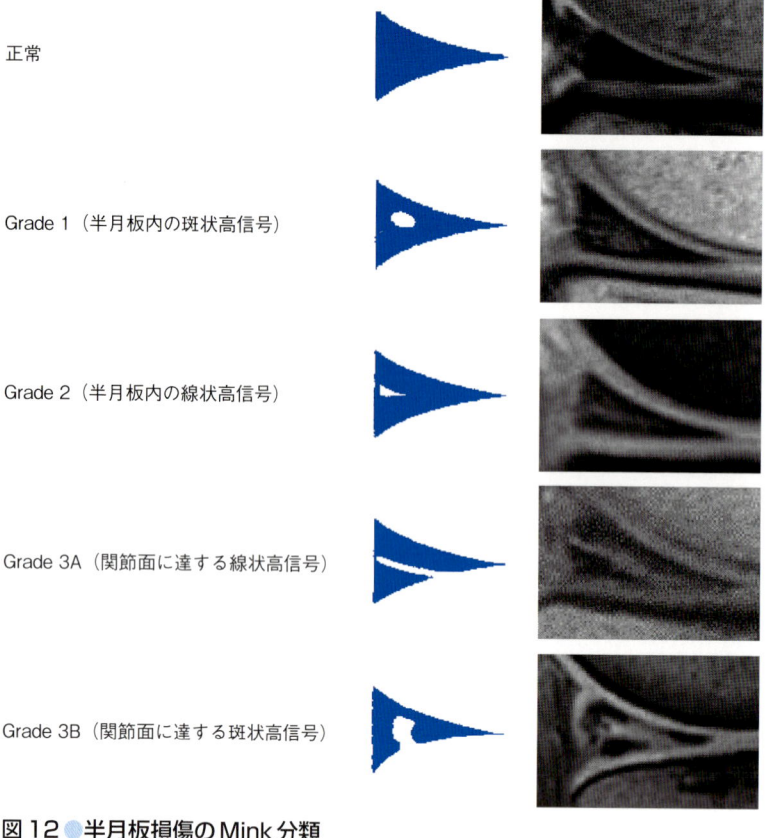

図12 ● 半月板損傷のMink分類
文献7を参照して作成

や半月板損傷などの異常を高率に描出することができ，単純X線写真では異常所見がみられない早期変形性膝関節症の診断に有用である．

❷半月板損傷

半月板損傷はスポーツにより発生することも多く，若年者では外傷による半月板損傷が多いが，中・高齢者では加齢変化に伴う変性断裂の頻度が高い．MRIによる分類（Mink分類[6]）では，Grade 1および2を半月板変性と，高信号が関節面まで達するGrade 3を半月板損傷と分類する（図12）．

MRIは侵襲もなく診断に有用だが，偽陽性や偽陰性に注意する必要がある．また，MRIによる半月板損傷の有病率は男女とも加齢に伴い増加するが，症状との関連性がない場合も多く，**臨床所見と画像所見の整合性を検討する必要がある**．

3) 脊椎のスポーツ傷害

❶脊椎変性疾患

加齢による椎間板や椎間関節の変性を基盤に，椎間板ヘルニアや変形性脊椎症，脊柱管狭窄症，腰椎すべり症などの脊椎疾患が起こる．このような退行変性の存在する脊椎にスポーツによる負荷がかかると，腰痛などのスポーツ障害を生じやすい．単純X線写真では椎体の変形や椎間板腔の狭小化，骨棘形成，椎間孔の狭小化などがみられ，MRIでは椎間板の変性や突出，脊髄や神経根の評価などに有用である．

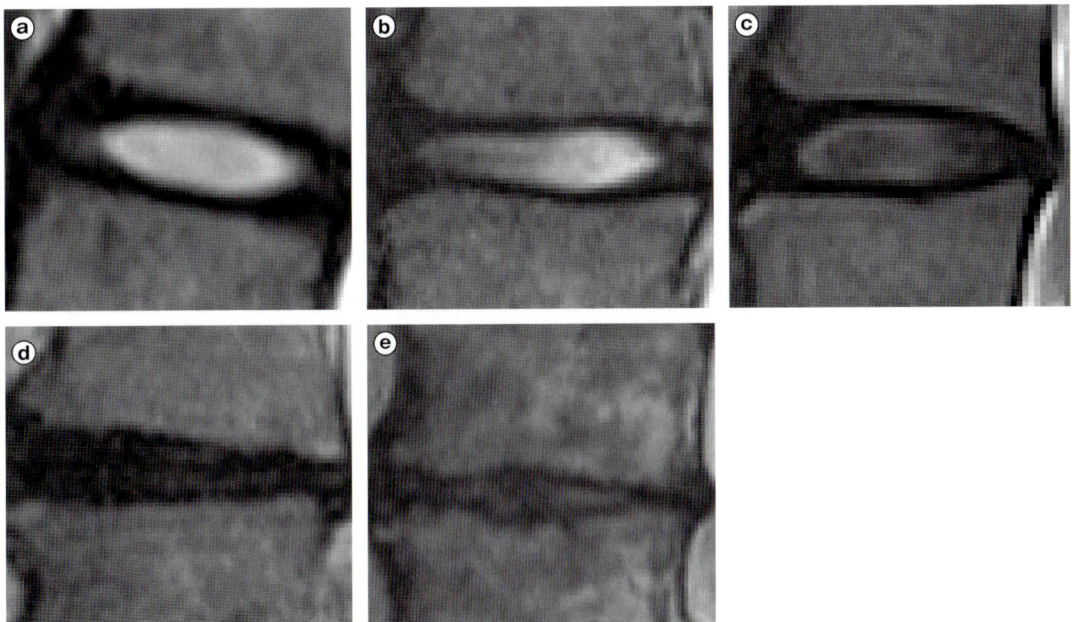

図13●腰椎椎間板変性のPfirrmann分類（T2強調像）
a）Grade Ⅰ：正常．b）Grade Ⅱ：髄核の不均一化．c）Grade Ⅲ：髄核の低信号化．d）Grade Ⅳ：髄核と線維輪の境界不明瞭化．e）Grade Ⅴ：椎間板腔の狭小化．

❷腰椎椎間板変性

　腰椎椎間板変性の発生頻度は年齢とともに増加する一方，中・高齢者では無症候性の頻度もきわめて高い．また，加齢に加えスポーツ活動による力学的負荷も要因となり，若年者のスポーツ選手においても腰椎椎間板変性を高頻度に認める．

　MRIによる腰椎椎間板変性の分類（Pfirrmann分類）では，正中矢状断T2強調像の信号強度に基づき5段階に分類される[8]（図13）．スポーツ選手では，腰椎椎間板変性に起因する腰痛も多く，症状の発現を予防するためにもMRIなどの画像診断も含めたメディカルチェックが有用である．

4）筋・腱のスポーツ傷害

　筋・腱のスポーツ傷害はどの年代にも生じるが，中・高齢者では，加齢により筋・腱の柔軟性や強度が低下するため，腱の炎症や断裂，肉離れを起こしやすくなる．

　スポーツ外傷では，アキレス腱断裂の頻度が最も高く，膝蓋腱断裂や大腿四頭筋腱断裂などが発生することもあり，MRIにて腱の不連続性や血腫の貯留などがみられる．肉離れは下肢に好発し，若年者ではハムストリングスや大腿四頭筋に，中・高齢者では腓腹筋に多く，年齢により好発部位が異なる．超音波検査やMRIが肉離れの重症度を判断するうえで有用であり，血腫の大きさや範囲を特定することが可能である．

　スポーツ障害は下肢に多く，アキレス腱周囲炎や腸脛靱帯炎，膝蓋靱帯炎，足底腱膜炎，鵞足炎などがみられ，上肢ではテニス肘（上腕骨外側上顆炎）・ゴルフ肘（上腕骨内側上顆炎），手指腱鞘炎などがみられる．

■ おわりに

- スポーツ傷害における画像診断では，年齢による身体的特性の違いを理解することが重要である．
- 小児・成長期のスポーツ傷害では，成長による解剖学的特徴や正常変異などに注意する必要がある．
- 中・高齢者のスポーツ傷害では，加齢による運動器の脆弱化や退行変性を考慮する必要がある．
- スポーツ傷害の診断では，常に，臨床所見と画像所見との整合性を検討することが重要である．

参考文献

1) 財団法人スポーツ安全協会：スポーツ等活動中の傷害調査．18：p.3, 1995
2) 麻生邦一：小児の骨折．「骨折・脱臼 改訂3版」(富士川恭輔, 鳥巣岳彦 編), p.231, 南山堂, 2012
3) Salter, R. B. et al.：Injuries Involving the epiphyseal plate. J Bone Joint Surg Am, 45：587-622, 1963
4) 「小児の整形外科」(坂口 亮, 岩谷 力 編), p.51, 中外医学社, 1993
5) Arendt, E. et al.：Stress injuries to bone in college athletes. Am J Sports Med, 31：959-968, 2003
6) Crues, J. V. 3rd. et al.：Meniscal tears of the knee：accuracy of MR imaging. Radiology, 164：445-448, 1987
7) Mink, J. H. et al：MRI of the Knee, 2nd ed, pp.99-105, Reven Press, 1992
8) Pfirrmann, C. W. et al.：Magnetic resonance classification of umbar intervertebral disc degeneration. Spine, 26：1873-1878, 2001

第 **2** 章

効果的な撮影法

第2章 効果的な撮影法

1. モダリティ別の特徴

東條慎次郎，福田国彦

> **Point**
> ▶ 単純X線は簡便で迅速に行える検査であり，骨折や脱臼などの外傷性病変が明瞭に描出される．
> ▶ CTは特に骨折の際に，微細な骨片の描出やその位置の同定に優れるが，X線被曝が大きい．
> ▶ MRIは軟骨や腱，靱帯など軟部組織病変に加え，単純X線で診断の難しい不全骨折の描出に優れるが，体内電子機器の装着者や閉所恐怖症の患者には使用できず，また造影剤使用時は腎性全身性線維症（NSF）に注意を要する．
> ▶ 超音波検査では軟骨，腱，靱帯，神経などの軟部組織病変をリアルタイムに描出することができ，近年では部位によってはMRIと同等の病変検出率を示す．
> ▶ 関節造影は侵襲性の高い検査であるが，CTやMRIと組み合わせることにより，半月板，関節唇，腱板などの関節内構造物の損傷の描出に優れる．

　スポーツ傷害の診断において一般的に行われる画像診断のモダリティについて，そのメリットとデメリットを中心に，各々の特徴について述べる．

1 単純X線

1）特徴と評価の基本

　傷害がスポーツによるものか否かにかかわらず，骨・関節疾患の画像検査でまず最初に行われるのは単純X線撮影である．単純X線により，骨折や脱臼といった外傷性病変の多くを捉えることができる．**撮影は，最低2方向で行う**．また長幹骨では近位側と遠位側の2関節を含めて撮像することにより，受傷部位から離れたところにある骨折や脱臼を見逃す危険性は減少する．また，比較のために健側の撮影が必要となることもある．
　また靱帯断裂による関節の安定性を評価するために，ストレス撮影が行われることがある．例えば膝関節などで，内側側副靱帯損傷が疑われる場合などに用いられる．
　骨・関節疾患における画像の評価は，ABCsの順に沿って行うのが，見逃しなど誤りを防げてよいとされる．Aは配列（alignment），Bは骨濃度（bone density），Cは関節軟骨（cartilage），sは軟部組織（soft tissue）である．

2）メリットとデメリット

　単純X線のメリットとして，まず簡便で基本的にどの医療施設でも撮影でき，迅速で侵襲性も少ないなどの点があげられる．
　しかし，単純X線は骨や石灰化病変の描出には優れるが，重なり像のために骨折の検出率はCTに劣る．このため，臨床的に骨折を疑うにもかかわらず単純X線で骨折線が不明瞭な場合には，可能であればCTを撮像することも必要である．
　また，軟部組織の病変の描出には限界があるものの，その評価はまず単純X線から始まる．X線

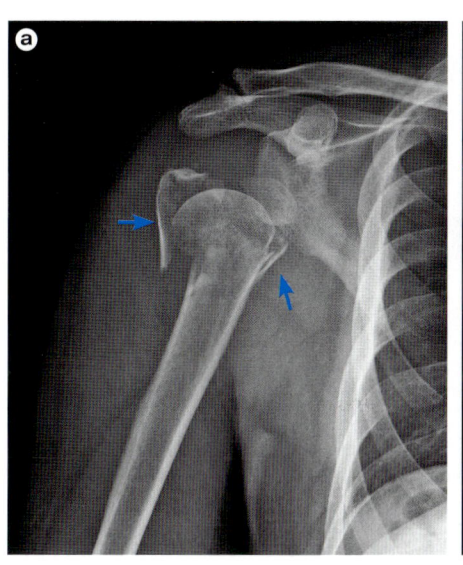
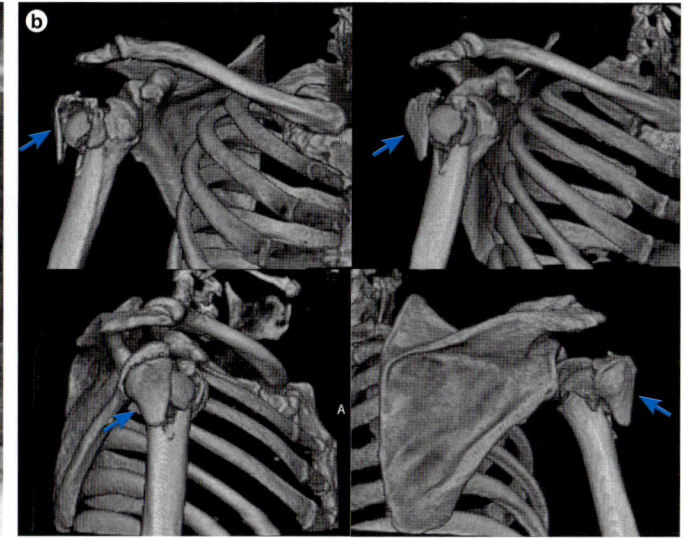

図1● 単純X線と3DCTで見えるものの違い
20歳代男性．ラグビー試合中に受傷．
a）上腕骨近位端骨折の右肩関節単純X線．右上腕骨近位端に，複数の骨片を伴う骨折がみられる．
b）3DCT．転位した骨片の位置関係が詳細に観察できる．

で得られる軟部組織病変の情報はMRIと比較すると多くはないが，広範囲の撮影で関心領域の全体像が把握できる，脂肪組織・ガス・異所性石灰化を描出できる，などの利点がある．

>●**単純X線のまとめ**
>　**メリット**
>　　・簡便で迅速，低侵襲
>　　・骨や石灰化病変の描出に優れる
>　**デメリット**
>　　・筋肉・靱帯・腱などの軟部組織の描出が不十分
>　　・重なり像がある

2 CT

1）特徴とメリット

　　CTはX線透過性をコンピュータ演算で算出するため，単純X線よりも濃度分解能に優れる．また組織のX線吸収率をCT値として測定することができる．

　　さらにマルチスライスCTの開発により，高精細容積画像データが得られるため，任意方向からの画像再構成や，三次元（3D）画像表示が可能である．そのため，脊椎，肩関節，骨盤，足関節などの解剖学的に複雑な部位に発生した微細な骨病変の描出に優れる[7]．

　　骨折の診断では，単純X線の補助的役割を担う．単純X線に加えてCTを用いることにより，骨折の検出，骨片の位置関係の評価，単純X線で検出が難しい関節内骨折の評価や，粉砕骨折における小骨片，微小な関節内遊離体などの描出も容易である．

　　特に3D再構成像を作成することにより，骨折では骨片の転位，母床との位置関係を明瞭にすることができ，整復手術など治療に役立つ（図1）．また，金属アーチファクトもMRIに比較して低いため，整復術後の金属装具を装着した状態でも撮影でき，装具の緩みや逸脱など，装具と周囲組織との位置関係を詳細に評価することもできる．

表●単純X線とCTでの，検査中に患者が被曝する実効線量の比較

部位	単純X線（mSv） （いずれも正面像）	CT（mSv）
頭部	2	50
胸部	0.2	8
腹部	2	17
腰椎	3	17

筆者の施設（日本診療放射線技師会の定める被曝低減施設）における数値であり，施設により線量は異なる．

2）デメリット

CTには，単純X線の数倍から数十倍と多量のX線被曝がある（表）．また，単純X線では関心領域のみを撮影すればいいが，CTでは関心領域以外の部位も被曝することに留意する必要がある．このため，若い女性や小児へのCT撮像は慎重に行う必要がある．特に小児は成人と比較して放射線感受性が強く，検査後の余命も長いことから遅発性影響が成人よりも出やすい．このため，CT検査では，得られる情報によるメリットと，被曝によるデメリットを天秤にかけて，as low as reasonably achievable（ALARA，合理的に達成可能な限り低く）の考え方を尊重するべきである．

●CTのまとめ

メリット
- 検査が迅速
- 再構成により任意の断面像，3D画像を得られる
- 濃度分解能，空間分解能に優れる

デメリット
- 軟部組織の情報が限られる
- 多量のX線被曝を要する

---

3 MRI

1）特徴

MRI検査では，適切な撮像断面，受信コイル，撮像シーケンスの選択が特に重要である．横断像，冠状断像，矢状断像の3軸方向の断面を得ること，検査部位ごとに適正なコイルを選択すること，薄層画像の得られるグラジエントエコー（GRE）法によるT2*強調像とSTIR〔short TI（tau）inversion recovery〕ないしCHESS法による脂肪抑制T2強調像の撮像を加えることが，整形外科領域のMRIで基本であるが，疾患によっては特殊な断像面の撮像や造影剤を使用するなど特別な撮像法が要求されることがある．

2）メリットとデメリット

MRIのメリットとして，組織分解能に優れていることにより，筋，腱，靱帯，関節唇，半月板などの軟部組織や骨髄，皮質骨，関節軟骨を直接観察できることが第一にあげられる．筋・腱・靱帯の損傷に加え，軟部組織の浮腫，血腫，瘢痕などさまざまな軟部組織の病変を描出することができ

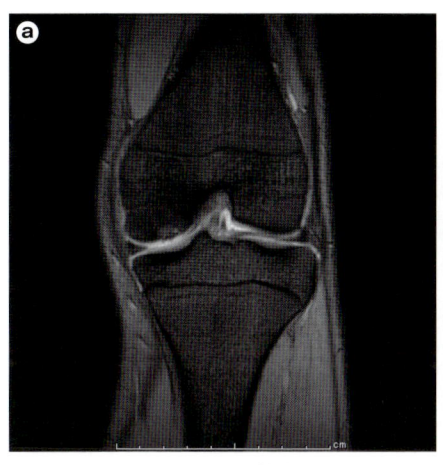 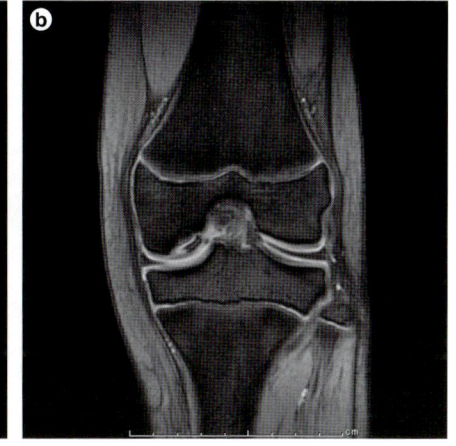

図2 ● MRI T2＊強調冠状断像
a）20歳代男性．サッカー．大腿骨内側上顆の顆間窩寄りに離断性骨軟骨損傷あり．軟骨面の不整を伴うが，骨片と母床との間に関節液の侵入はなく，安定性の病変である．
b）10歳代男性．サッカー．大腿骨内側顆の顆間窩寄りに遊離骨片を伴う離断性骨軟骨損傷あり．母床と骨片との間に関節液を疑う高信号域がみられ，不安定性の病変と考える．

る．軟骨が描出できることも，スポーツ傷害の診断においては重要な利点である．例として，小児に多い離断性骨軟骨症では，International Cartilage Research Societyによる関節鏡分類が用いられることが多いが，stage ⅡとⅢは，骨軟骨病変が安定性か不安定性かを区別するものであり，この分類によって手術方式が決定されることを考慮すれば，MRIで軟骨が観察できる意義は大きい（図2）．

MRIは，単純X線やCTで描出が難しい骨髄浮腫などの骨髄変化をみることが可能である．これにより，疲労骨折や，骨挫傷をみることができる．また，通常の骨折に関しても，骨折線周囲の骨髄の浮腫性変化を評価することにより，骨折の起こった時期についておおよそ推定することもできる[2]．

デメリットとして，検査時間がCTに比べて長いことがあげられる．十数分から数十分の検査時間の間，体をじっと動かさないことを患者に強いるのは，疼痛など症状のある患者には辛い検査であるといえる．

3）注意すべきアーチファクト

画像評価に関して，MRI特有のアーチファクトがあることにも注意を要する．T2＊強調像やT1強調像などのようにTE（time of echo，エコー時間）が短い撮像法では，**magic angle phenomenon**というアーチファクトが発生する．線維束が静磁場方向と55°になる関節唇や腱板が高信号に描出される現象で，偽陽性の原因ともなる．その他，状況によってどのようなアーチファクトが起こりうるかという知識をもって読影に当たることが，偽陽性や偽陰性を防ぐために重要である．

その他にも，脳脊髄液の流れ・拍動，体動，消化管蠕動などで起こる「**motion artifact**」，水と脂肪の境界に発生し，両者の信号の波長が異なるため実際の位置とずれて描出される「**chemical shift artifact**」，磁化率が異なる組織の境界で画像のひずみが生じる「**magnetic susceptibility artifact**」，画像収集領域（field of view：FOV）より被写体が大きい場合に領域から外れた部分が位相エンコード方向に折り返して画像に重なる「**wraparound artifact**」などが起こりうる．

4) MRIが禁忌となる患者・状況

MRI検査室は常に強い磁場を発生しており，検査の安全性と事故防止のため，磁性体となる金属の持ち込みは制限される．従来，心臓ペースメーカーの装着者はMRI禁忌とされてきたが，2012年10月に薬事法の認可を受けたMRI対応ペースメーカーが，日本国内で使用が開始された．しかし，実際の撮像には，1.5Tのトンネル型装置のみであることや，ペースメーカー埋め込み後6週間以上経過していることや，側臥位では撮像できないこと，検査中は血行動態をモニタすることなど，多くの制約が施設により定められている．

その他には，**人工内耳，その他の体内電子装置や，マグネット付きの義歯の装着者のMRI検査は禁忌である**．脳動脈瘤クリッピングについては施行した医療施設に安全性の確認をとる必要がある．またニトロダーム® TTS®を貼付のまま検査を行ってはならない．ニトロダーム® TTS®（経皮吸収ニトログリセリン製剤）には製剤にアルミニウムが使用されており，貼付したままMRI検査を受けると，やけどの恐れがあるからである．

5) 造影剤使用時の注意点

CTと同様，造影剤を使用する症例ではあらかじめ造影剤使用の説明と同意を得ることが必要であり，過去にガドリニウム造影剤にアレルギーのあった患者には，造影を行うことができない．

なお，ガドリニウム造影MRIにおいて最も注意すべき副作用は，nephrogenic systemic fibrosis（NSF：腎性全身性線維症）である．これは，腎不全患者，特に透析患者において，皮膚の腫脹や硬化，疼痛などで急性に発症し，進行すると四肢関節の拘縮を生じる疾患であり，肺，心筋，肝臓，腎臓に病変が及ぶ例もあり，死亡例も報告されている[3]．「NSFとガドリニウム造影剤使用に関する合同委員会」は，長期透析中の終末期腎障害患者，非透析例でもGFRが30 mL/分/1.73^{2}未満の慢性腎不全，および急性腎不全の患者を原則禁忌とするガイドラインを制定している．

● **MRIのまとめ**

メリット
- 軟骨，腱，靭帯を直接観察し，評価ができる
- 疲労骨折や不全骨折などを見ることができる

デメリット
- 体内電子機器を装着した患者，閉所恐怖症の患者には使用できない
- 検査時間が長い
- ガドリニウム造影剤を投与したとき，腎不全患者や透析患者では腎性全身性線維症を発症するおそれがある

---

4 超音波検査

1) 特徴

1979年に，Selzerら[4]が初めて関節疾患の診断において超音波検査を応用して以来，超音波検査は整形外科領域において診断の一助として活用されてきた．特に最近では表在用高周波リニアプローブの開発や，装置のフルデジタル化に伴い，画質が飛躍的に向上し，単純X線では観察できない軟骨，腱，靭帯，神経などの軟部組織の詳細な評価が可能になってきている（**図3**）．肩関節の腱板損傷においても，**超音波検査はMRIと同等な検出率を発揮する**ことがBachmannら[5,6]により報告されている．

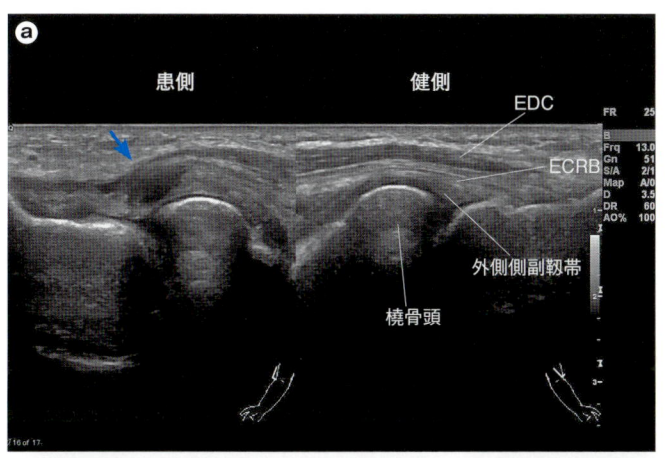

図3● 上腕骨外側上顆炎

50歳代男性，テニス．
a) 超音波像．EDC，ECRB，および外側側副靱帯に至る不整な低エコー域を認め，断裂を疑う．EDC：総指伸筋腱，ECRB：短橈骨手根伸筋腱．
b) MRI STIR 冠状断像．外側側副靱帯およびEDCの外顆付着部付近に高信号（→）を認める．
c) MRI STIR 横断像．外側側副靱帯およびEDCの外顆付着部付近に高信号（→）を認める．

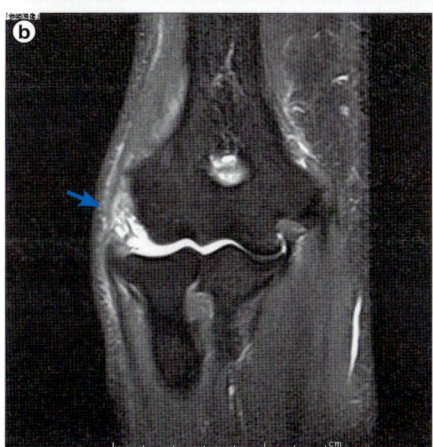

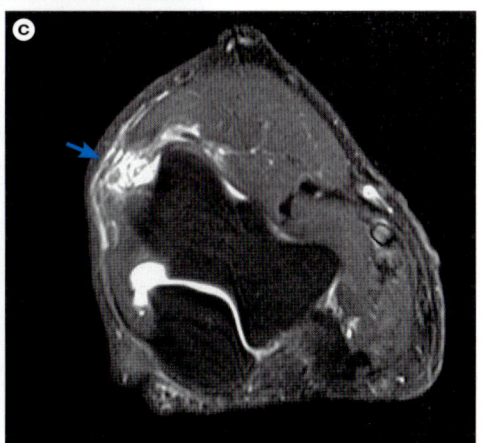

2) メリットとデメリット

　比較的安価に行える検査であることも利点の1つである．検査機器も，近年では大変軽量化され，以前は病院内でしか利用できないほど大型であったが，現在では机上で使用するラップトップパソコン，もしくはそれよりも小さなサイズとなり，診察室内や病棟，手術室内でも容易に施行できる．

　また，超音波はリアルタイムで病態を観察できるという点で優れており，容易に反復して検査することも可能である．X線撮影のような放射線被曝の心配はなく，MRIと異なり電子機器や金属装具を装着した患者にも検査を行える利点もある．動画での撮像も可能である．また超音波ガイド下の穿刺など，観察しながら手技を行える利点も大きい．

　デメリットには，超音波の特徴として，骨や石灰化巣では照射した超音波の大部分が反射されるため，骨の内部や石灰化組織で囲まれた部分の変化は描出できない点があげられる．このため，脊柱管や骨髄内病変を描出することはできない．

　また，他のモダリティに比べて撮像範囲が狭いため，広範なスクリーニングには不向きであり，病歴や臨床所見から病変の部位および種類をあらかじめ推測して検査する必要がある．また検査手技に習熟していなければ，目標となる構造物の描出は不良となり，検査時間も長くなってしまう．

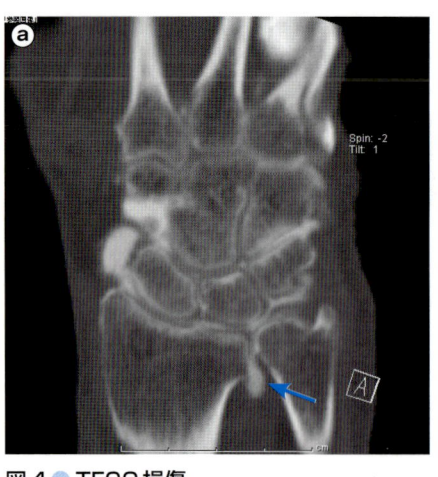

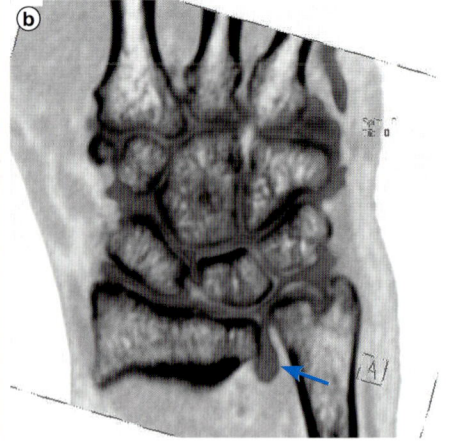

図4 ● TFCC損傷
50歳代男性．テニス．
a) 関節造影後のCT冠状断像．TFCC，関節円板の損傷に伴い，造影剤が関節腔内から前腕側へ漏出している（→）．
b) 関節造影後のCT冠状断像．サブトラクションにより骨と造影剤の濃度が分離され，造影剤の分布が明瞭になる（→）．

●**超音波のまとめ**

メリット
・簡便で安価，非侵襲的
・リアルタイムで病変を観察できる

デメリット
・検査に習熟が必要
・検査範囲が限定的

---

5 関節造影

　　関節造影は侵襲的な検査であることから，大部分がその役割をMRIに置換されたが，**この検査をCTやMRIと組み合わせることにより，詳細な関節内病変の評価を行うことができる**．関節内へ造影剤を注入することにより人為的に関節水腫の状態をつくり，CTやMRIで関節内構造物を分離して描出することができ，また，損傷部に進入した造影剤の形状から半月（板），関節唇，腱板などの損傷部位と程度をより正確に評価することが可能となる（図4）[8]．

　　特に，肩関節の関節唇靱帯複合体損傷では，関節造影を行うことで診断能が明らかに向上することが知られている．また腱板損傷において腱炎，部分断裂，全層断裂の区別，断裂部位と大きさの評価がMRI関節造影で正確に行えるため，保存的治療や手術などの治療方針の決定や，観血的手術か内視鏡手術かなどの手術手技の決定に貢献することになる．

　　肩関節，手関節，足関節，肘関節において頻繁に用いられ，腱板断裂，肩関節癒着性関節包炎，離断性骨軟骨症，関節内遊離体などの評価に特に効果的である．

　　ヨード造影剤を体内に注入するため，ヨードアレルギーの患者では禁忌となるが，この場合は，検査目的により陰性造影剤として空気のみを用いてCT撮影を行うことも可能である．

●関節造影のまとめ

メリット
・半月板，関節唇，腱板などの損傷部位と程度を正確に評価することができる

デメリット
・侵襲的である
・手技に習熟が必要
・ヨードアレルギーの場合は禁忌

■まとめ

　くり返しになるが，単純X線は，骨・関節疾患においてまず最初に行うべき画像検査であり，CT，MRIは単純X線による評価のあとに補助的に行われる検査である．骨折において，単純X線で骨折線の有無が不明瞭なときは，CTもしくはMRIでの精査が必要となる．また，軟骨や腱や靭帯などの軟部組織の損傷に対してはMRI，超音波検査が適応となり，関節内病変に対しては関節造影を考慮する必要がある．超音波検査での検査には習熟を要するが，病変描出は優れており，MRIより場所を選ばず簡便に行えることから，整形外科領域において今後もさらなる進歩と活用が望まれる．

参考文献

1) 西澤かな枝：わが国のCT検査の実態と被ばく線量推定. 日医放会誌, 64：3-6, 2004
2) Boks, S. S. et al.：MRI Follow-Up of Posttraumatic Bone Bruises of the Knee in General Practice. AJR, 189：556-562, 2007
3) Marckmann, P. et al.：Nephrogenic Systemic Fibrosis：Suspected Causative Role of Gadodiamide Used for Contrast-Enhanced Magnetic Resonance Imaging. JASN, 17：2359-2362, 2006
4) Seltzer, S. E. et al.：Arthrosonography：Gray-Scale Ultrasound Evaluation of the Shoulder. Radiology, 132：467-468, 1979
5) Bachmann, G. F. et al.：Diagnosis of rotator cuff lesions：comparison of US and MRI on 38 joint specimens. Eur Radiol, 7：192-197, 1997
6) Vlychou, M. et al.：Symptomatic partial rotator cuff tears：diagnostic performance of ultrasound and magnetic resonance imaging with surgical correlation. Acta Radiol, 50：101-105, 2009
7) Brouwer, K. M. et al.：Diagnostic accuracy of 2- and 3-dimensional imaging and modeling of distal humerus fractures. Journal of Shoulder and Elbow Surgery, 21：772-776, 2012
8) Flannigan, B. et al.：MR arthrography of the shoulder ; comparison with conventional MR imaging. SAJR Am J Roentogenol, 155：829-832, 1990

第2章 効果的な撮影法

2. 疾患ごとに有用な撮影法

岩噌弘志

> **Point** ▶ スポーツ傷害特有の疾患には個別に特有な画像診断（法）が必要なものが多い点に留意するべきである．

■ はじめに

　スポーツ傷害に関しては通常の整形外科的傷害と重複するものも多いが，スポーツ傷害特有のものも少なからず存在し，これらの疾患に関しては，その診断・治療方針も固有のものがあることは論をまたない．本稿ではスポーツ傷害のなかで特別の画像診断（法）を要するものについてのみ述べる．したがって系統的ではなく個々の疾患を例示する形にならざるを得ないことをお許しいただきたい．

1 疲労骨折

　スポーツ特有の傷害の代表的なものの1つである．画像診断からすると発症直後は骨折線が単純X線では確認できない例が多く，時間経過とともに骨折線が確認できるようになってくるものと，症状が慢性化しても単純X線では骨折線が確認できないものとがある．
　前者の場合，初診時X線で骨折線を認めなくとも，運動歴と疼痛部位から疲労骨折の可能性を念頭におき，スポーツ活動の休止と経時的X線検査を行うことが原則である．しかしながら実際のスポーツ現場では，選手・コーチから早期診断を要求されることが多い．このような場合MRIが有用である．図1は新体操の日本代表選手の1人で，発症後3日目のMRIで中足骨疲労骨折が確認された．世界選手権直前のことであり選手本人とコーチに説明した結果，試合は別の選手の起用が決まった．図2はバスケットボールの選手で，足関節荷重時痛が強く来院した．発症10日目の単純X線

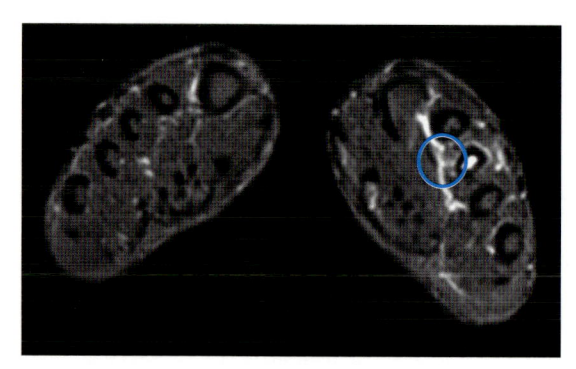

図1 ●中足骨疲労骨折MRI像（発症後3日）
骨髄にhigh signal（＋）で疲労骨折あり．

で内果の疲労骨折が確認され手術療法を行った．一般整形外科的観点から考えると若年者の転位の少ないこのような骨折では保存的加療が第一選択となることが多いが，同部の疲労骨折は保存的には骨癒合が得られる率は低く手術適応である．

　一方，上述の後者の場合でX線では慢性化しても診断がつかない疲労骨折の場合，病歴と部位から疲労骨折が疑われた場合にはX線以外の画像診断が必要である．例えば，ゴルフ・野球・テニス等のグリップを握るスポーツで手掌小指球部に疼痛を認める場合，有鉤骨の疲労骨折を疑う必要がある．手根管撮影またはトイレットペーパーのロールを握らせたX線撮影で骨折線を確認できれば診断が確定できるが，骨折線が確認できないからといって本症を否定できるわけではないので，CTは必須である．図3のごとく横断像（axial view）で撮影すれば診断は容易であり，視覚的にも選手に手術を説得しやすい[1]．

　同様に，足甲の疼痛が長く続く陸上系の選手で舟状骨に圧痛を認めれば，舟状骨の疲労骨折の可能性が高い．骨折が慢性化し矢状面に骨折線が入っていれば単純X線でも骨折線が確認できることがあるが，確定診断は図4のごとくCTが有用である．バレエダンサーで舟状骨よりやや遠位に圧痛がある場合，第2中足骨基部の疲労骨折の可能性がある．単純X線でも圧痛部位を詳細に観察す

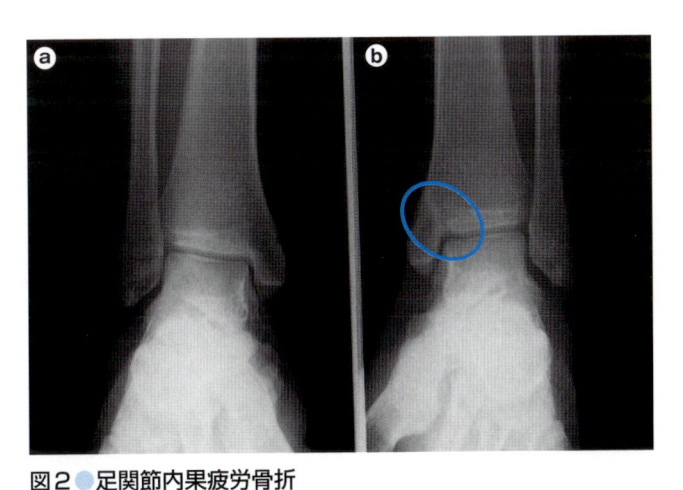

図2●足関節内果疲労骨折
a）右足，b）左足．内果に疲労骨折がみられる．

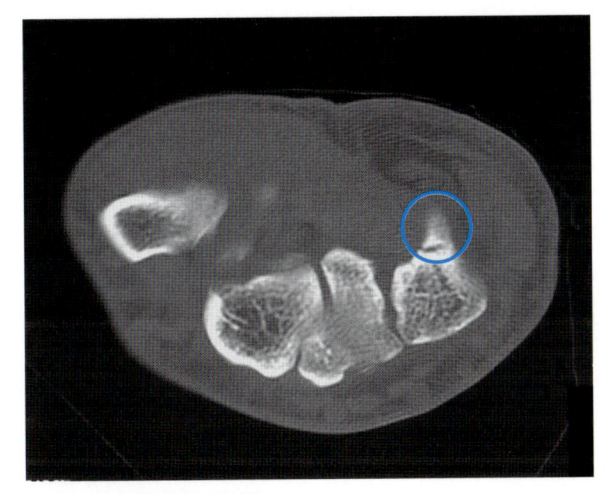

図3●有鉤骨骨折CT像
有鉤骨に疲労骨折あり．

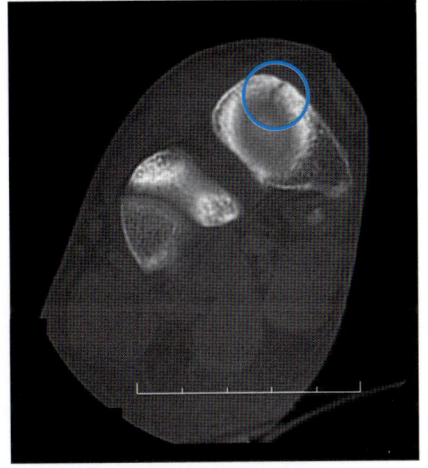

図4●足舟状骨疲労骨折CT像
18歳，陸上．舟状骨に疲労骨折あり．

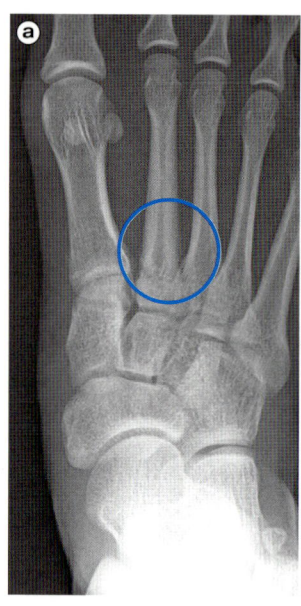

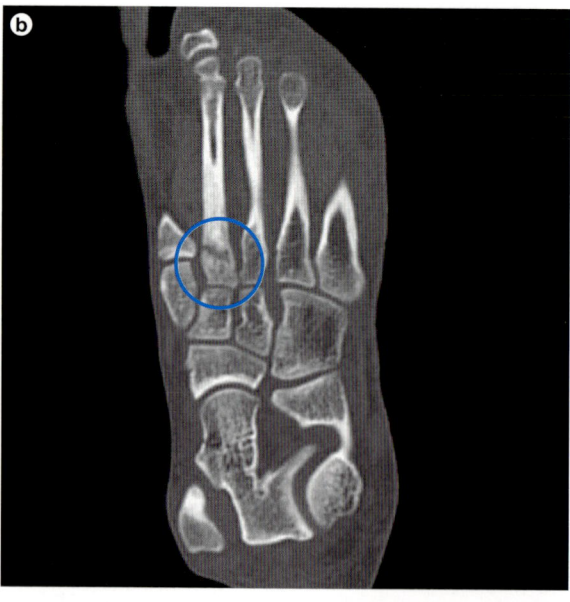

図5 ● 第2中足骨基部疲労骨折

24歳, バレエ.
a) 単純X線. 中足骨に疲労骨折あり.
b) CT像. 中足骨基部に疲労骨折あり.

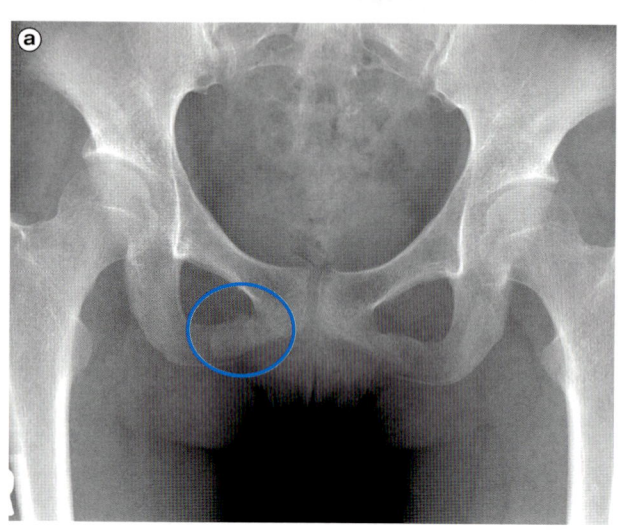

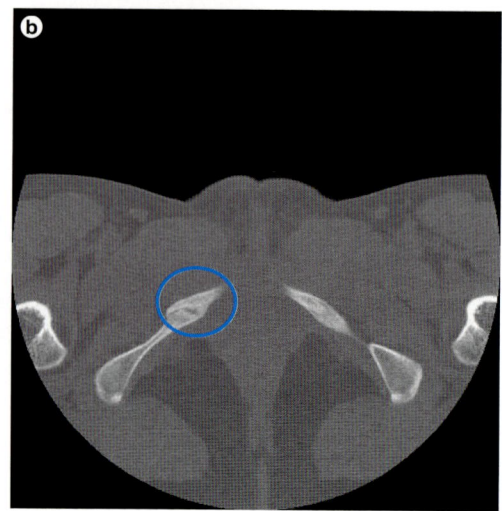

図6 ● 恥骨下枝疲労骨折
a) 単純X線. b) CT像.
恥骨下枝に疲労骨折あり.

れば骨折線は確認できることが多いが, 外傷性の骨折か疲労骨折であるかの鑑別は**CT**が有用である (図5). 仮骨の有無で鑑別する. 陸上やバスケットボールの選手で股関節や鼠径部痛を主訴として来院し恥骨下枝に圧痛を認める場合, 恥骨下枝 (恥坐骨結合部) の疲労骨折を疑う. これも単純X線で骨折線が確認できる場合もあるがCTの方が早期診断・確定診断には確実である (図6).

> メモ　疲労骨折の確定診断にはCTまたはMRIが有用である.

図7● 距踵関節癒合症
a) 単純X線：coalition は確認できない．
b) CT像．前額面で coalition が確認される．

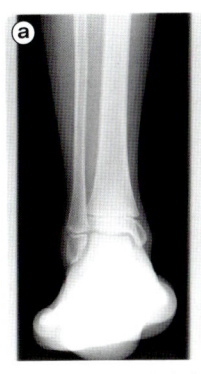

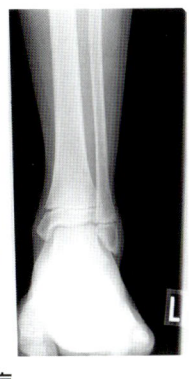

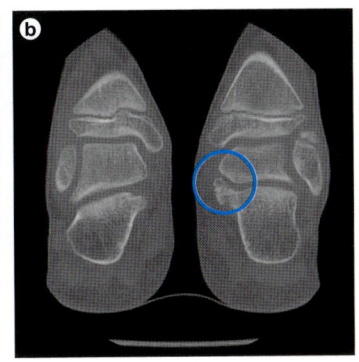

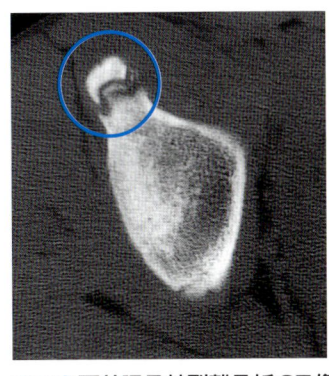

図8● 下前腸骨棘裂離骨折 CT像

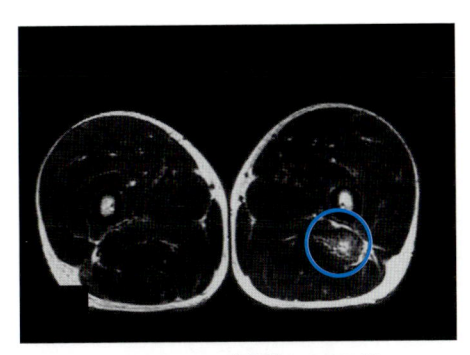

図9● ハムストリング肉離れ MRI像
high signal（+）である（○）．

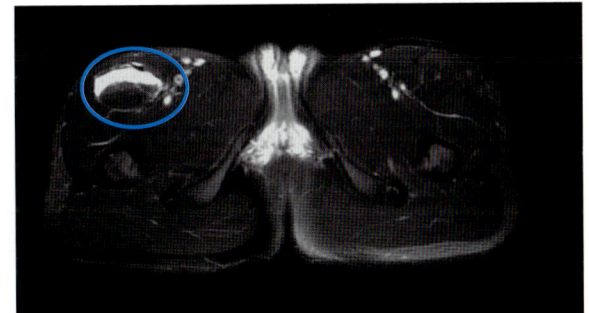

図10● 大腿四頭筋肉離れ MRI像
high signal（+）である（○）．

2 その他の骨病変

　運動時または運動後の足関節内果下部の疼痛を訴える患者で単純X線で異常を認めなくとも内果下部に圧痛を認めるか "double malleolar" という骨隆起を認める場合は coalition を疑うべきである．X線では Anthonsen 法撮影が有効なときもあるが，CT が確定診断と手術適応の決定には必須である[2]（図7）．14～15歳の生徒で運動時に股関節周囲に激痛を生じ歩行困難となって来院する例がある．股関節の運動時痛が強ければ骨盤の裂離骨折は鑑別診断の1つとして念頭におくべきである．単純X線の前後像では骨折部を確認できる場合が少なく，斜位撮影で骨折線を確認できることが多いが，この疾患でも CT は確定診断には有効である（図8）．

3 軟部組織損傷

　スポーツ特有の損傷が多い分野で，いわゆる肉離れや靱帯損傷および腱断裂等がある．

1) 肉離れ

　肉離れはスポーツ動作中に起こるもので，日常生活動作（activities of daily living：ADL）には短期間で支障がなくなるが，スポーツ活動への復帰は ADL 復帰よりはるかに長期を要し，不完全治癒状態での復帰は再発の危険性が高く，部位によっては時に選手生命にかかわる．一番代表的なものはダッシュ等の急激な動作で起こるハムストリングの肉離れである．病歴と圧痛，膝屈筋力の

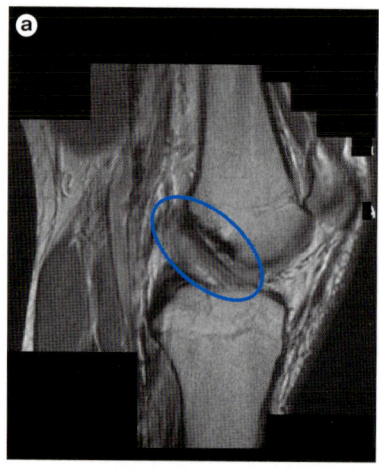

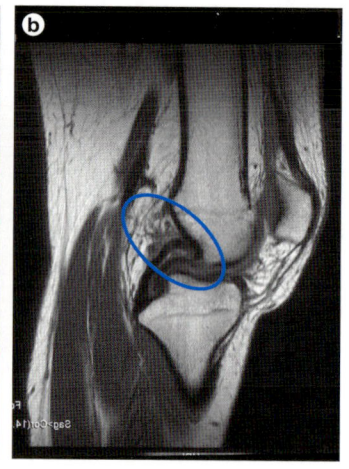

図11 ● 膝前十字靱帯損傷MRI像
a) 正常像．前十字靱帯が黒い帯状陰影（low signal band）として描出される．
b) 断裂像．low signal band が消失している（○）．

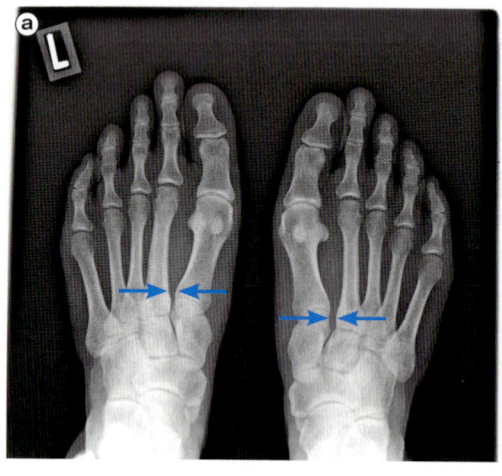

図12 ● Lisfranc靱帯損傷
a) 左右正面像．Lisfranc関節の離開を認める．
b) fleck sign．

低下，popliteal angle（膝窩角）の左右差があれば診断が確定する．popliteal angle の改善が復帰の目安であるが，客観的画像診断としてはMRIが大変有効である．high signal arca（用語解説：MRIで白く写っている部分．高信号域）の消失が復帰の目安にもなる（図9）．比較的稀ではあるが大腿四頭筋の肉離れもあり，これもMRIが有用である（図10）．

2）靱帯損傷

　　膝前十字靱帯損傷はスポーツの代表的靱帯損傷の1つである．損傷を放置してもADLにはほとんど支障をきたさない疾患であるが，スポーツ継続には手術加療が必要なため，スポーツ選手にとって本損傷の正確な診断は大変重要である．診断は，病歴，徒手検査，画像診断の3つで行うが，徒手検査に関してはかなりの習熟を要する検査であるため診断に画像診断の占める役割は大きい．画像診断は当然MRIで行うが，通常の矢状断像では偽陽性率が高く前十字靱帯の走行に沿ってやや傾斜させた矢状面での撮影の方が損傷を的確に描出しやすい（図11）．

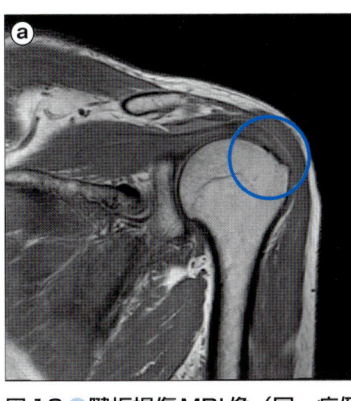

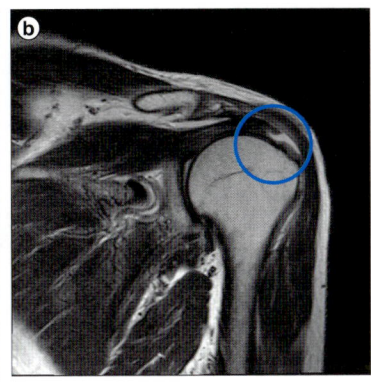

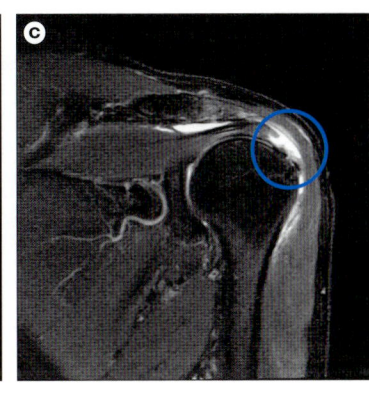

図13●腱板損傷MRI像（同一症例の同一断面）
a) T1強調像．腱板損傷は確認できない（○）．
b) T2強調像．腱板損傷はhigh signal area（○）として確認できる．
c) T2*強調像．腱板損傷はhigh signal area（○）として確認できる．

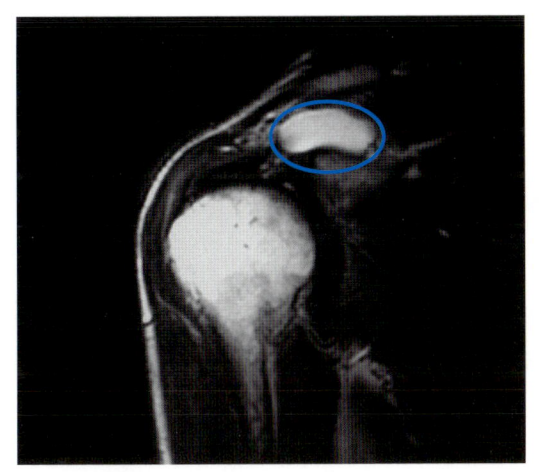

図14●肩甲骨ガングリオンMRI像
ガングリオンがみられる．

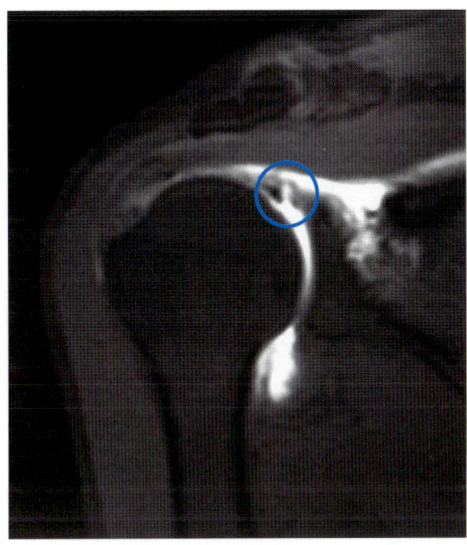

図15●肩関節上方関節唇損傷（SLAP損傷）type Ⅱ
関節造影MRI像．SLAP損傷がみられる．

　一方スポーツの靱帯損傷のなかで一番多いとされている足関節外側靱帯損傷の場合，MRIの診断精度は劣るため，一般的にはX線のストレス撮影での距骨傾斜角や前方動揺性の定量的評価の方が重症度判定がしやすく，診断と治療方針の決定には有用である．

> **コツ**　膝の靱帯損傷の診断はMRIが，足関節の靱帯損傷の診断はストレスX線が有用．

　足部のスポーツ特有の靱帯損傷の1つとして**Lisfranc靱帯損傷**がある[3]．これはラグビー等でしゃがんだ状態で他人に乗られ，足部軸方向に強大な外力を受けた場合や，前足部のみ"もっていかれた"場合に受傷することが多い．受傷直後は前足部中央に腫脹がみられ，時間とともに軽快し歩行可能となるが全力疾走や方向転換は困難でスポーツ復帰は難しいことが多い．受傷から時間がたってから専門医を受診することが多く，当然腫脹は軽快しているが，Lisfranc靱帯部に圧痛を認

め，pronation-abduction testが陽性であれば本症を疑う．単純X線で内側楔状骨と第2中足骨基部間の開大がみられれば診断は確定するが，立位荷重位撮影で左右差を比べる方がより開大が明確となる．また内側楔状骨と第2中足骨基部の間に小骨片を認めることがありfleck signと呼ばれる．この所見はLisfranc靱帯の剥離骨折といわれ，これが存在すればそれだけで診断が確定する（図12）．ちょうど膝前十字靱帯損傷のSegond骨折と同様である．

3）腱断裂

スポーツ損傷の腱断裂で一番一般的なアキレス腱断裂に関しては病歴と臨床診察で診断は容易であるが，不全損傷・治癒状態の観察・治療中の再断裂の確認のためにはMRIが有効である．スポーツ選手の肩の腱板損傷はいわゆる肩関節周囲炎との鑑別が大変重要な疾患である．つまりスポーツ選手の場合，腱板損傷があればスポーツ活動の制限または手術加療が必要となるからである．臨床診察で同損傷が疑われれば，現状では一番有用な検査はMRIである．ただしここで問題となるのは単にMRIといっても前額面像でT1強調像では腱板損傷は診断できず，T2強調像またはT2*強調像でのみ診断できるということである（図13）．また投球動作中や動作後の肩周囲の鈍痛と易疲労感を主訴に受診した場合で，腱板筋力の低下を認めると腱板損傷を疑うのが通常である．しかし時として疼痛が少なく夜間痛等も少ない場合，ガングリオンによる肩甲上神経麻痺であることがあり，これもMRIで明確となる（図14）．投球肩関節障害は肩関節外に原因があるものと肩関節内に責任病変があるものに分かれる．後者のうち代表的なものに肩関節上方関節唇損傷〔いわゆるSLAP損傷（superior labrum anterior and posterior lesion）〕がある．これはさまざまな徒手検査法が報告されているが徒手検査だけでは診断が難しく，画像診断が決め手となる．単純MRIで診断可能な症例もあるが，確定診断には関節造影MRIが必要である[4]（図15）．肩関節脱臼においても整復状態の確認と合併骨損傷の確認のため単純X線は必須であるが，Bankart損傷およびHill-sachs損傷の確認には単純MRIが有効である．ただし関節包断裂やHAGL（humeral avulsion glenohumeral ligament）損傷の確認には関節造影MRIまたはCTが必要である．

> **Pitfall** 肩腱板損傷のMRI診断はT1では診断できない．T2またはT2*で！

■ おわりに

スポーツ傷害に特有な画像診断を列挙した．各疾患を念頭に置き特有な画像診断を行うことが肝要である．

参考文献

1) Andresen, R. : Imaging of hamate bone fractures in conventional X-rays and high-resolution computed tomography. An in vitro study. Invest Radiol, 34（1）: 46-50, 1999
2) Solomon, L.B. & Ruhli, F. J. : A dissection and computer tomograph study of tarsal coalitions in 100 cadaver feet. J Orthop Res, 21（2）: 352-358, 2003
3) Kalia, V. : Epidemiology, imaging, and treatment of Lisfranc fracture-dislocations revisited. Skeletal Radiol, 41（2）: 129-136, 2012
4) Knesek, M. : Diagnosis and management of superior labral anterior posterior tears in throwing athletes. Am J Sports Med, 41（2）: 444-460, 2013

3. 画像診断の遅れとその対処

江原 茂

Point

▶ 1. 急性期骨折診断の最低限の原則
骨折の所見が単純X線ではなくても骨折は存在しうる．しかし骨折のようなX線所見があっても無症状の骨折は存在しない（例外：多発外傷やアルコール・薬物の影響下では骨折の症状が明らかでないことがある）．

▶ 2. 見逃されやすい骨折がある
脊椎のような重なりの多い部位では歯突起骨折や片側性椎間関節脱臼骨折，転位が軽度な橈骨頭，手舟状骨，大腿骨頭下骨折，そして脱臼と骨折が合併するMonteggia骨折やLisfranc関節脱臼骨折などでは診断が遅延しやすい．

▶ 3. スポーツ選手には注意が必要
スポーツによる慢性変化と急性外傷による変化を鑑別する必要がある（時に困難）．

1 骨折診断の遅延の背景

1) 骨折診断遅延

　骨折に代表される骨外傷の診断は一般に単純と考えられているが，実は最も困難な画像診断の1つである．特に急性期には全く異常所見を欠く例が数多く存在する．その状況で骨折を単純X線に基づいて否定してしまうと，あとで骨折の所見が明らかになることがある．さらに，あとから診断する医師がこのような骨折の問題を理解していないとトラブルに発展することがある．**X線だけで骨折は診断できるが，X線だけでは骨折は否定できない**．X線で骨折が確認できない場合でも，主訴などから骨折が疑われる場合，とりあえず骨折として治療して経時的変化によりあとで診断を確認することも必要となる．

　急性期に圧痛を伴わない骨折はない．X線で骨折が疑われても，圧痛などの症状がなければ骨折は事実上否定できる．これらは多くは正常変異ないし陳旧性外傷の所見である．ただし，意識や痛覚の障害，アルコールやその他の薬剤の影響，そして多発外傷などにより他部位に著しい疼痛がある場合などには痛みを訴えない場合がある．

2) 外傷の画像評価の変化

　デジタル化されても詳細な骨梁構造の描出に単純X線が最も優れていることに変わりはない．しかしCTの普及に伴い，重なりの多い解剖学的に複雑な部位はCTで観察することが普通になった．さらに多列CTの出現により全身のスキャンが一瞬にして完了してしまうため，多発外傷患者では胸腹部内臓と体幹部の骨格をまとめて撮影してしまうことが一般的になりつつある（外傷パンスキャン）．脊椎も頸椎から腰椎にわたって全長にわたって評価できる（図1）．さらに放射線被曝の低減が進み，低被曝で高精度画像を得ることが可能になりつつある．

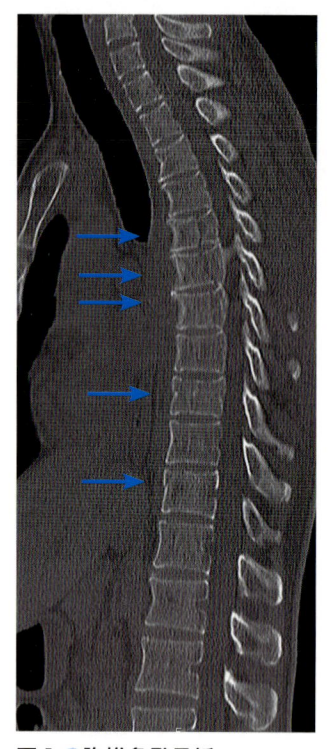

図1●胸椎多発骨折
39歳男性．バイクのツーリングでの転倒．CT胸腰椎矢状断再構成像．第5～7，9，11胸椎椎体に圧迫骨折を認める（→）．

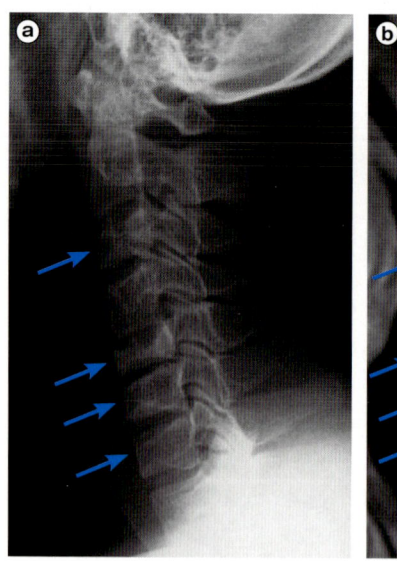

図2●元ラグビー選手にみられた頸椎変形
26歳男性．
a) 単純X線側面像．第3，5～7頸椎に圧迫骨折による変形をみる（→）．骨折発症時期は単純X線検査では推定できない．
b) MRI T2強調矢状断像．骨髄信号が保たれていることから，骨折はいずれも陳旧性と考えられる．

3）医療をめぐる社会的背景の変化

　近年の社会環境の変化は，骨外傷の診断の遅延についての寛容度も大きく変化させている．医療訴訟社会であるアメリカでは骨折診断の遅れは訴訟理由の上位を占めているが，日本でもトラブルの原因になりうる状況にある．しかし，早期の骨折診断のために，転位のない骨折の診断をすべてMRI（ないし骨シンチグラフィ）で行うことは現実的ではない．画像診断の単なる過剰使用の誘発だけに終わらない合理的な医療資源の利用が求められている．

4）観察者の能力の問題

　転位のない骨折や，十分な位置決めのできない多発外傷患者の単純X線の読影は熟練者でも困難な場合があるが，最近の救急現場では熟練しない初期研修医が骨折の初期診断を行う状況が増えている．アメリカの教育病院の救急部門での研修医による骨折の見逃しは数％の頻度であると報告されており[1]，特に上肢に多いとされる．救急現場，および観察者が熟練していない場合は急性期骨折が単純X線で見逃される可能性があることを前提にバックアップ体制を整備することが重要である．

5）スポーツ外傷に特有な診断の遅れ

　スポーツ外傷では，成果を上げるための過重なストレスの結果による外傷性病変が少なくない．疲労骨折では単純X線で初期像を早期に捉えるのは困難な場合が多い．さらに選手自身が運動休止に追い込まれることへの恐れから受診を遅らせる場合がある．また外傷にさらされてきた運動選手にみられる骨格の変化は診断の困難さを助長することがある（図2）．

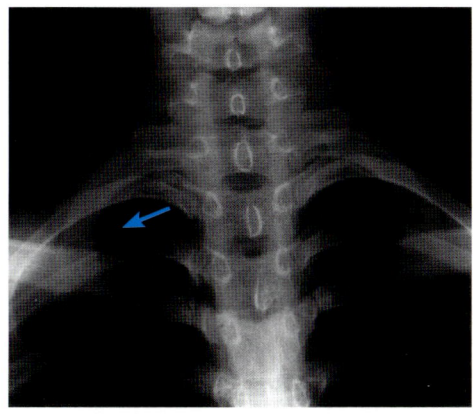

図3● 第1肋骨疲労骨折
18歳男性．肩の痛みを訴えるバスケットボール選手．右第1肋骨前部に斜走する骨折線をみる（→）．前鋸筋と前斜角筋の張力による疲労骨折と考えられる．

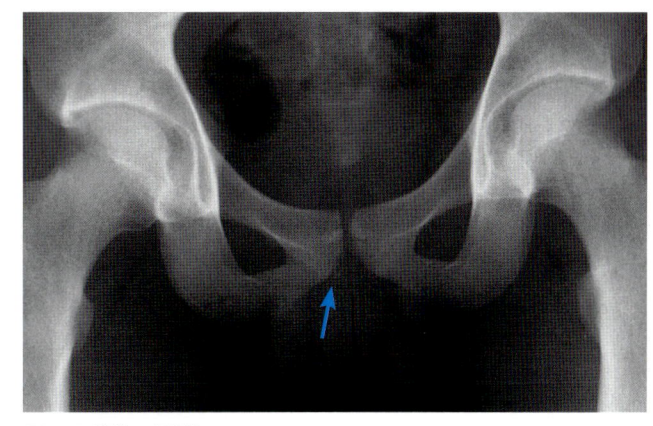

図4● 薄筋の裂離
18歳男性．サッカーで発症した鼠径部痛．薄筋の骨端に裂離を認める（→）．同時に腹直筋と内転筋に裂離損傷を認める．

2 骨折診断遅延の原因と対処

1）臨床症状との相関

臨床症状から特定の病変を疑うことが困難な場合には診断が遅延しやすい．例えば稀な部位での所見は容易に見逃される．第1肋骨の疲労骨折などがその代表例である（図3，4）．また，傷害と臨床症状の部位が食い違うために，診断の遅れを生じることがある．例えば股関節の病態が腰痛として，膝関節の傷害が股関節痛，足の骨折が足関節痛として現れることが知られている．十分な病歴の聴取と身体所見の取得が重要である．

2）骨折の治療過程と診断の遅延

骨格外傷はそれぞれの時期によって所見が明らかになる．骨折の治癒過程では，軟部腫脹（血腫），骨膜反応，soft callus（軟性仮骨），hard callus（硬性仮骨），bridging（架橋），remodeling（リモデリング）が順次みられる．そのため経過期間に応じた診断が可能であるが，実際には局所の状態による相違が大きい．小児では

①軟部腫脹は受傷後2日以内にみられる
②骨膜反応は15日以降にみられることが多いが，3日以降であれば早期に観察されることがある
③soft callus は15日以降にみられる
④hard callus と bridging は22日以降にみられる
⑤remodeling は36日以降にみられる[2]

という経過が標準的である．

転位のない骨折は通常はX線による経過観察により診断が確定されるが，骨折周囲の骨吸収や仮骨形成，骨膜反応などの変化が明らかになるまでに10日〜2週間程度の期間が必要である．その間，単純X線でも軟部腫脹や関節内血症などの間接所見で骨折を推定することが可能である．成人ではより多くの要素が影響してくるので，変異が大きいと考えられている．

骨折，脱臼のなかには，**受傷直後にはX線所見で異常は明らかでなく，時間経過とともに骨折や脱臼が明らかになるものがある**．例えば肩甲骨や橈骨頭の骨折[3,4]，Monteggia骨折における橈骨頭の脱臼[5]などが遅延して現れたと報告されている．また10数％の症例において大腿骨頸部骨折

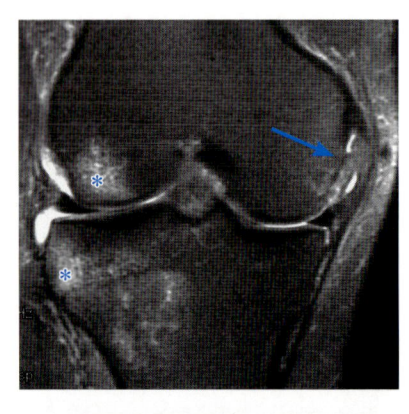

図5 ● clip injury による骨挫傷
MRI T2強調冠状断像．31歳男性．スキーにおいて膝の外反を強制された．大腿骨と脛骨の外側顆に骨髄浮腫（骨挫傷）を認める（＊）．内側側副靱帯は引っ張りの力により損傷を受けている（→）．

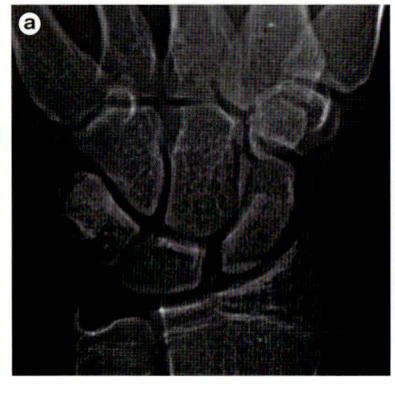

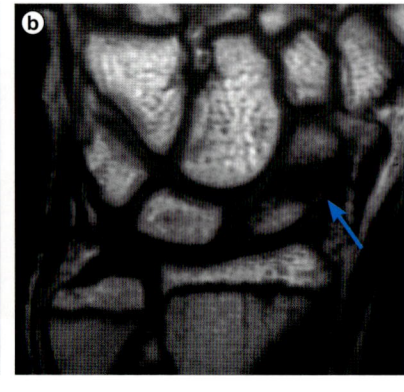

図6 ● 潜在骨折
14歳男性．転倒．MRIのみでみられた舟状骨骨折．
a) 単純X線正面像．異常を認めない．
b) MRI T1強調冠状断像．舟状骨腰部を横切る低信号は骨折の所見である（→）．

の診断が遅延するとされているし[6]，また頸椎の不安定性が遅れて現れることも知られている[7]．
　delayed vertebral collapse とは脊椎の骨粗鬆症による圧迫骨折で，受傷初期には椎体の変形は明らかではないが，次第に椎体の楔状変形や終板の陥凹が明らかになっていくものを指す．これは骨折が治癒することなく亀裂として残存し，偽関節状態となるためと考えられている．亀裂部は陰圧となるとガスを含み，Kümmell病と呼ばれる状態となる．若年者では圧潰が進行することは稀であるが，受傷時軽微であった変形が次第に著明になる場合がみられる．

3) 外傷のスペクトラムの変化と診断の遅延

　骨の外傷性疾患のスペクトラムは今日大きく広がっており，単純X線で観察できる転位や屈曲を伴う骨折だけにとどまらない．MRIが導入されて以来，X線で明らかにならない骨髄の外傷性変化の存在が認識されるようになってきている．その代表的な病態は，**骨挫傷**と**潜在骨折**である．

❶骨挫傷および潜在骨折

　骨挫傷はMRIのみで認められる外傷に伴う骨髄浮腫である（図5）．不安定性などによりくり返される外傷がない場合，1～2カ月でその改善傾向が明らかになる．潜在骨折はMRI（場合によっては骨シンチグラフィ）のみで診断される骨折であり，T1強調像で骨折線に相当する線状の低信号や反応性変化として線状・帯状の浮腫をみることが典型的である（図6）．両者の鑑別が困難な場合がある．従来は経過観察とともに骨折の所見（骨折線，骨膜反応，骨吸収）が単純X線で明らかになると考えられてきたが，今日では単純X線で明らかな骨折ないしその治癒過程の所見を残さないものも含めて潜在骨折としている．

❷骨端線損傷

　骨端線損傷は骨端線の拡大や不整あるいは早期閉鎖としてみられるが，成長障害を起こすまでは

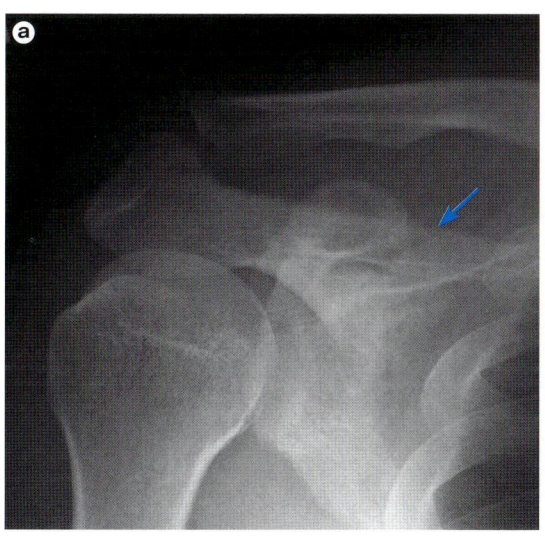

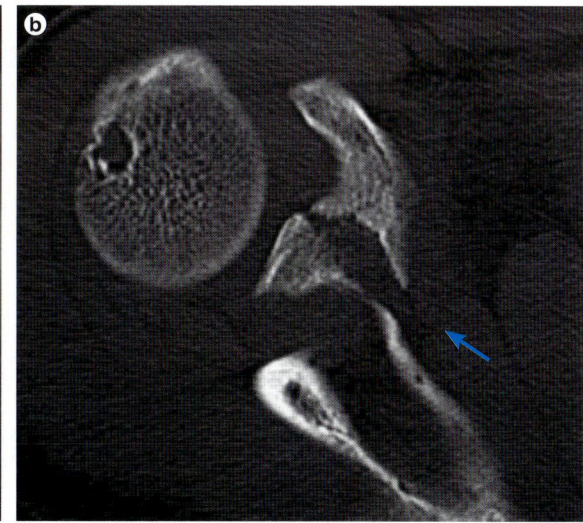

図7 ● 肩甲骨烏口突起骨折
37歳男性．転倒．
a) 単純X線正面像．烏口突起の基部にわずかに線状の透亮像がみられるが（→），骨折の確認は困難である．
b) CT横断像．烏口突起基部に骨折を認める（→）．

明らかでないことがある．骨端線の所見は初期には異常として認識できないことが稀ではない．野球選手の肩や肘，体操選手の手関節など若年の運動選手にみられる．

❸骨軟骨損傷

骨軟骨損傷も単純X線では捉えにくい外傷である．骨軟骨片は骨化部分が小さく，単純X線ではみえないことが稀でない．診断には，関節造影や断層撮影・CTを加えた関節造影，あるいはMRIないしMR関節造影が必要となることがある．

❹疲労骨折・脆弱性骨折

疲労骨折は転位がないことが多く，初期には単純X線では診断できないことが多い．時間経過とともに骨折線や骨膜反応・硬化が明らかになる．

❺腱・靭帯付着部の外傷

腱や靭帯の外傷性変化の画像診断による評価は超音波検査やMRIで行われる．単純X線撮影で問題となるのは，腱・靭帯付着部（enthesis）での裂離損傷である．これは例えば槌指（mallet finger）のような急性外傷からOsgood-Schlatter病のような慢性の，あるいはくり返される張力による外傷まで多様である．骨の裂離が起きない場合，急性期にはアライメントの変化や軟部腫脹しかみえない．時間とともに骨膜に沿った骨増生や硬化像を呈することがある．

4）単純X線の限界

❶CT・断層撮影の役割

脊椎や骨盤のように複雑な骨，肩甲骨や腸骨のような扁平骨の単純X線のみでの診断には限界があり，必要に応じてCT（あるいは断層・tomosynthesis）を追加できる態勢が重要である（図7）．また四肢末梢でもCTによって単純X線では骨が重なる部位の診断が初めて可能となることがある（図8）．CTは単純X線ほどは空間分解能が高くなく，単純X線でも捉えられない骨梁のわずかな転位をこれによって診断できるわけではないが，重なりによる診断不能例において早期に診断を確

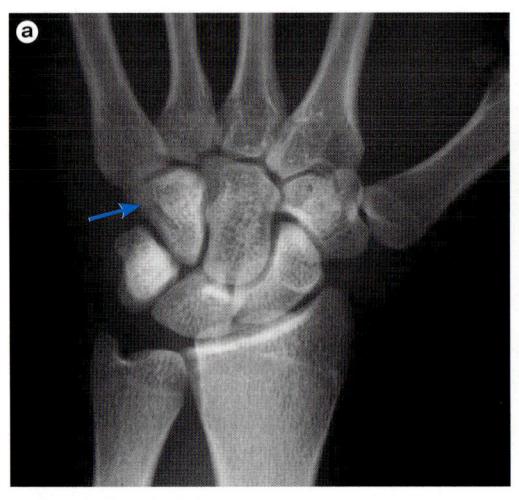

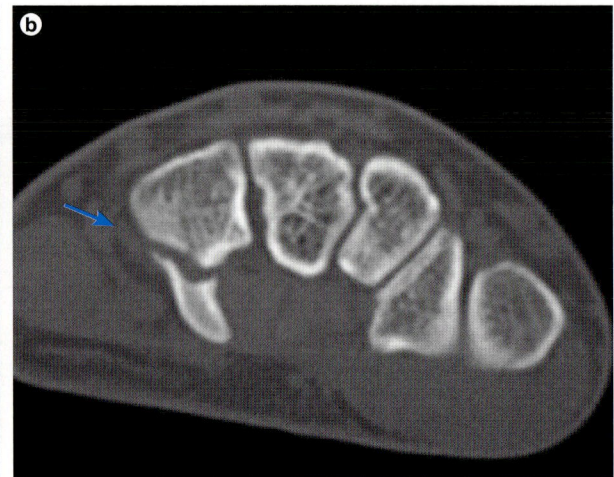

図8 ● 有鉤骨鉤状突起骨折
16歳男性．野球のバットで受傷．
a）単純X線手関節正面像．有鉤骨の輪郭が正面像で消失している（→）．
b）CT横断像．有鉤骨鉤状突起基部に骨折をみる（→）．

定することができる．また頸椎外傷のように位置決めの困難な例においても，臥位のままデータ収集できるCTには利点がある．

◆脊椎

脊椎はその複雑な形状と重なりから単純X線での評価が困難な部位である．頸椎障害が見逃される確率は10数％の報告から30％ほどまである．なかでも歯突起骨折や椎間関節脱臼骨折は見逃されることが多い[8]．骨折の状態の正確な評価にはCTが，外傷による骨髄変化や脊髄損傷を捉える目的ではMRIが適応となる．多発外傷においては最近の多列CTを駆使して，頭部から骨盤部内臓の評価とともに脊椎の多方向再構成を行って，脊椎をほぼ全長にわたって評価するようになってきている（p.48図1）．複数のレベルの脊椎骨折は10数％程度で起こることが知られており，1カ所の異常所見を捉えることで十分であるとは考えないことが必要である．

◆骨盤

脊椎と並んで，骨盤も複雑な重なりを形成するため，骨盤の骨外傷の正確な評価にはCTが適応となる．特に仙腸関節部と股関節周囲は単純X線で病態を見逃す機会が多いとされる．骨盤はリング状であり，1カ所で骨折があれば複数の箇所で骨折がみられることが多い．さらに腸骨は扁平骨であり，単純X線では前後方向に転位した骨折を見逃す可能性があることの認識が必要である．

◆肩甲骨

肩甲骨は扁平骨の成分と肩関節の成分からなる複合構造であり，さらに体幹部に対して斜めに位置する．そのため正確な位置の撮影が困難であり，骨折の正確な把握にはCTが必要な場合が多い（図7）．

◆肋骨

肋骨は管状骨と扁平骨の両者の性格をもち，さらにカーブを描いているため，骨折の位置や方向によっては簡単に見逃される．さらに転位のない不完全骨折は見逃されやすい[9]．そのため骨折を十分に描出するには肩甲骨と同様にCTが適応となるが，実際にCTによる骨折の証明が臨床的に大きな意味をもつことは比較的稀といえる．

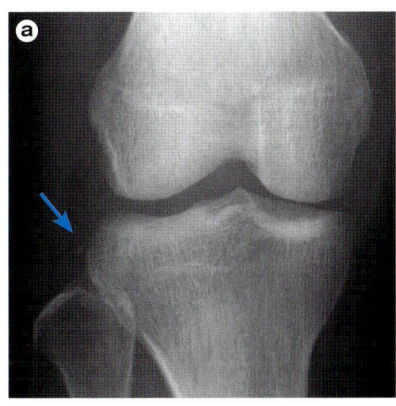

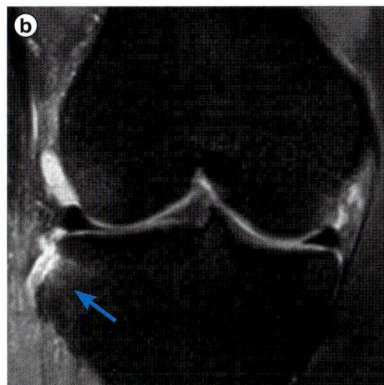

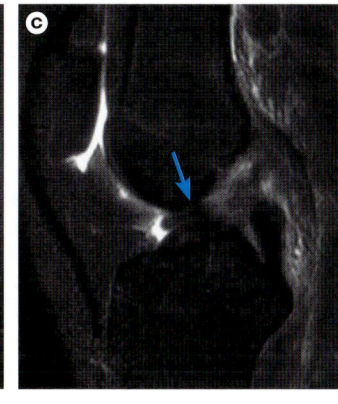

図9 ● Segond 骨折

34歳女性．スキーでの転倒のあと膝が動かせなくなった．
a）単純X線正面像．脛骨外側顆に接して小骨片をみる（→）．Segond 骨折である．
b）MRI T2強調冠状断像．裂離部に T2強調で高信号をみる（→）．骨折部の血腫と考えられる．
c）MRI T2強調矢状断像．前十字靱帯の断裂を認める（→）．

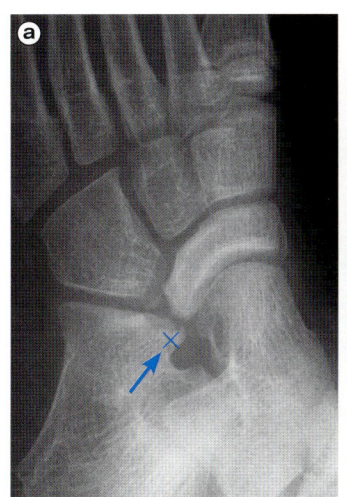

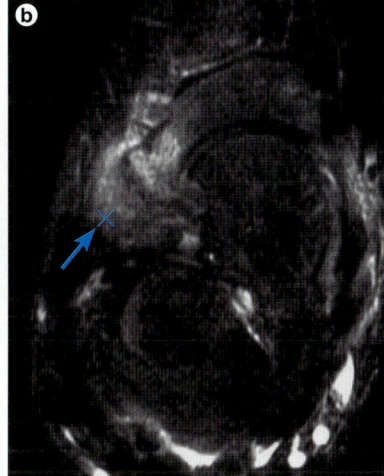

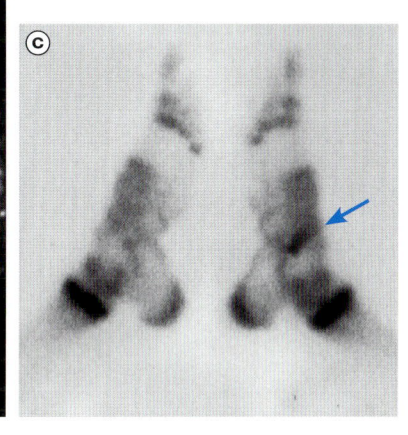

図10 ● 骨シンチグラフィで同定できた踵骨前突起骨折

11歳男子．慢性的な足関節痛．
a）単純X線斜位像．踵骨前突起が不整であるが，明らかな骨折とは確認できない（→）．全般性の骨吸収が存在している．
b）MRI T2強調横断像．二分靱帯から舟状骨の外側に骨髄浮腫をみる（→）．
c）骨シンチグラフィ側面像．踵骨前突起に一致して集積を認める（→）．同部の骨折が確認できる．

❷ MRI の役割

　骨髄変化をみて骨折線や骨髄浮腫を診断する骨折，潜在骨折，骨挫傷などはMRIではじめて診断できる病態である（p.50 図5，6）．単純X線で得られる情報は骨格の骨化した部分に限られており，骨髄や軟部組織の病変はMRIでしか捉えられない．なお裂離損傷ではMRIにおける骨髄浮腫は概して軽度である（図9）．しかし，腱や靱帯の付着部の外傷性変化をとらえるのには最も優れている．

❸ 骨シンチグラフィの役割

　骨代謝亢進から骨折を早期に診断できる．骨シンチグラフィで老人の骨折（特に大腿骨）を確実に診断するためには発症から48時間程度必要とされる．MRIが普及した今日用いられる機会は減少したが，骨シンチグラフィが骨外傷の所見を明確に捉える場合がある（図10）．

参考文献

1) Kung, J. W. et al. : On-call musculoskeletal radiograph : discrepancy rates between radiology residents and musculoskeletal radiologists. Am J Roentgenol, 200 : 856-859, 2013
2) Prosser, I. et al. : A timetable for the radiologic features of fracture healing in young children. Am J Roentgenol, 198 : 1014-1020, 2012
3) Tadros, A. M. et al. : Causes of delayed diagnosis of scapular fracture. Injury, 39 : 314-318, 2008
4) Mc Namara, I. R. & Davidson, J. A. : The delayed diagnosis of radial head fractures. Eur J Emerg Med, 12 : 39-40, 2005
5) Stitgen, A. et al. : Ulnar fracture with delayed radial head dislocation. Orthopedics, 35 : e434-437, 2012
6) Pathak, G. et al. : Delayed diagnosis of femoral neck fractures. Injury, 28 : 299-301, 1997
7) Shah, V. M. & Marco, R. A. : Delayed presentation of cervical ligamentous instability without radiologic evidence. Spine, 32 : 168-174, 2007
8) Clark, C. R. et al. : Radiographic evaluation of cervical spine injuries. Spine, 13 : 742-747, 1988
9) Cho, S. H. et al. : Missed rib fractures on evaluation of initial chest CT for trauma patients : pattern analysis and diagnostic value of coronal multiplanar reconstruction images with multidetector row CT. Brit J Radiol, 85 : e845-850, 2012

第 **3** 章

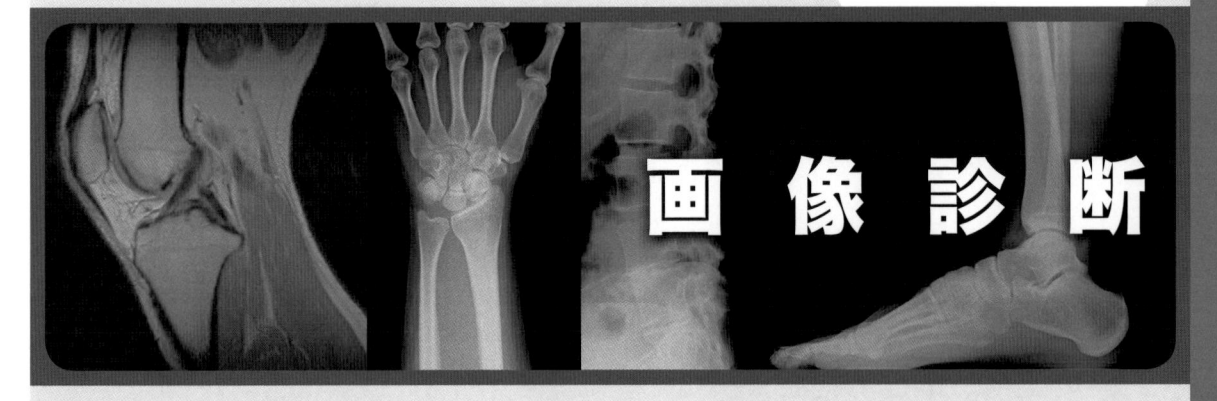

画 像 診 断

第3章 画像診断 §1 脊椎

A) 頚椎の傷害

1. Klippel-Feil症候群に伴う脊髄損傷
spinal cord injury associated with Klippel-Feil syndrome

宮本 敬

Point

- 先天性の奇形であるKlippel-Feil症候群[1]による，頚椎における椎体間自然癒合をもともと有する場合，頚椎に外力が加わり，中心性脊髄損傷[2]，あるいは完全脊髄損傷をきたす場合が少なくない．
- 本疾患を念頭に置く．ただし，頚椎前方固定等の手術の既往の問診は行う．
- 単純X線，CTにて骨折や脱臼の有無を確認する．
- MRI等にて脊髄の状態を把握し，適切な治療を選択する．
- 頚椎に外力がかかるスポーツ競技を行う適性があるかどうか，復帰が妥当であるかどうかについて，MRI等を用いたスクリーニングも必要である[3,4]．

症例

48歳男性．スノーボードにて転倒し受傷．スキー場に倒れているところを発見され，搬送された．上肢下肢完全麻痺，Frankel Type Aであった．三角筋のみ左右MMT1，それより尾側にて左右ともMMT0．肛門括約筋は弛緩状態．なお，受傷前には上肢下肢に自覚症状はなかった．

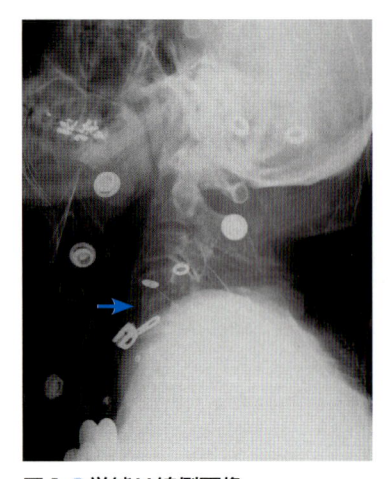

図1● 単純X線側面像
受傷日搬送直後に撮影されたもの．C4, 5の椎体間自然癒合を認める（→）．頚椎固定具の影響で不鮮明であり，かつ，肩の陰影が重なり，第5頚椎より尾側の確認ができない．

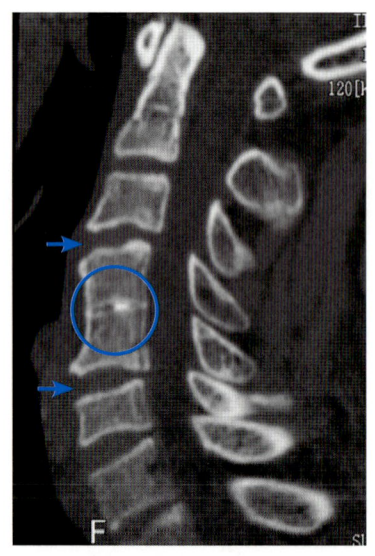

図2● 頚椎単純CT矢状断像
第4, 5頚椎の椎体間自然癒合（○），その隣接椎間腔の狭小化を認める（→）．頚椎脊柱管前後径[5]は第3, 4, 5, 6, 7頚椎がそれぞれ11.8 mm, 11.8 mm, 12.5 mm, 11.8 mm, 11.5 mmと狭窄の基準値とされている13 mmを下回っている．著明な脊柱管狭窄が存在していたと判断することができる．

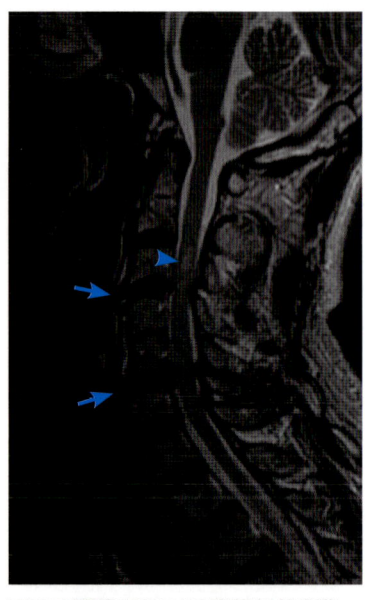

図3● 頚椎MRI T2強調矢状断像
第4, 5頚椎の椎体間自然癒合，第3〜7頚椎に骨性の脊柱管狭窄を認める（→）．第3, 4頚椎椎間部よりやや頭側の脊髄において髄内に高輝度を呈する領域を認める（▶）．

画像所見のポイント

- 頚椎において椎体間の自然癒合が存在している（図1）．
- 椎体自然癒合の部位に隣接し椎間に若干の不安定性が存在していた可能性がある．
- また，頚部脊柱管狭窄も合併している．（図2，3）．
- 中心性脊髄損傷，（完全）脊髄損傷の場合，MRIのT2強調像にて脊髄内に高輝度変化が生じている（図3）．

疾患の特徴

- Klippel-Feil症候群において，若年者の場合，もともと症状を呈していない場合も存在する．
- 潜在的に年齢の割には重篤さを伴う頚部脊柱管狭窄が潜在している場合がある．
- ひとたび強い外力が頚椎にかかると，中心性脊髄損傷[2]，（完全）脊髄損傷をきたす場合がある．
- 頚椎に外力がかかる可能性のあるスポーツ（コンタクトスポーツ，スノーボード，柔道等の格闘技）においては，スポーツを行う前に単純X線やMRI等を用いたスクリーニングを行うことが望ましい[3, 4]．
- もともと症状がなくとも，潜在的にこのような異常を有する場合があるため，啓蒙活動を含めたアプローチが必要である．

◆ 鑑別診断

- 頚椎椎間板ヘルニア．
- 頚椎症性脊髄症．
- 頚椎後縦靭帯骨化症．
- 頚椎外傷性脱臼・骨折．

◆ 治療方針

- （脊髄損傷の）急性期は頚部の局所安静．ステロイド投与など．
- 骨折・脱臼を併存する場合は病態に合わせた外固定あるいは内固定．
- 骨折・脱臼を併存しない場合も側面機能撮影にて不安定性のチェックが必要．
- 本症例では頚部安静維持，ステロイド投与等にて保存的治療を行うも，麻痺の改善はみられなかった．

◆ 患者，家族への上手な説明

- 首の骨の中を脊髄という大事な神経が通過する管があり（ちくわの穴を想像してもらうとよい），その管がもともと非常に狭い状態であった．
- 首の骨が7つあるが，そのうち2つが自然にくっついている箇所があり，その隣において負担がかかり若干不安定な状態になっていたと思われることを説明する．
- 本症例では，スノーボード競技における転倒によって脊髄が狭い場所で強く締め付けられ，傷んでしまった．
- 一度傷んでしまった脊髄が元通りにもどることは少ないのが現状であることを伝える．本人には時間をかけて徐々に事実を告げた方がいい場合がある．

参考文献

1) Samartzis, D. D. et al. : Classification of congenitally fused cervical patterns in Klippel-Feil patients: epidemiology and role in the development of cervical spine-related symptoms. Spine (Phila Pa 1976), 1 ; 31 (21) : E798-804, 2006
2) Matsumoto, K. et al. : Central cord syndrome in patients with Klippel-Feil syndrome resulting from winter sports: report of 3 cases. Am J Sports Med, 34 (10) : 1685-1689, 2006
3) Torg, J. S. & Ramsey-Emrhein, J. A. : Management guidelines for participation in collision activities with congenital, developmental, or postinjury lesions involving the cervical spine. Clin J Sport Med, 7 (4) : 273-291, 1997
4) Ellis, J. L. & Gottlieb, J. E. : Return-to-play decisions after cervical spine injuries. Curr Sports Med Rep, 6 (1) : 56-61, 2007
5) 肥後 勝：頚部脊柱管狭窄症の頚部脊柱管前後径に関するX線学的検討．日本整形外科学会誌，61：455-465，1987

第3章 画像診断　§1 脊椎

A) 頚椎の傷害
2. 頚椎椎体破裂骨折, 脊髄損傷
burst fracture of the cervical spine associated with spinal cord injury

宮本　敬

Point

- スノーボードによる転倒[1,2], 水泳での飛び込み（プールの底に頭部を強打）[3]など頚椎に強い外力がかかる受傷機転にて生じる.
- 不全〜完全脊髄損傷を併発する場合が少なくない.
- 単純X線, CTにて骨折や脱臼の有無を確認する.
- MRI等にて脊髄の状態を把握する.
- 骨折の程度, 頚椎後方要素の損傷の程度に応じて, 保存的治療, 手術治療を選択する.

症例

26歳男性. スノーボードにてジャンプに失敗し転倒. 上肢下肢不全麻痺を呈していた. Frankel type CのC6以下の上肢下肢不全麻痺. 下肢筋力MMT0. 知覚は2/10程度. 腹式呼吸. 第6頚椎の破裂骨折, 同部位での脊髄損傷と診断.

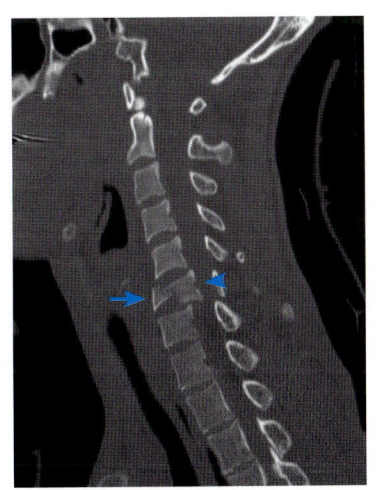

図1●頚椎単純CT矢状断像
第6頚椎椎体の破裂骨折を認める（→）. 椎体が頚部脊柱管内に突出している（▶）.

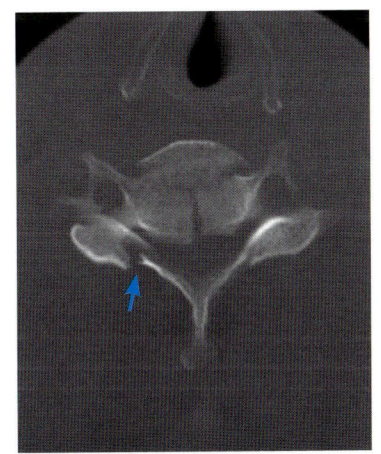

図2●頚椎単純CT横断像
第6頚椎椎体の破裂骨折を認める. 右側椎弓〜外側塊移行部（→）の骨折も併発している.

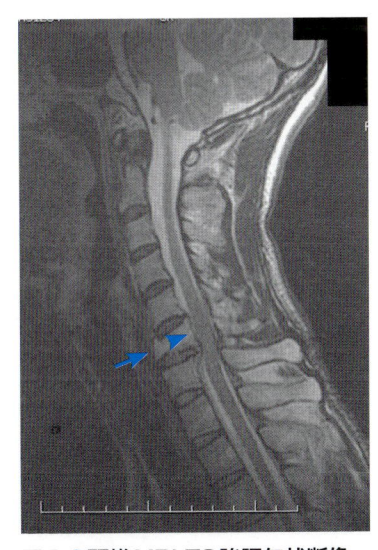

図3●頚椎MRI T2強調矢状断像
第6頚椎椎体の破裂骨折を認める（→）. 頚部脊柱管の狭窄, 脊髄の圧迫, 脊髄の圧迫部（▶）における高輝度変化を認める.

画像所見のポイント

- 単純CTにおいて, 骨折が明らかである（図1, 2）.
- MRIのT2強調像にて脊髄内に高輝度変化が生じており, 脊髄麻痺領域と整合性がある（図3）.

> **疾患の特徴**
> - 頚椎に強い外力が加わり発生する.
> - 外力の強さ,骨折椎体の脊柱管への突出度によって,不全〜完全脊髄損傷をきたす場合がある.
> - スノーボードにおいて,特にジャンプした後の着地失敗にて本外傷を受傷する症例が増えている[1, 2].競技レベルに応じたパフォーマンスの遵守,重症脊椎外傷における啓蒙活動が望ましい.
> - 治療後のスポーツ復帰については,本人のモチベーション,頚椎の安定性,神経学的予後によってさまざまである.

◆ 鑑別診断
- 骨傷のない脊髄損傷.
- 頚椎脱臼骨折.

◆ 治療方針
- (脊髄損傷の)急性期は頚部の局所安静,ステロイド投与,気道管理など.
- 骨折の程度に応じて,保存的治療(頚椎カラーを用いた外固定,あるいはハローベストを用いた外固定),あるいは手術治療(後方固定,前方固定,後方前方固定など)[4].
- 本症例では早期離床を目的として,頚椎後方固定術(第5〜7頚椎,椎弓根スクリュー使用)を施行.呼吸状態不良にて,一時的に気管切開による気道管理を行った.麻痺の改善は得られていない.

◆ 患者,家族への上手な説明
- 頚椎の一部がスノーボードで転倒した際にかかった外力によって砕けており,頚椎の中を通っている脊髄という大事な神経が損傷している.ちょうど,おせんべいを踏んづけたときにおせんべいが粉々に広がって割れるような折れ方であり,割れた骨が脊髄に対し瞬間的に強く圧迫を加えたことによると考える.
- 頚椎は骨折が存在するので,依然として不安定であり,体を起こすうえでカラーなどの頚椎装具装着,あるいは,手術治療による金属インプラントを用いた補強固定が必要である.
- いったん損傷を受けた脊髄が完全に回復するのは難しい.スポーツへの復帰を考える前に,いかに社会復帰をするかについてともに考えよう,と支持的に接する.

参考文献

1) Kary, J. M. : Acute spine injuries in skiers and snowboarders. Curr Sports Med Rep, 7 (1) : 35-38, 2008
2) Hubbard, M. E. et al. : Spinal injury patterns among skiers and snowboarders. Neurosurg Focus, 31 (5) : E8, 2011
3) Vlok, A. J. et al. : Shallow-water spinal injuries--devastating but preventable. S Afr Med J, 100 (10) : 682-684, 2010
4) Toh, E. et al. : Surgical treatment for injuries of the middle and lower cervical spine. Int Orthop, 30 (1) : 54-58, 2006

第3章 画像診断　§1 脊椎

A）頚椎の傷害

3. 頚椎椎間板ヘルニアに伴う脊髄症
myelopathy associated with cervical disc herniation

宮本　敬

Point

▶ もともと頚部脊柱管が比較的狭い場合，軽度の頚椎椎間板ヘルニアが発症すると容易に頚髄症状（両手のしびれ，歩行時のふらつき）をきたす場合がある．軽いレクリエーションレベルのスポーツにおいても，何らかの刺激が脊髄に加わり，症状が発症する危険性がある．

▶ スポーツ活動によって頚椎に外力が加わり，中心性脊髄損傷，あるいは完全脊髄損傷をきたす場合もあり，注意が必要である．

▶ 明らかな脊髄症状を認める場合，スポーツの休止は当然のこと，手術治療という選択肢についても考慮し説明する必要がある．

▶ MRI等にて脊髄の状態を把握し，適切な治療を選択する．

▶ 頚椎に外力がかかるスポーツ競技を行う適性があるかどうか，復帰が妥当であるかどうかについて，十分な検討が必要である[1,2]．MRI等を用いたスクリーニング検査が必要である．

症例

43歳男性．やや肥満傾向にあり．ウォーキング等の軽いスポーツ活動にて徐々に頚髄症状が出現し受診した．両手のしびれ，歩行時のふらつきを自覚し受診した．階段を上るよりも降りる方が困難である．両側下肢深部腱反射の亢進を認めた．

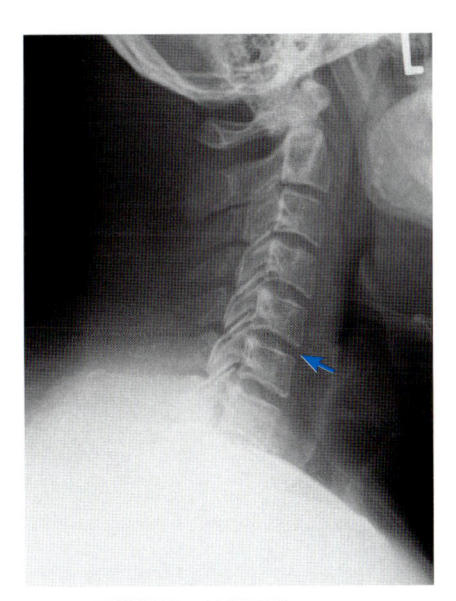

図1●頚椎単純X線側面像
アライメントは良好．第5，6椎間腔の若干の狭小化を認める（→）．頚椎脊柱管前後径[3]は第5，6，7頚椎がそれぞれ14.6 mm, 13.3 mm, 14.3 mmと狭窄の基準値とされている13 mmを下回るわけではない．ただし，Torg-Pavlov比[4]は第5，6，7頚椎がそれぞれ0.68, 0.62, 0.64であり，脊柱管狭窄傾向にありと判断することができる．

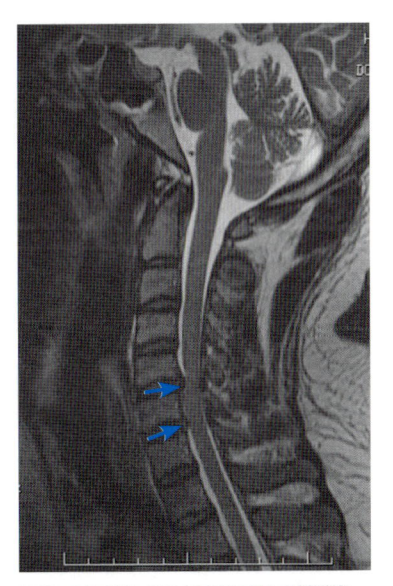

図2●頚椎MRI T2強調矢状断像
頚部脊柱管の若干の狭小傾向を認める（脳脊髄液のスペースが脊髄前後ともに比較的狭い，特に第5〜7頚椎において）．第5，6，7椎間板2カ所の後方膨隆を認める（→）．明らかな脊髄の輝度変化は認めない．

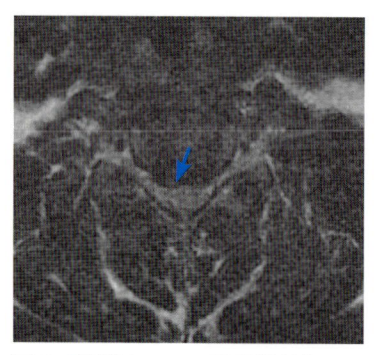

図3 ● 頸椎MRI T2強調横断像

第5，6頸椎椎間板の横断面を示す．椎間板ヘルニアが右後方に膨隆し（→），脊髄が扁平化している．通常この程度のヘルニアの大きさでは脊髄がこれほど扁平化することはなく，もともと脊柱管が狭い傾向にあることが加味されていることがわかる．

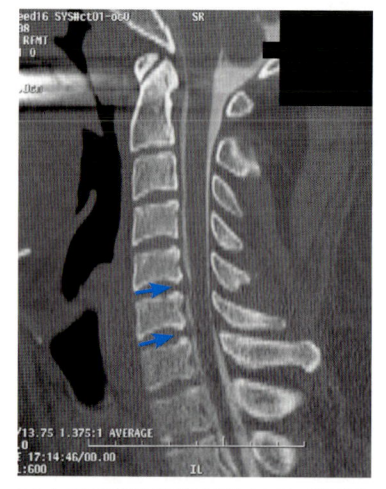

図4 ● 脊髄造影後頸椎CT矢状断像（CTミエログラム）

脊柱管が狭小傾向にあること，第5，6，7椎間板2カ所の後方膨隆，同部位における脊髄の圧迫（脊髄後方の造影剤の途絶）を認める（→）．

画像所見のポイント

- 頸部脊柱管がもともと狭いという認識を得る（図1～4）．
- 椎間板ヘルニアの存在を確認する（図2～4）．
- すなわち脊柱管狭窄，椎間板ヘルニア，という2つの要因にて脊髄が強く圧迫を受けている．
- 脊髄内に明らかな輝度変化は生じていない（図2）．

疾患の特徴

- 脊柱管の狭さ，椎間板ヘルニアの大きさ，活動性，という3つの要素の重合効果が臨床症状に結びつくことになる．
- 手術的治療については，その意義，リスクについて十分なインフォームドコンセントを行い，適応について決定する．
- このような状態においてスポーツ活動を行うと，ひとたび強い外力が頸椎にかかったとき，中心性脊髄損傷，（完全）脊髄損傷をきたす場合がある．これについて，十分な説明が必要である．
- コンタクトスポーツ，スノーボード，柔道等の格闘技への参加については，MRI等にて十分なスクリーニング検査を行うことが望ましい．

◆ 鑑別診断

・先天性頸部脊柱管狭窄症．
・頸椎症性脊髄症．
・頸椎後縦靭帯骨化症．

◆ 治療方針

・安静，ステロイド投与等の保存的治療．

- 手術治療（前方法，後方法）．広範囲に脊柱管狭窄が存在する場合は後方除圧の方が有利である．本症例において，後方筋群を温存すること，前方の圧迫要素を除去すること等に主眼を置き，また，椎間板ヘルニアを発症している部位以外の脊柱管が比較的広いことを確認し，前方除圧固定術を選択し施行した．
- 本症例ではスポーツ活動を控える，安静保持等の保存的治療を行うも，症状の改善はみられなかった．頚椎前方除圧固定術（多椎間に対する）を施行し，症状は改善した．

◆ 患者，家族への上手な説明

- 首の骨の中を脊髄という大事な神経が通過する管があり（ちくわの穴を想像してもらうとよい），その管がやや狭い傾向にある．
- 本症例では，徐々に2カ所において椎間板が後ろに飛び出てくる病気（椎間板ヘルニア）が生じているため，結果として脊髄が強く圧迫されている．
- 安静にしていても症状が改善しないので，脊髄が長持ちするために，手術治療を受けて脊髄の環境を改善する，という措置をとる方法もあることを伝える．しかし手術にはリスクが発生するので，十分考えて結論を出してもらうよう説明する．
- スポーツへの復帰はレクリエーションレベルのものに限って，手術にて脊柱管が拡大された状態の方が（手術を受けない場合に比べて），危険性が減ると考えてよいと思われることも説明する．

参考文献

1) Morishita, Y. et al. : The relationship between the cervical spinal canal diameter and the pathological changes in the cervical spine. Eur Spine J, 18 (6) : 877-883, 2009
2) Meredith, D. S. et al. : Operative and nonoperative treatment of cervical disc herniation in national football league athletes. Am J Sports Med, 41 (9) : 2054-2058, 2013
3) 肥後 勝：頚部脊柱管狭窄症の頚部脊柱管前後径に関するX線学的検討．日本整形外科学会誌，61：455-465，1987
4) Torg, J. S. et al. : Neurapraxia of the cervical spinal cord with transient quadriplesia. J Bone Joint Surg, 68-A : 1354-1370, 1986

第3章 画像診断　§1 脊椎

B) 胸椎・腰椎の傷害
1. 胸腰椎損傷
thoracolumbar injury

吉本三徳，竹林庸雄，山下敏彦

Point
- 胸腰椎損傷はさまざまな強い外力（屈曲力，伸展力，側屈力，軸圧力，牽引力，回旋力，剪断力）が単独もしくは複合的に加わることで起こる．
- 損傷が高度になると脊柱の支持性が失われ，内部の神経組織が障害を受けると麻痺が出現する．
- 受傷機転や疼痛部位，また麻痺がある場合はその神経学的高位から損傷部位を推測して画像検査を行う．

症例
23歳女性．スノーボードのジャンプの着地で失敗して受傷．腰痛を認める．

図1 ● 単純X線側面像

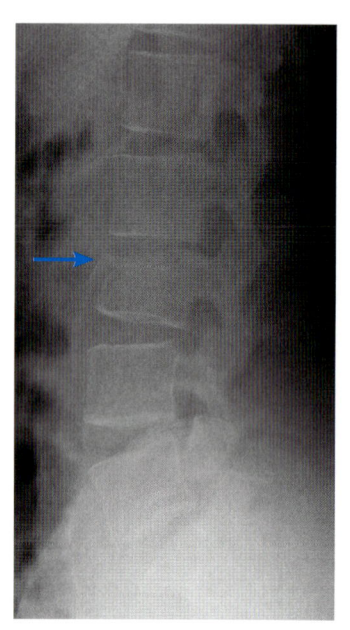

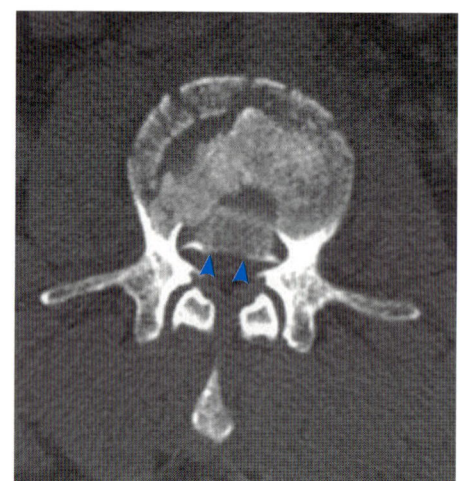

図2 ● CT

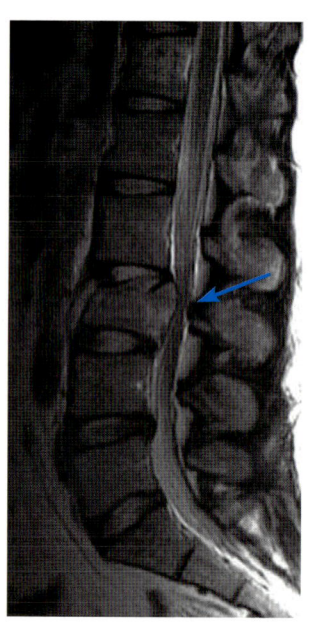

図3 ● MRI T2強調矢状断像

画像所見のポイント

- 単純X線では，脊柱配列や椎体の変形，骨折の有無を中心にみる．正面像では棘突起の配列の乱れや椎弓根間距離の拡大，椎体の側方への偏位，横突起骨折に注意する．側面像では椎体高の低下（図1 →）や前後方向への椎体の偏位に注意する．
- CTではmiddle columnの損傷や脊柱管内への骨片の陥入（図2 ▶），関節突起骨折，椎間関節の脱臼などに注意する．
- MRIは椎間板や棘上，棘間靱帯，前・後縦靱帯などの軟部組織の損傷や，神経組織の圧迫（図3 →）の評価に有用である．また，単純X線やCTでは明らかでない骨折も，骨の信号変化として高感度に捉えることができる．

疾患の特徴

- 損傷高位は力学的に不安定な胸腰移行椎（Th11～L2）に多く，L3以下の中下位腰椎の損傷は比較的少ない．
- スノーボードやスキー，スカイスポーツ，モータースポーツなどが，胸腰椎損傷の頻度が高い種目として報告されている[1～3]．
- 受傷機転は，パラグライダーでは着地の失敗，スキーでは前方への転倒，スノーボードでは後方への転倒やジャンプの着地失敗によるものが多い[4, 5]．
- 高エネルギー外傷が多いので，画像を評価する際には胸腹部損傷や骨盤骨折などの合併損傷に注意する．
- 胸腰移行部には脊髄円錐が存在するため，この部位の損傷では，通常の下肢の運動，知覚，反射の評価に加え，仙髄領域の詳細な評価，すなわち肛門周囲の知覚障害，肛門括約筋の収縮，肛門反射，球海綿体反射の評価が必要になる．
- 脊髄円錐より尾側では，馬尾と神経根の損傷のみが起こりうる．この部位は，神経組織にとって空間的余裕があるため，神経損傷を合併する可能性は低くなる．

◆ **鑑別診断**

・Surfer's myelopathy：サーフィン初心者に好発する非外傷性の脊髄損傷である．サーフィン後に背部痛が先行し，その後両下肢の麻痺が急性発症する．MRI T2強調像で下位胸髄から脊髄円錐部にかけて髄内に高信号領域を認めるという画像上の特徴をもつ（図4▶）．発症メカニズムは現在のところ不明であるが，急性発症であることから，何らかの脊髄血管障害が疑われている[6]．

◆ **治療方針**

・脊髄の二次的損傷の拡大を防止するため，脊柱不安定性の評価が済むまでは，患者の搬送や移動には細心の注意を払う．
・安定型の損傷の場合は保存的治療を行う．神経損傷を伴う不安定型損傷では可及的早期に，手術による整復固定と除圧を行う．不全麻痺であれば，早期に除圧を行い，脊柱を安定化させることにより，受傷時に残存している神経機能を温存し，二次的な損傷を予防することができるからである．

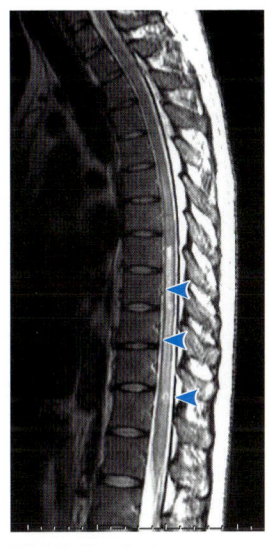

図4 Surfur's myelophathy

◆ **患者，家族への上手な説明**

・損傷された神経組織そのものに対する治療法は確立されていない．
・急性期における神経損傷の二次的な悪化や拡大を防止することが最も重要である．そのため，麻痺を有する不安定型の損傷では，緊急手術によりすみやかに除圧と脊柱の安定化を図る必要がある．

参考文献

1) 柴崎啓一：全国脊髄損傷登録統計 2002年1月～12月．日本脊髄障害医学会雑誌，18：271-274，2005
2) Yamakawa, H. et al.：Spinal injuries in snowboarders：risk of jumping as an integral part of snowboarding. J trauma, 50：1101-1105, 2001
3) 山下敏彦 ほか：スノーボードによる脊椎・脊髄外傷．臨床スポーツ医学，18：1231-1235，2001
4) 河野 修，植田尊善：スポーツによる脊椎・脊髄損傷．MB Orthop, 19：53-58, 2006
5) Tarazi, F. et al.：Spinal injuries in skiers and snowboarders. Am J Sports Med, 27：177-180, 1999
6) Thompson, T. D. et al.：Surfer's myelopathy. Spine, 29：E353-E356, 2004

第3章 画像診断　§1 脊椎

B) 胸椎・腰椎の傷害

2. 腰椎分離症
lumbar spondylolysis

吉本三徳，竹林庸雄，山下敏彦

Point
- 腰椎分離症は，腰椎の運動に伴う関節突起間部の疲労骨折である．
- 腰椎分離症は単純X線像ないしCT像より，関節突起間部が不規則なヘアラインあるいは透亮像を呈する初期，亀裂が明瞭化した進行期，偽関節様の骨硬化像を呈する終末期に分類され，このうち保存治療で骨癒合が得られる可能性があるのは初期と進行期である．
- 分離部の骨癒合の可能性を判断するにはCTやMRIが有用である．

症例　17歳男性．野球の練習中に腰痛を自覚．

図1 ●単純X線斜位像　　図2 ●椎弓に平行に撮像したCT像　　図3 ●MRI T2強調横断像

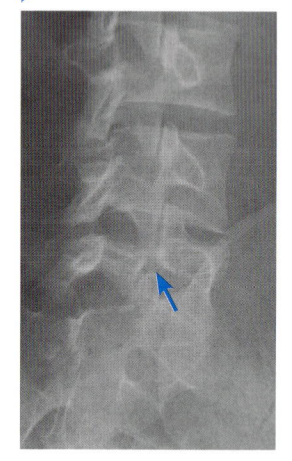

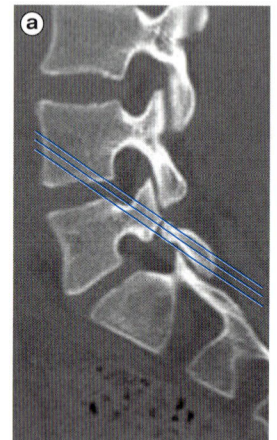

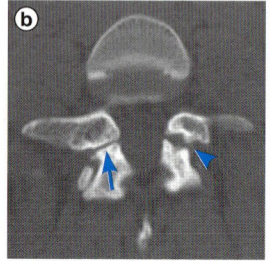

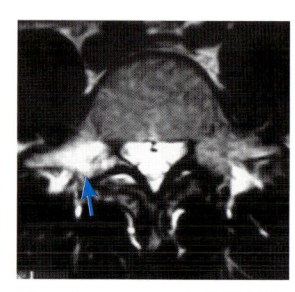

画像所見のポイント

- 単純X線斜位像での「スコッチテリアの首輪」（椎弓根をスコッチテリアの頭，椎弓を胴体と見立てると，分離部が首輪のようにみえる）が有名であるが（図1 →），骨折線の方向によっては側面像の方が判断しやすいこともある．
- 単純X線写真で鮮明な分離がみられるときは，すでに偽関節に進行している終末期のことが多い．
- CTでは椎弓に平行にスライスを切ると（図2 a），分離部の骨硬化（図2 b →）や間隙（図2 b ▶）を正確に評価することができる．
- MRIのT2強調像は，分離初期にみられる椎弓根の浮腫像を高信号領域として捉えることができ，早期診断に非常に有用である（図3 →）．

疾患の特徴
● 成長期のスポーツ選手が腰痛を訴える場合，常に腰椎分離症を念頭におかなければならない．
● 体幹運動の多いスポーツ種目で高頻度に腰椎分離症がみられ，体操やバレエ，投てき競技，ボート，野球，サッカーなどで高い発生頻度が報告されている[1～3]．腰椎の伸展運動と回旋運動において，関節突起間部に強い応力が加わるためとされている[4]．
● 身体所見としては，腰部の伸展時痛と分離部の圧痛が大切である．

◆ 鑑別診断

- **腰椎椎間板ヘルニア**：腰椎分離症と同様に腰痛を訴える．腰椎分離症では伸展時痛を訴えることが多いが，腰椎椎間板ヘルニアでは逆に前屈が制限されることが多い．
- **筋性腰痛および椎間関節性腰痛**：筋性腰痛では傍脊柱筋の緊張と圧痛を認め，前屈や罹患側と反対側への側屈が制限されることが多い．椎間関節性腰痛では腰痛分離症と同様に後屈で疼痛の誘発がみられる．椎間関節ブロックが鑑別に有用なことがある．

◆ 治療方針

- 骨癒合の可能性を評価し，治療方針を決定する．
- MRIのT2強調像における**椎弓根部高輝度は骨癒合の可能性が高い**ことを示す所見とされている[5]．分離初期と進行期の一部がこれに相当し，このような症例では骨癒合を目指す治療を行う．
- 骨癒合を目指す症例では，体幹装具の装着と，最低3カ月のスポーツ活動の休止を指示する．
- 骨癒合の可能性がない症例では，薬物治療やリハビリテーション，分離部ブロック，伸展を制限する体幹装具などによる保存的な疼痛管理が主体となる．保存療法に抵抗し，スポーツ活動や日常生活に著しい支障をきたす場合は手術治療を考慮する．
- 手術療法は，腰痛のみの症例では分離部修復術が，下肢痛が主体の症例では分離部除圧術が適応となる．また，高度の不安定性やすべりを伴う症例では椎間固定術が選択される．

◆ 患者，家族への上手な説明

- 原因は腰椎の伸展と回旋運動を伴う過度のスポーツ活動である．
- 可能であれば骨癒合を目指すべきであり，そのためには分離部へ加わる力学的ストレスをなくす必要がある．
- 分離部に骨癒合が得られなかったとしても，基本的に予後は良好であり，必ずしも腰痛の発生やスポーツ活動の制限につながるわけではない．

参考文献

1) Jackson, D. W. et al.：Spondylolysis in the female gymnast. Clin Orthop Relat Res, 117：68-73, 1976
2) Seitsalo, S. et al.：Spondylolistesis in ballet dancers. J Dance Med Sci, 1：51-54, 1997
3) Soler, T. & Calderon, C.：The prevalence of spondylolysis in the Spanish elite athlete. Am J Sports Med, 28：57-62, 2000
4) Sairyo, K. et al.：Spondylolysis Fracture Angle in Children and Adolescents on CT Indicates the Facture Producing Force Vector：A Biomechanical Rationale. Internet J Spine Surg, Volume 1, 2005
5) Sairyo, K. et al.：MRI signal changes of the pedicle as an indicator for early diagnosis of spondylolysis in children and adolescents：a clinical and biomechanical study. Spine, 31：206-211, 2006

第3章 画像診断　§1 脊椎

B）胸椎・腰椎の傷害

3. 腰椎椎間板ヘルニア
lumbar disc herniation

竹林庸雄，吉本三徳，山下敏彦

Point
- 腰椎椎間板ヘルニアは，加齢や力学的負荷によって椎間板の変性が惹起され，線維輪の断裂部から椎間板内部の髄核が脱出したり，時には線維輪自体や終板が突出して発症する．
- 特徴的な自覚症状は腰痛や下肢の疼痛・しびれであり，筋力低下を生じることもある．
- 下肢痛はヘルニアによる神経根の刺激によって引き起こされ，L2〜4の神経根が障害されれば大腿神経痛が，L4〜S1以下の神経根が障害されれば坐骨神経痛が生じる．

症例　25歳男性．テニス後に腰下肢痛を発症．

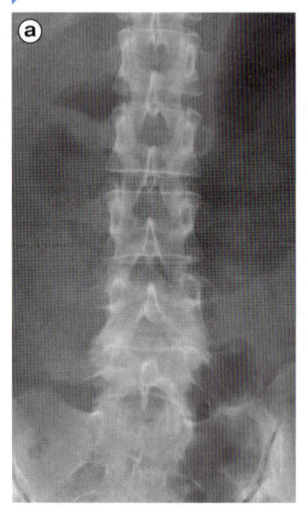

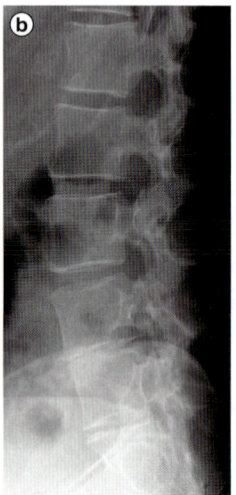

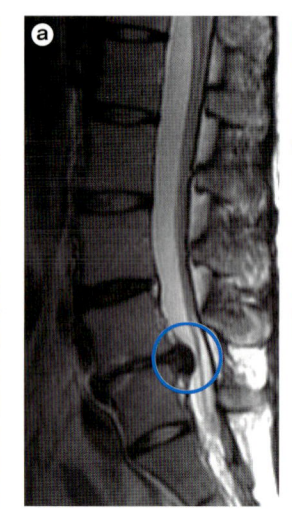

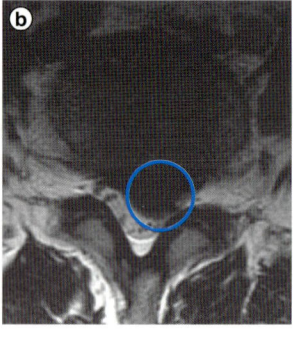

図1 ● 単純X線
a）正面像，b）側面像．

図2 ● MRI T2強調像
a）矢状断像，b）横断像．椎間板の突出がみられる．

画像所見のポイント

- 単純X線では，椎間板ヘルニア実質を把握することはできないので，椎間板高の減少，すべり，椎体終板の骨硬化などの椎間板変性の所見や，脊柱管狭窄や椎体骨折などの椎間板以外の脊椎所見を確認する（図1）．
- 前後屈の側面動態撮像にて椎間不安定性の有無を把握する．
- MRIは椎間板ヘルニアの描出に優れており，ヘルニアの高位，横断面上の突出部位，椎間板の変性度などの診断が可能である（図2）．
- 腰痛や下肢痛のない無症候性でも，60歳未満では20％にMRIでヘルニアを認める[1]ため，高位診断に関する解釈には注意が必要である．

> **疾患の特徴**
> - 腰痛や下肢痛は，一般に，腰椎前屈で増強することが多く，前屈姿勢をとるスポーツ活動は増悪因子である．
> - 成長期の椎間板ヘルニアでは，腰痛のみの場合があるので注意を要する．ただし，下肢痛はなくても tight hamstring を呈し，高度な前屈制限を示すことがある．
> - 下肢痛を伴う症例では，運動障害や知覚障害，反射異常等の神経学的所見を総合的に評価して高位診断を行う．
> - 誘発テストである仰臥位での下肢伸展挙上テスト（SLRT）が陽性の場合は，L4/5あるいはL5/S高位のヘルニアが，腹臥位で大腿神経伸展テスト（FNST）が陽性の場合は，L2/3あるいは3/4高位のヘルニアが疑われる．

◆ 鑑別診断

- **腰椎分離症**：椎間板ヘルニアと同様に腰痛を訴える．発育期のスポーツ活動が要因の1つである点も類似しているが，**腰椎分離症では伸展時に腰痛を訴える**ことが多く，**腰椎椎間板ヘルニアでは逆に前屈時に腰痛**が増強することが多い．

◆ 治療方針

- 自然経過で症状の改善が期待できる疾患であるため，膀胱直腸障害や高度の麻痺を伴う特殊な症例を除けば，**治療の第一選択は保存治療**である．
- MRIで椎間板ヘルニアが後縦靭帯を穿破しているのを認めた場合は，**ヘルニアの自然退縮**の機序が働き，保存治療に反応しやすく良好な予後が期待できる．
- 手術治療は保存治療の無効例が適応となる．どの程度の期間保存治療を試みるべきか，という点については一定の見解はない．

◆ 患者，家族への上手な説明

- 腰椎椎間板ヘルニアの発症の要因となる椎間板変性については，遺伝的素因や加齢，肥満，喫煙，そしてスポーツによる力学的負荷など，さまざまな要素が関係するといわれている．
- スポーツ活動，疼痛の程度など各症例の背景に応じて，治療方針は決定される．

参考文献

1) Boden, S. D. et al. : Abnormal magnetic-resonance scans of the lumbar spine in asymptomatic subjects. A prospective investigation. J Bone Joint Surg, 72A : 403-408, 1990

第3章 画像診断　§1 脊椎

Q&A

A) 頚椎の傷害
53歳男性．モータースポーツ

宮本　敬

受診状況　モータースポーツ（趣味レベル）のほか，サッカーの指導などレクリエーションレベルのスポーツを楽しんでいるうちに徐々に以下の症状が出現した．

臨床所見　頚部の痛み，左上肢下肢のしびれ，歩行障害（歩行がぎこちない）．症状が半年前から徐々に悪化傾向にある．転倒等の外傷の既往はない．

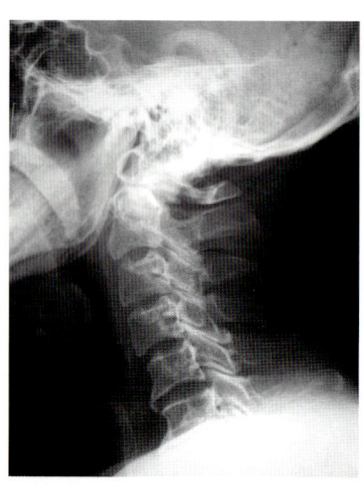

図1 ● 頚椎単純X線側面像
頚椎のアライメントは比較的保たれているものの，軸椎（第2頚椎）歯突起の輪郭が不整である．

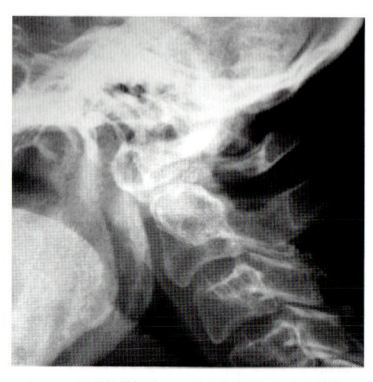

図2 ● 頚椎単純X線側面像（前屈時）
環椎が前方に移動し，不安定性が示唆される．また，第1，2頚椎間の脊柱管前後径の狭小化を認める．軸椎歯突起の輪郭が不整であり，ADI（atlanto-dental interval）の計測が困難である．

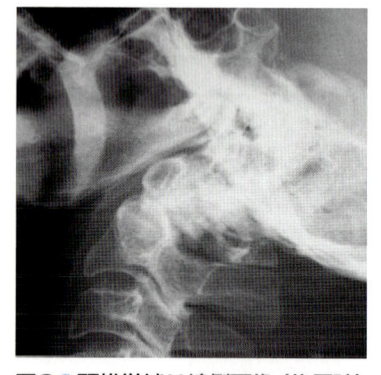

図3 ● 頚椎単純X線側面像（後屈時）
第1，2頚椎間の脊柱管前後径は元通りになる．

Question

本症例の診断は？

Answer

歯突起骨（Os Odontoideum）による環軸椎不安定性，同部位における脊髄不全損傷．

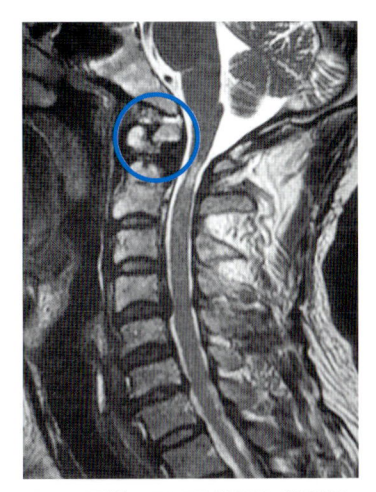

図4●頸椎MRI T2強調矢状断像
第1，2頸椎レベルにて脊髄の扁平化（委縮），髄内高輝度変化を認める．また，歯突起の異常を認める（○）．

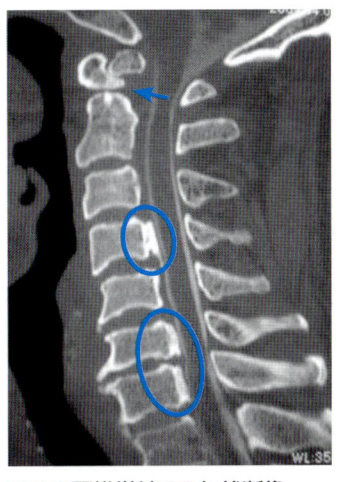

図5●頸椎単純CT矢状断像
第2頸椎歯突起の低形成，分節状変化を認める（→）．軸椎下においても分節型の後縦靱帯骨化が存在する（○）．

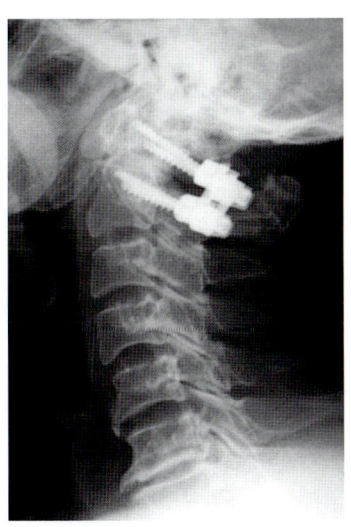

図6●頸椎単純X線側面像（手術後）
第1，2頸椎の後方固定術，自家骨移植術を施行した．

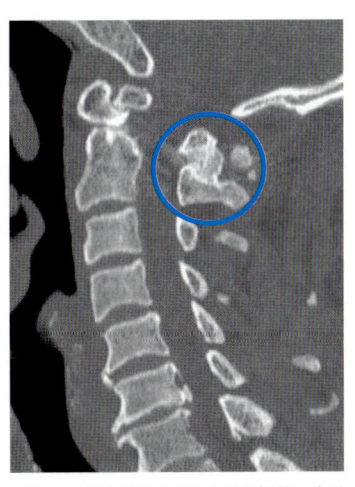

図7●頸椎単純CT矢状断像（手術後）
第1，2頸椎の後方に移殖した骨が癒合し（○），同部位の安定化が得られたことが示唆される．

◆ 解説
- 歯突起骨（図4，5）の成因としては，歯突起の先天性分離もしくは，幼少期の歯突起骨折後の癒合不全が指摘されている．
- 歯突起骨を有する場合，環軸椎（C1/2）の不安定性を合併しており，同部位にて脊髄が刺激を受け，

程度の差こそあれ，脊髄損傷を合併する危険性が少なくない．
- 半数以上において，それまで症状を何ら呈さなかったものの，軽微な外傷を機に脊髄症状を発症するに至る，とされている[1,2]．
- スポーツ活動によって症状が発現した例の報告もある[3]．
- 本症例において，患者が今後もレクリエーションレベルのスポーツ活動継続を希望されたため，手術治療（環軸椎後方固定術）を施行した（図6，7）．術後経過は良好であり，頭部頸部に外力のかからないスポーツという条件付きでスポーツ復帰が可能となっている．
- 頸椎に外力がかかるスポーツ競技において，重篤な脊髄損傷を発症する危険性があり，スポーツへの参加，復帰が妥当であるかどうかについて，各種画像検査を用いたスクリーニングも必要である．特に小児においては単純X線にて鑑別が困難であるとの報告もあり，注意が必要である[4]．

◆ 患者，家族への上手な説明

- 首の骨の上から2番目の骨の尖った場所（歯突起）にひびが入っている．これは生まれつきかもしれないし，子どものころに骨にひびがはいった名残かもしれない．その影響を受けて，1番目，2番目の骨が不安定になっている，と疾患の概要を説明する．
- これまでの日常生活，あるいは休日のスポーツ活動において，首の1番目，2番目の骨がグラグラした結果，その中を通っている脊髄という大事な神経が時に強く締め付けられ，傷んでしまった．現在あるのはそのための症状であると思われる．
- 今後，日常生活を送るにあたって，不安定になっている場所を固めるような措置（装具装着あるいは手術）を治療として提案する．

参考文献

1) Klimo, P. Jr. et al. : Os odontoideum: presentation, diagnosis, and treatment in a series of 78 patients. J Neurosurg Spine, 9（4）: 332-342, 2008
2) Klimo, P, Jr. et al. : Incidental os odontoideum: current management strategies. Neurosurg Focus, 31（6）: E10, 2011
3) Place, H. M. et al. : Cervical spine injury in a boxer: should mandatory screening be instituted? J Spinal Disord, 9（1）: 64-67, 1996
4) Choit, R. L. et al. : Os odontoideum: a significant radiographic finding. Pediatr Radiol, 35（8）: 803-807, 2005

第3章 画像診断 §1 脊椎

Q&A

B) 胸椎・腰椎の傷害
18歳男性，野球

竹林庸雄，吉本三徳，山下敏彦

受診状況 以前より腰痛を自覚していたが，スポーツ活動を継続していた．その後腰痛に加えて下肢痛が出現したため，整形外科を受診した．

臨床所見
- 前屈で増悪する腰痛と左下肢痛を認める．
- 左坐骨神経痛を呈しており，下肢伸展挙上テスト（SLRT）が陽性となり，下腿の知覚障害も認める．

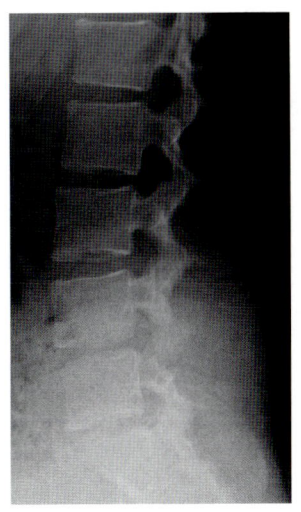

図1 ● 単純X線側面像

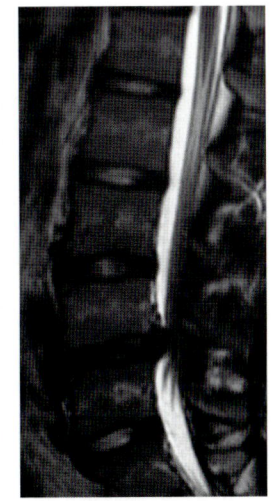

図2 ● MRI T2強調矢状断像

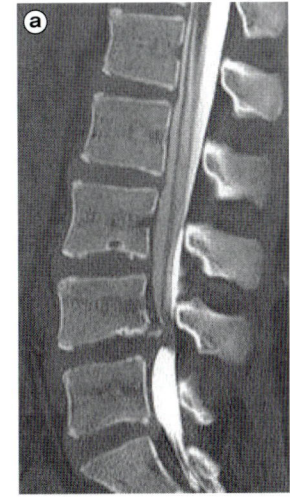

図3 ● CT
a) MPR像．
b) 横断像．

Question

1) 本症例の診断は？
2) 発育期において腰下肢痛を呈する代表的な鑑別疾患は？
3) 本症例の腰下肢痛の原因と基盤となる病態は？

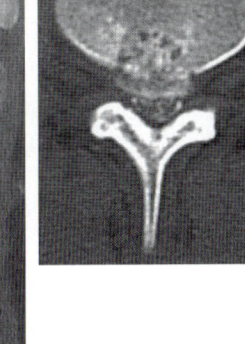

Answer

1) 腰椎後方隅角解離
2) 代表的鑑別疾患：腰椎椎間板ヘルニア
3) 発育期のスポーツ活動によるくり返しの外力が椎体終板に加わることで，力学的脆弱部位である成長軟骨層の軟骨細胞が変性し，腰椎終板障害を招く．

◆ 解説

- 発育期のスポーツ活動によりくり返しの外力が椎体終板に加わると，力学的脆弱部位である成長軟骨層の軟骨細胞に変性を招く．結果的に，椎体終板の変形，椎間板の突出（Schmorl結節）や変性，椎体辺縁分離などの変形を引き起こす．
- 腰椎の終板障害は，環状骨端核と椎体が癒合し成長が終了した段階ではなく，成長軟骨層が存在している時期に発症する．椎体終板に負荷されるストレスの違いによって終板障害の形態はさまざまであり，限局性後方型は下位腰椎に好発する[1]．
- 限局性後方型である**隅角解離では，後方の環状骨端核が椎体終板から解離し，後方組織である後縦靭帯や神経組織を圧迫する**．解離した骨片が必ずしも神経症状を呈するわけではない．
- 限局性後方病変が進行すると椎間板ヘルニアと同様に坐骨神経痛を呈することがあり，SLRTが陽性となり，神経症状を呈する．
- MRIは椎間板ヘルニアの程度や硬膜管の圧迫の程度を把握するのには有用であるが，CT MPR像や軸写像は，後方に突出した骨片を明瞭に描出でき，**椎間板ヘルニアと後方隅角解離との鑑別には，MRIよりもCTの方が優れている**（図4）．

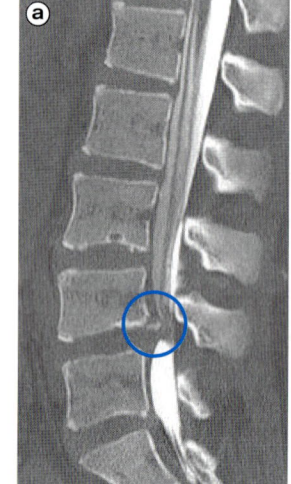

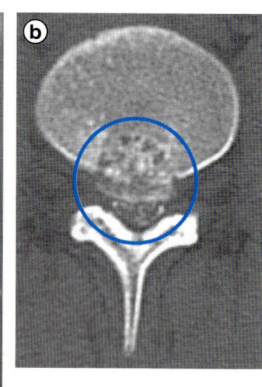

図4 ● 図3解説
a) MPR像，b) 横断像．突出した骨片がみられる．

◆ 患者，家族への上手な説明

腰椎後方隅角解離では，症状発現前から存在した解離骨片により下肢症状を呈することがある．軽微な外力で発症することが多く，急性期症状が消退すれば通常の日常生活を送るのに支障はない．ただし，下肢症状をくり返す場合や保存療法に抵抗する場合では手術適応がある．

参考文献

1) 加藤真介 ほか：発育期におけるスポーツと腰痛 −腰椎分離症と終板障害の病態と治療−．脊椎脊髄，13：496-506, 2000

第3章 画像診断 §1 脊椎

Q&A B) 胸椎・腰椎の傷害
17歳女性．バスケットボール

吉本三徳，竹林庸雄，山下敏彦

受診状況 14歳時に腰痛を自覚し，近医でMeyerding grade 2の腰椎分離すべり症を指摘される．その後もバスケットボールを続けたが徐々に腰痛は悪化し，下肢痛と会陰部のしびれも自覚するようになった．

臨床所見
・臀部が後方突出するいわゆる"でっ尻"を呈している．
・左大腿後面に疼痛と軽度の知覚障害を認め下肢伸展挙上テスト（SLRT）は左で陽性（60°）である．

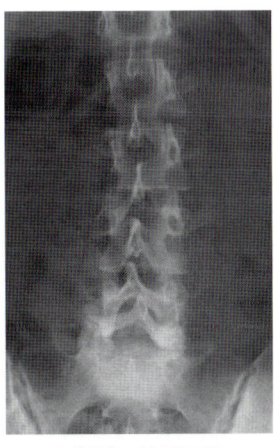

図1 ● 単純X線正面像

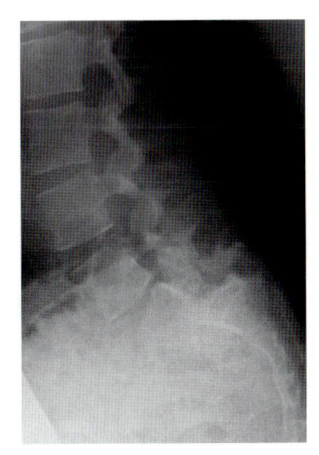

図2 ● 単純X線側面像

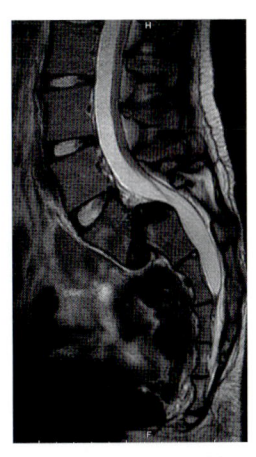

図3 ● MRI T2強調矢状断像

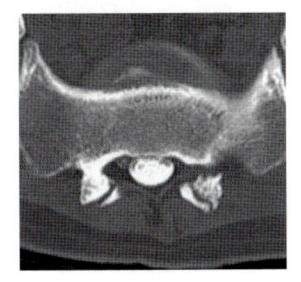

図4 ● CT横断像

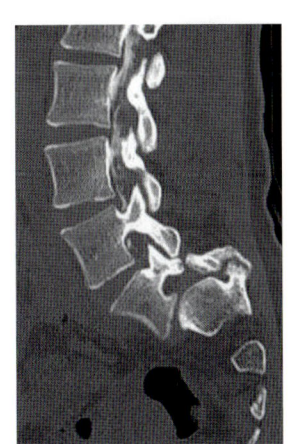

図5 ● CT MPR像

Question

1) 本症例の診断は？
2) 本症例の治療は？

Answer

1) 診断：腰椎高度すべり症
2) 治療：腰椎固定術

◆ 解説

- 先天性あるいは発育性の腰仙椎部の形成不全に伴う高度すべり症である．
- **すべりが高度になると脊椎下垂症に至る可能性もあり，早期に手術的治療が選択される．**
- 画像上の特徴的な所見としては，椎弓や椎間関節などの後方要素の低形成（図6→），関節突起間部の延長（図7▷），L5椎体の楔状化と前方への回転，垂直化した仙骨などがあげられる．
- 形成不全性のすべり症であっても分離を伴う症例もあり（図7►），高度すべりの症例においては，分離すべり症と形成不全性すべり症を完全に区別することが困難な場合も少なくない[1]．
- 手術は腰椎固定術を行う．整復の是非や固定法については意見が分かれる．in situ での固定は整復時の神経障害の危険性がないという利点があるが，矢状面バランスが改善しない点や，骨癒合完成後もすべりが進行することがあるという欠点を有する．一方，整復・固定術では，過度な整復によるL5神経根の障害が報告されている．そのため，水平方向のすべりの矯正よりも局所後弯の矯正に重点を置くべきとの意見もある[2]．

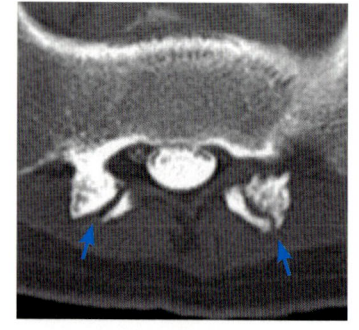

図6 ● 図4拡大図

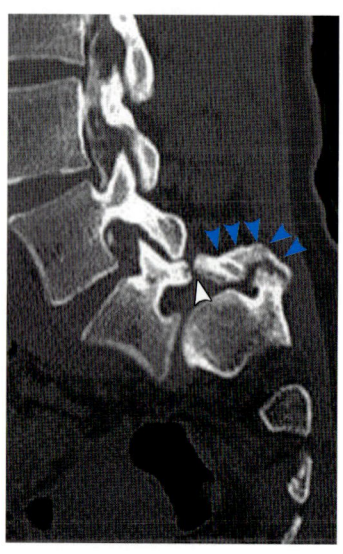

図7 ● 図5拡大図

◆ 患者，家族への上手な説明

すべりが高度になるほど治療は困難になる．すなわち術中の整復が困難になり，神経合併症の危険性も高くなる．そのため早期の手術に踏み切るべきである．

参考文献

1) Steven, M. et al.：Spine/SRS Spondylolisthesis Summary Statement. Spine, 30：S3 S11, 2005
2) 松本守雄 ほか：腰椎形成不全性すべり症に対する椎弓根スクリュー法の治療成績．臨整外, 41：1183-1189, 2006

第3章 画像診断　§2 肩関節（鎖骨含む）・上腕

A）肩関節（鎖骨，胸骨含む）の外傷
1. 胸鎖関節後方脱臼
posterior dislocation of the sternoclavicular joint

中川照彦

Point
- 受傷機転は転倒，転落などで肩を強打することにより生じる．
- 胸鎖関節部に圧痛がある．
- 嚥下時痛を訴えることが多く，嚥下時痛があれば本脱臼を疑う．
- 画像検査，特にCTが重要である．

症例 57歳男性．ラグビーの試合中，タックルを受け転倒し右肩を強打．

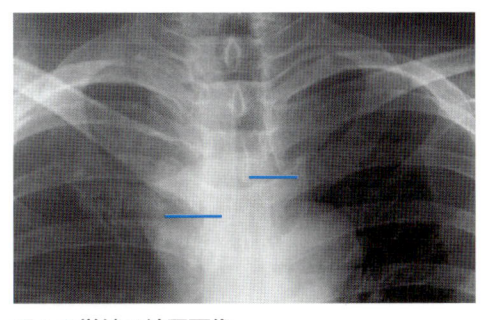

図1 ● 単純X線正面像

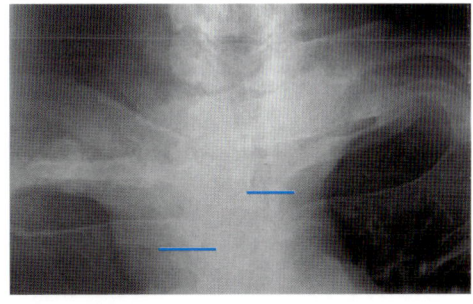

図2 ● 単純X線Rockwood撮影像

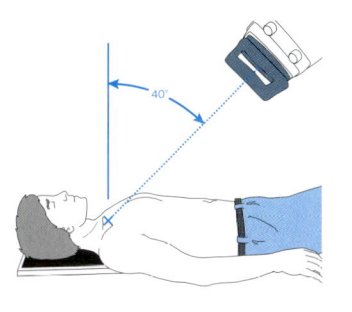

図3 ● Rockwood撮影法
文献1を参照して作成

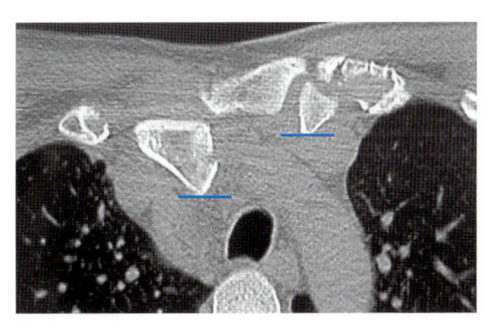

図4 ● CT

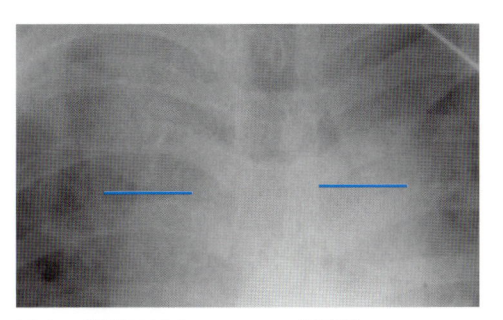

図5 ● 単純X線Rockwood撮影像（徒手整復術直後）

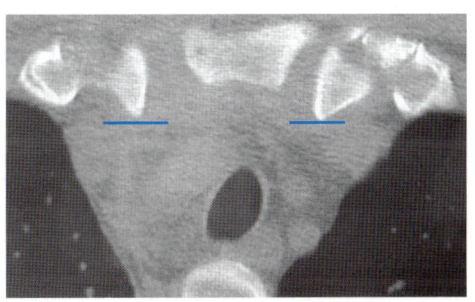

図6 ● CT（徒手整復術の翌日撮影）

画像所見のポイント

- 鎖骨近位端の位置が左右で異なり，脱臼側の右側の位置が低いことがわかる（図1）．
- 右の鎖骨近位端の位置が左より下方に大きく位置しているのがわかる（図2）．
- Rockwood撮影法：管球を40°尾側に傾けて照射（図3）．
- CT像で右鎖骨近位端は後方に転位しており，胸鎖関節後方脱臼が明らかである（図4）．
- 徒手整復術後に手術室で行ったRockwood撮影のポータブル写真．鎖骨近位端の高さが左右ほぼ同じレベルになっている（図5）．
- 徒手整復術の翌日撮影したCT像で，鎖骨近位端の高さは左右同レベルであり，整復位にあることが確認された（図6）．

疾患の特徴

- ラグビーやアメリカンフットボールなどでのタックルでの転倒で受傷しやすい．
- 患側の胸鎖関節に圧痛や腫脹があるが，外観上，鎖骨近位の陥凹はあまりみられず胸鎖関節後方脱臼を念頭に置かないと見逃す危険性が高い．
- 嚥下時痛の訴えがあったら本脱臼を疑い，迷わずCTを撮る．

◆ 鑑別診断

- 鎖骨近位端骨折．
- 小児の場合は鎖骨近位部の骨端線離開．

◆ 治療方針

- 手術室にて全身麻酔下に徒手整復を図る[2]．体位は仰臥位として背中に枕を入れる．皮膚上から鎖骨を把持し前方に引き上げる．この際，助手は腕を水平伸展位として後外側に牽引する．
- 用手的な整復が困難であれば，カニ鉗子で皮膚を貫き鎖骨の骨皮質近位部を直接把持して持ち上げる．
- 徒手整復術後，手術室内で両胸鎖関節の正面像とRockwood撮影を行い，整復位を確認する．
- 整復後翌日にはCT検査を行い，整復位が得られているかどうかをみる．

◆ 患者，家族への上手な説明

- 単純X線像およびCT像を見せ，鎖骨近位端が健側に比べ，後方に脱臼していることを指摘し，鎖骨近位端により，気管や食道や大血管が圧迫されていることを説明する．
- 整復後は鎖骨バンドを4〜6週間装着する必要があることを説明する．
- ラグビーなどのコンタクトスポーツへの復帰には約5カ月を要することも伝える．

参考文献

1) Rockwood, C. A. Jr. & Green, D. P.：Fractures in adults 1. p. 925, Lippincott, Philadelphia, 1975
2) Laffosse, J. M. et al.：Posterior dislocation of the sternoclavicular joint and epiphyseal disruption of the medial clavicle with posterior displacement in sports participants. J Bone Jont Surg [Brit], 92：103-109, 2010

第3章 画像診断　§2 肩関節（鎖骨含む）・上腕

A）肩関節（鎖骨，胸骨含む）の外傷
2. 肩関節前方脱臼
anterior dislocation of shoulder joint

中川照彦

Point

▶ 受傷機転としては腕を水平伸展位にもっていかれるような介達外力が多いが，腕を引っ張られたり，肩への後方からの直達外力でも脱臼が生じる．

▶ 単純X線撮影を行い，脱臼の有無，程度を確認する．随伴する骨折の有無もみる．

▶ 腋窩神経麻痺の合併を伴うことがあるため，両肩の外側を酒精綿でこすり，冷たさを感じるかどうかをみる．腋窩神経麻痺があると冷たさを感じない．

▶ 必要に応じて，CTやMRIを撮像する．関節窩の前下方の剥離骨片（骨性Bankart）がある場合は3DCTにて，骨片の大きさ，位置，転位の程度がよくわかる．

症例

26歳男性．アメリカンフットボールのタックルで受傷．

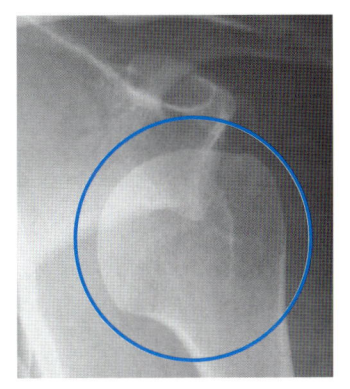

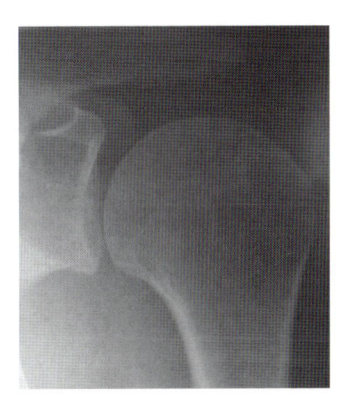

図1 ● 単純X線正面像　　図2 ● 単純X線（徒手整復術後）　　図3 ● MRI T2強調横断像

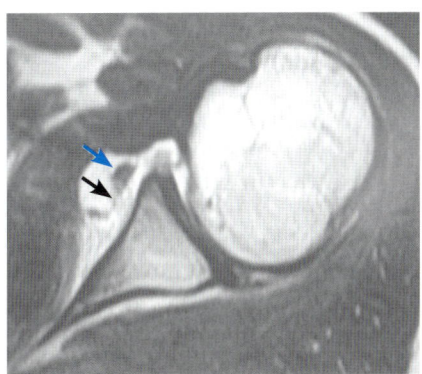

画像所見のポイント

- 肩関節前方脱臼位．上腕骨頭は関節窩から逸脱し内側・下方に転位している．関節窩の剥離骨折や大結節骨折はみられない（図1）．
- 整復位．受傷当日，全身麻酔下にて徒手整復を施行し整復された．関節窩に骨頭が相対している．関節裂隙も良好である（図2）．
- 受傷後翌日に撮像したMRI T2強調横断像で，関節内の血腫により肩関節造影MRIと同等な画像が得られる．前方関節唇（図3➡）とそれに続く骨膜（図3➡）が関節窩縁および肩甲骨頸部から剥離している（Bankart病変）．

疾患の特徴

- ラグビー[1]やアメリカンフットボールでのタックルで生じやすい．スキーやスノーボードでの転倒でもしばしば起こる．
- 小学生以下での外傷性脱臼は稀であるが，中学生以降はどの年齢層でもスポーツ中に脱臼が生じうる．
- 肩関節に強い疼痛があり，肩関節を自力でほとんど動かせない．他動運動でも回旋可動域に制限がみられる．

◆ 鑑別診断
- 上腕骨近位端骨折．
- 肩関節下方亜脱臼（動揺肩）．

◆ 治療方針
- すみやかに徒手整復を試みる．整復方法は挙上位法，Kocher法，Hippocrates法など多数ある．
- **脱臼から整復までの期間が長くなると徒手整復が困難になる．**3週以上経過すると陳旧性脱臼の範疇に入り，観血的整復術を要することが多い．
- 筋肉隆々のスポーツ選手では無麻酔科での徒手整復は困難であることが多く，全身麻酔下に十分な筋弛緩を得てから，徒手整復操作を行う．
- 整復後は3週間三角巾＋バストバンド固定とする．

◆ 患者，家族への上手な説明
- 脱臼しているX線像を見せ，患者の苦痛を取り除く意味でも早期の徒手整復の必要性を強調する．
- 肩関節では一度脱臼を起こすと，前方の関節唇や骨膜が関節窩・肩甲骨頸部から剥がれ（Bankart病変），前方にポケットができてしまい，再脱臼が生じやすく，特に若年者では再脱臼の頻度が高い．
- 3週間三角巾＋バストバンド固定を行い，その後リハビリテーションを開始する．腱板筋力強化にて再脱臼を防ぐ努力をする．

参考文献
1) Crichton, J. et al. : Mechanism of traumatic shoulder injury in elite rugby players, Br J Sports Med, 46 : 536-542, 2012

第3章 画像診断 §2 肩関節（鎖骨含む）・上腕

A）肩関節（鎖骨，胸骨含む）の外傷
3. 鎖骨骨幹部骨折
clavicle shaft fracture

中川照彦

Point
- 受傷機転としては肩からの転倒や直接鎖骨を強打することにより生じる．
- 鎖骨部に圧痛，叩打痛，腫脹，皮下出血がみられる．
- 骨片が転位している場合は，皮下に骨片端の突出を触れることがある．
- 腕神経叢が鎖骨下にあり，手指のしびれ，知覚障害などを確認する．

症例
36歳男性，競輪選手．競技中に転倒し左肩を強打．

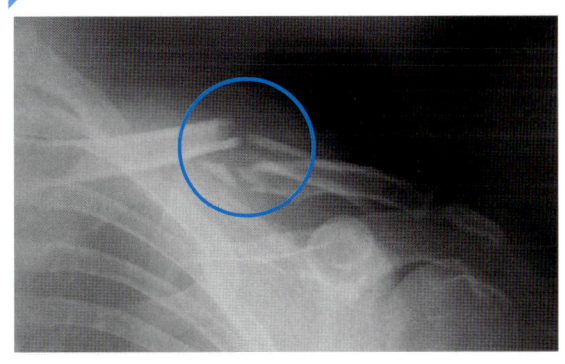

図1 ● 単純X線正面像

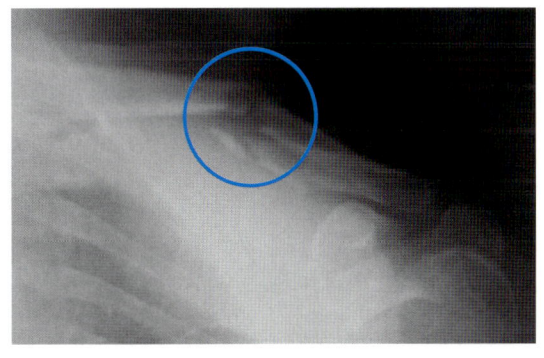

図2 ● 単純X線斜位像

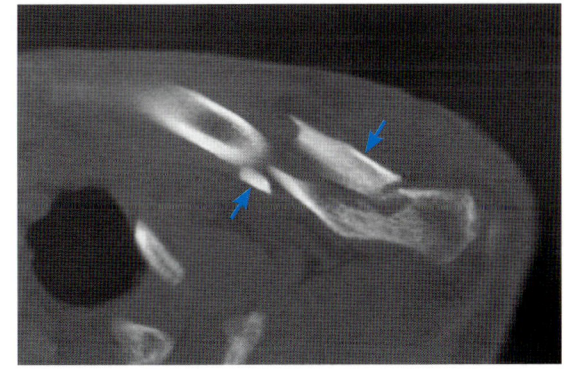

図3 ● CT

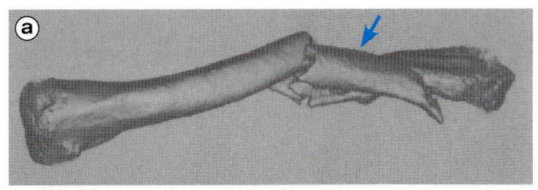

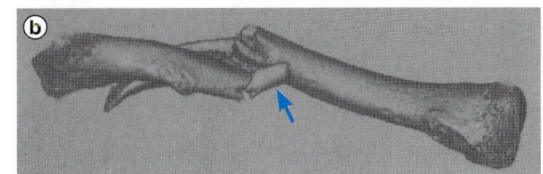

図4 ● 3DCT　a）前方，b）後方

画像所見のポイント
- 左鎖骨骨幹部の中央1/3での骨折で近位骨片と遠位骨片の間に2つの骨片がみられる．近位骨片は上方に転位している（図1，2）．
- CT像で前方に比較的大きな第3骨片と後方に小骨片を認める（図3➡）．
- 前方から見た3DCT像で前方の骨片の形，大きさ，位置関係がよくわかる（図4a➡）．
- 後方から見た3DCT像で後方の小骨片の形，位置関係がよくわかる（図4b➡）．

> **疾患の特徴**
> - 自転車競技，スノーボードでの転倒やラグビーやアメリカンフットボール[1]での激しい衝突などで生じやすい．
> - スポーツ中，どの年齢層でも起こる頻度の高い骨折である．
> - 骨折部に叩打痛，圧痛や腫脹があり，皮下出血斑が認められることもある．
> - 疼痛による肩の挙上障害がみられる．

◆ 鑑別診断
- 肩鎖関節脱臼．
- 鎖骨遠位端骨折．

◆ 治療方針
- 転位がみられる症例では徒手整復を行い，鎖骨バンドで固定する．
- 鎖骨バンド装着期間は仮骨形成がみられるまでで小児では3～4週間，成人では2～3カ月間を要する．
- 鎖骨の変形治癒や偽関節が生じないような方法を選択する．
- 成人のスポーツ選手で骨片間に転位があれば積極的に手術を行う．しかし，若い女性アスリートでは手術創痕の問題があり，転位が比較的軽度であれば鎖骨バンド固定のみでの保存的治療を選択することが多い．
- 手術では一般的にプレート固定が勧められる．第3骨片はスクリュー固定またはファイバーワイヤーを数カ所で巻き付け固定する．
- 早期復帰を望むスポーツ選手には，骨癒合を促進するため術後3日から超音波骨折治療器（low intensity pulsed ultrasound：LIPUS）を用いて毎日15分間，骨折部に超音波を当てる．鎖骨は皮膚に近く，超音波パルスが届きやすく有用である．

◆ 患者，家族への上手な説明
- X線像やCT像を見せる．特に3DCT像が説明には最適である．
- 鎖骨は体幹と上肢を結ぶ要の骨であり，できるだけ解剖学的な整復位をとり，骨癒合を図ることが大切．
- 保存的治療を選択した場合，鎖骨バンドを装着している間は骨片間での回旋運動が生じると偽関節になる可能性があるため，挙上運動は90°以下に制限するように指導する．
- 保存的治療でも手術的治療でも骨癒合までに3～4カ月が必要であり，この間は下半身，体幹トレーニングに専念し，患側上肢の過度な運動を控えるように説明する．

参考文献
1) Morgan, R. J. et al.：Evolving management of middle-third clavicle fractures in the National Football League. Am J Sports Med, 38：2092-2096, 2010

第3章 画像診断　§2 肩関節（鎖骨含む）・上腕

A）肩関節（鎖骨，胸骨含む）の外傷

4. 大結節不顕性骨折
occult fracture of the greater tuberosity

中川照彦

Point

- 受傷機転としては転倒しての肩の強打．
- 単純X線検査では骨折線を認めないため打撲・挫傷として扱われやすい．
- 挙上障害や疼痛が続くため，腱板断裂が疑われ，MRIを撮像したときに骨折が判明することがしばしばある．
- １〜２週後の再度の単純X線検査で骨折線が明らかになったり，骨折部が若干転位し判明することもある．
- 肩の打撲後，挙上時痛や痛みのため運動障害が続く場合は，大結節不顕性骨折を疑いMRIを撮像する[1]．

症例

39歳女性．スキーで転倒し左肩を打撲．

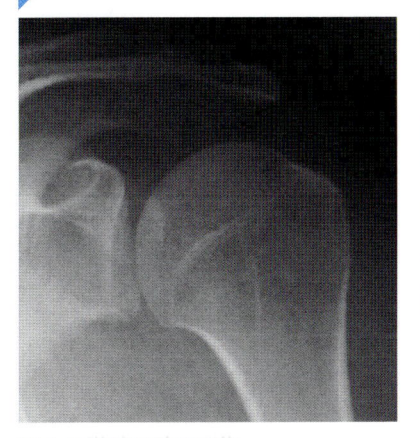

図1 ● 単純X線正面像 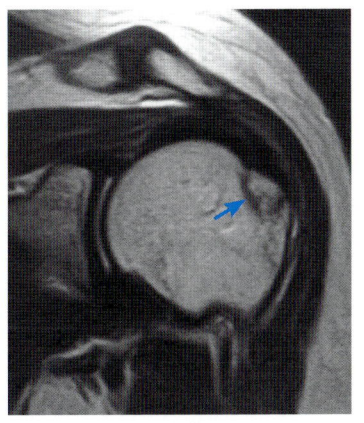　　図2 ● MRI T2強調冠状断像 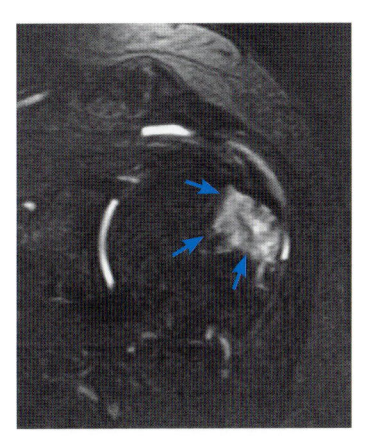　　図3 ● MRI T2強調脂肪抑制冠状断

画像所見のポイント

- 単純X線正面像で大結節に骨折線は認められない（図1）．
- 受傷2週後のMRI T2強調像にて大結節の骨折線が低信号の線状の帯として認められる（図2→）．腱板は低信号であり腱板断裂の所見はない．
- 受傷2週後のMRI T2強調脂肪抑制像にて大結節部は全体的に高信号を呈し，大結節骨折による，骨髄内の血腫や浮腫があることがわかる（図3→）．

疾患の特徴

- スキー，スノーボードでの転倒，ラグビーやアメリカンフットボールでの転倒など肩を直接強打することにより生じる．
- 20〜40歳代の成人で多い．50歳以降では大結節不顕性骨折の発生は少なく，腱板断裂が生じるものと思われる．
- 大結節部に圧痛，叩打痛がみられる．腫脹はあまりなく皮下出血も認められない．
- 受傷直後は肩の挙上は痛みのため困難であるが，数日で120°程度の自動挙上が可能になる．しかし挙上時に痛みを伴う．

◆ 鑑別診断
- 肩の打撲・挫傷．
- 上腕骨近位部の骨挫傷．

◆ 治療方針
- 三角巾固定を行う．三角巾固定は2〜3週間とする．**初期の安静が重要である．**
- 自動挙上は骨癒合がある程度得られるまでの4週間は禁止とする．
- 患側上肢に負荷がかかるような運動は受傷後6週までは禁止とする．
- 単純X線検査を週1回〜2週に1回行い，骨折部の転位の有無を確認する．

◆ 患者，家族への上手な説明
- 単純X線とMRIを示し，病態を説明する．
- 単純X線ではわからないようなヒビ，すなわち微細な骨折が大結節にあり，これはMRIで確認できる．
- 大結節には腱板という筋肉・腱が付着しており，肩を自力で挙上すると，この筋肉が働き，大結節が内側に引かれることから，良い位置にある大結節がずれてしまうことがある．
- 大結節がずれてしまうとインピンジメントといって，肩挙上時に大結節と肩峰が衝突し，痛みが残存する恐れがある．
- 大結節がいくつかの小骨片となって転位することもあり，これも後に痛みの原因になる．
- 骨癒合が得られるまでの4週間は自力での挙上運動は避ける．
- スポーツ復帰は受傷後8週ごろになる．

参考文献
1) Mason, B. J. et al. : Occult fractures of the greater tuberosity of the humerus: radiographic and MR imaging findings. AJR Am J Roentgenol, 172 : 569-473, 1999

第3章 画像診断　§2 肩関節（鎖骨含む）・上腕

B）肩関節の障害
1. 外傷性肩関節前方不安定症
recurrent anterior glenohumeral instability

河合伸昭，菅谷啓之

Point
- 肩関節の外転外旋強制で生じた肩関節前下方支持組織の破綻による肩関節前方不安定症である．
- 画像診断では，脱臼の際に生じた関節窩や上腕骨頭，および関節包などの病態に注目する．

症例　18歳男子，柔道．1年前に組技の練習中に右肩を脱臼．以後，3度の脱臼をくり返す．

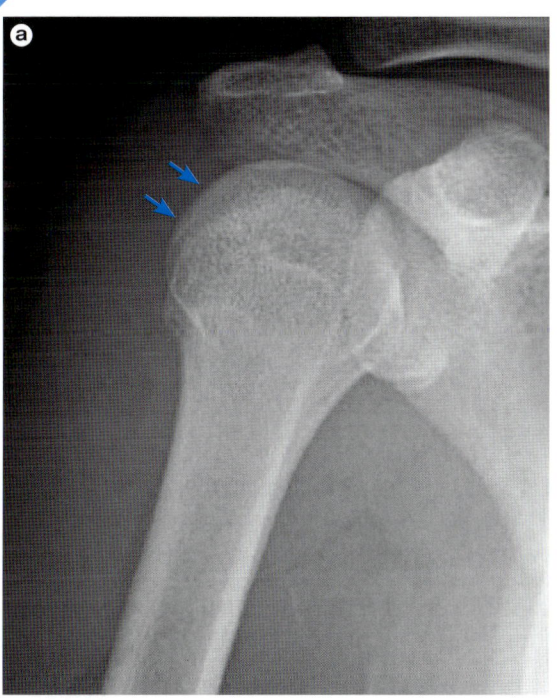

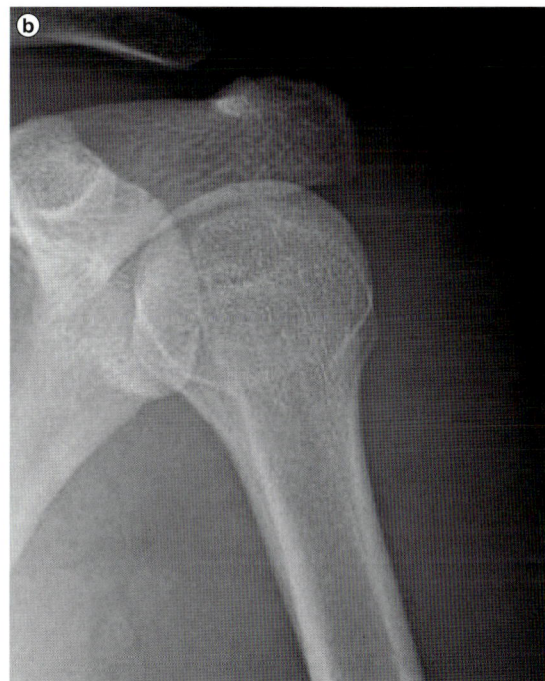

図1 ● 単純X線肩関節内旋位
a）患側（右肩），b）健側．

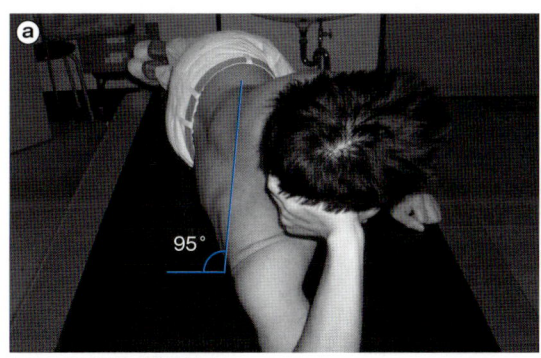

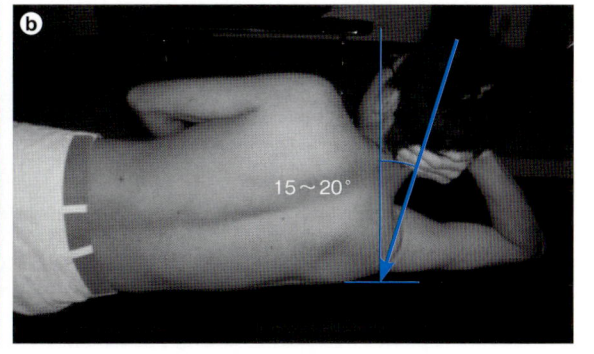

図2 ● 新法の撮影方法

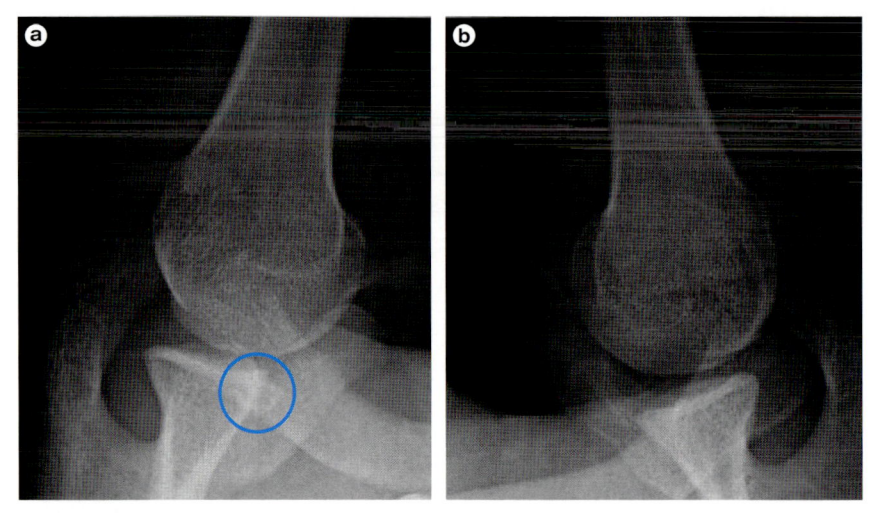

図3 単純X線新法
a）患側（右肩），b）健側．

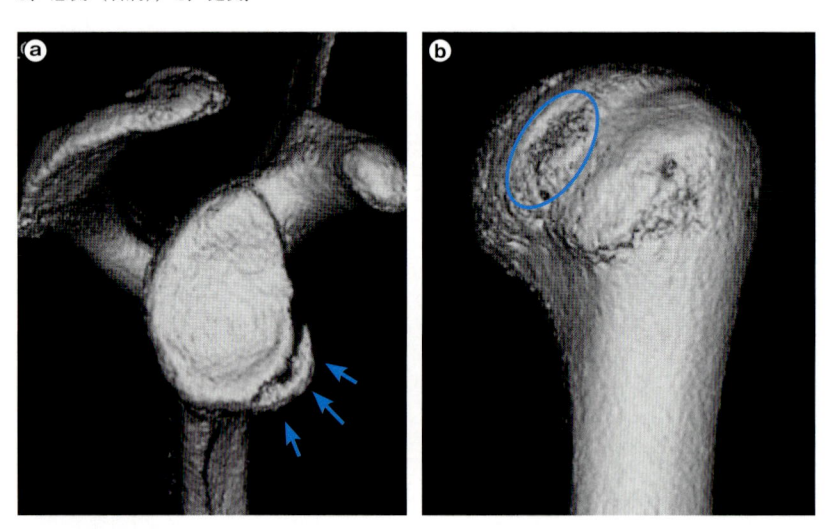

図4 3DCT
a）関節窩，b）上腕骨頭．

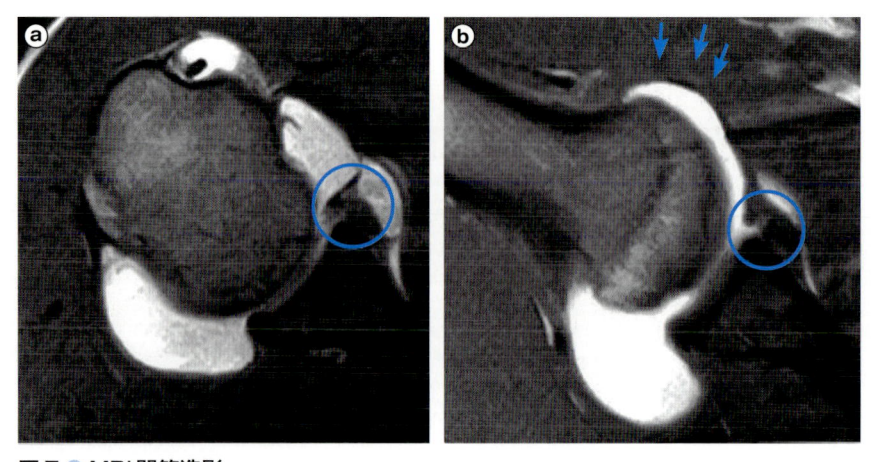

図5 MRI関節造影
a）横断像，b）外転外旋（ABER）位．

画像所見のポイント

- 単純X線にて，肩関節内旋位正面像では小さな上腕骨頭後外側の丸みのわずかな平坦化（Hill-Sachs病変）を認める（図1➡）．新法（TV watching view法）では，関節窩前縁の病態が確認できる[2]．具体的な方法は，患者を撮影台の上で患側を下に側臥位にさせ，患側肩を外転外旋させて掌で頭を支えるようにさせ，肩甲骨がカセッテに対して95°となるように体位をとらせ，X線を頭尾側方向に15～20°で入射する（図2）．本例では関節窩前縁に比較的大きな骨片の転位を認める（図3○）．
- 3DCTは，骨性病変の拡がりを確認するのに有用である．関節窩前下方の中等度の骨片（骨性Bankart，図4a➡）と単純X線肩関節内旋位像で確認された浅くて小さなHill-Sachs病変を認める（図4b○）．
- MRI関節造影では，前下上腕関節靭帯（anterior inferior glenohumeral ligament：AIGHL）の緊張，関節唇複合体の関節窩からの連続性のほか，関節包断裂や腱板断裂の有無等，軟部組織病変も確認する．本症例ではAIGHLの弛緩と前下方の関節唇の関節窩からの剥離（Bankart病変）を認める（図5○）．

疾患の特徴[2]

- コリジョンスポーツに最も多く，次いでウィンタースポーツ，格闘技，コンタクトスポーツ，野球，バレーボールなどに多く認める．コリジョンスポーツ，コンタクトスポーツや格闘技では不意な接触，ウィンタースポーツでは転倒，野球ではヘッドスライディング，バレーボールではレシーブの際に，肩関節外転外旋強制されることによって発症することが多い．
- 脱臼急性期では疼痛による筋緊張が強くなり可動域制限が認められる．疼痛が消失すると肩関節外旋強制にて脱臼不安感を訴える．被験者を仰臥位に寝かせ，外旋強制を加えながら，0°から徐々に外転していくと，疼痛や脱臼不安感から筋緊張が強くなる（modified apprehension test）[1]（図6）．

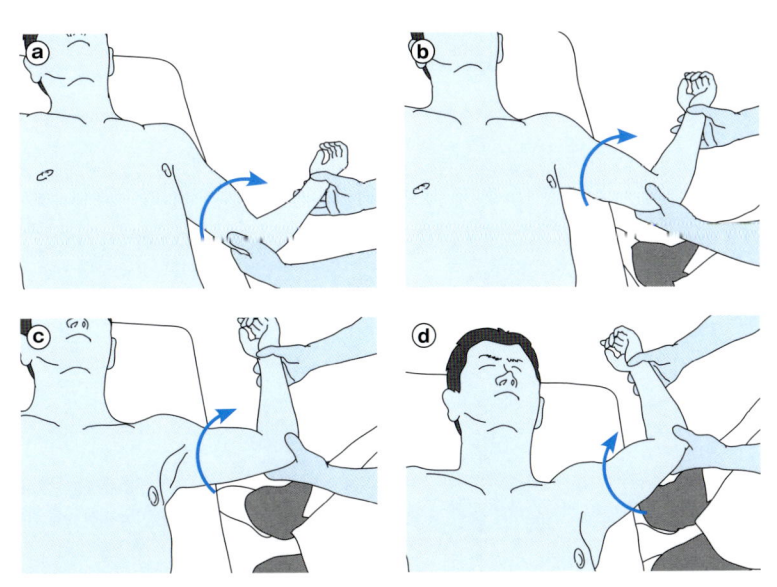

図6 ● modified apprehension test
a）30°外転位，b）60°外転位，c）90°外転位，d）120°外転位．患者を仰臥位に寝かせ，検者の片方の手で肘を把持し，もう片方の手を手関節に添え外旋強制を加える．徐々に外転角度をつけていき脱臼不安感を確認する．
文献1を参考に作成

◆ 鑑別診断

- **外傷性肩関節後方不安定症**：肩関節外転 90〜120°の状態で水平内転をさせると脱臼不安感を訴える．画像上，後方 Bankart 病変や reverse Hill-Sachs 病変を認める．
- **SLAP 病変**：SLAP 病変の場合も肩関節の不安感を訴える場合がある．肩関節脱臼による外傷のエピソードがあるものの，明らかな脱臼の既往はない．画像上 Bankart 病変や Hill-Sachs 病変を認めず，MRI 関節造影にて上方関節唇損傷を認める．

◆ 治療方針

- 反復性脱臼では，特にアスリートの場合手術療法が行われることが多い．
- 大切な試合に間に合わないことや間に合ったとしてもレギュラー争いから外れてしまうことが原因で手術を受けられない場合，脱臼予防装具等の保存的加療も選択肢の 1 つであるが[3]，パフォーマンスへの影響が懸念される．

◆ 患者，家族への上手な説明

- 肩関節が外転外旋強制されることによって，上腕骨頭が関節窩から前方へと逸脱する病態である．
- 構造が破綻していることにより同様の外力が加わって容易に脱臼することや脱臼不安感が愁訴として残存するようであれば，手術が必要となってくる．
- 術式によって異なるが，筆者らの行っている鏡視下手術の場合，通常肩に負担のかかるトレーニングや競技の再開は術後約 3 カ月以降，競技完全復帰時期は術後約 6 カ月以降が目安であり，試合等の日程も考慮し治療方針を決定する必要がある．

参考文献

1) 髙橋憲正：反復性肩関節脱臼の診断．「実践反復性肩関節脱臼 鏡視下バンカート法の ABC」（菅谷啓之 編），pp.48-57，金原出版，2010
2) 菅谷啓之：コンタクトアスリートの反復性肩関節脱臼に対する診断と治療．臨床スポーツ医学，12：1351-1357，2010
3) 皆川洋至：反復性肩関節脱臼に対する保存療法．「実践反復性肩関節脱臼 鏡視下バンカート法の ABC」（菅谷啓之 編），pp.60-63，金原出版，2010

第3章 画像診断　§2 肩関節（鎖骨含む）・上腕

B）肩関節の障害

2. SLAP病変，腱板関節面断裂
SLAP lesion, articular side tear of the rotator cuff

河合伸昭，菅谷啓之

Point
- 上腕二頭筋長頭腱の関節窩付着部周囲の関節唇損傷のことをいう．
- スポーツ競技者においては，野球や体操選手に認められ，投球動作や上肢荷重のくり返しによって生じる．
- 転落等の高エネルギー外傷や肩関節脱臼の既往でもSLAP病変を疑う．

症例　21歳男性，槍投げ選手．6カ月前より投てき動作にて痛みが出現．さらに器械体操の吊り輪で右肩をうまく回せずに過伸展強制し受傷，以後肩関節痛が持続している．

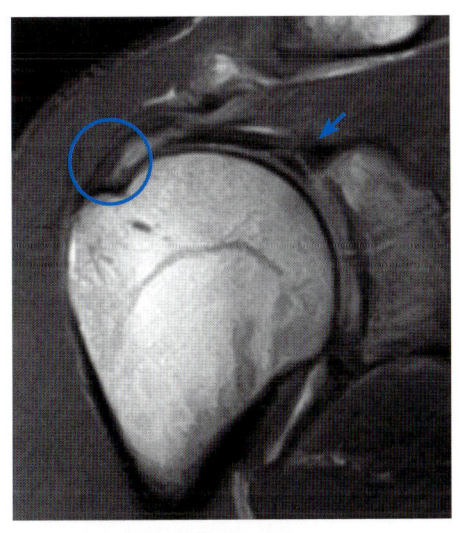

図1●MRI関節造影冠状断像

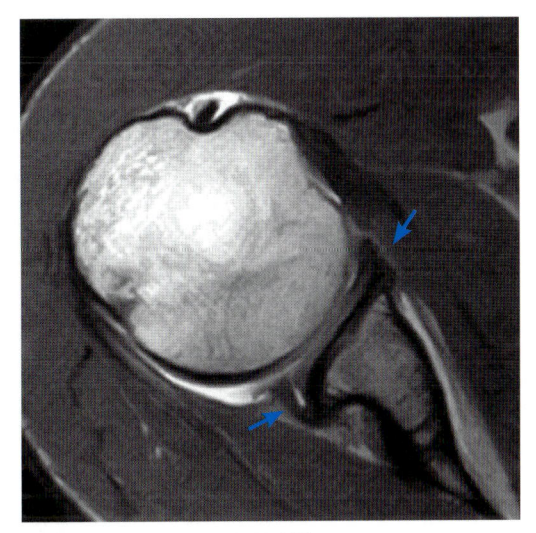

図2●MRI関節造影矢状断像

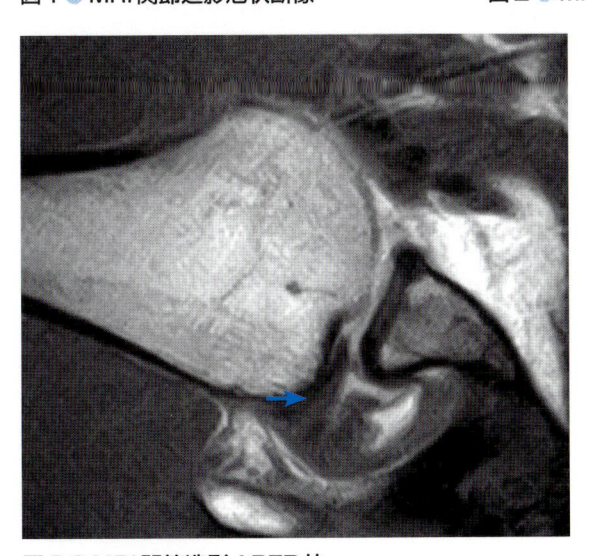

図3●MRI関節造影ABER位

画像所見のポイント

- SLAP病変の診断では，軟部組織の診断に優れたMRIが有用である．関節造影を用いたMRIでは軟部組織とのコントラストが明確になり，関節唇損傷の描出が鮮明となる．造影剤はGd-DTPA 0.3 mLを生理食塩液20 mLで希釈し，透視下に肩関節内に注入する．アレルギー等の既往がある場合は生理食塩液20 mLのみを注入する．筆者らは，下垂位での斜位冠状断，横断像の撮影に加え，外転外旋（ABER）位での横断像を加え撮影している．
- 冠状断像では上方関節唇，矢状断像では前方・後方の関節唇が確認でき，病変の拡がりを把握できる（図1，2➡）．本症例では上方関節唇に入った亀裂により上腕二頭筋長頭腱と分断される像がみられ，SLAP病変 type 3と診断した．また，冠状断像では腱板関節面への造影剤の流入を認め腱板関節面断裂と診断した（図1○）．
- 外転外旋位での横断像では不整像のみられる腱板関節面と後上方関節唇との接触（インターナルインピンジメント）を認める（図3➡）．

疾患の特徴[1]

- 自覚症状としては，肩関節回旋時のクリックや引っかかり感のほか，時に不安定感を訴えることもある．
- 理学検査では，数々の手技が報告されているが，診断率が検者や施設によってばらつきがあり確立された手技はない．筆者らは，上肢を10〜15°内転し90°前方屈曲した状態で上肢に抵抗を加え痛みが誘発されるO'Brien testや仰臥位にて肩関節外転90°および120°で外旋することで痛みや引っかかり感が誘発されるhyper external rotation testを用いている（図4）[1]．

◆ 鑑別診断

外傷性肩関節不安定症：肩関節外転外旋強制にて不安感を訴える．SLAP病変と併発することもある．単純X線やCTにて，骨性Bankart病変やHill-Sachs病変，MRI関節造影にて前下方の関節唇の剥離などが認められる．

◆ 治療方針 [1, 3]

- まずは理学療法を中心とした保存的加療を試みる．**野球などの慢性発症例では肩甲帯や体幹，股関節の機能異常をきたしていることがほとんどであり，理学療法が有効である**．特に肩甲帯の機能や柔軟性が低下している症例においては機能的インピンジメントを生じやすく，理学療法とセルフエクササイズを絡めながら機能改善を図っていく[3]．
- 理学療法にて身体機能が改善してもなお引っかかり感が残存する症例や一度の外傷を機転にして発症した関節唇損傷に対しては鏡視下手術が考慮される．鏡視下手術は，病態を直接的に把握でき，また動的な評価も可能なため診断的意義も非常に高い．
- SLAP病変はSnyderにより4つのサブタイプに分類されている[4]．すなわち上方関節唇の変性を伴った毛羽立ちを有する状態がtype 1，type 2は上方関節唇が肩甲骨頸部から剥離した状態である．上方関節唇がバケツ柄状断裂をきたしており上腕二頭筋長頭腱の起始部に剥離のないものがtype 3，さらに上腕二頭筋長頭腱にも損傷が及んでいる状態をtype 4に分類される（図5）．
- 4つのサブタイプにより鏡視下手術の治療方針は異なってくる．type 1では変性した関節唇の表層をシェービングするのみでよい．シェービングしても関節唇が関節内に落ち込んでくるような不安定性を有するtype 2症例に対してはスーチャーアンカーを用いた関節唇修復を行う．type 3，4に関してはバケツ柄状になり関節内に陥入した関節唇は切除し，さらに関節唇の不

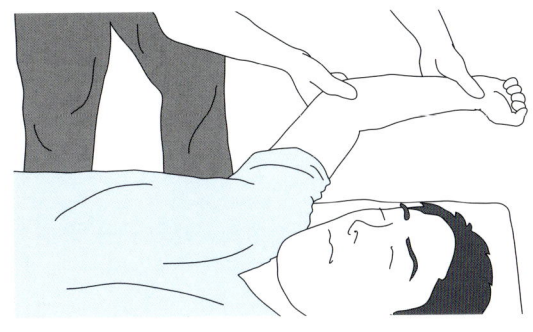

図4 ● hyper external rotation test（HERT）
患者を仰臥位にさせた状態で上肢を外転外旋強制し，疼痛の有無を確認する．
文献1を参考に作成

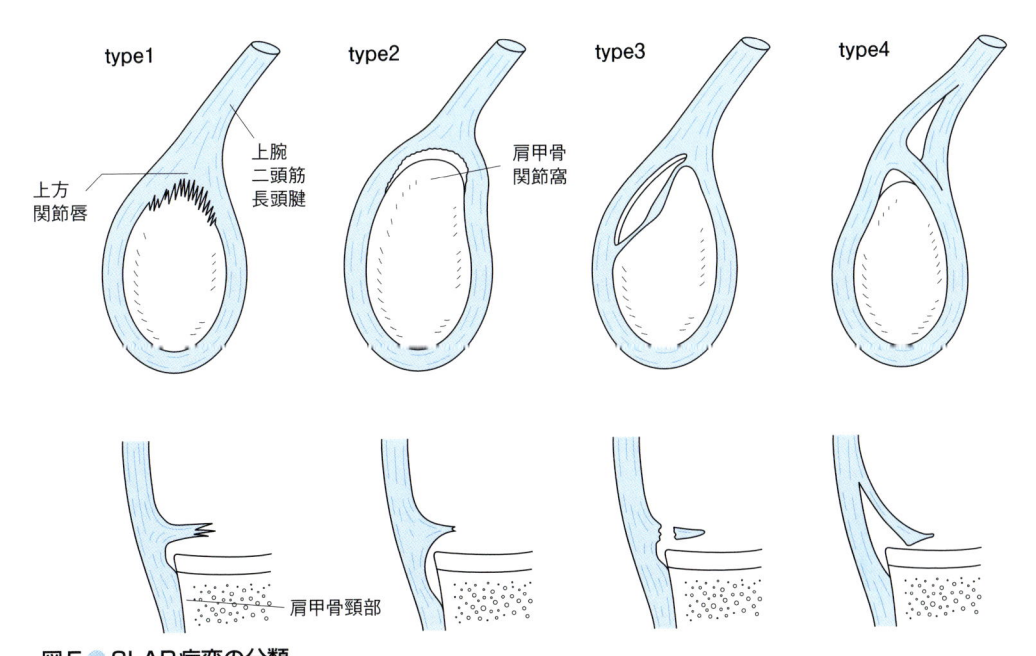

図5 ● SLAP病変の分類
文献2より引用

　　安定性を有する症例に対しては修復が必要となってくる．
・腱板関節面断裂に対しては断裂サイズが付着面の半分を超えていない症例に対してはデブリードメント，半分を超える症例に対しては腱板修復術を追加する．最後に上肢を外転外旋位にし，インピンジメントがないことを確認して手術を終了する．

◆ **患者，家族への上手な説明**
・**上腕二頭筋長頭腱が関節窩に付着する部分の関節唇の損傷である**．損傷した関節唇が上肢の動作で肩関節内に挟まること（インターナルインピンジメント）により，クリックや疼痛が生じる．
・しばしば肩甲胸郭関節の柔軟性の低下や機能異常を有しており，機能訓練で症状が消失することも多く，まず理学療法を中心とした保存的加療を試みる．**理学療法に反応が乏しい例や身体機能が改善しても症状が残存している症例に対しては鏡視下手術の適応となってくる．**
・疼痛により日常生活動作にも支障が出ているようであれば，競技を完全に休ませ消炎鎮痛を図る．筆者らは，疼痛のない範囲での競技復帰は原則許可しており，理学療法を併用しながら完

全復帰を目指している．完全復帰へのタイミングは，肩甲帯や股関節の柔軟性や機能の評価をもって判断する．

参考文献

1) 髙橋憲正：投球肩におけるSLAP損傷・腱板不全断裂の病態と治療法．「肩と肘のスポーツ障害　診断と治療のテクニック」（菅谷啓之 編），pp.181-192，中外医学社，2012
2) 河合伸昭：専門医試験を目指す症例問題トレーニング　肩甲骨・肩・肘疾患．整形外科，64 (6)：582-588, 2013
3) 菅谷啓之，鈴木 智：医学的診断・治療に有用なコンディショニング関連情報．上肢．臨床スポーツ医学，28：21-27, 2011
4) Snyder, S. J. et al.：SLAP lesions of the shoulder. Arthroscopy, 6：274-279, 1990

第3章 画像診断 §2 肩関節（鎖骨含む）・上腕

B）肩関節の障害
3. リトルリーグショルダー
little leaguer's shoulder

河合伸昭，菅谷啓之

Point
- さしたる外傷の既往もなく投球時痛を認め，パフォーマンスの低下を引き起こす．上腕骨近位端に骨端線離開を伴う投球障害肩のことで，上腕骨近位骨端線閉鎖前の小学生高学年から中学生の野球選手に好発する．
- 骨端線損傷Salter-Harris分類Ⅰ型であり，くり返す投球によるストレスで生じる疲労骨折である．
- 実際には肩関節の機能障害のみならず，体幹や股関節の機能障害も混在していることが多い．

症例
11歳男性，投手．右投げ右打ち．
小学校低学年の頃から野球をしている．2週間前に投球時に右肩痛が出現．以後，痛みで投球できなくなったために当院受診した．

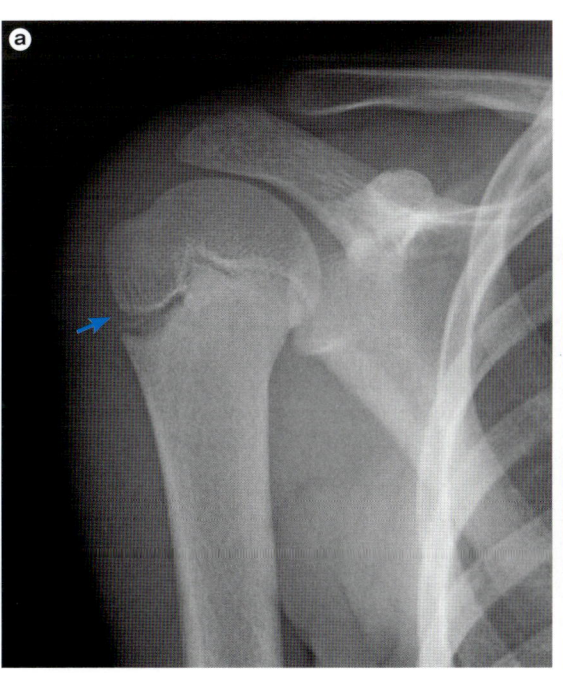

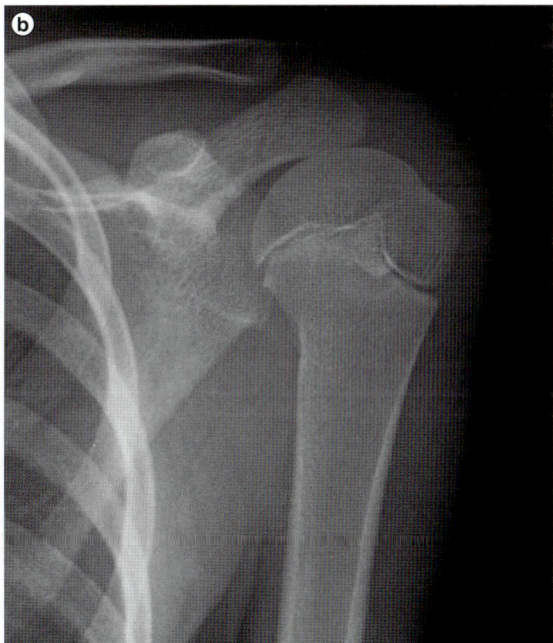

図1●単純X線肩関節外旋位像
a）患側（右肩），b）健側．

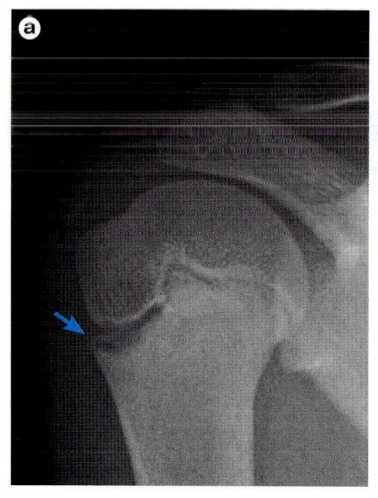

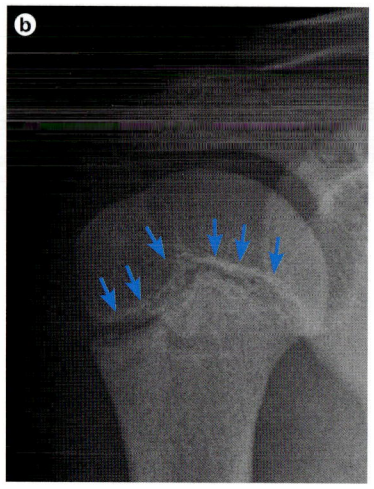

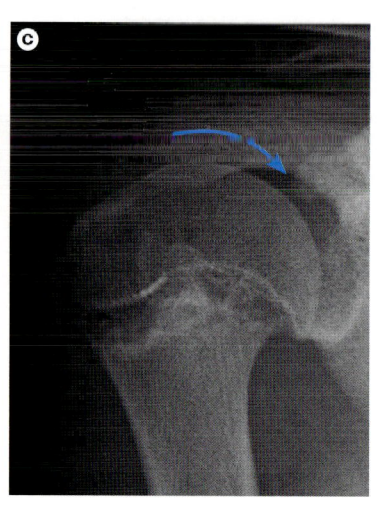

図2● 兼松らによる分類
a) type1：骨端線外側に限局した上腕骨近位骨端線の拡大，上腕骨骨幹端部の脱灰を認める（→）．
b) type2：骨端線全体の拡大を認める（→）．
c) type3：type2に加え骨端核のすべりを伴う（→）．
文献1より転載

> **画像所見のポイント**
>
> - 必ず両肩関節の単純X線を撮影し，健側との比較を行う．そうすることで小さな病変も見つけることが可能である．
> - 単純X線撮影では肩関節外旋位での撮影が有用であり，上腕骨近位骨端線の離開，近位骨幹端の脱灰，骨硬化像などを描出できる（図1）．
> - 兼松らにより，単純X線にて上腕骨近位骨端線外側の部分的な拡大をtype 1，骨端線全域の拡大をtype 2，上腕骨近位骨端核のすべりを伴う症例をtype 3と分類されている．type 1，2がほとんどであり，type 3の症例は稀である[2]（図2）．

疾患の特徴

- 上腕骨近位骨端線閉鎖前の投球障害肩であり，障害の約半数が投手であるという報告がある[3]．
- 身体所見としては，肩甲帯，股関節の柔軟性の低下や体幹の回旋不全などが認められる[4]．
- 肩甲帯，体幹や股関節の機能不全が生じた結果，投球動作において肩甲上腕関節の外転外旋の肢位から過剰な内旋動作を強いられ，腱板筋群と三角筋，広背筋，大円筋，上腕三頭筋大胸筋などのアウターマッスルとの相反する作用が過度な剪断力となって障害が起こる[5]．

◆ **鑑別診断**

肩峰下滑液包炎：多投や身体機能が不良な状態での投球ストレスが原因であるため鑑別が必要である．リトルリーグショルダーでは病変部位が上腕骨近位骨端線にあるため肩関節外側に圧痛が生じる一方，肩峰下滑液包炎では肩峰外側縁あたりの痛みが中心となる．MRIにて，滑液包の水腫を認める場合がある．

◆ 治療方針[4~6]

- 保存療法によく反応する予後のよい障害である．
- 日常生活動作での痛みがある時点では投球を禁止する．
- 機能診断で認められた身体機能異常の陰性化を理学療法にて図る．柔軟性の低下による身体機能異常により，上肢に依存した投球フォームが原因となっている場合も多いため，身体所見の陰性化および機能向上と並行して，フォームの改善も同時に行っていく．
- 局所の疼痛が軽減し，身体機能が改善した後に，徐々に投球動作に復帰していく．
- 画像的治癒には約3～6カ月かかるといわれている．しかし，理学療法を中心とした保存療法により短期間に復帰可能であり，必ずしも画像的治癒を待つ必要がない．

◆ 患者，家族への上手な説明

- リトルリーグショルダーは身体機能が不十分な状態において上腕骨近位骨端線にストレスをくり返しかけることにより起こる骨端線損傷である．
- 非常に予後のよい障害であり，投球制限と並行して機能訓練を適切に行うことで早期の競技復帰が可能である．
- **保護者や指導者の十分な理解と協力が必要であり，身体機能異常のみならず過酷な日程やオーバーユース等の環境面も配慮が必要であることをしっかりと認識してもらう．**

参考文献

1) 河合伸昭，菅谷啓之：リトルリーグショルダーの病態と治療法．「肩と肘のスポーツ障害　診断と治療のテクニック」（菅谷啓之 編），p.179，中外医学社，2012
2) 兼松義二：少年野球における上腕骨近位骨端線障害．整スポ会誌，8：163-166，1989
3) 中川照彦，土屋正光：成長期の投球障害肩．MBOrthop，11：33-39，1998
4) 菅谷啓之：スポーツ障害肩の診断と治療方針の選択．MB Medical Rehabilitation，110：53-59，2009
5) 岩堀裕介：リトルリーガーズショルダーの診断．「復帰を目指すスポーツ整形外科」（宗田大 編），pp.6-131，メジカルビュー社，2011
6) 河合伸昭，菅谷啓之：リトルリーグショルダーの病態と治療法．「肩と肘のスポーツ障害　診断と治療のテクニック」（菅谷啓之 編），pp.175-180，中外医学社，2012

第3章 画像診断　§2 肩関節（鎖骨含む）・上腕

B) 肩関節の障害

4. ガングリオンによる肩甲上神経麻痺
spinoglenoid cyst associated with suprascapular neuropathy

河合仲昭, 菅谷啓之

Point
- 肩甲上神経麻痺の原因としてはスポーツ活動によるover use syndromeによる絞扼性神経障害や肩関節後面から発生するガングリオンなどの占拠性病変などがあげられる.
- 棘窩切痕に発生するガングリオンには，上方関節唇損傷の合併例が多く報告されており，損傷部位からのチェックバルブ様機構によるとする報告が多い.

症例　34歳女性. プロゴルファー.
ゴルフの素振り中に痛みが出現した. その後2週間で痛みの増悪と脱力現象を認めたため来院.

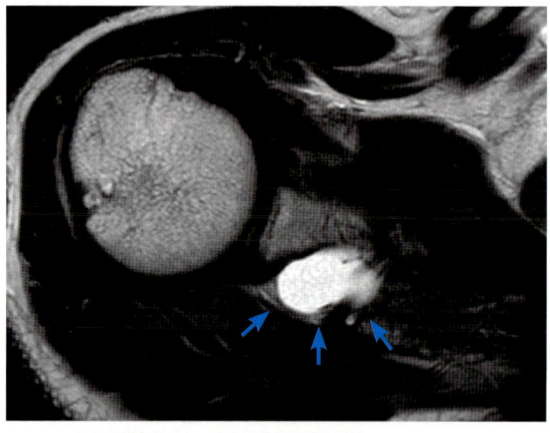

図1 ●右肩関節MRI T2強調横断像

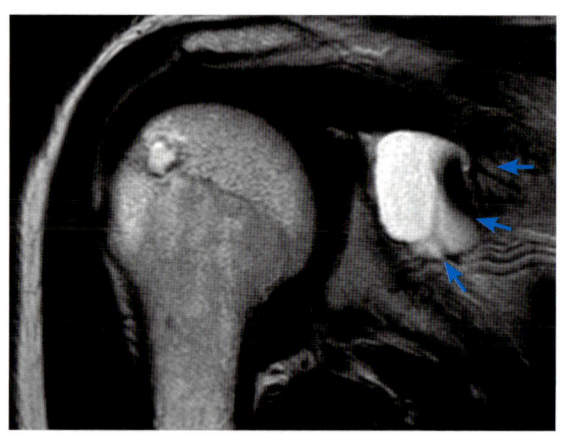

図2 ●右肩関節MRI T2強調冠状断像

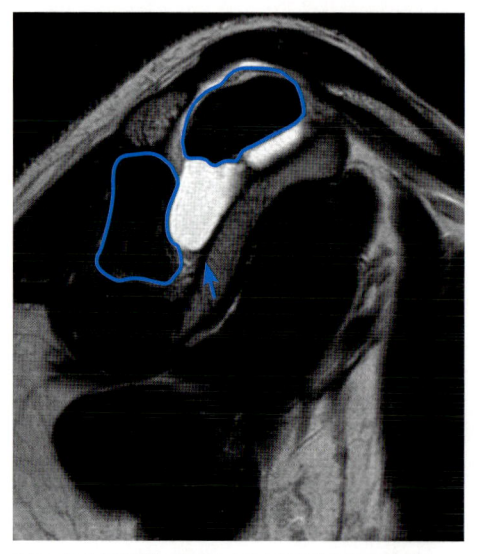

図3 ●右肩関節単純MRI T2強調矢状断像

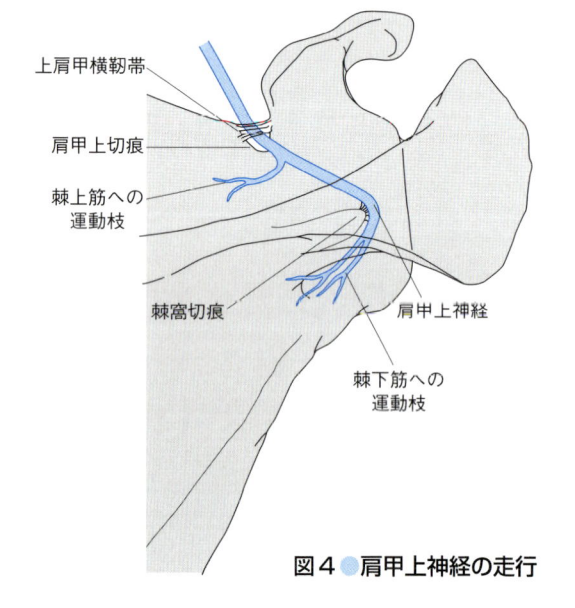

図4 ●肩甲上神経の走行

（図4ラベル：上肩甲横靱帯, 肩甲上切痕, 棘上筋への運動枝, 棘窩切痕, 肩甲上神経, 棘下筋への運動枝）

画像所見のポイント

- MRI T2強調像にて棘窩切痕付近に高信号域を認める．最大長径は4 cmを超える境界明瞭な被膜様構造が確認できる（図1, 2→）．
- 矢状断像では，筋肉の性状を確認する．本症例の場合は，脂肪変性や顕著な萎縮は認めない（図3○）．
- SLAP病変を合併していることが多いため，関節唇の病変も確認する必要があるが，後述（P.109 Q&A参照）のごとく単純MRIでは正診率が低い．
- 画像の評価に加え衣服を脱がせ，体表より棘上筋，棘下筋の萎縮の程度を評価する．視診だけでなく，触診で左右を比較する．ガングリオンが比較的小さく棘窩切痕付近にとどまる場合は棘下筋のみ障害され，大きくなると棘上筋も障害される．
- 腕神経叢の上幹より分岐した肩甲上神経は上肩甲横靱帯と肩甲上切痕の間を前方より後方へ通り，棘上窩へ至る．上肩甲横靱帯を抜けて1 cm以内で棘上筋への運動枝を出し，棘窩切痕を通過して，棘下窩に入り，棘下筋への運動枝と肩関節，肩甲骨に分枝する[1]（図4）．

疾患の特徴

- 肩甲帯の痛みが初発症状であることが多い．
- 本症例では急激な外旋筋力や外転筋力の低下を認めたため，早期発見につながり，外観上の筋萎縮像は認めなかった．
- 侵襲的ではあるが筋電図検査も有効である．本症例では棘上筋，棘下筋ともに脱神経電位を認めた．

◆ 鑑別診断

- **頸椎疾患による神経麻痺**：神経学的高位診断が重要であり，肩甲上神経麻痺の場合には棘上筋・棘下筋の麻痺に限定される．頸椎MRIでは神経根への圧迫の所見を認める．
- **バレーボール選手の棘下筋萎縮**：くり返すスパイク動作による肩甲上神経の牽引損傷と棘下筋の遠心性収縮による筋損傷が原因といわれている．ガングリオンによる肩甲上神経麻痺と比べて無症候性の場合も多く，脱衣の際に指摘を受け来院する例もある．

◆ 治療方針

- 肩甲上神経麻痺に対する保存療法の効果は報告者によりさまざまであり，全く無効であったという報告がある一方，75％が保存療法で良好な結果が得られたという報告もある[1]．
- 神経障害の原因がガングリオンの場合，保存加療はあまり効果がないという報告もある．
- 超音波ガイド下ガングリオン穿刺などの報告もあるが，再発例の報告もある[2]．
- ガングリオン摘出と肩甲上神経の除圧が十分に行えること，関節唇損傷などの随伴病変などの処置ができることを踏まえると関節鏡視下手術のよい適応である[3]．
- 疼痛は術後より劇的に改善する一方，筋力に関しては術前の萎縮度にもよるが，健側と同等に戻るまでには長期間を要する．

◆ 患者，家族への上手な説明

- 関節近傍にできた占拠性病変（ガングリオン）と肩甲骨の間に神経が挟まれることによって，肩甲上神経麻痺が起こっている状態である．
- 肩甲上神経は棘上筋と棘下筋の支配神経であるため，外転筋力や外旋筋力が低下すると同時に，一部感覚神経も司っているため肩甲背部の疼痛を認める．

・ガングリオンによる圧迫を解除することにより，疼痛は術直後より劇的に改善するが，筋力が戻ってくるには時間がかかる．
・保存療法では，超音波ガイド下ガングリオン穿刺などの方法がある．手技が簡便で侵襲が少ない一方で，ガングリオンの嚢胞を摘出するわけではないので根治的治療とは言い難く再発例も存在する．
・関節鏡視下手術は観血的治療のなかでは低侵襲であり，ガングリオンとよく合併すると報告されている関節唇損傷を同時に処理できるためよい適応である．
・ガングリオンの機械的刺激が解除されたら後は神経および筋力の回復を待つのみなので自覚症状の範囲で競技復帰を目指してよい．

参考文献

1) 池上博泰：肩甲上神経麻痺．「最新整形外科体系13 肩関節・肩甲帯」（越智隆弘 編），pp.325-328，中山書店，2006
2) Callahan, J. D. et al.：Suprascapular nerve entrapment. A series of 27 cases. J Neurosurg, 74：893-896, 1991
3) Fehrman, D. A. et al.：Suprascapular nerve entrapment by Ganglion cysts：areport of six cases with arthroscopic findings and review of the literature. Arthroscopy, 11（6）：727-734, 1995

第3章 画像診断　§2 肩関節（鎖骨含む）・上腕

C）上腕の傷害
1．上腕二頭筋長頭腱断裂
rupture of the long head of biceps tendon

北村歳男，井手淳二

Point
- 上腕二頭筋長頭腱断裂の大半は上腕骨結節間溝前後で生じ，上腕中央部に特徴的なポパイ様の膨瘤が生じる．
- 高齢者と青壮年者では手術適応に差がある．
- 腱板断裂の合併に注意する．

症例
61歳女性．1週に1度の割合で10年間テニスをしてきた．テニス中に断裂音を伴い受傷．

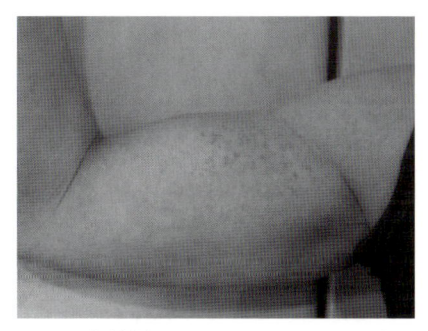

図1● 右外側レリーフのたわみによる上腕中央部での膨瘤と皮下出血
p.9 カラーアトラス参照．

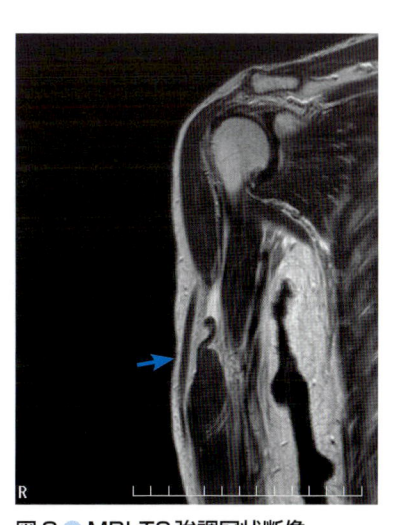

図2● MRI T2強調冠状断像
→は上腕二頭筋長頭腱の断裂断端．末梢の筋腱の緊張の消失がある．

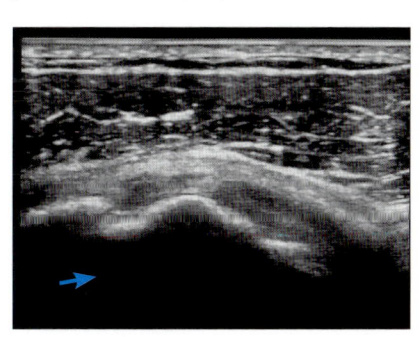

図3● 超音波検査による上結節間溝の観察
結節間溝内の長頭腱が消失（→）．

画像所見のポイント
- 単独断裂でないことも多いため，X線撮影およびMRIあるいは超音波検査を実施し，上腕二頭筋断裂に併発する周囲の病巣の把握が必要である．
- MRIでは上腕の膨瘤部の評価よりも肩関節中心の撮影が重要で，棘上筋・肩甲下筋の断裂の併発の有無の確認が必要である．
- 超音波検査では水平断面における結節間溝内の二頭筋長頭腱の確認が必要（図3）．さらに肩甲下筋腱の損傷と上肢の内外旋の動きに伴う上腕二頭筋長頭腱の安定性を確認するとよい．

> **疾患の特徴**
> - 上腕中央部の膨瘤により診断は容易である．
> - 皮下出血を伴うことも多い．断裂時に音を伴うことがある．
> - 圧痛は，結節間溝周囲側と上腕膨瘤の中枢側の断裂断端にある．
> - 肘の屈曲では長頭腱断端はコブを形成する．内側から長頭腱と短頭腱のレリーフの有無を確認する．

◆ 鑑別診断
- 腱板断裂の併発．外転筋力の確認が必ず必要である．
- 上腕二頭筋長頭腱の脱臼では，上腕中央部に膨瘤を形成することはない．しかし，上腕二頭筋長頭腱の脱臼の際は肩甲下筋腱の断裂に注意を払う必要がある．
- 上腕二頭筋には遠位断裂もある．頻度は二頭筋腱断裂全体の3～10％と少ないがその障害程度は近位断裂よりもはるかに大きい．肘関節の屈曲で30～40％，回外で50％の筋力低下に達し，持久力に関してはさらに不良となるため，早期に手術すべきである．

◆ 治療方針
- 非手術と手術において肘屈曲力8％・回外力21％程度の低下の差がみられるため[1]，**青壮年のスポーツ選手ならば手術を勧める**．手術は早い方がよい．
- **高齢者の場合は腱の変性が存在しており，手術適応は少ない**．変形を残すが，疼痛は軽減し，筋力低下も軽度であり，日常生活に支障を残すことは少ない．
- 上腕二頭筋部分断裂は特徴的な症状が乏しく関節鏡検査が必要な場合もある．

◆ 患者，家族への上手な説明
- 上腕二頭筋腱は長頭・短頭の2本の腱で構成されており，長頭腱のみの断裂では肘の屈曲や上肢の挙上は可能である．
- 治療では手術の適応がスポーツ選手や若年者と高齢者の間で異なる．
- 痛み自体は，2週間程度で消失することが多い．
- 腱板断裂の併発も多いため肩のMRIなどが必要になることがある．
- 保存的選択を行ったレクリエーションレベルの中高年者のスポーツにおいてのスポーツ復帰には断裂断端部の圧痛が消失していることを確認した方がよい．特に上肢に強い力を必要とするスポーツでは早期復帰した際に痛みが再発することもある．競技後に痛みが出ないことを確認しながら徐々に時間をかけて慣らす必要がある．

参考文献
1) Marlani, E. M. : Ruputure of the tendon of the long head of the biceps brachii. Clin Orthop Rel Res, 228 : 233-239, 1988

第3章 画像診断　§2 肩関節（鎖骨含む）・上腕

C）上腕の傷害
2. 上腕骨骨幹部骨折（投球骨折，腕相撲骨折）
humeral shaft spiral fracture

北村歳男，井手淳二

Point
- 急激な捻転力によって発生する螺旋骨折である．
- 投球骨折や腕相撲骨折は競技人口の違いで圧倒的に男性に多く，20歳台がピークである．
- 橈骨神経麻痺の発生は投球骨折および腕相撲骨折のいずれも10〜18％程度である．
- 投球骨折では練習不足，筋肉の疲労，過労などを原因に，ストレートなど，腕を強く振ったときの受傷が多く，acceleration phaseの中期に好発期がある．
- 腕相撲では重心移動が骨折発生に関与している．

症例
22歳男性．飲酒して中腰で腕相撲中に骨折音とともに激痛となった．橈骨神経麻痺なし．

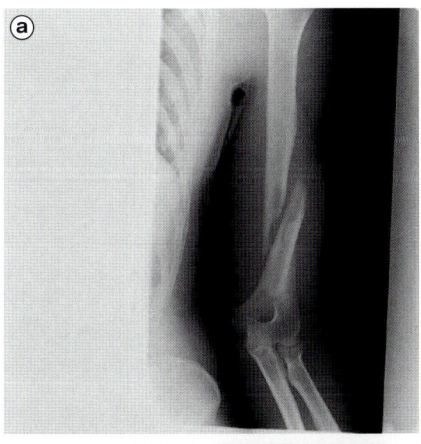

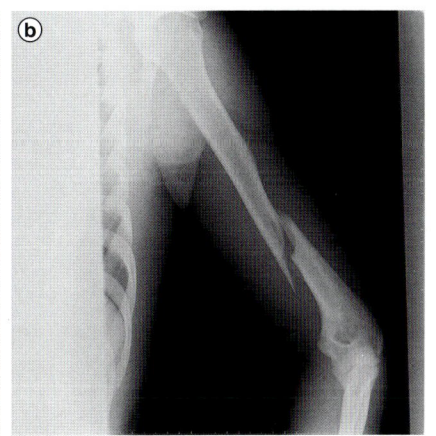

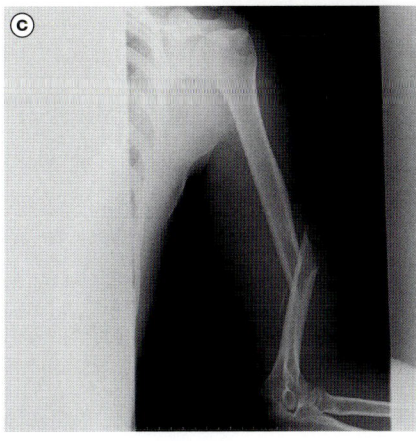

図●左上腕単純X線正面像
腕相撲骨折．左上腕骨骨幹部中下1/3の螺旋骨折．

画像所見のポイント
- 上腕骨骨幹部中下1/3または下1/3の螺旋骨折が多い．しかし，近位部や中央にも発生し，必ずしも一定部位ではない．長軸成長が著しい少年期には近位にも発生する．

- 橈骨神経麻痺の合併もあるため，橈骨神経溝の近傍の骨折の確認が大事である．
- 投球骨折では，思春期以降に発生する上腕骨骨幹部骨折と少年期に発生する上腕骨内上顆骨折がある．

> **疾患の特徴**
> - 腕相撲中や投球中に骨折音があり，激痛が生じる．腫脹・圧痛は上腕中央やや下に全周囲性に著明である．
> - 橈骨神経麻痺の発生では下垂手がみられる．

◆ 鑑別診断

上腕の腫脹がみられるスポーツ外傷に，上腕二頭筋長頭腱断裂，上腕二頭筋遠位端断裂があげられる．鑑別にX線検査を行うべきである．

◆ 治療方針

- 骨折直後は上肢のわずかな動きでも痛みが強く，また橈骨神経麻痺も危惧されるため，体幹固定がよい．三角巾のみでは安静対処が困難である．
- 年齢，骨折形態，骨折部位，合併損傷によって状況が異なるため，保存療法・手術療法の選択には利点欠点の説明が重要である．そのうえで個々での最善の治療を選択する．
- 骨折の形態が螺旋骨折であり，骨折部の接触面積が多く骨癒合に有利であり，スポーツを行う若い年齢層では保存療法が可能である．functional brace，hanging cast（上腕懸垂ギプス）法，牽引療法，U型ギプスシーネ等の治療法で早期の仮骨が生じ良好な骨癒合成績が報告されている．
- 観血的治療は整復保持が困難な場合など初期固定のため必要とされる．また神経損傷がある場合には神経の状況確認に必要とされることもある．**橈骨神経損傷については10〜17％と発生率は高い．**
- 早期手術の利点として早期の運動療法や社会復帰が早い，あるいは変形治癒が少ないなどがあげられる．しかし内固定金属の抜去や，また手術侵襲による軟部組織の損傷，手術展開時の神経血管損傷の可能性，髄内釘の挿入部の骨折や偽関節の報告もあり，観血的治療の問題点の認識も必要である．

◆ 患者，家族への上手な説明

- 保存療法と手術療法の利点欠点を患者，家族が納得したうえで選択する．
- 橈骨神経麻痺は受傷時の神経損傷のみならず，整復時の神経の挟み込みや，治療での固定中でもわずかな動きで骨折片と神経が接触したりすると麻痺が起こる場合があるなど，複数の発生しやすい時期があることを説明する．また手術操作でも起こりやすいことを説明しておく．
- 骨癒合するまではスポーツを控えることが望ましい．

参考文献
1）小川清久，井口 傑：腕相撲骨折．整形外科，42（11）：1681-1685，1991
2）小川清久，井口 傑：投球骨折．臨床整形外科，26（6）：683-690，1991
3）浦山茂樹：上腕骨骨幹部螺旋骨折に対する治療—とくに functional brace 法の適応について—．骨折，25（2）：665-668，2003

第3章 画像診断 §2 肩関節（鎖骨含む）・上腕

A) 肩関節（鎖骨，胸骨含む）の外傷
25歳男性．ラグビー

中川照彦

受傷機転 試合中転倒して右肩を強打．

臨床所見 受傷直後から右肩痛を訴えた．右肩は痛みで運動制限著明であった．右上肢は下垂・内旋位を呈しており，他動外旋では中間位に腕をもっていくことができず，他動外旋可動域はマイナス30°であった．肩外側・および手指の知覚障害はなかった．

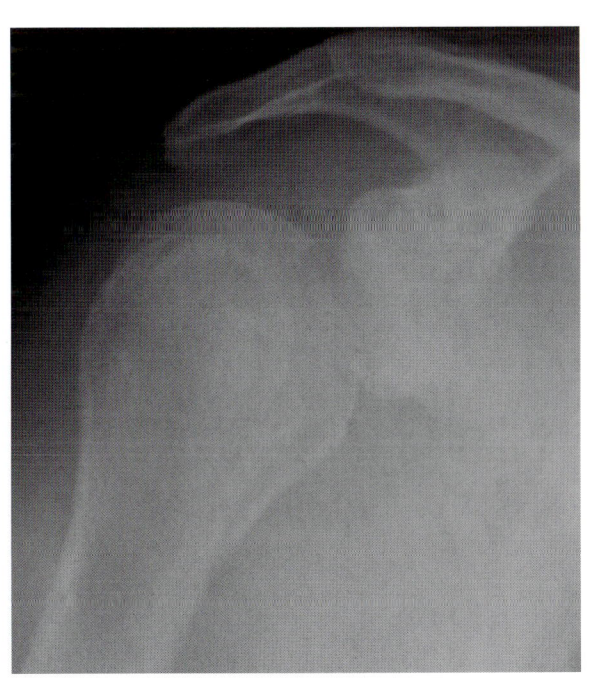

図1●単純X線正面像

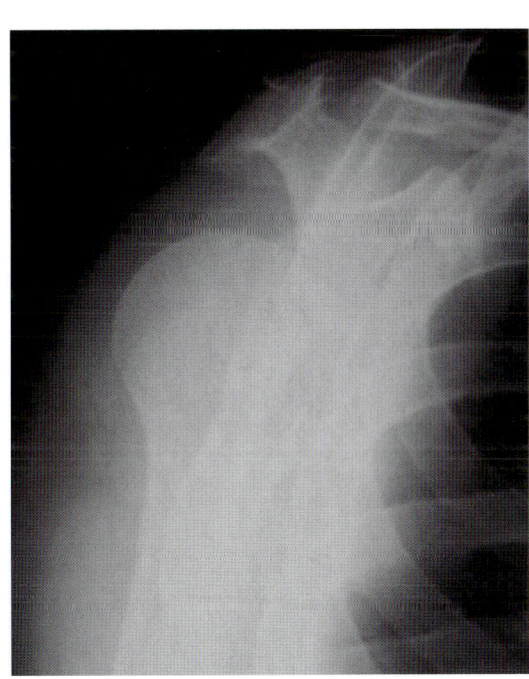

図2●単純X線肩甲骨Y像

Question

本症例の診断は？

Answer

肩関節後方脱臼.

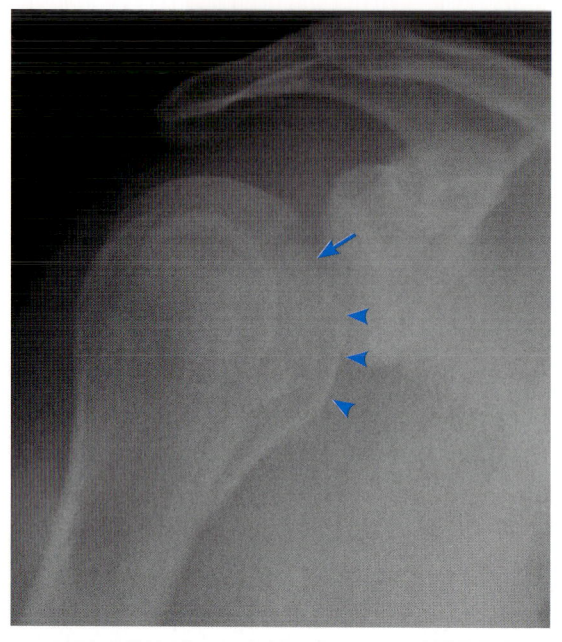

図3 ● 図1解説：単純X線正面像

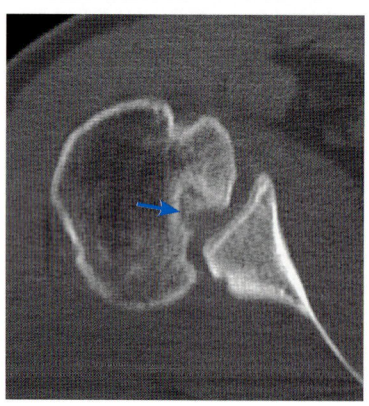

図4 ● CT

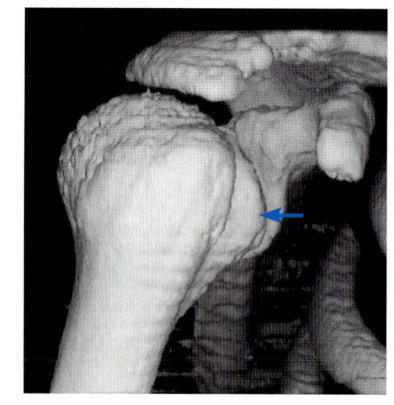

図5 ● 3DCT

◆ 解説

- 肩関節後方脱臼は稀であり見逃されやすい[1].
- **肩関節後方脱臼が見逃されやすい要因**：X線正面像にて後方に脱臼した骨頭は後方を向き内旋位をとるため小結節が関節窩と向き合い，小結節の丸みが上腕骨頭の丸みと混同され，関節窩に対して骨頭の適合性は良好と誤認されてしまう．
- 単純X線所見
  ①正面像にて骨頭の内側縁が不整で，骨頭骨折が示唆される（図3→）.
  ②小結節の隆起が関節窩と向き合っている（図3▶）.
  ③肩甲骨Y像にて上腕骨頭は後方にシフトしているようにみえる．
- 上記から肩関節後方脱臼を疑い，CT検査を行う．
- 確定診断はCTで得られる．図4をみれば後方脱臼およびreverse Hill-Sachs病変（→）が一目

瞭然である．図5の3DCTで小結節（→）が関節窩と向き合っているのがわかる．
- 治療は全身麻酔下で徒手整復を行う．術者は上腕を牽引しながら，肩関節を内旋させ，関節窩に嚙み込んだ骨頭をはずしてから外旋位にもっていき，助手は骨頭を前方に押し込み整復する．

◆ 患者，家族への上手な説明
- 脱臼した上腕骨頭を整復する必要がある．
- 徒手整復後は3週間装具にて肩関節下垂，回旋中間位で固定する．
- 徒手整復が困難な場合は手術を要する．

参考文献

1) Robinson, C. M. & Aderinto, J.：Posterior shoulder dislovations and fracture-dislocation. J Bone Joint Surg Am, 87：639-650, 2005

第3章 画像診断 §2 肩関節（鎖骨含む）・上腕

Q&A B) 肩関節の障害
16歳男性，ラグビー

河合伸昭, 菅谷啓之

受診状況 タックルで右の肩関節を外転外旋強制された．過去に3度の肩関節前方脱臼の既往がある．

臨床所見 modified apprehension testでは，肩関節外転90〜120°にて陽性であった．可動域制限は認めなかった．

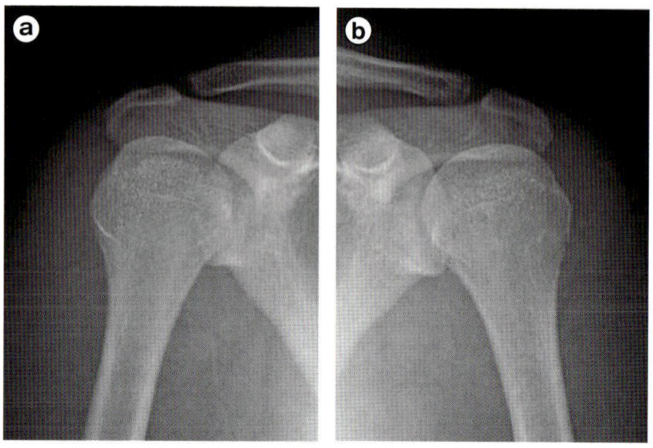

図1 単純X線肩関節内旋位
a) 患側（右肩），b) 健側．

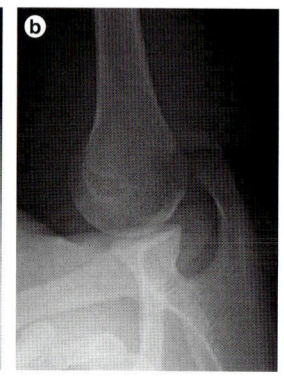

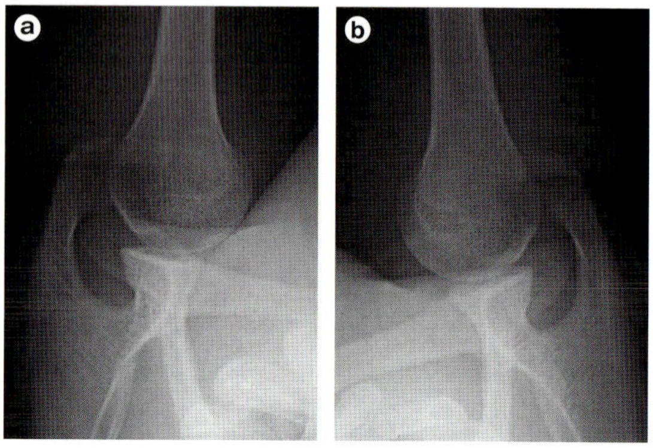

図2 単純X線新法
a) 患側（右肩），b) 健側．

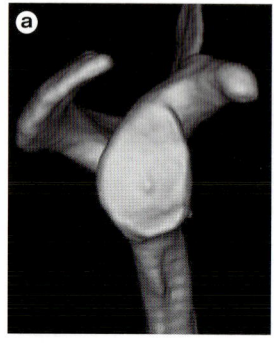

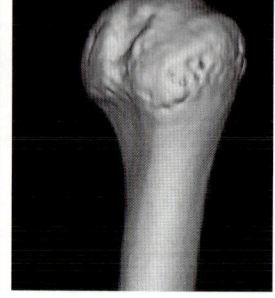

図3 3DCT

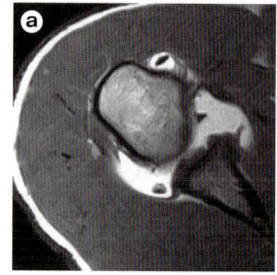

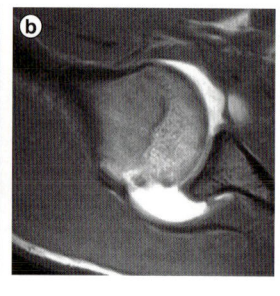

図4 MRI関節造影
a) 横断像，b) 外転外旋（ABER）位．

Question

1) 図1〜4の画像所見を述べよ．
2) 治療方針を述べよ．

Answer

1) 図1では上腕骨頭後外側の陥没像（Hill-Sachs病変，→）を認める．また図2では，関節窩前縁の骨折（骨性Bankart病変，○）を認める．図3の3DCTでも同様に中等度の骨性Bankart病変（図3a○）と小さなHill-Sachs病変（図3b○）を認める．図4ではABER位にて下関節上腕靱帯の弛緩像が認められ，横断像では関節窩辺縁と関節唇の間に介在する高信号像（Bankart病変，→）が認められる．

2) くり返す脱臼は構造の破綻をきたしているため，根治的には手術が必要である．やむをえず術後スポーツ復帰時期と大会等のチーム事情の折り合いがうまくつかない場合は保存的加療も考慮する．

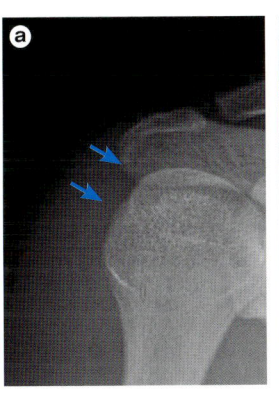

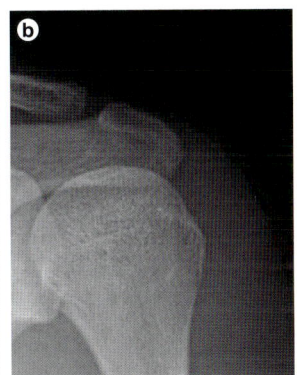

図5 ●図1解説：単純X線肩関節内旋位
a) 患側（右肩），b) 健側．

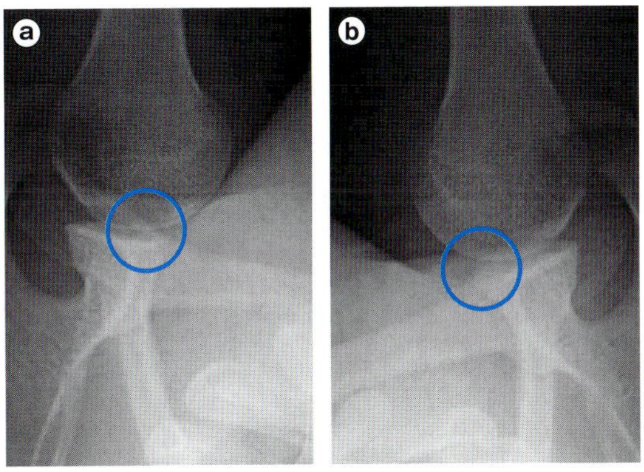

図6 ●図2解説：単純X線新法
a) 患側（右肩），b) 健側．

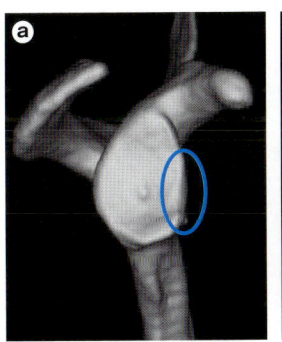

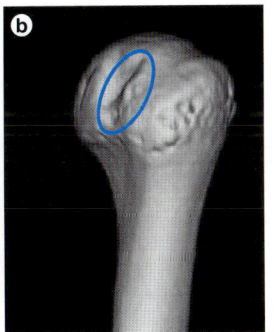

図7 ●図3解説：3DCT

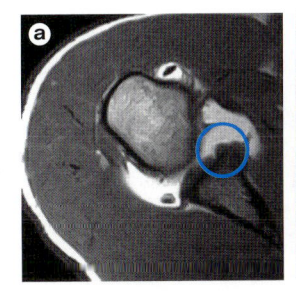

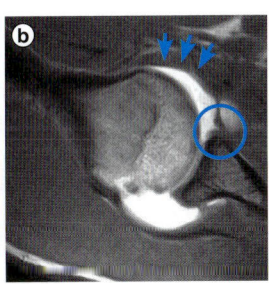

図8 ●図4解説：MRI関節造影
a) 横断像，b) ABER位．

◆ 解説

・肩関節内旋位像で認めるHill-Sachs病変は脱臼時に関節窩前方と上腕骨頭後外側が衝突することにより起こり，すなわち脱臼の既往を示している．関節窩の単純X線での骨形態の評価にはwest point法等が試みられてきたが，筆者らはより正確に関節窩骨病変を描出するための撮影手技（新法：TV watching view法）を用いている．TV watching view法では約60％の骨形態が診断可能であったが，詳細な形態の評価や病変の拡がりを確認するためには3DCTが有効である[1]．反復性肩関節脱臼のMR関節造影の所見としては，下関節上腕靱帯の弛緩やBankart病変以外にも関節包断裂やHAGL病変等がある．

・前述のごとく，**根治的には手術加療が必要となってくる．**現在までにさまざまな術式が報告されて

いるが，関節窩骨形態の把握は術式に影響されるため特に重要である．関節窩に 20 ～ 25 ％以上の骨欠損を認めた場合，通常の Bankart 修復術のみでは不十分とされ，烏口突起や腸骨等の移植が推奨されている[2]．しかし一方では 3DCT で詳しく評価してみたところ反復性肩関節脱臼の 40 ％に骨性 Bankart 病変を認め，骨片ごと修復することにより良好な成績が得られている[3]．
- 入会日程等やむをえない状況で手術加療ができない場合は保存的加療が選択される．しかしラグビーなどのコンタクトスポーツでは未熟なタックルスキルが脱臼の原因となり，また脱臼回数が増すにつれてタックルへの恐怖感が強くなるためスキルアップの妨げになるという悪循環を起こすという報告がある[4]．そのため，**むやみに手術を先延ばしせずに，できるだけ脱臼回数が少ないうちに手術を行うことが再脱臼を防ぐ意味でも好ましい**．

◆ 患者，家族への上手な説明

- くり返す肩関節前方脱臼によって，肩関節前方の支持組織の破綻をきたしている．そのため，肩関節の前方への脱臼・亜脱臼や脱臼不安感が出現してしまう．
- したがって，根治的には外科的治療が必要となってくる．さまざまな術式が存在し，年齢やスポーツ歴等の患者背景，肩関節骨形態や靱帯の状態に応じて変わってくる．
- チーム状況によっては保存的加療をやむなくされる場合もあるが，脱臼回数が増えると，解剖学的破綻の増悪だけでなく脱臼不安感や恐怖感を植え付ける結果となるため，むやみに外科的治療を遅らせるべきではない．
- 術後は通常の理学療法と並行して，適切なタックル技術を身につける等の再発予防を行っていく必要がある．

参考文献

1) 高橋憲正 ほか：肩関節前方不安定症に対する新しいレントゲン撮影法（新法）の有用性．肩関節，34：321-324，2010
2) Itoi, E. et al. : The effect of a glenoid defect in anteriorinferior stability of the shoulder after Bankart repair: A cadaveric study. JBJS, 82-A : 35-46, 2000
3) Sugaya, H. et al. : Glenoid rim morphology in recurrent anterior glenohumeral instability. JBJS, 85-A : 878-884, 2003
4) 望月智之：コンタクトアスリートにおける外傷性肩関節前方不安定症．ラグビーフットボールにおける肩関節脱臼の調査―高校生選手とトップリーグ選手との比較―．臨床スポーツ医学，25 (7)：701-707，2008

第3章 画像診断 §2 肩関節（鎖骨含む）・上腕

Q&A

B）肩関節の障害
21歳男性．大学硬式野球部

河合伸昭，菅谷啓之

受診状況 投球動作時のlate cocking phaseで痛みが出現するようになった．

臨床所見 明らかな可動域制限はなく，肩関節回旋時に疼痛およびクリックを認める．外観上，患側肩甲骨は下方回旋位であった．肩関節可動域制限は認めなかった．combined abduction test（CAT），horizontal flexion test（HFT）はともに陽性であり，さらに肩関節外転90°，120°におけるhyper external rotation testで痛みや引っかかり感を認めた．

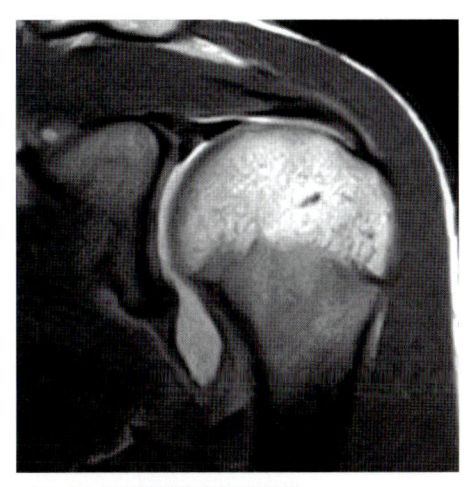

図1 ● MRI関節造影冠状断像

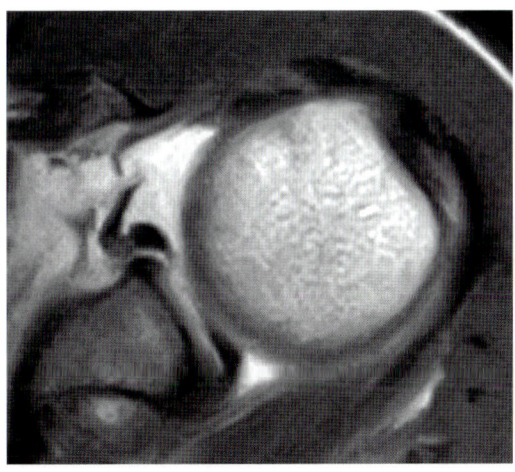

図2 ● MRI関節造影横断像

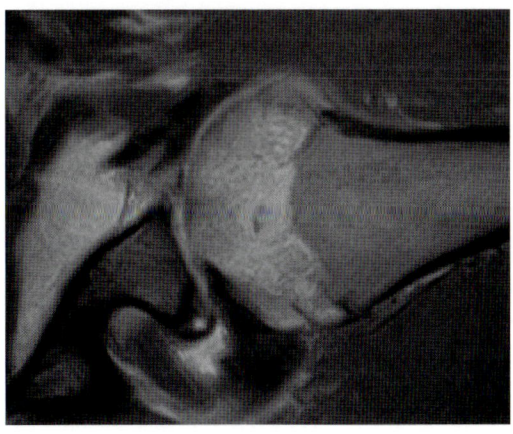

図3 ● MRI関節造影ABER位

Question

1）図1～3の画像所見を述べよ．
2）診断名を述べよ．
3）治療方針を述べよ．

Answer

1) 冠状断像では，上腕二頭筋長頭腱基部に高信号域を認める（図4○）．上方関節唇に認める亀裂は関節窩付着部にまで及んでいる．横断像では，病変の前方，後方への拡がりを確認される（図5▶）．外転外旋位撮影ではインターナルインピンジメントを認める（図6○）

2) SLAP病変　type 2．

3) まず理学療法を中心とした保存的加療を試みる．十分な理学療法にもかかわらず肩甲胸郭関節機能の改善が得られない，もしくは改善してもなお引っかかりが残存する症例に対しては鏡視下手術が考慮される．

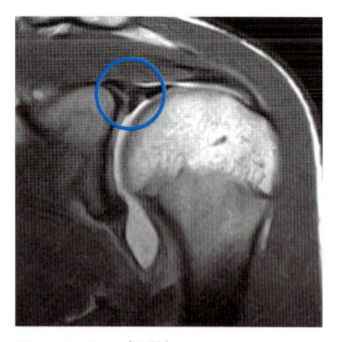

図4●図1解説：
MRI関節造影冠状断像

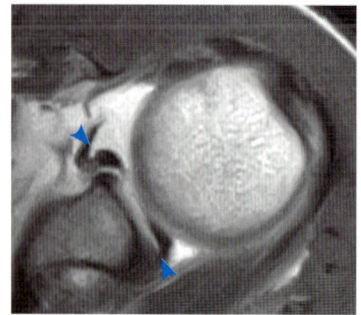

図5●図2解説：
MRI関節造影横断像

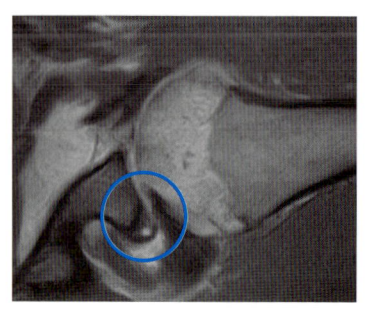

図6●図3解説：
MRI関節造影ABER位

◆ 解説

1) および2) の解説

　上腕二頭筋長頭腱の関節窩付着部の関節唇損傷をスローイングアスリートの投球障害として1985年にAndrewsらが報告し，Snyderによって一般的な病変としてSLAP（superior labrum anterior and posterior）病変と名付けられた[1]．

　SLAP病変の画像検査には軟部組織の描出に優れているMRIが有用である．単純MRIの正診率は51％との報告があるが，関節造影を加えるとその診断率は上昇する[2]．筆者らはオープンタイプのMRIを用いて，肩関節下垂位内旋位での横断像，冠状断像に加え，肩関節外転外旋位での横断像でも撮影している．ABER位では，後方関節唇と腱板関節面が接触している病態を確認できる[3]．

3) の解説

　野球などの慢性発症例では肩甲帯や体幹，股関節の機能異常をきたしていることがほとんどであり，理学療法が有効である．治療効果の判断基準として筆者らは，肩関節・股関節の可動域のほか，combined abduction testおよびhorizontal flexion testにて肩甲骨と上腕骨を繋ぐ筋群および体幹と上腕骨を繋ぐ筋群の柔軟性を診ている．**肩甲帯，体幹および股関節の柔軟性と機能改善が十分であっても引っかかりや疼痛などの症状が残存している症例に対しては手術加療が選択される**．

　前述（p.89「SLAP病変」参照）のごとく手術は各サブタイプで治療方針が異なってくる．原則は変性した関節唇の表層をシェービングし，不安定性を有する関節唇に対してはスーチャーアンカーで修復する．投球障害による関節唇損傷では筆者らは原則，前方のみの修復にとどめ，後方は極力関節唇のデブリードメントだけにとどめている．腱板関節面断裂に対しては変性や毛羽立った部分のデブリードメントを行ったうえで，腱板付着面の半分を超えるような断裂の場合は修復を試みる．

◆ 患者，家族への上手な説明

・明らかな外傷の既往がなく，投球動作時に慢性発症する肩関節痛の多くは，身体機能異常，特に肩

甲帯の柔軟性の低下から発症することがほとんどである．そのため，まずは理学療法を中心とした保存的加療にて身体機能を改善していく．
・日常生活動作でも疼痛が生じる時期には投球を禁止し安静を図る．日常生活動作での疼痛が改善し柔軟性の獲得や身体機能の改善が認められてくれば，徐々に症状は軽快していく．
・柔軟性が獲得され，身体機能が改善したにもかかわらず，投球時の痛みや引っかかり感によるパフォーマンスの低下が残存する場合には，外科的加療を要する．
・関節鏡視下手術により，MRI関節造影で認めた，関節内に変性し落ち込んだ上方関節唇を切除したうえで，関節唇の不安定性を有する場合はスーチャーアンカーを使用して関節唇を修復する．
・関節唇損傷の手術をした場合，関節唇のデブリードメントでの修復でもおおよそ3カ月で投球を開始し，9カ月で試合に復帰している．投手の方が野手よりやや復帰に時間を要する傾向にある．

参考文献

1) Snyder, S. J. et al.：SLAP lesions of the shoulder. Arthroscopy, 6：274-279, 1990
2) Reuss, B. L. et al.：Magnetic resonance imaging accuracy for the diagnosis of superior labrum anterior-posterior lesions in the community setting：eighty-three arthroscopically confirmed cases. J Shoulder Elbow Surg, 15：580-585, 2006
3) 高橋憲正：投球肩におけるSLAP損傷・腱板不全断裂の病態と治療法．「肩と肘のスポーツ障害　診断と治療のテクニック」（菅谷啓之 編），pp.181-192, 中外医学社, 2012

第3章 画像診断　§2 肩関節（鎖骨含む）・上腕

Q&A　C）上腕の傷害
15歳男性．柔道

北村歳男，井手淳二

受診状況　柔道で投げられて受傷した．

臨床所見　手関節の背屈不能で橈骨神経麻痺がみられた．

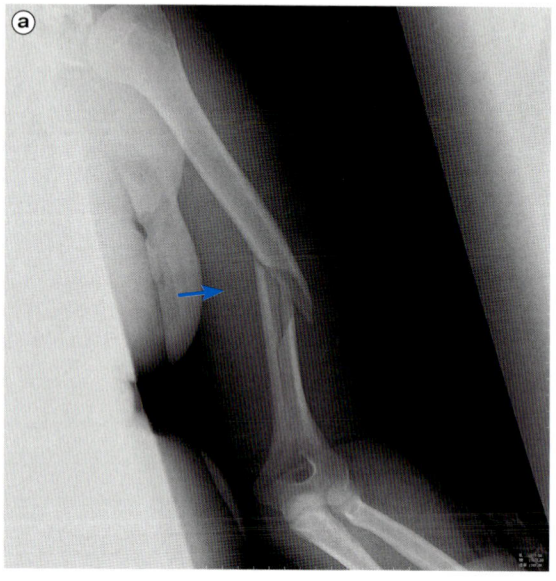

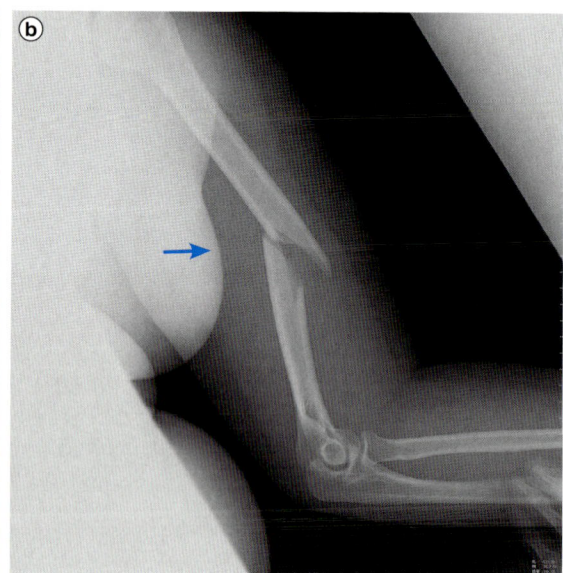

図1 ●左上腕単純X線正面像
骨折形態は螺旋骨折．部位は左上腕骨骨幹部中下1/3．さらに遠位骨片には転位のない縦骨折がある．

Question
神経麻痺を伴う上腕骨骨幹部骨折に対しての治療方針は？

Answer

上腕骨骨幹部骨折では受傷時に必ず橈骨神経麻痺の評価を行う．神経麻痺の回復傾向がみられない場合は手術時に直視下に確認した方が安心である．さらに徒手整復後に生じた神経麻痺は骨片による神経損傷や骨片間による挟み込みなどの神経損傷の確認を骨接合と併せて行う方がよい．

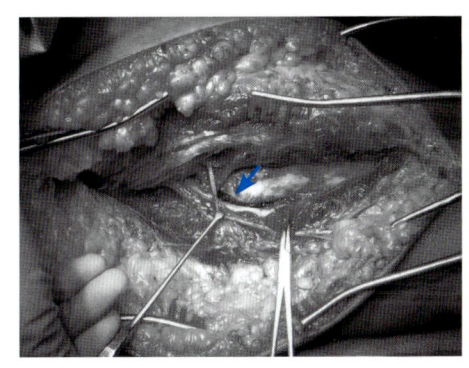

図2● 本症例の術中所見
骨折部の直上を神経が走行していた．神経断裂はない．→：骨折部．
p.9カラーアトラス参照．

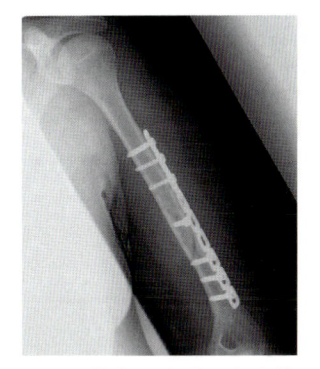

図3● 術後1カ月の左上腕単純X線正面像
仮骨形成がみられる．

◆ 解説

早期手術のメリットとして，早期には技術的に展開しやすく，直接的な神経の確認は神経損傷の診断と損傷部位を知ることができ，整復による神経損傷を回避することができる点があげられる．また，早期の骨折部の安定は組織の瘢痕や仮骨の過形成が少ない点がある．

しかし，回復傾向がある神経麻痺では保存療法が可能なことも多く，骨折に伴う橈骨神経麻痺では自然回復が多いため，いまだ直視下に確認を行うかについては議論がある．

Shaoの報告[1]では，上腕骨骨幹部骨折4,517例中橈骨神経麻痺の発生率は11.8％であり，麻痺の自然回復は72％にみられている．一方，神経麻痺のあった早期手術例では84.7％で神経回復が得られたが，術中所見で異常がないものが46％あった．異常のない症例では自然回復したと予想される．しかし，挟み込み（13.4％）や神経処置が必要であったもの（16.9％），重篤な状況（23％）もあった．このような重篤なトラブルの発生もあるので，早期手術と神経視認は選択すべき対処の1つである．術中異常がなければ，下垂部は良肢位を保持しながら自然回復を待つ．

本例では家族と相談のうえ手術を行った．術中明らかな神経断裂はなかった（図2）．4週で仮骨がみられ，骨癒合は徐々に進んだ（図3）．神経機能回復を2カ月から認め，筋力は5カ月で完全回復した．

◆ 患者，家族への上手な説明

- 本骨折で神経麻痺を伴う場合，神経麻痺の自然回復も多い．一方，重篤な神経のトラブルもあり，その損傷の確認に早期手術と保存療法のいずれかを選ぶか，利点欠点の十分な説明が必要である．
- 神経の回復には損傷部から手関節までの距離に応じた時間が必要である．

参考文献

1) Shao, Y. C.：Radial nerve palsy associated with fractures of the shaft of the humerus；JBJS, 87-B（12）：1647-1652, 2005

第3章 画像診断　§3 肘関節・前腕

A）肘関節の傷害
1. 離断性骨軟骨炎
osteochondritis dissecans（OCD）

富田一誠，稲垣克記

Point
- 小学校高学年に多い肘外側の痛みと伸展制限．
- 単純X線tangential view撮影（肘関節屈曲45°位正面）が診断に有用．
- 治療のタイミングが重要．

症例　14歳男性，中学3年生．軟式野球ピッチャー．右利き．右投右打．
2年前からときどき右肘痛を自覚．痛みがありながらプレイをしていたが，痛みが増悪し当科を紹介受診した．高校へ行っても野球を続けたい．
関節可動域制限（患側屈曲130°伸展－40°，健側屈曲140°伸展10°）．肘関節外側，腕橈関節に圧痛あり．側方動揺性はない．投球時に痛み出現．

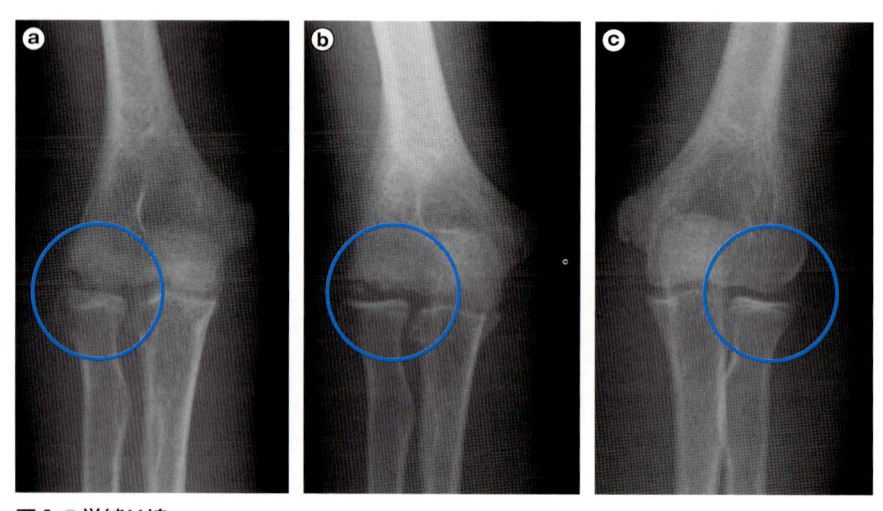

図1 ●単純X線
a）右（患側）正面像，b）右（患側）tangential view，c）左（腱側）tangential view．

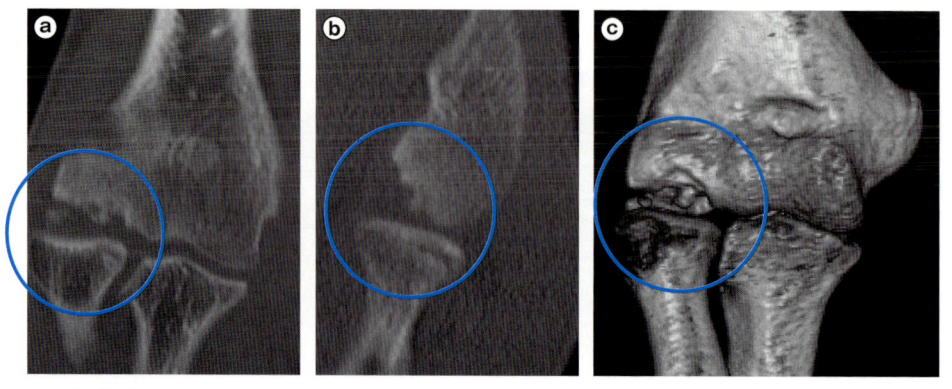

図2 ●単純CT
a）冠状断像，b）矢状断像，c）3D．

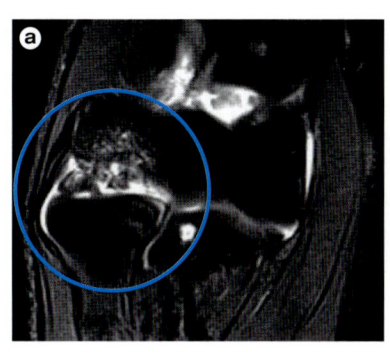

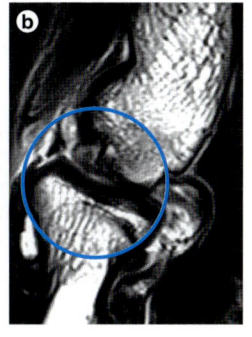

図3 MRI
a）T2強調：FS冠状断像，b）T2強調矢状断像．

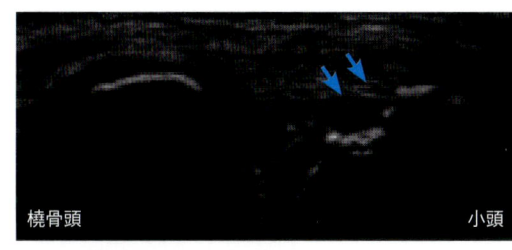

図4 超音波画像（長軸像）

画像所見のポイント

- 単純X線 tangential view（肘関節屈曲45°位正面）を撮影し，健側（図1c）と比較することが重要である（図1）．
- 単純X線，CT（図2），MRI（図3）にて病期分類（透亮期，分離期，遊離期）を行い，壊死部を検討し術式を計画する．
- 超音波検査（図4）は，非侵襲的で，健側と比較すれば患者への説得力がある．

疾患の特徴

- 小学生から中学生にかけて，肘外側後方の痛みと可動域制限を主訴に受診することが多いが，検診などで偶然発見されることもあり，必ずしも同部が痛いと言って受診するとは限らない．画像所見上もX線撮影方法や病期によっては診断が困難な場合があり，子どもの肘の診察時には，常に念頭において，疑いの目で診察しなければならない．
- 主に投球動作のコックアップ期から加速期にかけて，肘関節の外反ストレスのために，上腕骨小頭に圧迫力と剪断力が加わり発症することが多い．体操競技では，上肢が荷重肢となるため発症する．病巣は，上腕骨小頭に多くみられるが，橈骨頭，滑車，肘頭などにもみられることがある．しかしながら，非投球側発症例，兄弟発症例やサッカー競技者など投てき動作以外の発症例もあり，発症に患者の内的要素が関与しているとも考えられている．受動喫煙による微小血栓や栄養血管抵抗増大による血行障害の可能性が報告されている．
- 腕橈関節に圧痛があり，橈骨頭の肥大を触知することもある．主に肘関節の伸展制限がみられるが，病巣が剥がれて遊離体になると屈曲制限もみられる．画像所見による病期分類と患者の学年やチーム内の立場などによって総合的に治療方針を立てる必要がある．

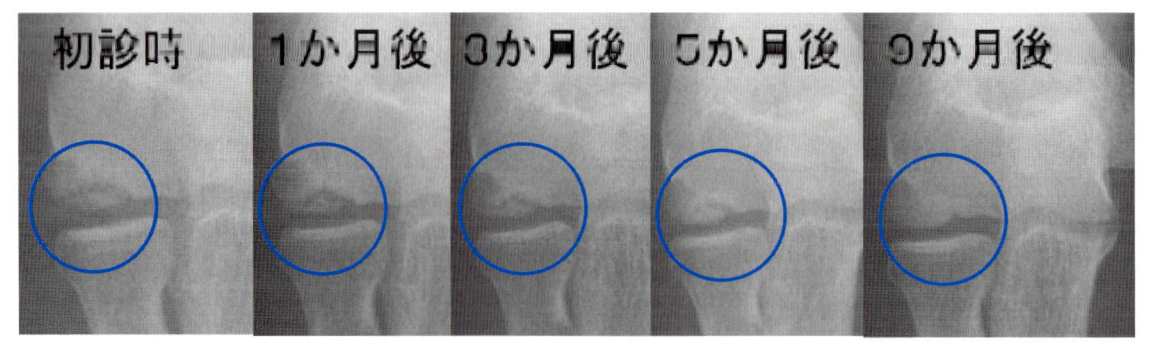

図5 ● 透亮期における保存療法の修復過程

◆ 鑑別診断

・上腕骨小頭以外（橈骨頭，滑車，肘頭）のOCD.
・Panner病：発症年齢が4〜8歳で病変が上腕骨小頭全体に及ぶが自然治癒が期待できる．

◆ 治療方針

　骨端線閉鎖前の透亮期であれば保存的に治癒する可能性が高い（図5）ので，**厳格に患肢を安静**にする．守備練習，バッティング，自転車も禁止する．

　患者と家族へ十分な説明を行い，この病態を理解してもらい，ともに治療を行っていく関係を築くことが重要である．**低出力超音波パルス療法**の効果も報告されている．

　画像所見のみでなく患者の年齢・学年・ポジションなど総合的に治療法を選択する必要がある．透亮期保存無効例，分離期，遊離期の場合は，関節軟骨の状態によって，各手術療法が選択される．手術療法には関節鏡視下骨片摘出術，ドリリング，骨釘移植術，骨軟骨柱移植術（膝，肋骨）などがあるが，骨軟骨移植術（モザイクプラスティー）は関節軟骨を再建する非常に良い方法である．

◆ 患者，家族への上手な説明

　初期に診断され適切な治療をすれば，手術を受けたり，将来**変形性肘関節症**に発展することを防ぐことができるので，**早期診断**と**早期に徹底的に患肢を安静**にすることが重要である．あせらず，その期間だけは下肢運動のみとし，手を使わない別種目のスポーツをさせて子どものモチベーションを維持しながらしっかり治療することも1つの方法である．

　手術が必要となった場合でも，投球は可能となり，野球はできるようになる．しかし，特にピッチャーは，完全に以前のようなパフォーマンスをすることは難しく，何らかの違和感や感覚の違いは残ってしまうので，継続したトレーニングや練習が必要となり，場合によっては，ポジション変更などが必要になる．

参考文献

1) Papas, A. M. : Osteochondrosis dissecans. Clin Orthop Relat Res, 158 : 59-69, 1981
2) Mihara, H. et al. : Nonoperative treatment for osteochondritis dissecans of the capitellum. Am J Sports Med, 37 : 298-304, 2009
3) 渡邊幹彦 ほか：野球選手の肘離断性骨軟骨炎に対する自家骨軟骨柱移植術（モザイク様形成術）の術後スポーツ復帰．整形外科, 63：653-659, 2012
4) 松浦哲也 ほか：野球肘．整・災外, 43：1243-1248, 2000
5) 「よくわかる野球肘　離断性骨軟骨炎」（岩瀬毅信, 柏口新二, 松浦哲也 編），全日本病院出版会, 2013

第3章 画像診断　§3 肘関節・前腕

A）肘関節の傷害
2. 変形性肘関節症
elbow osteoarthritis

富田一誠，稲垣克記

Point
- 関節可動域制限の程度，尺骨神経症状の有無を診察し，関節内遊離体の有無をX線とCTで確認する．
- 日常生活には屈曲位の改善，スポーツ活動では伸展位の改善が重要．

症例
40歳男性．右利き．小学4年生から野球をし，中学生のころ肘が痛くて整骨院に通院していた．現在はスポーツ活動をしていない．ベッドに手をついてから右肘痛が出現．洗顔ができないほど痛くて肘の曲げ伸ばしができず来院．
関節可動域（屈曲95°伸展－35°回内80°回外90°）制限あり．痛みでそれ以上は動かせない．尺骨神経症状なし．

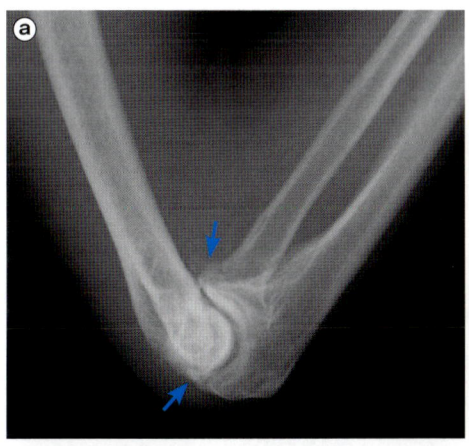

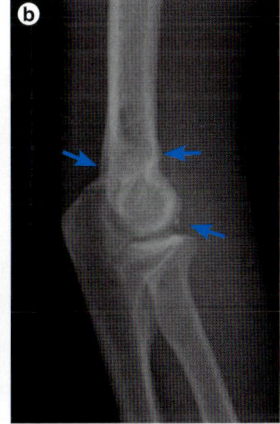

図1●単純X線側面像
a）最大屈曲位，
b）最大伸展位．

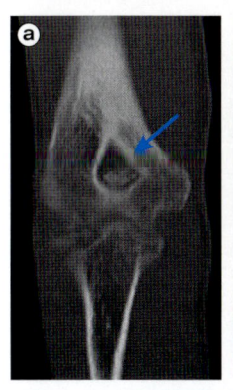

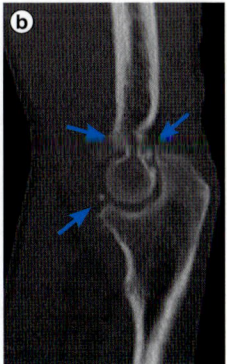

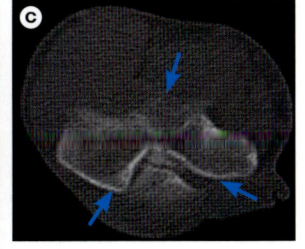

図2●単純CT
a）冠状断像，b）矢状断像，c）横断像．

画像所見のポイント

- 単純CT検査が必要である．
    - 関節内遊離体の有無を評価する．
    - 冠状断像で，肘頭と肘頭窩，上腕骨遠位内外側の骨棘を評価する．
    - 矢状断像で，鉤状突起と鉤状窩，肘頭と肘頭窩の骨棘を評価する．
    - 横断像で，鉤状窩，肘頭窩，肘頭の内外側の骨棘を評価する．

疾患の特徴

- 野球，バレーボール，相撲など上肢に負担のかかる競技に多くみられ，関節軟骨損傷や，靭帯損傷などの先行する傷害があって，そのまま活動を継続したことによる終末像である．遊離体や骨棘骨折による急激な痛みと，骨棘による可動域制限が主な症状であるが，時に骨棘による尺骨神経障害も認める．
- 治療の基本は理学療法であるが競技生活中に症状が出現すれば，患者のチーム内の立場や症状の程度によって，関節内注射や手術療法を選択して競技復帰を目指す．しかし，競技生活が終了して，一線を退いた場合は，ある程度の機能障害を受領している人がほとんどであるので，現状の日常生活やスポーツ活動中における機能障害の程度を熟慮し，将来再発する可能性が高い痛みを考慮して治療方針を決定する必要がある．尺骨神経症状を認める場合は，将来麻痺症状が進行するので手術療法の必要がある．

◆ 鑑別診断

関節リウマチ，結核性肘関節炎．

◆ 治療方針

急性期は，まず痛みをとる必要があるので，消炎鎮痛薬の投与や外用剤貼付，**関節内注射〔ヒアルロン酸（保険適応外），ステロイド〕**，**理学療法**などを行う．

理学療法は，上肢，体幹の機能評価を行い，肘関節への負担を軽減することで，比較的効果が期待できる．

急性期の痛みと可動域が改善したところで，その可動域での日常生活とスポーツ活動での不具合を検討する．通常日常生活では最低屈曲120°以上が必要となり，スポーツ活動では伸展位の改善が必要である．再発の回避，さらなる可動域改善を希望される場合には，手術療法が必要となる．特にスポーツ選手であれば，**関節鏡視下の骨棘遊離体切除**が有用であり，**上肢への負担が少ない種目であれば，関節鏡視下outerbridge-柏木法**もよい治療法であるが，関節鏡手術は，**技術的な経験**が必要である．外傷後や高度拘縮で屈曲が90°以下で関節腔が小さい場合，関節鏡視下手術後不良例，高度な尺骨神経麻痺を伴う場合は，**観血的な骨棘遊離体切除術やouterbridge-柏木法**を考慮する．

◆ 患者，家族への上手な説明

関節内遊離体がある場合には，今後再び急激な痛みが再発すること，痛みが改善した後でも関節可動域は，骨棘を切除しない限り改善が期待できないことを十分説明する．屈曲方向であれば，洗顔，化粧，ピアス装着，ネクタイ締め，シャツの第1ボタンのあけしめなど日常生活が不自由になる．伸展は，生活上は意外に困らず，逆立ち，鉄棒，フォロースルー動作時に痛みや不具合を感じる．関節鏡視下に骨棘と遊離体を切除すると，比較的小侵襲で，可動域を獲得することができるが，細部での処置には限界がある．観血的であれば，直視下に処置できるが，関節周囲軟部組織への侵襲は大きくなる．

参考文献

1) 稲垣克記：変形性肘関節症．「今日の整形外科治療指針 第6版」（国分正一 ほか 編），医学書院，pp.439-440，2010
2) 伊藤恵康：教育研修講座 肘関節のスポーツ障害．日整会誌，82：45-58，2008
3) 山崎哲也 ほか：投球動作に起因した変形性肘関節症に対する鏡視下手術．日整外スポーツ医会誌，24：227-232，2004
4) 菅谷啓之：スポーツ選手の変形性肘関節症の病態と治療法．肩と肘のスポーツ障害 診断と治療のテクニック，pp.270-278，中外医学社，2012

第3章 画像診断　§3 肘関節・前腕

A）肘関節の傷害
3. 上腕骨外側上顆炎
lateral epicondylitis

富田一誠，稲垣克記

Point
▶ 滑膜ひだ障害，橈骨神経管症候群との鑑別が必要．

▶ 徹底した保存療法が治療の基本．

症例

50歳男性．テニス．右利き．
数年前からテニスをしているときに右肘に痛みが出現．近医にて外側上顆炎と診断され，数回局所へステロイドを注射した．一時的に改善したものの痛みは継続しテーピングしながらテニスをしていたが，最近では，物を持ち上げたり，タオル絞りなどの日常生活動作でも痛みが増悪したために受診．
関節可動域制限なし．外側上顆に限局した圧痛がある．橈骨神経管に圧痛なし．Thomsen test 陽性，chair test 陽性，middle finger test 陽性．

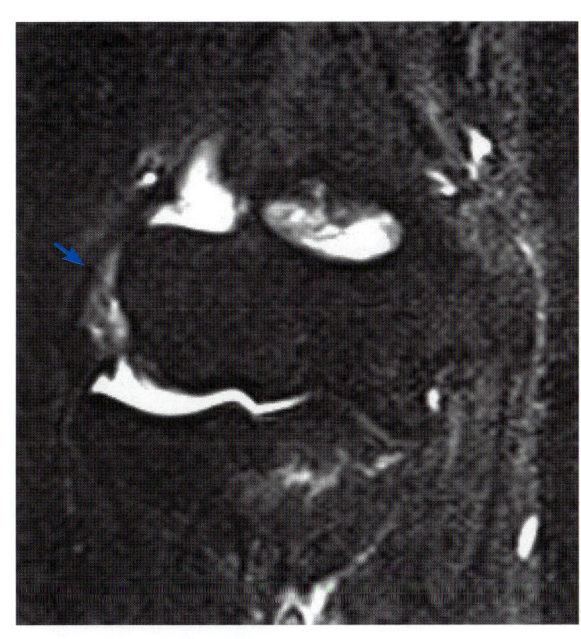

図1●右肘関節MRI
（T2強調；STIR冠状断像）
伸筋群付着部が高信号（→）．

画像所見のポイント
- 外側上顆の伸筋群付着部の変性．
- 腕橈関節間に滑膜ひだの有無．

> **病患の特徴**
> - 別名「テニス肘」といわれているが，その他のラケットを使う競技やゴルフなどでもみられ，家事を含めた労働でも起こる．基本的には，オーバーユースによるenthesopathy（腱付着部症）であり，関節内の滑膜ひだ障害や橈骨神経管症候群などと鑑別する必要がある．
> - 実際にはスポーツ以外の原因が多く，原因不明の場合もあるが30〜50歳にかけて多くみられる．テニスプレーヤーでは，その30〜50％にみられ，30歳以降にテニスを始めた人に多く，週3回以上の活動で発症頻度が高くなり，特に女性に多くみられる特徴がある．

◆ 鑑別診断
- 滑膜ひだ障害．
- 橈骨神経管症候群．
- 肘関節外側不安定症．

◆ 治療方針

通常まずは，消炎鎮痛薬投与や外用剤貼付，ストレッチを励行する．**初期軽症には，RICE療法ストレッチは有効**である．スポーツ活動をする場合には，テーピングやテニスバンドを装着させる．急性期の強い痛みや，保存療法に抵抗する場合は，**短橈側手根伸筋（extensor carpi radialis bravis：ECRB）付着部へのステロイド注射が有効**であるが，患者の希望のままに注射しているとECRBが断裂をきたすことがあるので，数回に留めるべきである．

これらの保存療法を徹底的に行ってもなお痛みが改善しない難治例は，ECRB腱が微小断裂しているため，手術療法が考慮される．手術には，**関節鏡視下手術と観血的手術**がある．前者は，ECRB付着部を関節内からデブリードマンし，病的な滑膜ひだを切除する．後者は，いくつかの方法があるが，ECRB腱の瘢痕を切除し，bone anchorなどを用いてECRB腱を再縫着する**Nirschl法**などの方法が有効である．

◆ 患者，家族への上手な説明

初期にストレッチやテニスバンドなどを使い，適切に予防と治療をすれば比較的予後はよい．ステロイドの注射は，短期的に有効であるが，伸筋群付着部を脆弱にし断裂を起こす危険性があるので，頻回に行われるべきではない．頻度は多くはないが，スポーツ活動や仕事でさらに酷使する場合には，伸筋群付着部が変性，炎症，再生をくり返し難治例となるため，手術が必要となる．

参考文献
1) 「肘が痛い方のために　診療ガイドラインに基づいた上腕骨外側上顆炎（テニス肘）ガイドブック」（日本整形外科学会，日本肘関節学会 監），南江堂，2012
2) 佐々木浩一，和田卓郎：上腕骨外側上顆炎に対する治療（アスリートの肘損傷　病態と治療方針）．臨床スポーツ医学，28（5）：59-564，2011
3) Cohen, M. S. & Romeo, A. A.：Open and arthroscopic management of lateral epicondylitis in the athlete. Hand Clin, 25（3）：331-338, 2009
4) Nirschl, R. P. et al.：Tennis elbow. The surgical treatment of lateral epicondylitis. J Bone Joint Surg Am, 61（6A）：832-839, 1979
5) Inagaki, K.：Current concepts of elbow-joint disorders and their treatment. J Orthop Sci, 18（1）：1-7, 2013

第3章 画像診断　§3 肘関節・前腕

A) 肘関節の傷害
4. 肘関節脱臼
dislocation of the elbow joint

富田一誠, 稲垣克記

Point
- まずは関節動揺性の評価.
- 画像で骨性支持と靱帯性支持を評価.

症例
46歳男性. 警察官, 右利き.
柔道で投げられ左手をついた際に相手に乗られ受傷. 関節可動域（屈曲95°伸展−20°）痛みでそれ以上は動かせない. 伸展位で再脱臼はなし. 徒手的に外反動揺性が顕著である. 尺骨神経症状はなし.

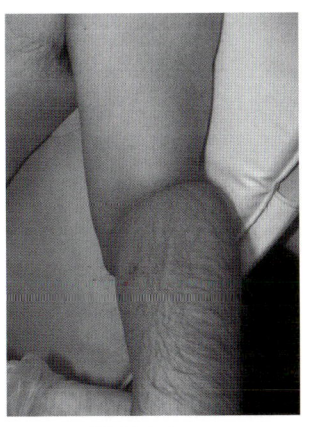

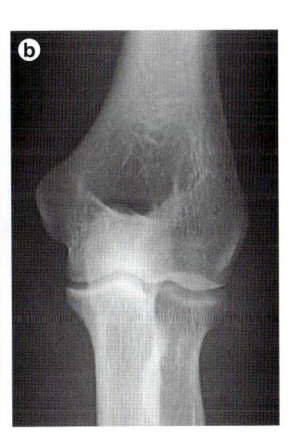

図1●受傷時写真
脱臼肢位.

図2●単純X線
a) 受傷時正面像. 後外側への脱臼.
b) 整復後正面像. 骨傷なし.
c) 30°屈曲位外反ストレス正面像. 内側関節面の開大.

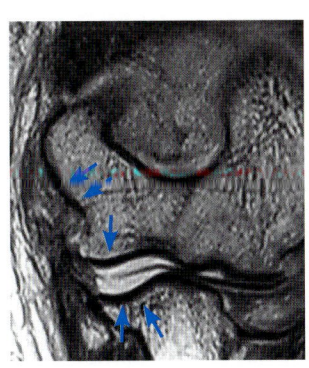

図3●左肘関節MRI
（T2強調冠状断像）
内側側副靱帯近位付着部の不整,
関節面不適合.

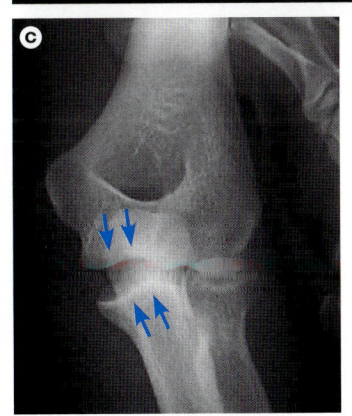

画像所見のポイント
- 脱臼によりいずれの靱帯成分が損傷されたか.
- 内側側副靱帯損傷の程度.

> **疾患の特徴**
> - 柔道，レスリングなどの格闘技や自転車競技や他のスポーツでの転倒・転落による外傷でみられる．いずれも高エネルギー外傷であり，骨折や靱帯損傷を含む組織損傷が著しい．成人では，肩に次いで多い脱臼で，脱臼と脱臼骨折はほぼ同じ頻度である．肘伸展位で手をついて受傷することが多く，後方と後側方脱臼が約9割を占める．
> - 正確な関節適合性が得られていない場合，易脱臼性がある場合，骨折の転位が大きい場合には手術適応である．複合損傷の場合は，まず骨性支持を再建してから再度靱帯性支持を評価する必要がある．

◆ 鑑別診断

- 内側側副靱帯損傷．
- 外側側副靱帯複合体損傷．

◆ 治療方針

まずは，愛護的に徒手整復を行い，**慎重に伸展位での易脱臼性，内外反の不安定性を確かめる**．画像検査により**骨性支持**と**靱帯性支持**を評価する．安定が確かめられれば，痛みや軟部組織の腫脹の程度に応じて，肘屈曲90°で必要最小限の外固定を行う．

尺骨鉤状突起骨折，橈骨頭骨折，尺骨肘頭骨折などで骨性支持が損なわれている場合は，整復固定術が必要である．尺骨鉤状突起骨折では，**Regan分類** Type II 以上，**O'Driscoll分類**[1] Tip subtype 2[1]，Anteromedial, Basal type で不安定性を伴う場合に，橈骨頭骨折では，関節面ギャップの存在，骨折単独で関節面15°以上の転位，内側側副靱帯損傷を合併し外反動揺性を伴う場合，尺骨肘頭骨折では，転位のある場合などが1つの手術適応である．

内側側副靱帯, 外側側副靱帯複合体損傷などの靱帯性支持が損なわれた場合には，合併する骨性支持を再建した後に，再度不安定性を評価し，不安定性が残存すれば，bone anchor などを用いて修復術を行う．

複合損傷で，修復後もなお不安定性が残存する場合には，創外固定を装着して運動療法を行う場合もある．**術後関節拘縮，異所性骨化**などの合併症に注意が必要で，暴力的でない早期可動域訓練が合併症予防には重要である．

◆ 患者，家族への上手な説明

- 高エネルギー外傷により肘関節が脱臼し，軟部組織が大きく損傷しているため難しい治療になる．
- 長期の外固定は肘関節拘縮が必発であり避けるべきである．
- 初期に不安定性要素を評価し，損傷部を再建した後に**早期運動療法**を行うことで，日常生活，スポーツ活動に必要な可動域と関節安定性を獲得することが期待できる．
- 術後に有用な肘関節可動域を獲得するためには，理学療法が非常に大切であるが，過度のリハビリは，筋肉や関節包が骨化してしまう**異所性骨化**という難しい合併症を起こしやすくするので注意が必要である．

参考文献

1) O'Driscoll, S. W. : Classification and evaluation of recurrent instability of the elbow. Clin Orthop Relat Res, 370 : 34-43, 2000
2) 伊藤恵康：肘関節脱臼．「最新整形外科学大系14：上腕・肘関節・前腕」（高岸憲二 ほか 編），pp.234-240，中山書店，2008
3) 今谷潤也 ほか：外傷性肘関節脱臼に伴う靱帯損傷の手術成績の検討，日肘研会誌，9：23-24，2002

第3章 画像診断　§3 肘関節・前腕

A) 肘関節の傷害
5. 上腕骨遠位端関節内骨折
intra-articular fractures of distal end of humerus

富田一誠, 稲垣克記

Point
- 関節内骨折の評価（特に小頭と滑車部）.
- 尺骨神経麻痺の有無を確認する.

症例
25歳女性. スノーボードでエッジが効いて, 前方へ転倒し左手をついて受傷. 左肘の著しい腫脹と運動時痛があり, 上腕骨外上顆, 内上顆に圧痛あり. 循環障害はない. 尺骨神経領域にしびれがあるが, 運動麻痺はない.

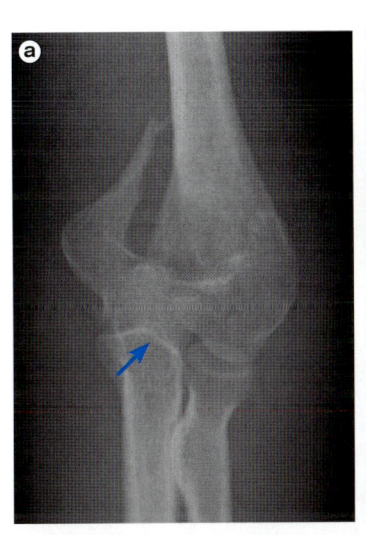

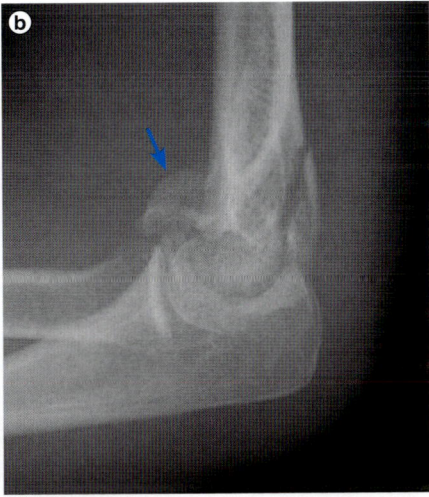

図1●単純X線
a) 正面像, 関節内骨折.
b) 側面像, 滑車部の骨折.

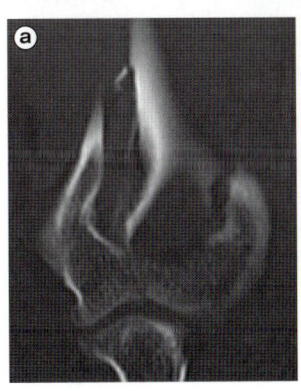

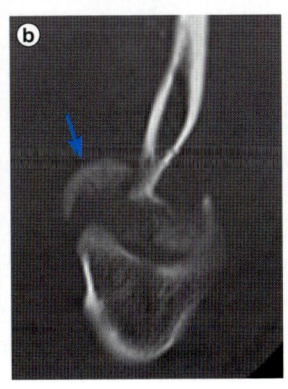

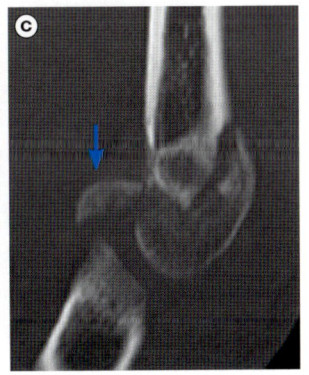

図2●単純CT
a) 冠状断像, AO分類 C型骨折. b) 矢状断像, 滑車の coronal shear fracture.
c) 矢状断像, 滑車外側小骨片. C3型骨折.

画像所見のポイント
- X線で骨幹端の骨折線の方向と長さを評価（図1）.
- 単純CTにより, 小頭と滑車部などの関節面骨片の評価（図2）.

疾患の特徴

- 本骨折は**高エネルギー外傷**であるため，**冬季**にスノーボードなどでよくみられるが，その他のスポーツでも転倒・転落により起こる外傷である．骨折による変形と腫脹のため，循環不全や神経障害を合併することがあるので注意が必要である．
- 上腕骨遠位端は，内側上顆に前腕屈筋・回内筋群が，外側上顆には前腕伸筋・回外筋群が付着しているために転位しやすく，滑車・小頭の中央部分は軟骨に覆われていて，顆上部は骨が薄く骨折部の接触面が小さく整復位を保持することが困難であり，骨癒合も得られ難いため治療に難渋する骨折の1つである．
- 従来のキルシュナーワイヤーやスクリューによる固定は，固定力が不十分であるために，変形治癒や偽関節を生じ，固定力不足のための長期外固定は可動域制限を高頻度に起こし治療成績が不良であった．最近では，解剖学的にプレベンディングされたanatomical plateのロッキングシステムが各種利用できるようになり，強固な固定が得られ，早期運動療法が可能となり，治療成績が向上してきている．しかし，プレートが欧米での開発であるため，日本人，特に女性の上腕骨には大きすぎる印象がある．また，より解剖学的に正確な整復と強固な固定を得るために軟部組織への侵襲が大きくなり，尺骨神経障害や皮膚壊死などの術後合併症も危惧される．

図3● 関節面粉砕骨折の評価
p.9カラーアトラス参照．

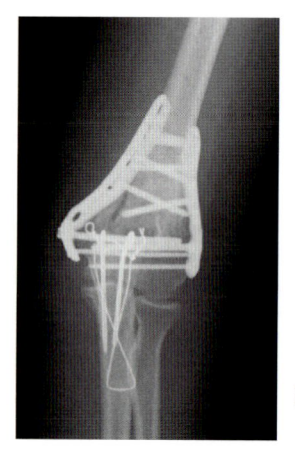

図4● 症例の術後のX線所見

◆ **鑑別診断**

上腕骨小頭，滑車骨折（coronal shear fracture）を含むかどうか．

◆ **治療方針**

治療の原則は，①**正確な解剖学的整復**，②**強固な初期固定**，③**早期運動療法**である．AO分類B型やC1，2型は，bilateral（両側皮切進入）やbicipitolateral（一皮切両側進入）の側方進入や，Campbell法などの後方進入で骨折部へ到達して透視下に解剖学的整復を得ることができる．しかし，C3型のような関節面粉砕型は，**肘頭骨切り**により展開し，十分関節表面を評価して（図3），小頭や滑車部を正確に整復する必要がある．

従来のキルシュナーワイヤー固定やスクリュー固定は，固定力が不十分で偽関節を生じ，固定力不足のため長期の外固定が必要になり関節拘縮を伴った．しかし，anatomical plateによるinter-digitateな固定（小骨片を複数のスクリューを絡めて把持する固定）（図4）やロッキングシステムにより初期固定力は向上し，結果，早期の運動療法を可能にした．現在はさまざまなプレートシステムを利用した観血的整復固定術が標準的な治療であるが，骨折型によっては，単システムでは対

応しきれず，吸収ピンやヘッドレススクリューを併用することもある．

術後は，**異所性骨化，関節拘縮，偽関節，尺骨神経麻痺**などに注意が必要である．

◆ 患者，家族への上手な説明

　関節面を含んで治療が非常に難しい骨折であり，骨折部の偽関節や関節拘縮が心配される．痛みを残さず，骨癒合が得られ，関節拘縮を予防するために，解剖学的整復，強固な初期固定，早期運動療法が必要である．プレートやスクリューを用いてできる限り整復固定を行うが，術後の合併症には十分注意が必要である．

参考文献

1) O'Driscoll, S. W.: Optimizing stability in distal humeral fracture fixation. J Shoulder Elbow Surg, 14：186-194, 2005
2) 稲垣克記 ほか：Mayo Clinic Congruent Elbow Plate Systemによる上腕骨遠位端粉砕骨折の再建．関節外科, 28(1)：44-47, 2009
3) 富田一誠 ほか：Mayo clinic congruent elbow plate systemを用いた高齢者の上腕骨遠位端骨折の治療成績．骨折, 34 (4)：749-753, 2012

第3章 画像診断　§3 肘関節・前腕

B）前腕の傷害

1. 交差点／腱交差症候群
intersection syndrome

正富　隆

Point
- ラケットスポーツ等における手関節掌背屈／回内外によるオーバーユース（負担過多）障害．
- 前腕遠位橈側の疼痛・腫脹．
- 前腕の回内外／手関節掌背屈により誘発される疼痛・軋音（crepitus）．

症例　テニス選手，22歳女性．右利き．打ち方を変えて以来，ときどき疼痛を自覚していたが，あるとき練習後より急激に疼痛増悪し，手関節の可動域制限をきたした．

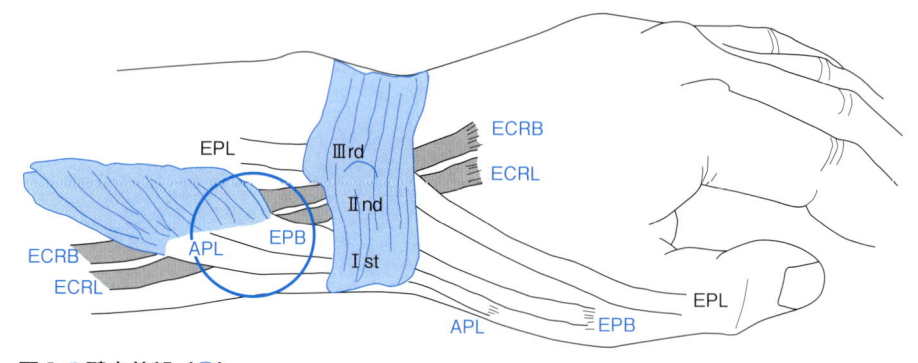

図1 ● 腱交差部（◯）
前腕遠位橈側，伸筋支帯より近位においては第2区画（Ⅱnd）に入る長橈側手根伸筋腱（ECRL）と短橈側手根伸筋腱（ECRB）より尺側にある長母指外転筋（APL）・短母指伸筋（EPB）が，ECRL/ECRB腱の上を乗り越えて第1区画（Ⅰst）に入る部位をintersection（交差点／腱交差）という．

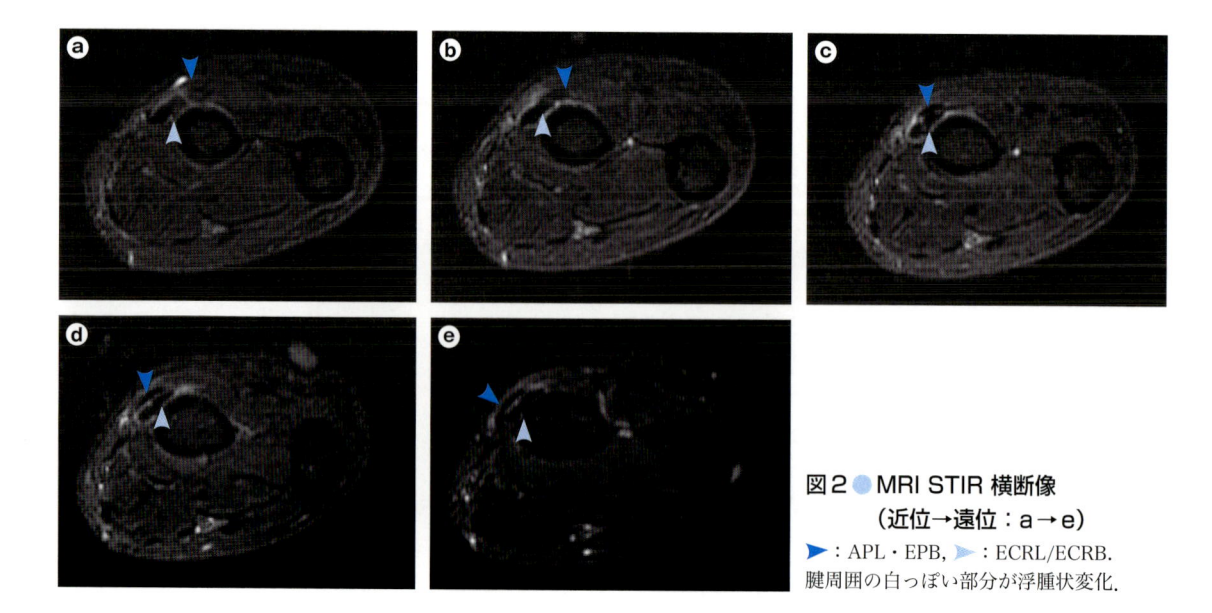

図2 ● MRI STIR 横断像
（近位→遠位：a→e）
▶：APL・EPB，▶：ECRL/ECRB．
腱周囲の白っぽい部分が浮腫状変化．

画像所見のポイント

- 前腕遠位部（Lister結節より近位4 cm前後）を横断像にて近位から遠位にAPL, EPBを連続的に追いかけ，ECRL/ECRBとの交差部（図1）でAPL, EPBのみならずECRL/ECRBの腱周囲（場合により近傍の皮下組織）の浮腫・水腫を確認する[1, 2]（図2）.
- 浮腫状変化はルーチン撮影としてのMRI T1強調像およびT2強調像にて，それぞれ等輝度および高輝度として描出される.
- 炎症による浮腫状変化はMRI STIR像（またはfat suppression T2）にて鋭敏に高輝度として描出されるので，オーバーユース障害を疑ったときのルーチン撮像に含めるとよい.
- MRI T1強調像にてガドリニウム増強による造影効果を確認してもよいが，侵襲的なので推奨できない.
- 伸筋支帯より遠位部でのAPL・EPB腱周囲の水腫・浮腫はde Quervain病（腱鞘炎）の特徴とされるが，交差点／腱交差症候群においても上記の所見に加えて認められる場合もある[2].
- 超音波検査は習熟を要するが，APL・EPBの走行に沿って容易に走査でき，静止画像よりわかりやすく非侵襲的で短時間に可能な有用な検査である．腱周囲の低エコー性の水腫や新生血管の増生（ドップラーによる評価）を伴う滑膜炎を確認できる[3].

疾患の特徴

- テニスやバドミントン，ラクロスのようなラケットスポーツやストックを操作するスキーのように，手関節を固定しつつ回内外動作をくり返すスポーツにみられる.
- 亜急性発症や急性増悪の場合，APL・EPBに沿った腫脹・発赤を認めることもあるが，慢性炎症の場合には外見上の変化が強くない場合もある.
- 約80％の症例で腱交差部（intersection）における軋音を触知する.

◆ 鑑別診断

- de Quervain disease（ド・ケルバン病／腱鞘炎）．伸筋支帯第1コンパートメント上，あるいはそれ以遠の圧痛と同部のMRI所見（前述）．Finkelstein testは交差点／腱交差症候群でも陽性となることが多い.
- 前腕の筋損傷（肉離れ）．p.136 Q & A参照.

◆ 治療方針

- オーバーユース障害なので，**治療の基本は「安静」である**．急性炎症症状がある場合には「アイシング」を併用する.
- 病態としては腱鞘炎であるから，ステロイドの腱鞘内注入は著効するが，あくまで対症療法であり，発症誘因が除去されなければ再発をくり返すことになる.
- 以下のような発症の誘因を検索し，それを除去する.
  a：筋緊張・タイトネスや関節拘縮などのコンディション低下 →ストレッチング.
  　APL・EPB, ECRL/ECRBのストレッチングはいうまでもなく，他の手関節スタビライザーや肩甲帯や肩関節〔特に腱板筋群（肩回旋筋群）〕についても十分に行う.
  b：疲労による筋力低下やフォームの乱れ →持久力強化.
  c：不合理なフォーム改造 →いったん，元のフォームに戻す.
- 保存治療無効例に第2コンパートメント開放の報告もあるが，基本的にほとんどが保存療法で対処可能である.

◆ 患者，家族への上手な説明

- オーバーユース障害とは負担のかかり過ぎであるから，まず休ませれば必ず「痛み」は消失することを説明する．
- ただし疼痛消失後，休んだだけで同じスポーツ環境に復帰すれば「再発」は必発であることを説明する．
- したがって休んでいる間にオーバーユースとなった原因を検索し，それに対処して（前述）復帰に向けた準備をしながら局所を「安静＝休む」とする重要性を強調する．

参考文献

1) de Lima, J. E. et al. : Intersection syndrome : MR imaging with anatomic comparison of the distal forearm. Skeletal Radiol, 33（11）: 627-631, 2004
2) Lee, R. P. et al. : Extended MRI findings of intersection syndrome. Skeletal Radiol, 38（2）: 157-163, 2009
3) Montechiarcllo, S. et al. : The intersection syndrome : Ultrasound findings and their diagnostic value. J Ultrasound, 13（2）: 70-73, 2010

第3章 画像診断　§3 肘関節・前腕

B) 前腕の傷害
2. 上腕二頭筋腱遠位皮下断裂
distal biceps tendon rupture

正富　隆

Point
- 等尺性の強い肘屈曲力（同時に回内力）を瞬時に発揮させる受傷機転（格闘技，ウェイトリフティングなど）とpop音を伴う急性疼痛・脱力・屈曲制限．
- 上腕二頭筋長頭腱皮下断裂や上腕屈筋群肉離れとの鑑別が重要．

症例　プロアームレスリング選手．35歳男性．右利き．試合中にpop音とともに急激な疼痛・脱力により右肘を動かせなくなった．

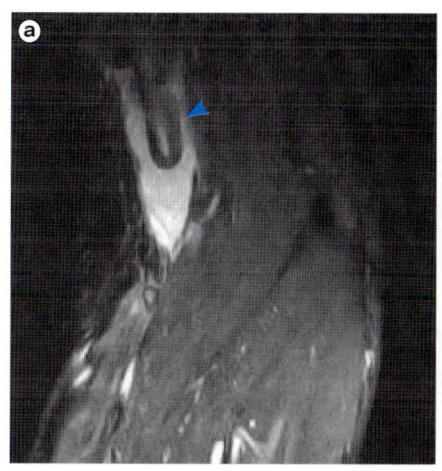

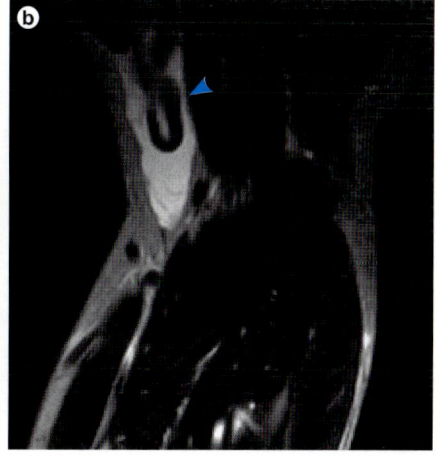

図1 ● MRI 矢状断像
a) STIR, b) T2強調．
上腕二頭筋腱鞘に貯留した血腫（高輝度域）の中に近位に引き込まれ翻転した腱断端が描出されている（▶）．

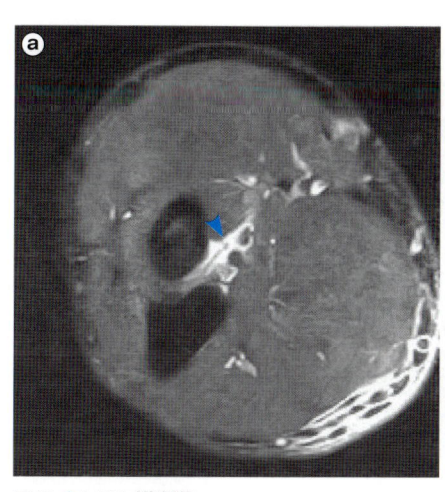

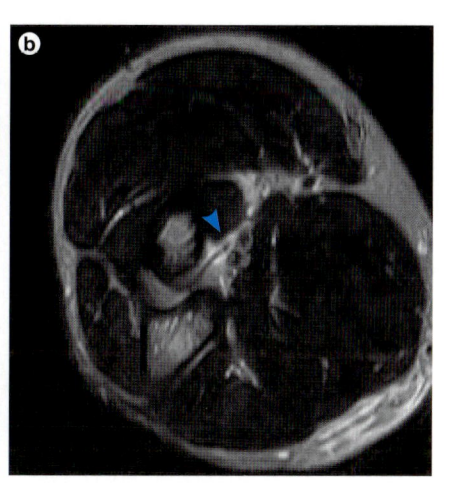

図2 ● MRI 横断像
a) STIR, b) T2強調．
橈骨二頭筋結節に残存する細い遠位断端が，腱鞘内血腫に浮遊して描出されている（▶）．

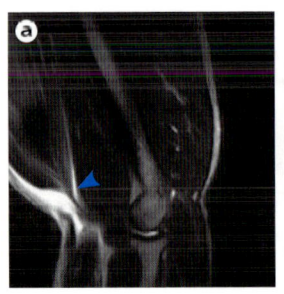

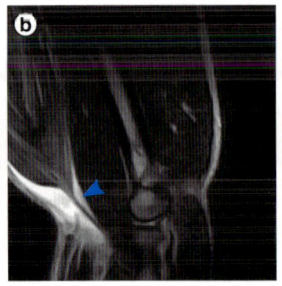

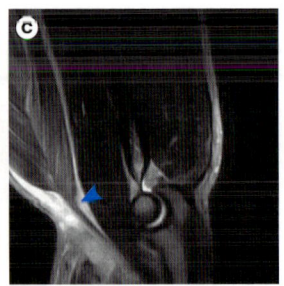

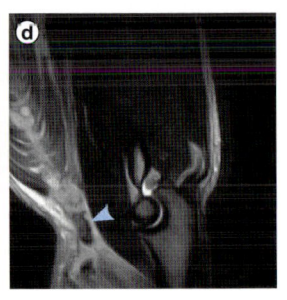

図3 ● 参考症例：MRI T2強調矢状断像（a→d：橈側→尺側）

橈骨頭部を橈側から尺側へ撮影したT2強調矢状断像．上腕二頭筋腱（▶）の連続性は3スライスにわたり確認できるが（a，b，c），一部部分断裂を疑う（▷）スライス（最尺側：d）を認める．

画像所見のポイント

- まず矢状断像において上腕二頭筋腹から腱の連続性を確認する（図1，3）．
- 腱停止部（橈骨二頭筋結節）で腱は橈骨に巻き付くような走行となるため，矢状断像よりも（橈骨に対して）横断像で腱の連続性を確認する必要がある（図2）．近位から遠位への連続スライスで確認する．
- 典型的な腱断裂は，腱周囲滑膜腔内への出血（T2強調，STIR：高輝度，T1：等輝度）の中に腱断端を容易に見出せる（図1，2）が，部分断裂は画像上の確定診断が困難である（図3）．図3の症例は部分断裂を疑われるが，筋実質内の筋線維間への出血を伴い，筋腱移行部での筋損傷（肉離れ）も疑われる（p.136 Q&A参照）．
- 超音波検査の有用性も報告されているが[1]，完全断裂と部分断裂の鑑別には熟練を要するため，詳細なMRIでの検討が推奨される[2, 3]．

疾患の特徴

- 急激な等尺性収縮（または遠心性収縮）という受傷機転（特異的スポーツ種目：ウェイトリフティング・トレーニング，アームレスリング，格闘技，ラグビー・アメリカンフットボール，アイスホッケー等）とpop音，脱力感，疼痛，屈曲障害．
- 二頭筋結節周囲の骨棘・外骨腫による二次的・物理的摩耗断裂の報告もある．この場合，スポーツ如何にかかわらない．
- 受傷当初は疼痛のため自動屈曲ができないことが多いが，完全断裂であっても上腕筋や前腕筋群により肘屈曲が可能となることが多く，また部分断裂や肉離れの場合には疼痛の軽減に伴いほぼ自動屈曲力が回復することが多い（完全断裂においては屈曲力30％減，回外力40～50％減）．
- 身体所見：以下の3ついずれも陽性の場合は完全断裂を疑う[3]．
    a. hook test[4]：自動屈曲90°回外90°で肘窩において検者が指で二頭筋腱を引っ掛けることができるかどうか．
    b. biceps crease interval[5]：肘窩の皮線と二頭筋腹遠位部との間の距離．おおよそ6 cmを超えると完全断裂の可能性が高い．
    c. passive forearm pronation test：他動的前腕回内に伴う二頭筋腹遠位部の動きがあるかないか．

◆ 鑑別診断

- まずは完全断裂と部分断裂を鑑別する必要がある．治療方針の決定・予後に影響するため．
- 上腕二頭筋長頭腱断裂．二頭筋下垂による筋腹膨隆などで鑑別可能．
- 肘屈筋（上腕筋を含む）損傷（肉離れ）．参考症例（図3），p.136 Q&A参照．

◆ 治療方針

- アスリートにおいては，完全断裂に対して10日から2週間以内に手術的腱再縫着を行う．それ以降になると，腱移植を要したり前方要素の合併症のリスクが高まる．
- 部分損傷の場合は筋損傷（肉離れ）に準じた保存的治療により，肘屈曲力はほぼ正常に回復する．

◆ 患者，家族への上手な説明

- 完全断裂を看過・放置した場合のアスリートとしてのデメリットを説明し，「疑わしきは手術する」方針を理解してもらう．
- 手術によっても筋力の回復不全の可能性があることを説明する．
- 手術による前方の神経血管束への侵襲・損傷のリスクを説明する．

参考文献

1) Lobo, L. G. et al. : The role of sonography in differentiationg full versus partial distal biceps tendon tears: correlation with surgical findings. Am J Roentogenol, 200 (1) : 158-162, 2013
2) Festa, A. et al. : Effectiveness of magnetic resonance imaging in detecting partial and complete distal biceps tendon rupture. J Hand Surg (Am) , 35 (1) : 77-83, 2010
3) Williams, B. D. et al. : Partial tears of the distal biceps tendon: MR appearance and associated clinical findings. Skeletal Rdiol, 30 (10) : 560-564, 2001
4) O'Driscoll, S. W. et al. : The hook test for distal biceps tendon avulsion. Am J Sports Med, 35 (11) : 1865-1869, 2007
5) El Maraghy, A. et al. : The biceps crease interval for diagnosing complete distal biceps tendon ruptures. Clin Orthop Relat Res, 466 (9) : 2255-2562, 2007

第3章 画像診断 §3 肘関節・前腕

Q&A A）肘関節の傷害
25歳男性．テニス

富田一誠，稲垣克記

受診状況 練習中に後方のボールを追っていた際に，転倒し後方に左手をつき受傷．

臨床所見 左肘に明らかな変形と激痛があったため，近医を緊急受診．単純X線上，肘関節後方脱臼の診断にて，徒手整復後にギプスシーネ固定され当科初診となった．左肘はびまん性に腫脹し，肘後外側に著明な皮下出血と強い圧痛を認めた．疼痛はあるが肘伸展10°でも後方に再脱臼はしなかった．

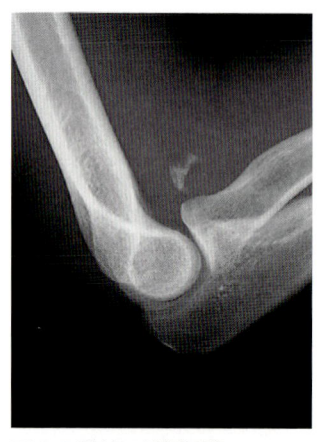

図1 ● 単純X線側面像

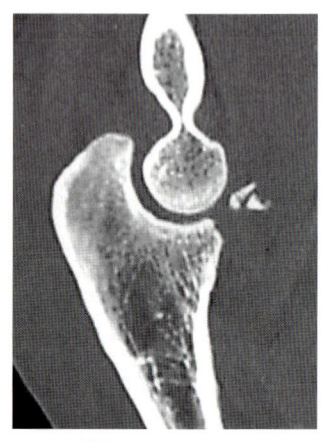

図2 ● 単純CT側面像

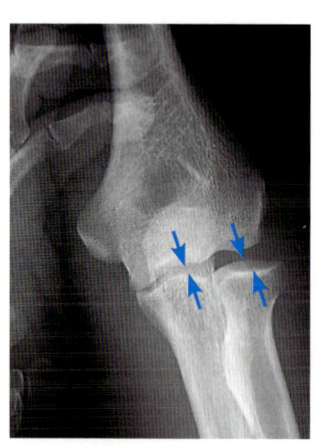

図3 ● 単純X線内反ストレス撮影
関節面の開大．

図4 ● 関節造影正面像
造影剤の関節外への漏出．

Question

1) 骨折の部位とその程度は？
2) 靱帯支持性の損傷部位は？

Answer

1) 肘関節脱臼に伴う**尺骨鈎状突起骨折**. Regan分類 Type I. O'Driscoll分類 Tip subtype 2.
2) **外側尺側側副靱帯（lateral ulnar collateral ligament：LUCL）**と**橈側側副靱帯（radial collateral ligament：RCL）**の損傷.

◆ 解説

脱臼した際に尺骨鈎状突起の先端が骨折しているが，先端のみであるために骨性の支持は保持されている（図1, 2）．一方外側の靱帯支持性は徒手的なストレス撮影（図3）にて，腕尺関節と腕橈関節が開大し，関節造影検査（図4）にて外側上顆部から造影剤が漏れていることから，**外側側副靱帯複合体損傷**すなわち**外側尺側側副靱帯（LUCL）**と**橈側側副靱帯（RCL）**（図5）損傷が考えられ，修復が必要になる．実際の術中の所見（図7）からも外側上顆から一塊として靱帯成分が剥離していることが確認できる．

この不安定性を放置すれば，将来**後外側回旋不安定症（posterolateral rotatory instability：PLRI）**が起こりやすいので注意が必要である．

治療は，新鮮例であればbone anchorなどを利用して再縫着を，陳旧例では腱を用いた再建術が必要になる．

◆ 患者，家族への上手な説明

関節が脱臼したために，肘関節周囲に大きなダメージを受けている．保存的に長期間関節を固定すれば，関節拘縮が高頻度に発生してしまう．今回は，骨片が小さく骨性支持は保たれているので前方への再脱臼は心配ないが，外側の靱帯が損傷されているために，後外側の不安定性がある．関節拘縮，後外側回旋安定症，関節軟骨障害を防ぐためには，靱帯を修復して，早期運動療法を行う必要がある．現時点であれば，bone anchorなどを利用して再縫着する比較的シンプルな治療ができる．

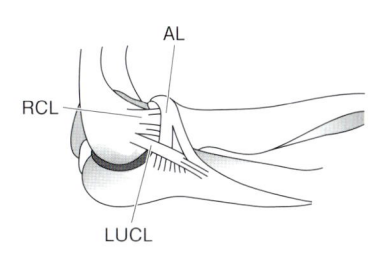

図5 ● 肘関節外側の靱帯
RCL：radial collateral ligament, 橈側側副靱帯
LUCL：lateral ulnar collateral ligament, 外側尺側側副靱帯（図6）．
AL：annular ligament, 輪状靱帯．

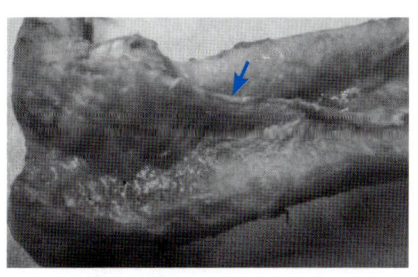

図6 ● 外側尺側側副靱帯（LUCL）
p.9 カラーアトラス参照．

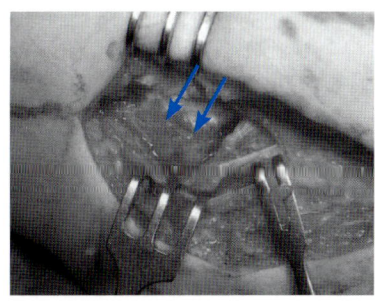

図7 ● 外側上顆から剥離した靱帯成分
p.9 カラーアトラス参照．

参考文献

1) Regan, W & Morrey, B.：FCXSactures of the coronoid process of the ulna. JBJS, 71-A：1348-1354, 1989
2) O'Driscoll, S. W. et al.：Difficult elbow fractures; pearls and pitfalls. AAOS Instructional Course Lectures, 52：113-134, 2003
3) The Elbow and its Disorders 4th ed.（Morrey, B.），p.22, Saunders, 2008
4) O'Driscoll, S.W. et al.：Posterolateral Rotatory Instability of the Elbow. JBJS, 73-A：440-446, 1991
5) 稲垣克記：尺骨鈎状突起骨折を含むcomplex elbow instabilityとterrible triad 肘周辺骨折の治療．MB Orthop, 26(8)：19-24, 2013

第3章 画像診断 §3 肘関節・前腕

Q&A

A) 肘関節の傷害
11歳男児，小学5年生．軟式野球

富田一誠，稲垣克記

受診状況 ポジションはセンター．右投右打．右利き．数週間前から明らかな外傷なく，投げるときに右肘に痛みが出現した．日常生活の書字や食事では痛みなく，少し野球を休むと痛みは軽減した．

臨床所見 右肘に腫脹，熱感，発赤，変形なし．関節可動域（右：屈曲135°伸展0°，左：屈曲135°伸展10°）やや伸展制限を認めた．内側上顆に限局した圧痛あり，milking sign（−），moving valgus test（−），尺骨神経症状なし．

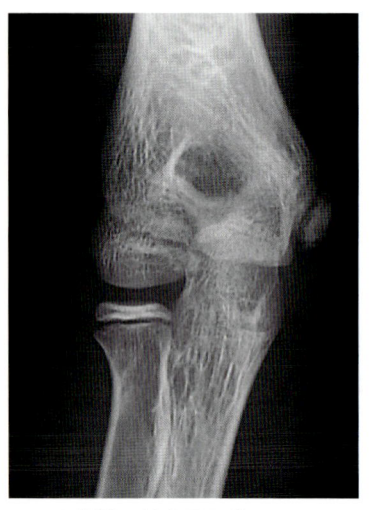

図1 ● 単純X線右正面像

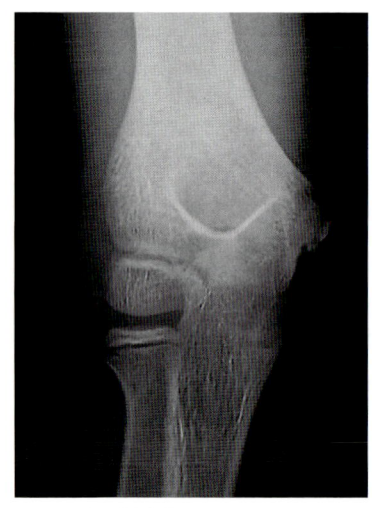

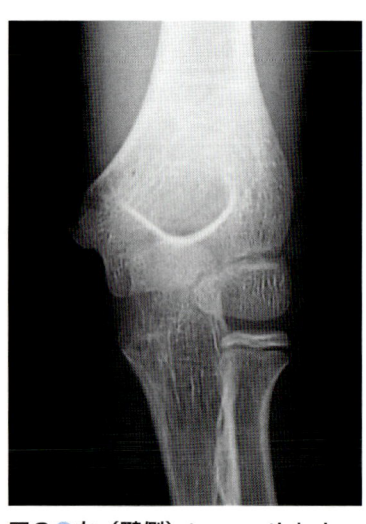

図2 ● 右（患側）tangential view

図3 ● 左（健側）tangential view

Question

1) 障害の部位は？
2) 治療はどうするか？

Answer

1) 成長期野球肘内側障害：内側上顆下端の分節（fragmentation of medial epicondyle）.
2) 投球数の制限または休止，投球フォームの見直し，捕球のみの守備，打撃練習.

◆ 解説

小学生から中学生の間，特に小学校高学年のころに投球側の肘内側に痛みが出現することがある．これには，成長過程における骨端核閉鎖年齢（図4）と投球動作の際にかかる肘内側への牽引ストレスが関係する．一番閉鎖が遅い内側上顆に過度な牽引ストレスがかかるため（図5）障害が生じる．しかし，この部分の障害は，体の成熟と技術の修得により，多くは徐々に痛みは軽減するので，将来的に大きな障害を残すことは少ない．

内側上顆の単純X線評価は難しく，**骨端線の開大**や，**骨端核下端の分節**，**裂離骨折**など患側の肘関節像だけでは，見逃してしまうことがあるので，**必ず健側と比較し，肘屈曲45°正面像（tangential view）を参考にする必要がある**．また，1回の投球により裂離骨折を起こしたり，**内側靱帯損傷**が発生するので，特にピッチャーは，投球フォームの確認や1日投球数制限などへの意識が必要となる．

◆ 患者，家族への上手な説明

「先々は痛みがなくなり投球できるようになる」，とまずは安心させる．しかし，痛いときは，投球数を制限したり，短期間禁止する必要がある．その代わりに他の部分の強化練習をさせたり，投球フォームの見直しをさせて子どものモチベーションは損なわないように注意する必要がある．

急に野球を禁止したりすると子どもは今後痛みがあっても，親やコーチに痛いことを隠すようになりかねないので伝え方には配慮する．

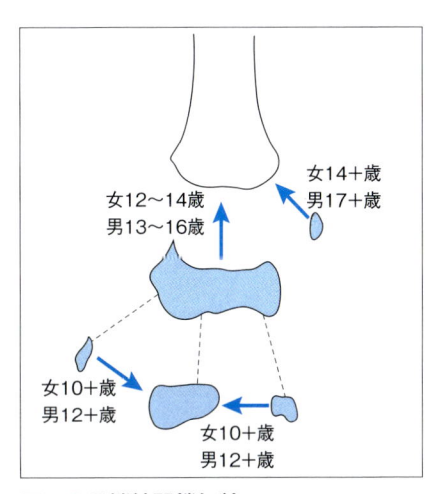

図4 ● 骨端核閉鎖年齢

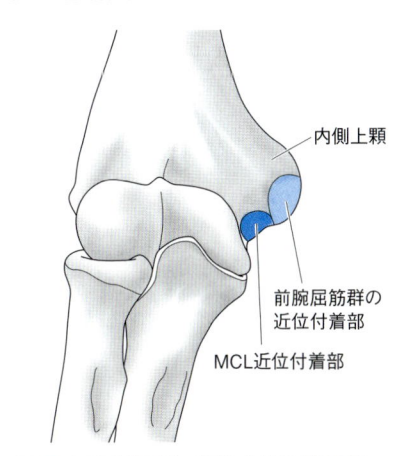

図5 ● 内側上顆部に付着する軟部組織
MCL：medial collateral ligament，内側側副靱帯

参考文献

1) Brogdon, B. G. et al. : Little learuer's elbow. Am J Roentogenol Radium Ther Nucl Med, 83 : 671-675, 1960
2) 松浦哲也 ほか：野球による発育期上腕骨内側上顆骨軟骨障害の追跡調査．日整外スポーツ医会誌，17：263-269，1998
3) Wilkins, K. E. : Fractures and dislocations of the elbow region. Fractures in Children, 5th ed. (Rockwood, C. A. Jr. et al.), Lippincott, Philadelphia, p.567, 2001
4) 渡邊幹彦：少年野球肘の保存療法と限界 少年野球肘に対する保存的治療 投球指導の実際．日整スポーツ医会誌，32：S305，2012
5) 松浦哲也：成長期野球肘内側障害の病態と治療法．肩と肘のスポーツ障害 診断と治療のテクニック，pp.225-230，中外医学社，2012

第3章 画像診断 §3 肘関節・前腕

Q&A B) 前腕の傷害
33歳男性．野球

正富 隆

受診状況　プロレベルの野球選手（内野手）．投球時に前腕の違和感を覚えたが，そのまま投球練習を続けた．練習後，徐々に前腕前方の鈍痛が出現したが，キャッチボールやバッティングは可能なため，レベルを落として練習しながら経過をみていた．しかしその違和感・鈍痛が改善しないため受診した．

臨床所見
- グリップ時に前腕の鈍痛・違和感を自覚するが，握力に左右差はほとんどない．
- 前腕の腫脹・熱感・皮下出血などを認めず．
- 前腕の中央部を前方（屈側）より圧迫すると軽度の痛みを訴える．

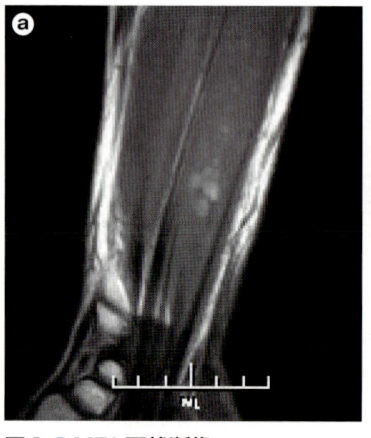

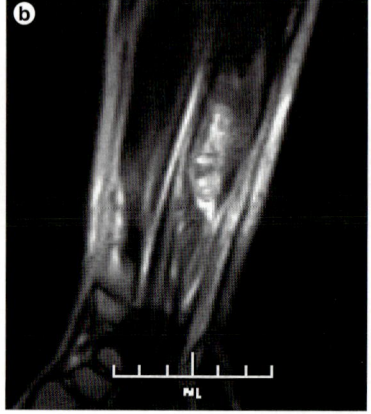

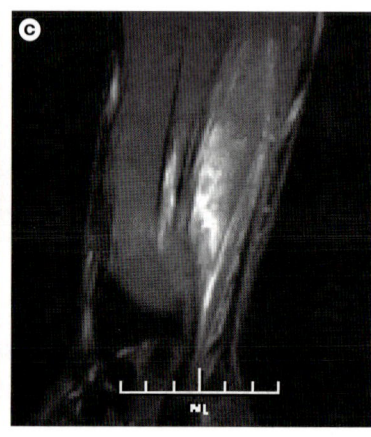

図1● MRI 冠状断像
a) T1強調，b) T2強調，c) STIR．

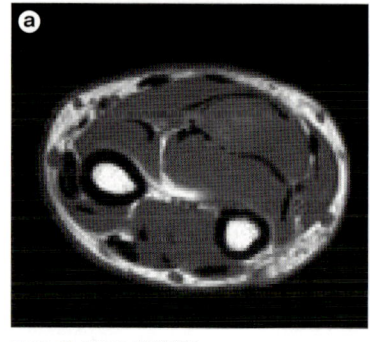

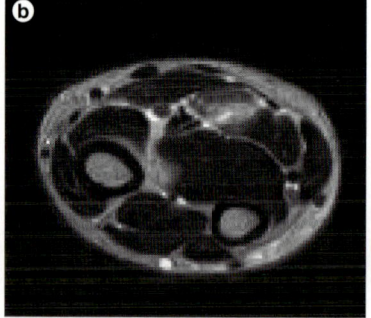

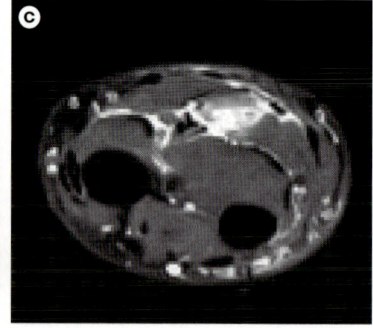

図2● MRI 横断像
a) T1強調，b) T2強調，c) STIR．

Question
1) MRI所見は？
2) 損傷部位の確認のため行うべき診察は？
3) 診断と治療は？

Answer

1) 前腕の屈筋群筋腹内にT2強調像・STIR像において広範な高輝度領域を認める（図3b, c▶）．同領域はT1強調像においてはほとんど等輝度であるが，まだらに部分的な高輝度を示す領域がある（図3a▶）．最も所見の強い部分での横断像で，前腕屈筋群のなかでも浅指屈筋（flexor digitorum superficialis：FDS）の異常であることがわかる（図4）．

2) 前腕屈筋群には回内筋・手根屈筋・浅指屈筋（FDS）・深指屈筋（flexor digitorum profundus：FDP）が含まれるため，それぞれの抵抗運動をさせて疼痛が誘発されるかどうかを確認する．特に浅指屈筋・深指屈筋についてはいわゆるFDSテスト（検査する指以外の手指を他動的に完全伸展させたまま，手指を抵抗下自動屈曲させる）やFDPテスト（手指を他動伸展させたまま，抵抗下にDIP関節自動屈曲させる）による疼痛誘発を確認する．

3) 診断：浅指屈筋損傷（肉離れ）．
   治療：まずは「安静」が基本であるが，臨床症状（特に疼痛）に応じて運動レベルを上げる．筋ストレッチングは最も重要で，その柔軟性獲得が確認できない限りはレベルアップさせない．

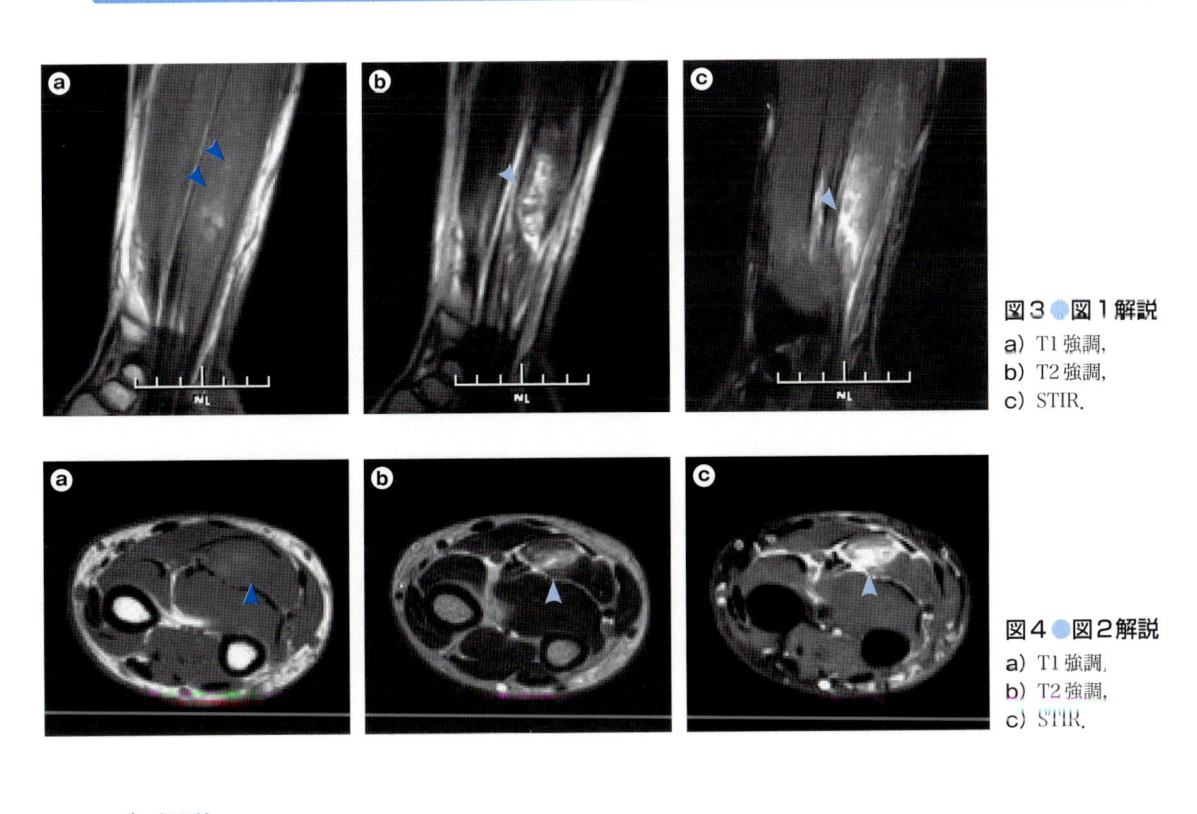

図3●図1解説
a) T1強調,
b) T2強調,
c) STIR.

図4●図2解説
a) T1強調,
b) T2強調,
c) STIR.

◆ 解説

- T1強調で等輝度，T2強調およびSTIRで高輝度であることから，出血・浮腫状変化が考えられる．T1強調で高輝度の部位が認められる（図3a，図4a▶）ので，このMRIは急性期というより亜急性期に撮像されたと推測され，血球成分やフィブリンを伴った血腫・血餅の存在が示唆される．
- 前腕における損傷部位の特定には，連続的に横断像を検討する必要がある．図4においてはFDSより深層にあるFDPや，やや尺側・浅層にある回内筋・手根屈筋には障害が及んでいないことがわかる．
- この症例の最も損傷が強いと思われる部位（図3，4▶，▷）は，前述のように血腫の貯留が疑われ，冠状断のT2強調，STIR像において筋線維の乱れ・破綻を認める．画像的には筋腱移行部での筋線維断裂（II型：筋部分断裂・筋膜損傷型）と診断できる．

- 画像診断からはスポーツ復帰までに1～3カ月は要すと思われるが（II型），本症例は臨床的には前述のように疼痛・筋力低下などの機能障害が軽度であるため，自覚的に疼痛を誘発しない程度の運動は許可し，疼痛に応じてのレベルアップを本人に任せ，筋柔軟性をトレーナーレベルで定期的に確認しながら発症後1カ月で完全に競技復帰した．
- MRI所見の重症度より実際の臨床症状が軽いことがあるが（その逆も），治療や復帰リハビリテーションにおいては画像所見よりも臨床症状・筋の柔軟性や筋力を評価しながら，それに応じた復帰計画をたてるべきである．

◆ 患者，家族への上手な説明

- 画像所見と臨床症状の乖離を説明し，臨床症状・自覚症状優先の治療・リハビリテーション方針を伝えるが，慎重なコンディションチェックが欠かせないことを理解してもらう．

第3章 画像診断 §4 手関節・手

A）手関節の傷害
1. TFCC損傷
triangular fibrocartilage complex injuries

松井雄一郎，岩崎倫政

Point

▶ 三角線維軟骨複合体（triangular fibrocartilage complex：TFCC）[1]は，三角線維軟骨，メニスカス類似体，尺骨月状骨靭帯，尺骨三角骨靭帯，三角靭帯（背側および掌側遠位橈尺靭帯），尺側側副靭帯で構成され[2]，遠位橈尺関節（distal radioulnar joint：DRUJ）や手根骨尺側の安定性に寄与する．

▶ TFCC損傷は手関節が背屈位，回内位で軸圧が加わった際やくり返す回内外ストレスにより発生する．

症例 20歳女性．4カ月ほど前，テニスをしていて転倒し，左手をついた後より手関節尺側部痛が出現．症状が改善しないため受診した．

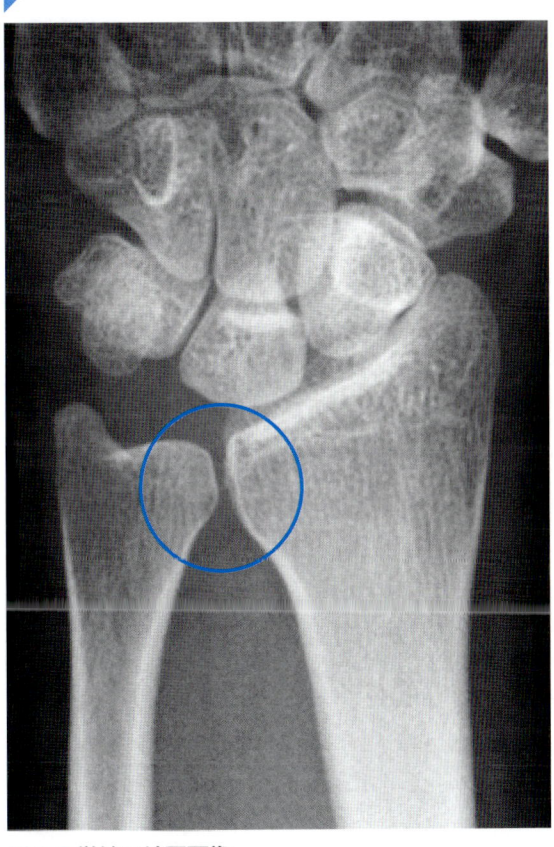

図1 ● 単純X線正面像
DRUJの軽度の開大あり（○）．

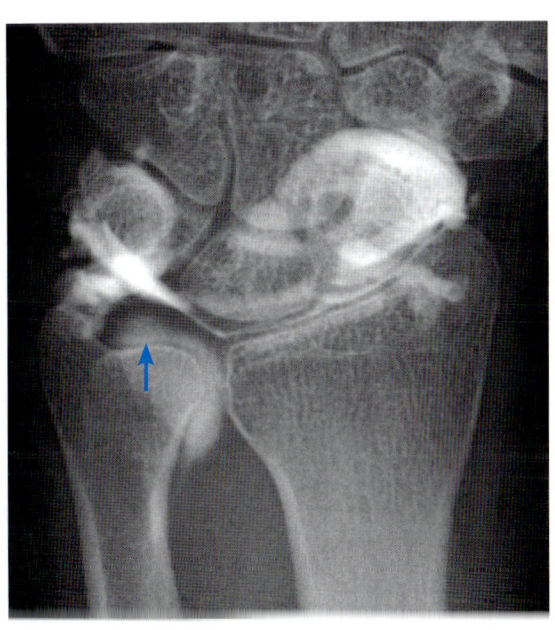

図2 ● X線関節造影像
RCJとDRUJより造影剤注入．RCJからDRUJへの漏出は認めない．DRUJより注入した際，尺骨小窩に造影剤の貯留（pooling，→）がみられた．
RCJ：radio carpal joint，橈骨手根関節

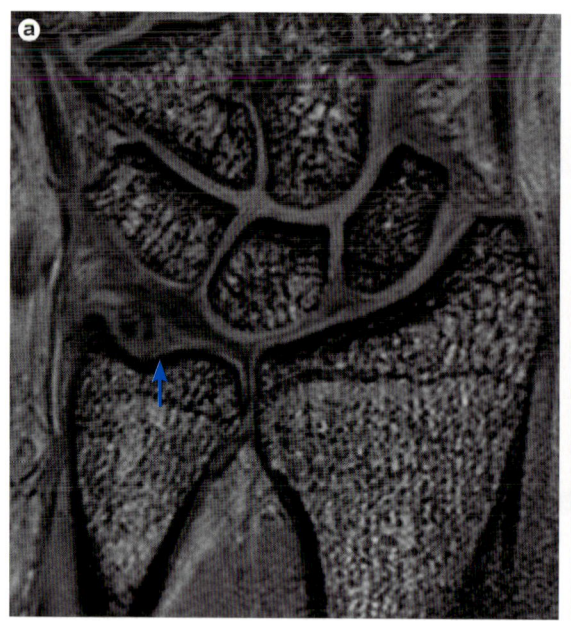

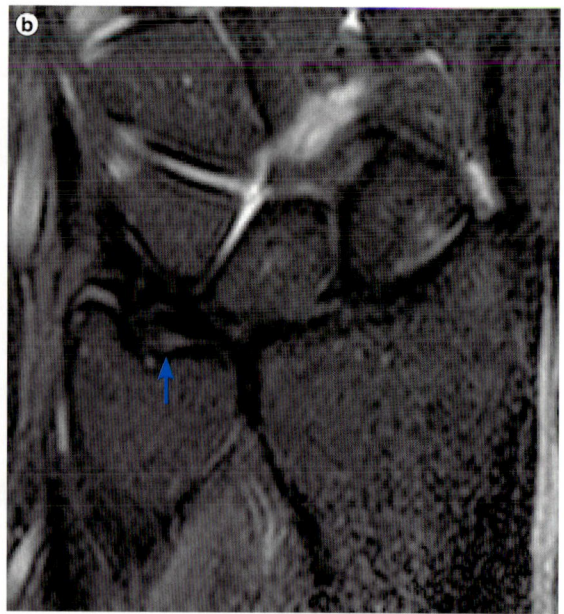

図3 ● MRI
a) 3D gradient echo法T2*強調冠状断像，b) STIR 冠状断像．
尺骨小窩に高信号（→）を示し，TFCCの尺骨小窩での断裂を示唆する．

画像所見のポイント

- 単純X線検査では，骨折，特に尺骨茎状突起骨折の有無，ulnar variance，DRUJの開大や尺骨の掌背側への脱臼の有無を確認する（図1）．
- 診断には関節造影（図2）やMRI画像（図3）が有効である．
- 関節造影では，橈骨手根関節（radio carpal joint：RCJ）またはDRUJから造影剤を注入する．TFCCに完全な断裂があるとRCJから造影剤を注入したときにDRUJに造影剤が漏出する．DRUJ造影ではTFCC近位面の観察が可能である．尺骨小窩での剥離損傷では，造影剤の貯留（pooling）がみられる．
- MRIでは，3D gradient echo法T2*強調像，STIR像でTFCC内に高信号として描出される．

疾患の特徴

- 野球のバッティング，ゴルフ，テニス，剣道などで運動時痛を訴えることが多く，手関節の尺側部痛や手関節の回内外制限を生じる．
- DRUJの不安定性が強い場合，同部位のクリック音や不安定感を自覚する．
- ulnocarpal space およびDRUJの圧痛を認める．
- fovea sign（尺側手根伸筋と尺側手根屈筋の間の圧痛で，特に尺骨小窩部損傷を示唆する所見）陽性．
- 誘発テストとしてulnocarpal stress test（手関節尺屈位で回内外強制により手関節尺側部痛が出現），DRUJ不安定性の診断として piano key sign（回内位で尺骨頭を徒手的に押し込むと沈み込み，力を緩めると背側へ偏位），DRUJ ballottement test（中間位，回内位，回外位それぞれで尺骨頭を徒手的に掌背側に動かして橈骨に対する動揺性を確認）などがある．

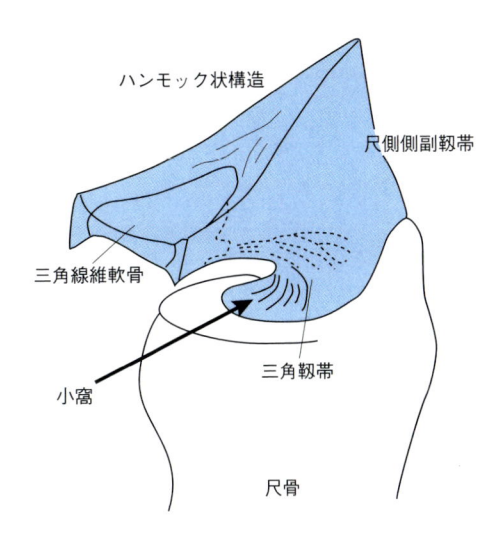

図4 ● TFCCの模式図
TFCCは，遠位側はハンモック状で，近位側が三角靱帯，尺側は尺側側副靱帯で構成される．
文献2より引用

◆ 鑑別診断

尺側手根伸筋腱炎や有鉤骨骨折などの手関節尺側部痛を呈する疾患や外傷との鑑別が重要である．

◆ 治療方針

- TFCC（図4）損傷を疑う症例に対してはまずは2～3カ月の手関節装具装着を中心とした保存療法を行い，それに抵抗する症例に対しては手術を考慮する．
- ただしDRUJの不安定性が強く術前画像検査にてTFCCの尺骨小窩からの剥離損傷が疑われる症例に対しては，早期に手術を考慮する．
- 手術治療には鏡視下TFCC部分切除術，尺骨短縮術，鏡視下TFCC縫合術[3,4]，直視下TFCC縫合術などがあげられる．

◆ 患者，家族への上手な説明

- 保存療法の場合，2～3カ月間，手関節装具を装着してもらう．その後，徐々に筋力訓練を行いスポーツ復帰を図る．保存療法に抵抗する場合は手術治療を考慮する．
- 鏡視下TFCC切除術では術後2週間位で可動域訓練を開始し術後1～2カ月程度でスポーツ復帰を目指す．
- 鏡視下TFCC縫合術，直視下TFCC縫合術[3,4]では，外固定を術後6週間程度行い，その後から手関節および前腕の可動域訓練を行う．スポーツ復帰は術後4～6カ月で可能となる．

参考文献

1) Palmer, A. K. & Werner, F. W.：The triangular fibrocartilage complex of the wrist-anatomy and function. J Hand Surg Am, 6(2)：153-162, 1981
2) Nakamura, T. et al.：Functional anatomy of the triangular fibrocartilage complex. J Hand Surg Br, 21-(5)：581-586, 1996
3) Iwasaki, N. et al.：Arthroscopic-assisted repair of avulsed triangular fibrocartilage complex to the fovea of the ulnar head：a 2- to 4-year follow-up study. Arthroscopy, 27-(10)：1371-1378, 2011
4) Iwasaki, N. & Minami, A.：Arthroscopically assisted reattachment of avulsed triangular fibrocartilage complex to the fovea of the ulnar head. J Hand Surg Am, 34-(7)：1323-1326, 2009

第3章 画像診断　§4 手関節・手

A）手関節の傷害
2. 舟状骨骨折
scaphoid fracture

松井雄一郎，岩崎倫政

Point

- 手根骨骨折のなかでも最も頻度が高く，特に手関節を背屈強制される機会が多いスポーツ選手にみられる．
- 骨癒合の得られにくい骨折で治療に難渋する場合も多い．受傷直後の疼痛は比較的軽度で，画像上も骨折を見逃されやすく，手関節捻挫として放置されて偽関節となる場合も多い．
- 舟状骨への血流は遠位から供給されるため特に近位の骨折は骨癒合が得られにくく，近位骨片が壊死に陥る可能性がある．
- 変形治癒や放置例は，SNAC（scaphoid non-union advanced collapse）wristなど手関節の関節症性変化を引き起こすため，解剖学的整復が必要である．

症例

28歳男性．1ヵ月前にスキー競技中に転倒し左手関節背屈位で手をついて受傷．左手関節部痛が出現し，同日近医受診した際は，左手関節捻挫の診断にてシーネ固定をした．その後も症状改善せず当科受診した．

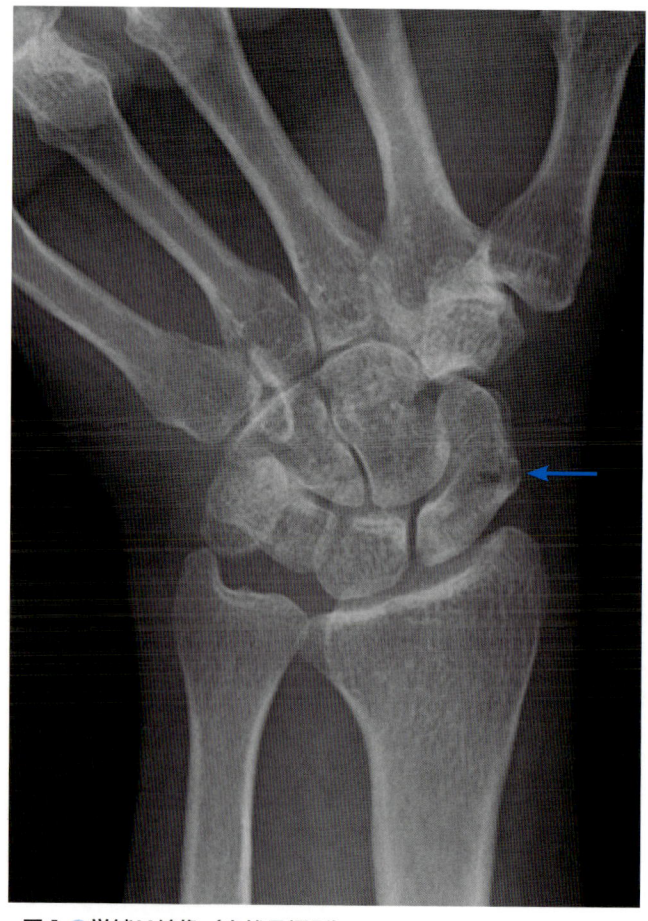

図1● 単純X線像（舟状骨撮影）
→は骨折線を示す．

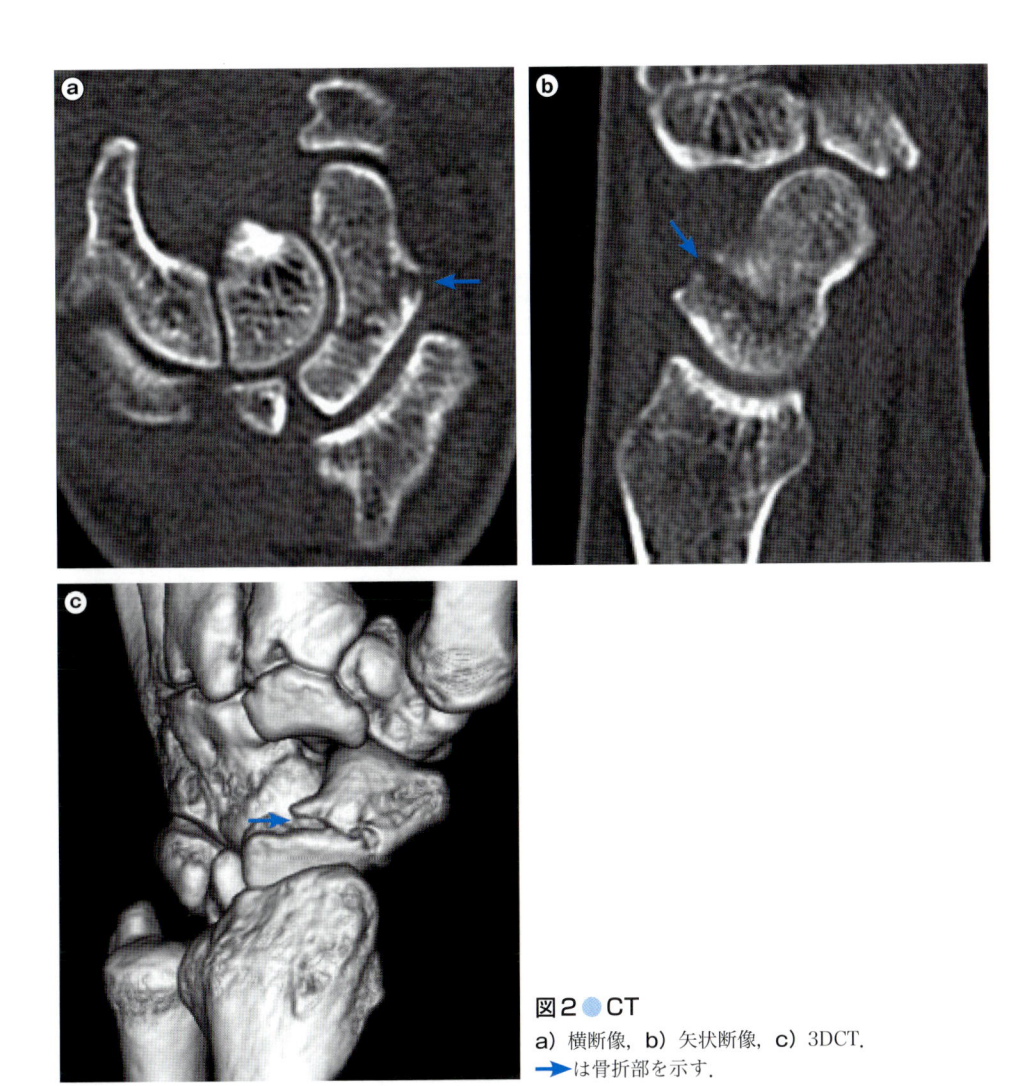

図2 ● CT
a) 横断像，b) 矢状断像，c) 3DCT．
➔ は骨折部を示す．

画像所見のポイント

- X線撮影は，手関節4方向と舟状骨撮影（手関節軽度背屈・最大尺屈位での正面像，図1）で診断を行う．ただしX線撮影（手関節4方向）では骨折部が映りにくく，初期では骨折部がはっきりしないことも多い．
- X線で骨折が判然としない場合は，早期にCT（図2），MRIを撮影し診断する．
- 特に偽関節例では，X線，CTにて舟状骨の形態（偽関節部位，hump back deformityの有無），手根骨配列異常（DISI変形の有無），SNAC wristなどの関節症性変化の有無を評価する．

疾患の特徴

- 手関節の背屈強制時に起こりやすい．コンタクトスポーツで転倒した際や体操選手にも多くみられる．
- anatomical snuff box（解剖学的嗅ぎタバコ入れ）部の腫脹や圧痛．
- 手関節可動域制限や握力の低下．

Type A:
新鮮安定型骨折

A1 結節部骨折
A2 腰部不全骨折

Type B:
新鮮不安定型骨折

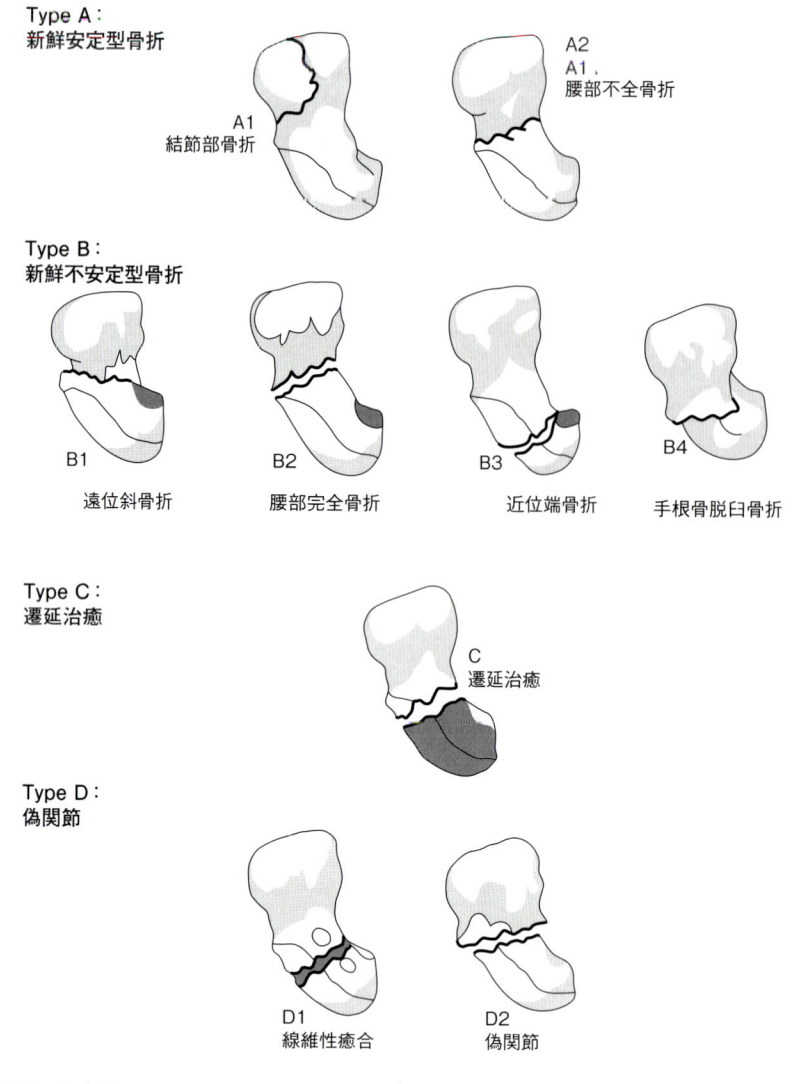

B1 遠位斜骨折
B2 腰部完全骨折
B3 近位端骨折
B4 手根骨脱臼骨折

Type C:
遷延治癒

C 遷延治癒

Type D:
偽関節

D1 線維性癒合
D2 偽関節

図3● 舟状骨骨折の分類（Herbert分類）
文献1より引用

◆ 鑑別診断

　手関節捻挫として放置されて偽関節となる場合も多い．他に鑑別診断として，他の手根骨骨折，橈骨遠位端骨折，de Quervain病などがあげられる．

◆ 治療方針

・新鮮安定型骨折では，前腕から母指までのギプス包帯固定（thumb spica cast）を約4〜8週間行う保存加療を行うのが一般的である．しかし，骨癒合まで期間が必要となることも多いので，スポーツ選手は，早期復帰を図るため，観血的治療の適応が拡大される[2]．
・新鮮不安定型骨折では観血的骨接合術を行う．
・偽関節例では，偽関節部の掻爬に加えて，骨移植を併用した観血的骨接合術を行う．
・手術ではガイドワイヤーを利用してスクリューを挿入できる cannulated headless screw がよく使用される．

◆ 患者，家族への上手な説明

- 初診時にX線上，骨折が発見されなくても，後日診断がつくことがある．
- 保存加療の場合，長期の外固定が必要となることが多い[3]．早期スポーツ復帰を望む場合，観血的治療を勧める．
- 観血的治療を行った際は，術後2～4週間程度で外固定を除去して手関節の可動域訓練を開始する．

参考文献

1) Herbert, T. J.：The Fractured Scaphoid. Quality Medical Publishing, St. Louis, 1990
2) McQueen, M. M.et al.：Percutaneous screw fixation versus conservative treatment for fractures of the waist of the scaphoid：a prospective randomised study. J Bone Joint Surg Br, 90（1）：66-71, 2008
3) Leslie, I. J. & Dickson, R. A.：The fractured carpal scaphoid. Natural history and factors influencing outcome. J Bone Joint Surg Br, 63-B（2）：225-230, 1981

第3章 画像診断　§4 手関節・手

A）手関節の傷害
3. 橈骨遠位端骨折
distal radius fracture

松井雄一郎, 岩崎倫政

Point
- 転倒して手をついた際に受傷することが多く, スポーツ外傷のなかでも頻度が高い骨折である.
- スポーツによる外力は強く, 骨片が粉砕し関節内骨折になることが多いのが特徴である.
- 合併症として正中神経麻痺, 長母指伸筋腱皮下断裂, CRPS（複合性局所疼痛症候群）などを合併することも多いので注意が必要である.

症例　26歳男性. 陸上競技中に転倒し右手をついて受傷. 右手関節部の腫脹と疼痛が出現し, 同日受診した.

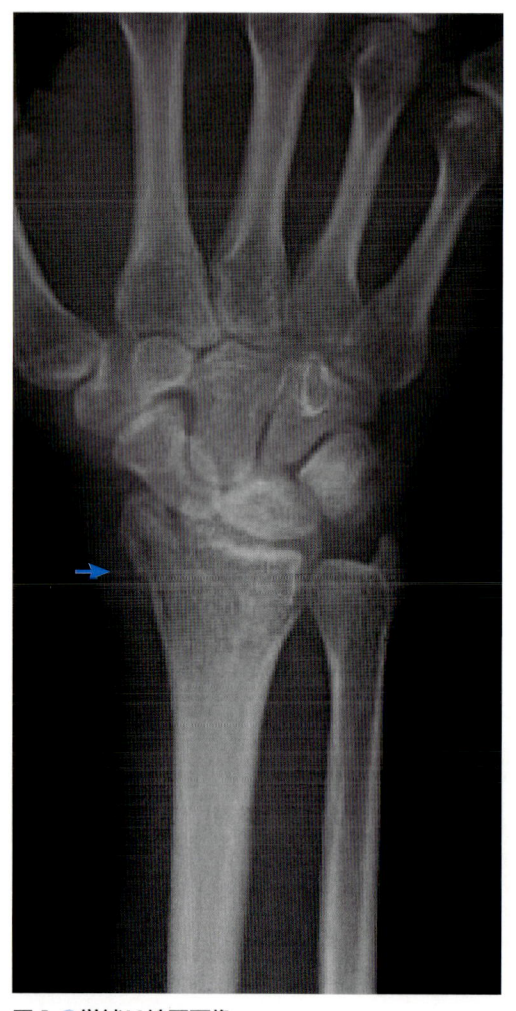

図1 ●単純X線正面像
掌側Barton骨折. 掌側の関節面の骨折に手根骨の亜脱臼を伴った不安定な骨折である.
➡が骨折部.

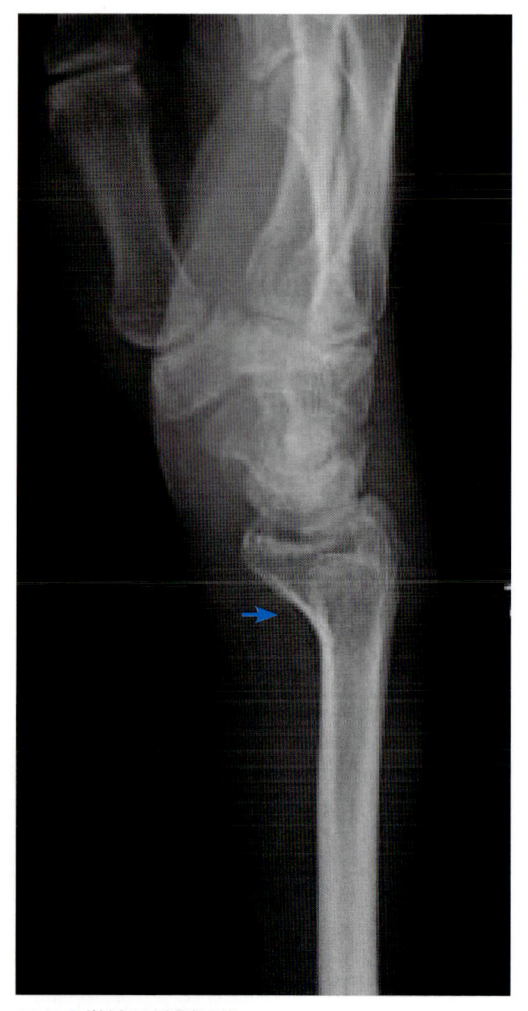

図2 ●単純X線側面像

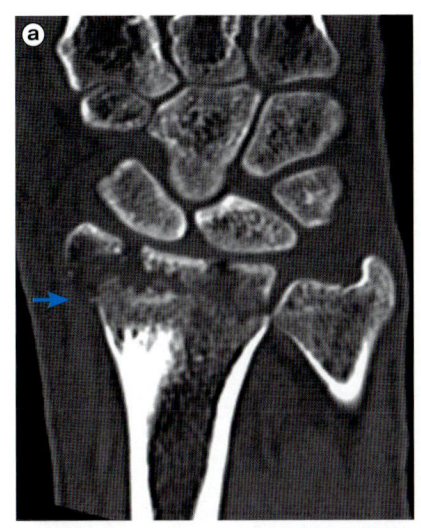

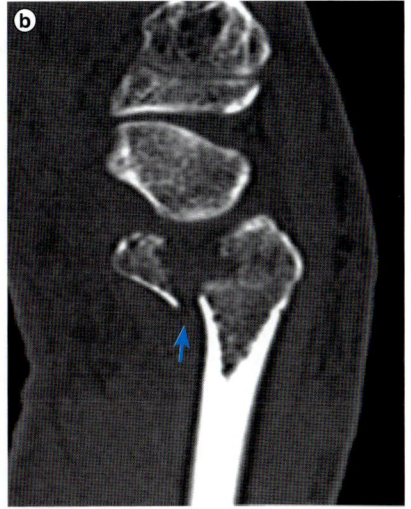

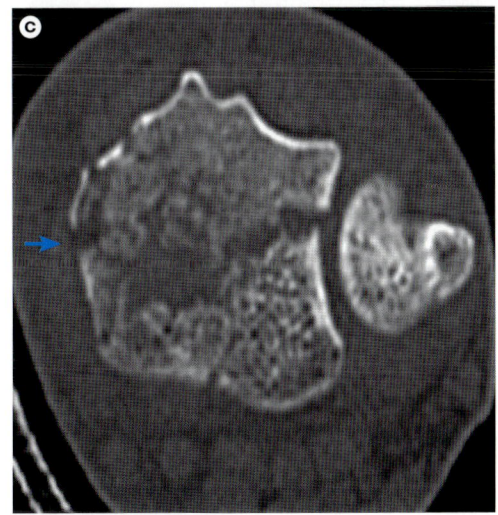

図3 ● CT
a) 冠状断像，b) 矢状断像，c) 横断像．

画像所見のポイント

- X線では，骨折の転位の程度を評価する（図1, 2）．また尺骨茎状突起骨折や手根骨骨折を合併することも多いので注意が必要である．
- 骨折部の転位，整復位の指標として，X線にてradial (ulnar) inclination, volar (dorsal) tilt, ulnar variance を計測する．健側との比較も有用である．
- CTでは橈骨関節面のギャップやstep-offの評価，骨欠損の有無（図3），3DCTにて骨片の位置や転位の方向を確認できる．

疾患の特徴

- 手関節部の腫脹と疼痛．
- 典型的なColles骨折では，いわゆるdinner fork deformity（骨折部遠位骨片が背側に転位した状態）を呈する．
- 骨折の転位が少ない症例では，経過中に長母指伸筋腱断裂を生じ，母指IP関節自動伸展が不能になることがある．

表●不安定型の判定基準

	不安定型判定基準
a	粉砕型で転位があり，本来不安定な骨折 ・整復時に整復位を保つには十分な安定性がない ・関節内に及ぶ高度な粉砕がある ・高度の転位（dorsal tilt ≧ 20°，radial shortening ≧ 10mm）があり，ギプス固定では整復位の保持困難が予想される
b	粉砕型でギプス固定後，dorsal tilt ≧ 5°あるいは radial shortening ≧ 5mm の再転位を生じたもの

文献1より引用

◆ 鑑別診断

手根骨骨折や手根骨脱臼などとの鑑別が必要である．

◆ 治療方針

- 安定型か不安定型かによって治療方針は異なる（表）．
- 転位の少ない安定型骨折に対しては，まずは徒手整復しその後ギプス固定を行う．
- スポーツ選手などの高エネルギー外傷では，橈骨粉砕関節内骨折になり，手術となる場合が多い．不安定型橈骨遠位端骨折が手術適応となる．
- 手術療法としては，経皮鋼線刺入固定術，創外固定術，プレートを用いた整復固定術，その他髄内釘やマイクロネイルを使用した固定法がある．
- 橈骨遠位端骨折は転位を残したまま癒合すると変形治癒を生じ機能障害を生じることになるので解剖学的な整復が重要となる．
- 特に最近では掌側ロッキングプレートを使用した固定術が普及している[2]．ただし掌側プレート術後の合併症としては長母指屈筋腱断裂が報告されており，プレートの不適切な設置位置による報告が多い[3,4]．特にいわゆる watershed line（橈骨掌側横走骨性隆起）を超えての遠位でのプレート設置は避けるべきであると報告されている．

◆ 患者，家族への上手な説明

- 保存加療の場合，安定型か不安定型かにもよって異なるがおおむね4～5週の外固定を行うのが一般的である．
- 手術を行う際は，可及的早期，少なくとも受傷2週間以内に手術を行うことが望ましい．術後は術翌日より手指の可動域訓練を開始し，一般的に1週程度で手関節の可動域訓練を開始する．
- 内固定材料は特にスポーツ選手では原則抜釘する．
- 骨折の合併症として長母指伸筋腱断裂があるが，転位が少ない症例に発生しやすい．これについては十分説明する．

参考文献

1) 佐々木孝ほか：橈骨遠位端骨折に対する創外固定．日手会誌，3：515-519，1986
2) Orbay, J. L.：The treatment of unstable distal radius fractures with volar fixation. Hand Surg, 5（2）：103-112, 2000
3) Orbay, J. L. & Touhami, A.：Current concepts in volar fixed-angle fixation of unstable distal radius fractures. Clin Orthop Relat Res, 445：58-67, 2006
4) Cross, A. W. & Schmidt, C. C.：Flexor tendon injuries following locked volar plating of distal radius fractures. J Hand Surg Am, 33（2）：164-167, 2008

第3章 画像診断　§4 手関節・手

B) 手・手指の外傷
1. 有鉤骨鉤骨折
fracture of the hook of the hamate

藤岡宏幸, 田中寿一

Point

- 有鉤骨骨折は体部骨折と鉤骨折がある.
- ゴルフ, テニスや野球などのグリップエンドによる小指球への外力で鉤骨折が生じる.
- 手関節捻挫と考えて放置して, 診断が遅れる場合が多い.
- 通常の手4方向などのX線像では診断が難しい.
- 骨折した鉤に対して屈筋腱が転位を増大させるように働くことや鉤の部分への血流があまり豊富でないことなどのため, 偽関節として発見されることが多い.

症例

29歳男性. 野球中にバットをスイングして右手掌小指球部に疼痛が出現した.

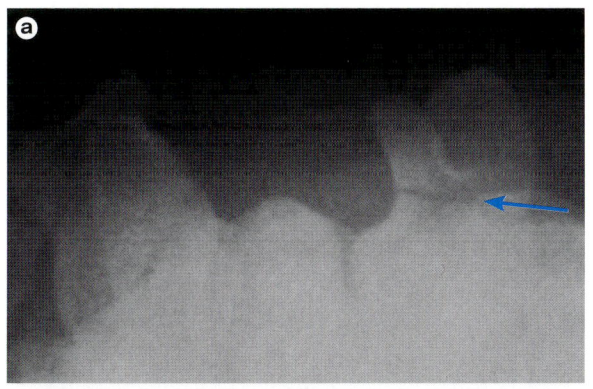

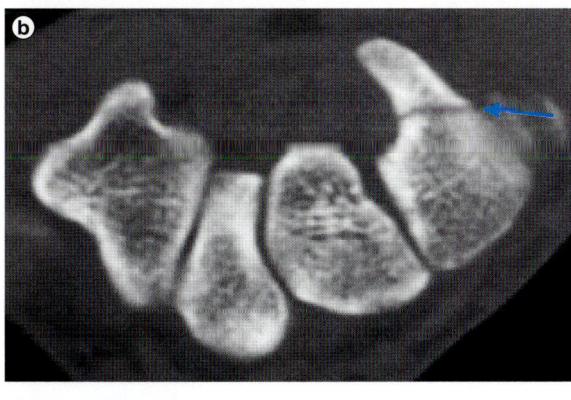

図●初診時所見
a) 初診時単純X線手根管撮影像,
b) CT.

画像所見のポイント

- 鉤基部の骨折線に注意する.

> **疾患の特徴**
> - ゴルフ，テニスや野球などの選手が小指球部の疼痛を訴える場合には本疾患を考える．
> - 一度の大きな直達外力によって生じる場合とくり返す外力による疲労骨折として生じる場合がある．
> - 本病態を疑った場合は，CTやMRIなどで精査を行う．
> - 有鉤骨鉤骨折偽関節例では，小指屈筋腱皮下断裂や尺骨神経麻痺などを合併することがある．

◆ 鑑別診断
- 手根骨骨折や手根管症候群との鑑別を行う．

◆ 治療方針
- 有鉤骨鉤骨折の新鮮例では，シーネ固定による保存治療が適応される[1]．
- 偽関節例では，低出力超音波を利用した保存治療や鉤切除術などの手術が適応される．
- 偽関節例では，鉤切除術の方がスポーツ復帰までの期間が短いので，早期復帰を希望する高レベルな選手では手術が行われることが多い[2]．
- 手術のアプローチには，鉤直上アプローチ，手根管アプローチ，小指球外側アプローチなどがあるが手根管アプローチは，通常の手根管開放術のアプローチから手根管尺側にある有鉤骨鉤を切除する方法である．簡便で安全であるので手根管アプローチを推奨する．

◆ 患者，家族への上手な説明
- 新鮮例では，まず，6～8週のシーネ固定による保存治療が行われるが，有鉤骨鉤骨折は骨癒合が不良であることを説明する．
- 偽関節に至った症例では，低出力超音波利用による保存治療や鉤切除術などの手術が行われる．保存治療より手術治療の方が侵襲は大きいがスポーツ復帰は早いことを説明する．
- 偽関節になった鉤を切除しても手や指の機能やスポーツレベルに大きな問題はないので骨接合術はほとんど行われないことを説明する．

参考文献
1) Walsh, J. J. 4th & Bishop, A.T.：Diagnosis and management of hamate hook fractures. Hand Clin, 16（3）：397-403, 2000
2) 藤岡宏幸 ほか：有鉤骨鉤骨折に対する超音波治療と鉤切除術の比較検討．日手会誌，22：54-57, 2005

第3章 画像診断 §4 手関節・手

B) 手・手指の外傷
2. 中手骨骨折
fracture of the metacarpal bone

藤岡宏幸, 田中寿一

Point
- 骨幹部骨折は外力の加わる方向によって, 横骨折, 斜骨折, らせん骨折などが生じる.
- 骨幹部骨折は短縮変形と回旋変形に注意する.
- 第5中手骨頸部には, 殴打などの軸圧によってボクサー骨折が生じる.
- Bennett骨折は, 母指CM関節内での第1中手骨近位部骨折で, 母指を外転した状態で母指に長軸方向の外力が加わったときに生じる.
- Bennett骨折は, 第1中手骨近位部に付着する長母指外転筋腱の牽引力で骨片が背橈側方向に転位しやすい.
- 第4および5中手骨近位部骨折の骨折はCM関節脱臼や有鉤骨体部の関節面での骨折を合併することがある.

症例①
第3中手骨骨幹部骨折.
17歳男性. 転倒して手をついた.

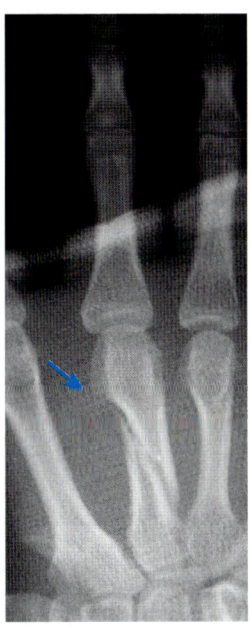

図1 ● 単純X線像正面像
→が骨折部.

症例❷ ボクサー骨折.
16歳男性. 空手で相手を殴った.

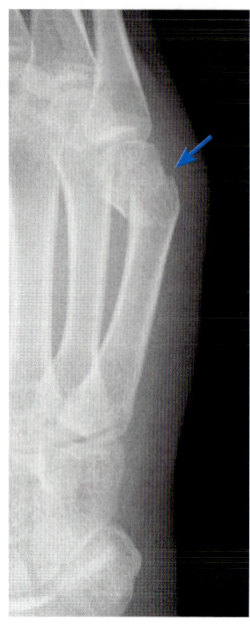

図2●単純X線斜位像
→が骨折部.

症例❸ Bennett骨折.
21歳男性. ラグビーでボールを持ったまま転倒した.

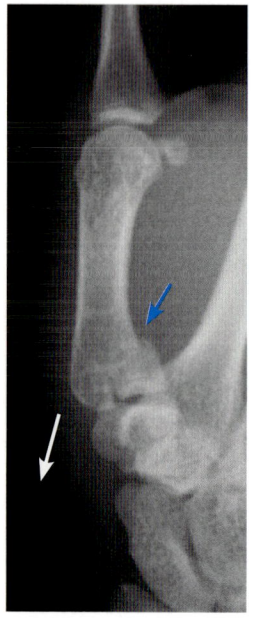

図3●単純X線像
長母指外転筋腱に牽引されて
転位（→）しやすい（⇨）.

症例 ❹　第4中手骨近位部骨折，第5CM関節脱臼骨折．
23歳男性．空手で相手を殴った．

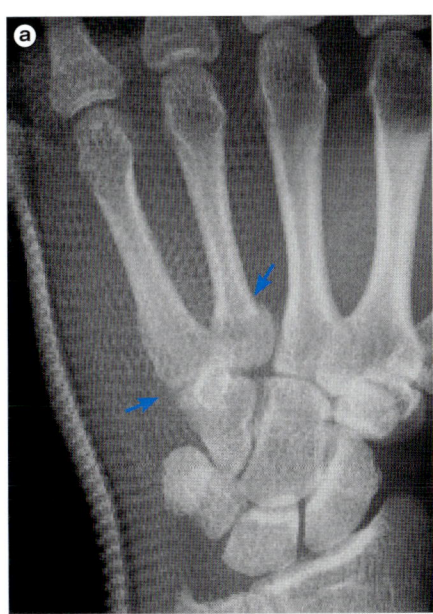

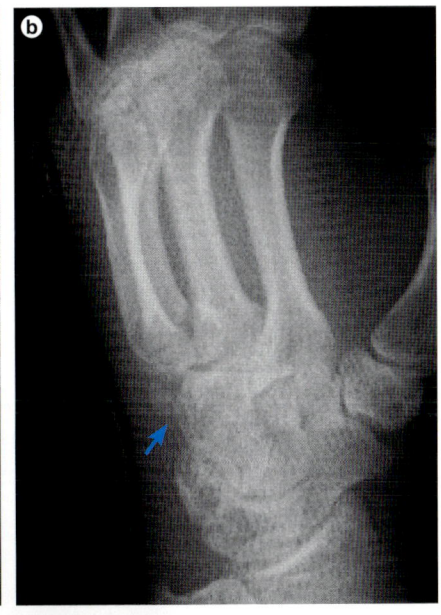

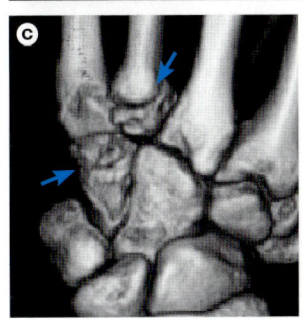

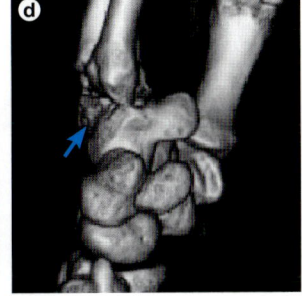

図4 ● 単純X線（a, b）と3DCT（c, d）
単純X線正面像（a）では第4中手骨近位部の骨折，斜位像（b）では有鉤骨背側骨片がみられる．3DCT（c, d）はそれらの病態がよりはっきりする．
→は骨折を示す．

画像所見のポイント
- X線は正確な2方向（正面および側面像）で診断を行う．難しい場合には斜位を追加して4方向にて診断する．

疾患の特徴
- 受傷機転や手指の疼痛，腫脹，圧痛および単純X線像で診断を行う．
- 手指の腱や神経，血管の合併損傷に注意する．

◆ 鑑別診断
- 手指の腱や神経，血管の合併損傷に注意する．
- 単純X線像により脱臼と鑑別する．
- 関節内骨折ではCTやMRIを利用して関節面の評価を行う．

◆ 治療方針

- 基本的には，中手骨骨幹部骨折やボクサー骨折などは保存治療の適応である[1]．
- 手指を牽引して短縮，角状変形を整復するとともに，**手指を屈曲して回旋変形も矯正する**．
- MP関節を約70〜80°屈曲位として，intrinsic plus position（MP関節屈曲，PIPおよびDIP関節伸展位）にて背側よりシーネ固定を約3〜4週間行う．
- 中手骨骨幹部骨折では約2 mm程度の短縮変形は許容される．
- これに対して，Bennett骨折は関節内骨折であり，転位する傾向が強いのでキルシュナーワイヤーを用いた骨接合術の適応が高い[2]．
- CM関節脱臼や有鉤骨体部の関節面での骨折を合併した第4および5中手骨近位部骨折では観血的治療の適応が高い．

◆ 患者，家族への上手な説明

- 基本的には保存治療の適応となる場合が多いが，骨片の転位（短縮，回旋など）の矯正が困難な症例や関節内骨折は手術適応となることを説明する．
- 手指を伸展ではなく，屈曲位で固定することの意義を説明する．
- 早期に可動域訓練などのリハビリテーションを行うことの重要性を説明する．
- 保存治療でも3〜4週間の固定が必要になるので本格的なスポーツ復帰は2カ月ぐらいかかる．ただし，それまでの間に手指以外のトレーニングは積極的に行っておく．

参考文献

1) 小野 浩：中手骨骨折．特集「アスリートの手指の外傷と傷害－診断から競技復帰までのアプローチ－」，臨床スポーツ医学，29（6）：597-601，2012
2) 中尾悦宏：第1 CM関節脱臼骨折．特集「アスリートの手指の外傷と傷害―診断から競技復帰までのアプローチ―」，臨床スポーツ医学，29（6）：603-606，2012

第3章 画像診断　§4 手関節・手

B) 手・手指の外傷
3. 指節骨骨折
fracture of the phalangeal bone

藤岡宏幸，田中寿一

Point
- ▶ 基節骨および中節骨骨幹部骨折では骨折が生じる部位によって腱の牽引力で転位が生じる．
- ▶ 骨幹部骨折は外力の加わる方向によって，横骨折，斜骨折，らせん骨折などが生じる．
- ▶ 骨幹部骨折は短縮変形と回旋変形に注意する．
- ▶ 関節内骨折では関節面の適合性に注意する．単純X線像で判別が困難な場合はCTやMRIを利用して関節面の評価を行う．
- ▶ 小児では骨端線損傷がみられる．

症例① 第5基節骨骨幹部骨折．
25歳男性．転倒して手をついた．

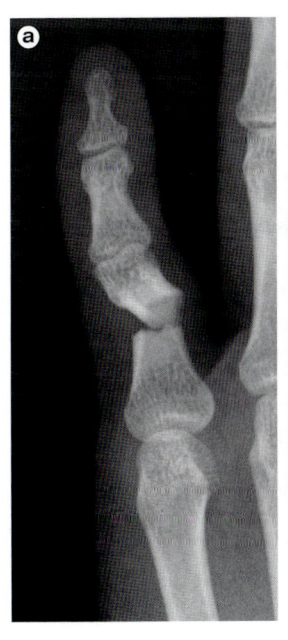

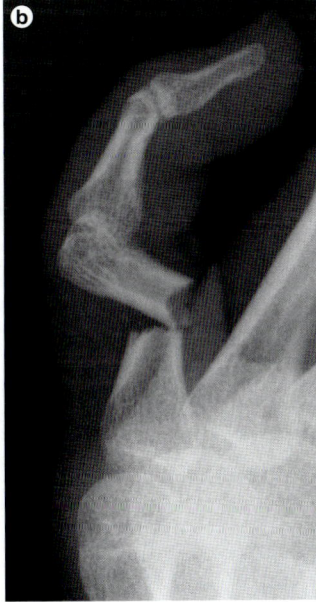

図1　単純X線
基節骨骨折．
a) 正面像，b) 側面像．

症例❷ 第5基節骨近位部骨折（骨端線損傷）．
10歳男性，ボールで指を突いた．

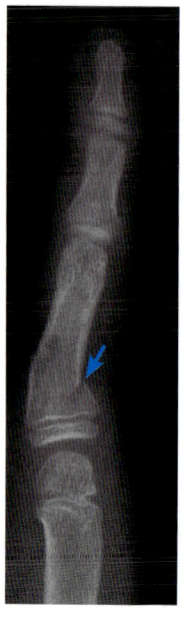

図2● 単純X線正面像
基節骨近位部での骨折で，骨折は骨端線に及んでいる．

症例❸ 中節骨近位部（PIP関節内）骨折．
20歳男性，ラグビー中に示指を強く突いた．

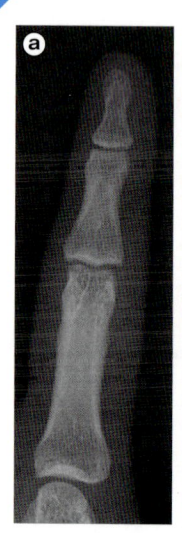

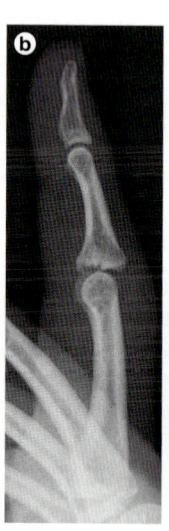

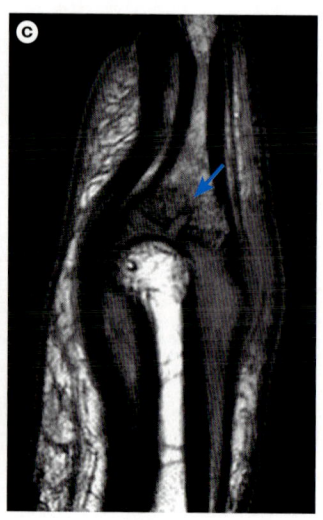

図3● 単純X線（a, b）とMRI（c）
単純X線正面像（a）では骨折が判然としないが，側面像（b）で中節骨近位端（PIP関節内）の不整像と背側への亜脱臼が疑われる．MRIでは中節骨近位端（PIP関節内）骨折（→）と背側への亜脱臼がはっきりする．

画像所見のポイント

- 単純X線像にて関節内骨折や骨端線損傷を見逃さないようにする.
- 骨折が判然としない場合にはCTやMRIを活用する.

疾患の特徴

- 受傷機転や手指の疼痛, 腫脹, 圧痛およびX線像で診断を行う.
- 手指の腱や神経, 血管の合併損傷に注意する.

◆ 鑑別診断

- 基本的には中手骨骨折 (p.151) と同様である.
- 手指の腱や神経, 血管の合併損傷に注意する.
- X線像により脱臼と鑑別する.
- 関節内骨折ではCTやMRIを利用して関節面の評価を行う.

◆ 治療方針

- 基本的には, 指節骨骨幹部骨折は保存治療の適応である[1].
- 小児における骨端線損傷ではできるだけ早期に整復することが重要である.
- 手指を牽引して短縮, 角状変形を整復するとともに, 手指を屈曲して回旋変形も矯正する[1].
- intrinsic plus positionあるいはMPおよびPIP関節屈曲位にて, シーネ固定を約3週間行う.
- 関節内骨折はできるだけ関節面の不整がないように整復する.
- 関節面の適合性が不良な場合には, 積極的に観血的骨接合術を行い, 早期に可動域訓練を行う[2]ことが重要である.

◆ 患者, 家族への上手な説明

- 基本的には中手骨骨折 (p.151) と同様である.
- 基本的には保存治療の適応となる場合が多いが, 骨片の転位 (短縮, 回旋など) の矯正が困難な症例や関節内骨折は手術適応となることを説明する.
- 手指を伸展ではなく, 屈曲位で固定することの意義を説明する.
- 早期に可動域訓練などのリハビリテーションを行うことの重要性を説明する.

参考文献

1) 辻原隆昰, 久保俊一:手指中・基節骨骨折. 特集「アスリートの手指の外傷と傷害―診断から競技復帰までのアプローチ―」, 臨床スポーツ医学, 29 (6):585-590, 2012
2) 石突正文:PIP関節脱臼骨折. 特集「アスリートの手指の外傷と傷害―診断から競技復帰までのアプローチ―」, 臨床スポーツ医学, 29 (6):591-596, 2012

第3章 画像診断 §4 手関節・手

Q&A

A) 手関節の傷害
15歳男性，野球

松井雄一郎，岩崎倫政

受診状況　4カ月ほど前に，野球試合中にバットを振った際に右手掌尺側部に疼痛が出現．近医を受診し打撲の診断にて経過観察．その後も疼痛が改善せず当科受診．

臨床所見　パワーグリップ時の疼痛．小指球部の有鉤骨鉤部に圧痛あり．

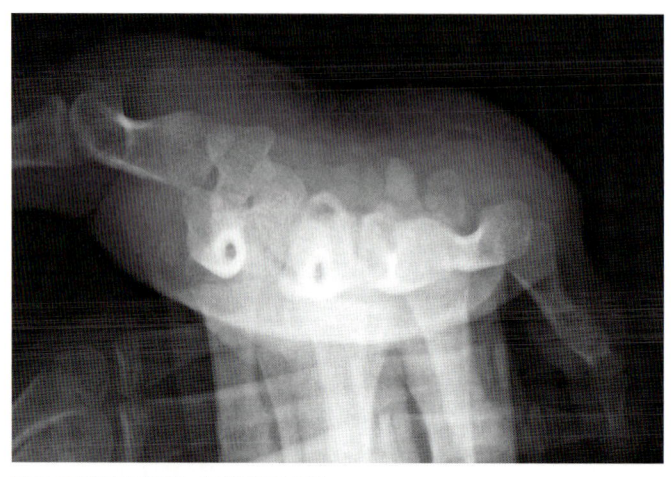

図1 ●単純X線像（手根管撮影）

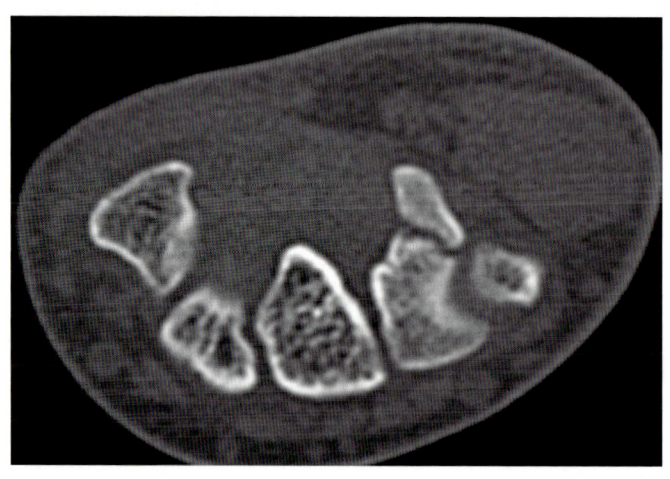

図2 ● CT

Question

1) 本症例の診断は？
2) 本症例で行うべき治療は？

Answer

1) 有鉤骨鉤骨折偽関節.
2) 鉤摘出術.

◆ 解説

- 有鉤骨鉤骨折は野球のバット，ゴルフクラブやテニスラケットなど物を強く握った状態で，衝撃が加わり直達外力により疲労骨折として発生することが多い[1]．骨折部位の多くは基部から1/3の部分である．
- 手掌尺側部に疼痛を認めるが，選手が手関節捻挫と考えて放置し，発見が遅れ偽関節となって見つかることも多い．屈筋腱が有鉤骨鉤の転位を増大させるように働くことも偽関節になりやすい要因としてあげられる．特に，骨折部のすぐ橈側を小指屈筋腱が通過するため，腱断裂を生じることもある．さらに偽関節例では尺骨神経麻痺などを合併することもある[2]．
- 単純X線写真で診断するには，手関節4方向では診断が困難なので，手根管撮影（図3→）やCT横断像（図4→）により評価する．
- 有鉤骨鉤骨折の新鮮例で転位がない場合，ギプス固定による保存療法を選択できるが，鉤摘出術を施行した方が，スポーツ復帰までの期間を短縮できるので，選手には手術の適応が拡大される．陳旧例で骨癒合が望めない場合にも，鉤摘出術が行われる．手術のアプローチは鉤直上アプローチや小指球尺側アプローチなどがある．手術の際には有鉤骨鉤の尺側から遠位に回り込む尺骨神経深枝（運動枝）に注意が必要である．

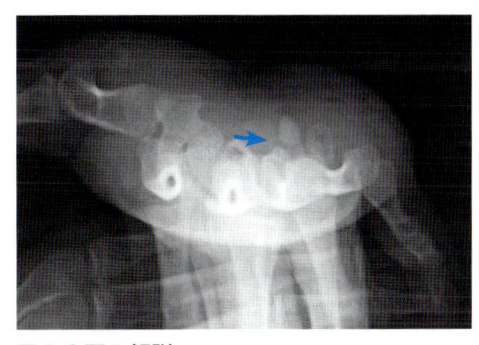

図3● 図1解説
→は骨折線を示す．

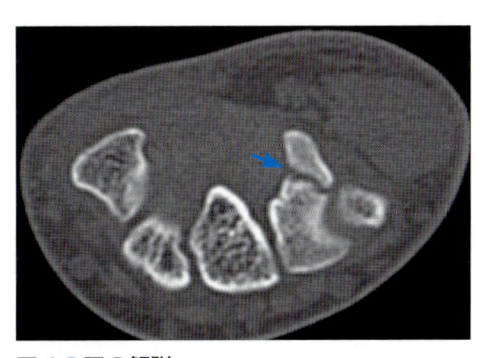

図4● 図2解説
→は骨折線を示す．

◆ 患者，家族への上手な説明

- 早期のスポーツ復帰を希望される場合は手術治療を考慮する．
- 骨接合術も選択される場合はあるが，鉤摘出術でもハイレベルでのスポーツ復帰が可能なことから鉤摘出術が選択されることが多い[3]．
- 鉤摘出術に伴い，術後の一過性尺骨神経麻痺や握力低下をきたす可能性がある．
- 術後2週間程度で外固定を除去して手関節の可動域訓練を開始する．

参考文献

1) Stark, H. H. et al.：Fracture of the hook of the hamate. J Bone Joint Surg Am, 71（8）：1202-1207, 1989
2) Bishop, A. T. & Beckenbaugh, R. D.：Fracture of the hamate hook. J Hand Surg Am, 13（1）：135-139, 1988
3) Devers, B. N. et al.：Outcomes of hook of hamate fracture excision in high-level amateur athletes. J Hand Surg Am, 38（1）：72-76, 2013

第3章 画像診断 §4 手関節・手

Q&A A) 手関節の傷害
31歳男性，テニス

松井雄一郎，岩崎倫政

受診状況 テニス選手．3カ月前よりテニスをする際に左手関節尺側部痛出現．明らかな外傷はない．徐々に手関節尺側部の腫脹と疼痛が増強したため当科受診．

臨床所見 尺骨茎状突起部の腫脹，疼痛，尺側手根伸筋腱に沿った圧痛あり．

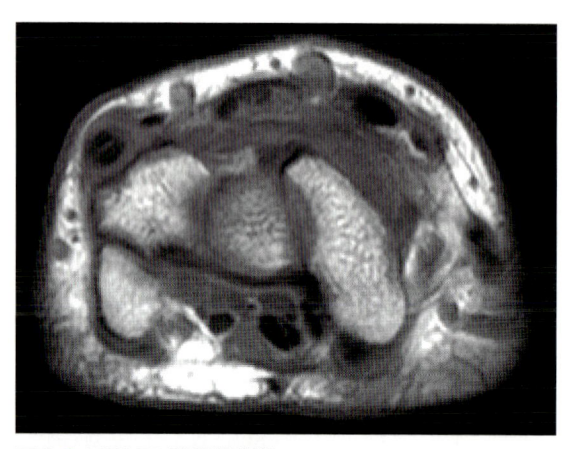

図1 ● MRI T1強調横断像

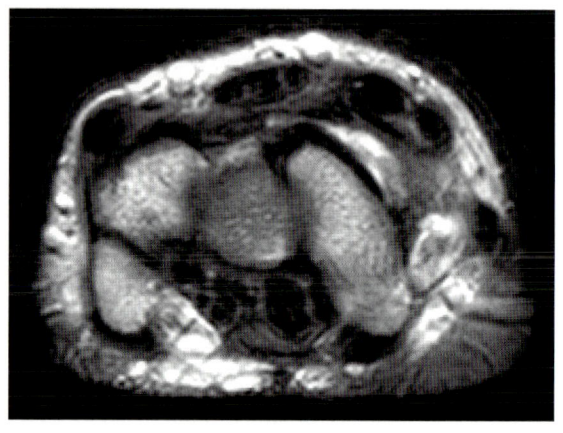

図2 ● MRI T2強調横断像

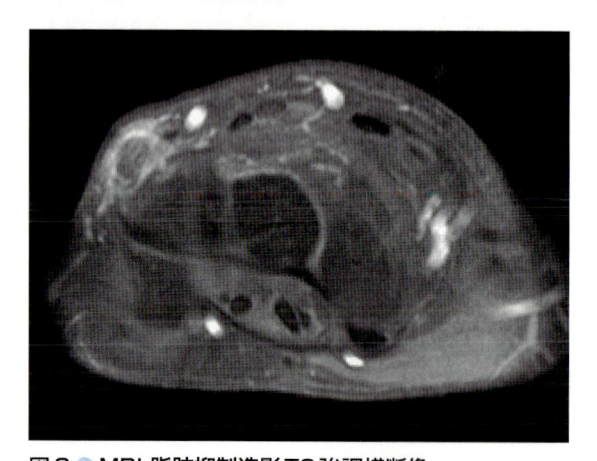

図3 ● MRI 脂肪抑制造影T2強調横断像

Question
1) 本症例の診断は？
2) 鑑別診断は？

Answer

1) 尺側手根伸筋腱腱鞘炎.
2) ガングリオンやTFCC損傷など.

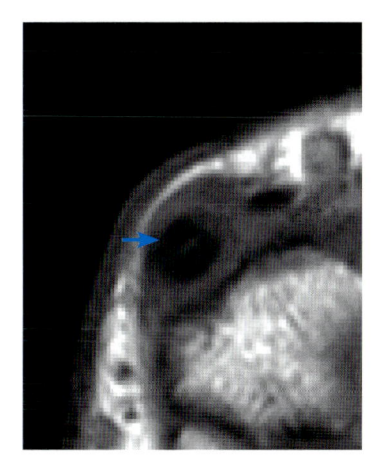

図4●図1解説
ECUの肥厚を認める．

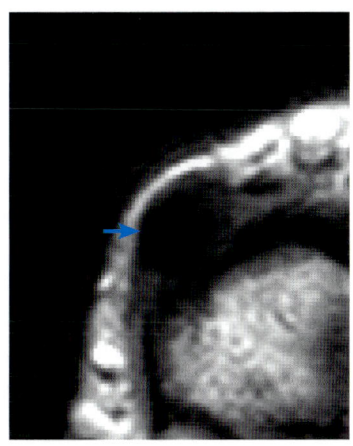

図5●図2解説
ECUの肥厚を認める．

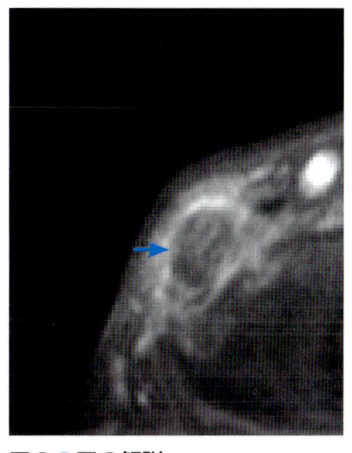

図6●図3解説
ECU内の輝度変化を認める．

◆ 解説

　尺側手根伸筋（extensor carpi ulnaris：ECU）腱は，尺骨頭背側のECU腱溝を走行している．ECU腱を背側からおさえているのは伸筋支帯ではなく，fibro-osseous tunnel（線維骨性トンネル）[1]と呼ばれる線維性組織であり，この存在が腱鞘炎のリスクファクターとなっており，スポーツなどで慢性の機械的刺激を受けやすい[2, 3]．本症はテニス，野球，剣道，バスケットボール選手などに多くみられる．TFCC損傷の疼痛との鑑別が特に重要である．

　症状で特徴的なのは**ECU腱の腫脹と腱に沿った圧痛**である．手関節を背屈位に保持してECU腱に抵抗を加えて疼痛を訴えることにより診断可能である．MRI画像にて腱鞘炎では腱鞘の肥厚または腱鞘内の液体貯留を反映し，T1強調像で低信号，T2強調像で高信号を示す病変が腱に沿って認められることが多い（図4）．ただし本症例のように慢性の腱鞘炎では線維化を反映してT2強調像で低信号を示すことがある（図5）．肥厚した腱鞘は造影MRIにてよく増強される（図6）．

　1回の外傷やくり返すストレスにより，fibro-osseous tunnelが破綻すると，ECU腱は腱溝から容易に脱臼する．その際は，前腕の回内外により轢音を伴った疼痛を訴えることが多く，回外時には脱臼した腱を観察できる．

　ECU腱腱鞘炎の治療法は，保存的療法が原則であり，ギプス固定やサポーター固定などを行う．腱鞘内ステロイド注入も有効であり診断確定にも有用である．慢性化し保存的療法に抵抗するときは，腱鞘開放術，腱鞘滑膜切除術などを行う．ECU腱（亜）脱臼の治療法もまずはステロイド注入などの保存加療を行い，効果がなければ再建術（伸筋支帯を用いてECU腱を再建する方法）や切離術などがある[4]．

◆ 患者，家族への上手な説明

・ECU腱鞘炎はまずはスポーツを控え，サポーター固定や腱鞘内ステロイド注射を行う．症状が長期にわたり保存加療に抵抗する場合は，手術を考慮する．

参考文献

1) Spinner, M. & Kaplan, E. B. : Extensor carpi ulnaris. Its relationship to the stability of the distal radio ulnar joint. Clin Orthop Relat Res, 68 : 124-129, 1970
2) Hajj, A. A. & Wood, M. B. : Stenosing tenosynovitis of the extensor carpi ulnaris. J Hand Surg Am, 11 (4) : 519-520, 1986
3) Montalvan, B. et al. : Extensor carpi ulnaris injuries in tennis players : a study of 28 cases. Br J Sports Med, 40 (5) : 424-429 ; discussion 9, 2006
4) Allende, C. & Le Viet, D. : Extensor carpi ulnaris problems at the wrist--classification, surgical treatment and results. J Hand Surg Br, 30 (3) : 265-272, 2005

第3章 画像診断　§4 手関節・手

Q&A　B) 手・手指の外傷
20歳男性．空手

藤岡宏幸，田中寿一

受診状況　空手の試合中，相手の袖をつかんだ状態で手を振りほどかれて手指を過伸展され，左環指の疼痛が生じた．

臨床所見　試合終了後に左環指を屈曲できないことに気づいた（図1 a）．環指の他動運動の障害はない．

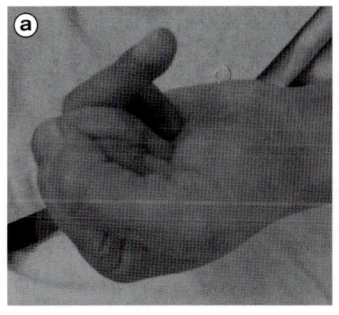

図1 ● 初診時外観と単純X線像
a）左環指の自動運動は，MPおよびPIP関節では可能であるが，DIP関節は屈曲できない．
b，c）左手の単純X線像では異常はなかった．
aは文献1より転載

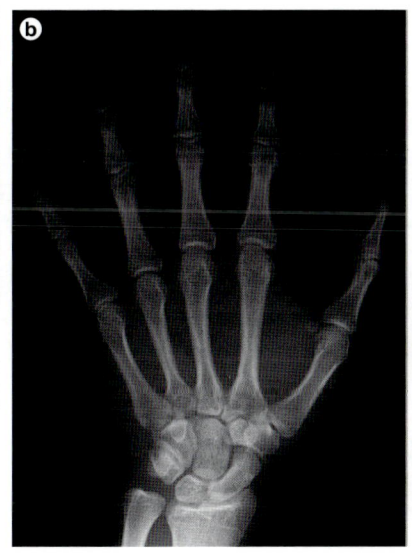

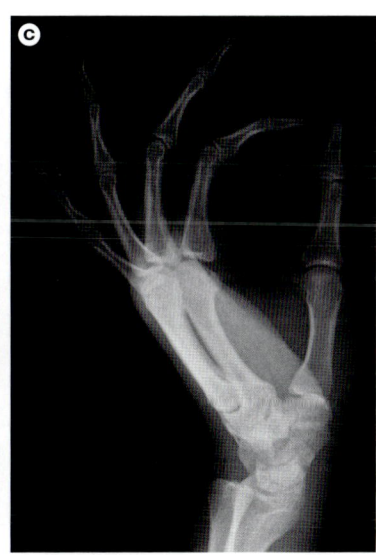

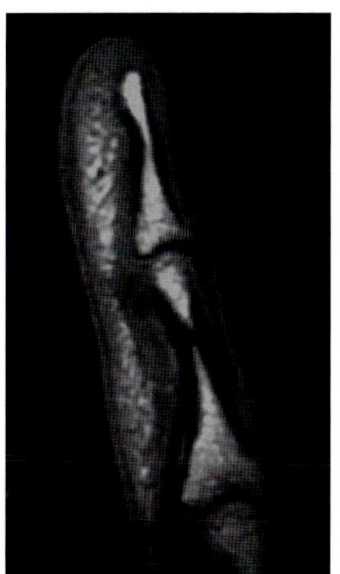

図2 ● MRI T1強調矢状断像
「川上洋平ほか：環指深指屈筋腱皮下断裂の1例，整形外科 58 (5), p.538, 2007, 南江堂」より許諾を得て改変し転載．

Question
本症例の診断は？

Answer

MRI T1 強調像において環指中節部掌側の屈筋腱部に高信号領域がみられ，深指屈筋腱損傷が疑われた（図3）．
深指屈筋腱皮下断裂〔ジャージーフィンガー（jersey finger）〕と診断して手術を行った（図4，5）．

◆ 解説

　ラグビーや柔道などにおいて，相手の着衣（ジャージー）をつかんだ状態で，屈曲位の指を他動的に過伸展されたとき（図6）に発生する，深指屈筋腱末節骨停止部における皮下断裂をジャージーフィンガー（jersey finger）という．手指を屈曲して相手を捕まえるときには，主に環指と小指に力が入るが，環指が小指より長く引っ掛かりやすいので環指での発生が多い．
　屈曲障害が主にDIP関節のみであるので，患者が受傷後早期に受診しない場合や見逃されたりする場合がある．陳旧性になると腱や腱鞘の萎縮が起こるので，腱縫合が困難になり，腱固定や関節固定を選択せざるを得なくなることがある．したがって，コンタクトスポーツなどで手指の屈曲障害が発生した場合には本病態も考慮に入れて診断を行い，早期に観血的治療を行うことが重要である．

手術の実際

　左環指掌側よりジグザグ皮切を行った．深指屈筋腱は末節骨停止部で断裂し，末節部の靱帯性腱鞘も著しく損傷していた．深指屈筋腱の近位断端は基節骨掌側まで退縮しており，靱帯性腱鞘（A2 pulley）を一部切開し，深指屈筋腱近位断端を同定した（図4，5）．深指屈筋腱の近位断端を腱鞘内を通して末節骨掌側に引き出し，末節骨にpullout suture した．

◆ 患者，家族への上手な説明

　受傷後早期に手術を行う必要があるので，指の屈曲が困難な場合には医師の診察を受けるべきである．

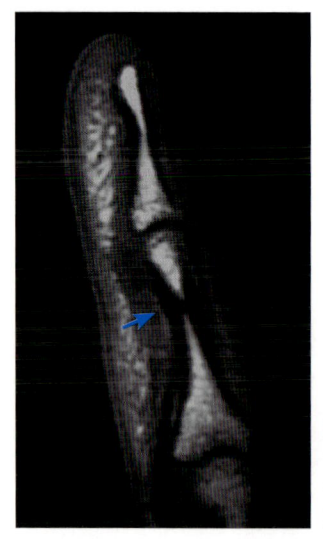

図3 ● 図2解説
「川上洋平ほか：環指深指屈筋腱皮下断裂の1例，整形外科 58（5），p.538，2007，南江堂」より許諾を得て改変し転載．

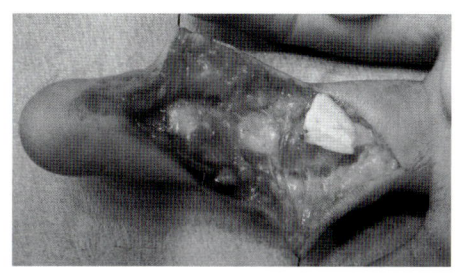

図4 ● 手術所見
左環指深指屈筋腱は末節骨停止部で断裂し，末節部の靭帯性腱鞘も著しく損傷していた．深指屈筋腱の近位断端は基節骨掌側まで退縮していた．
文献1より転載

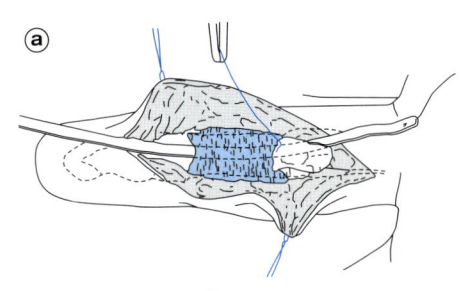

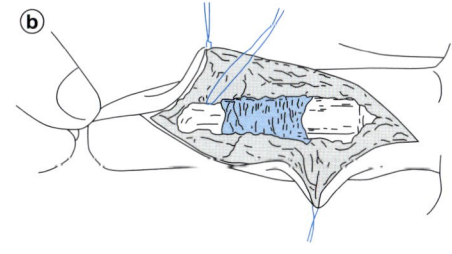

図5 ● 術式の模式図
文献2より引用

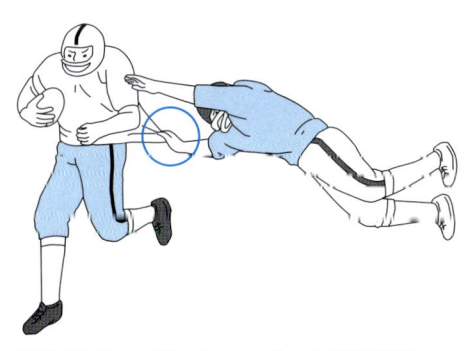

図6 ● ジャージーフィンガーの受傷機転
文献1より転載

参考文献

1) 藤岡宏幸，田中寿一：屈筋腱縫合（Zone I, II）-ジャージーフィンガー（jersey finger）の治療．特集「手指腱損傷の治療 up to date」，関節外科，29（8）：899-902，2010
2) 川上洋平ほか：環指深指屈筋腱皮下断裂の一例．整形外科，58（5）：538，2007
3) Leddy, J. P. & Packer, J. W.：Avulsion of the profundus tendon insertion in the atheletes. J Hand Surg, 2：66-69, 1977

第3章 画像診断 §5 骨盤・股関節・大腿部

A) 骨盤の外傷

1. 骨盤部裂離骨折
（下前腸骨棘裂離骨折，上前腸骨棘裂離骨折，坐骨結節裂離骨折）

apophyseal avulsion fracture of the hip and pelvis

中村嘉宏，帖佐悦男

Point
- 筋収縮によって発生する．
- 骨成熟が完成していない中学，高校生に多い．
- 上前腸骨棘や下前腸骨棘に発生することが多い．
- 競技種目，競技スタイルによって裂離部位が変わってくる．

症例① 下前腸骨棘裂離骨折．
14歳男性．サッカー中キック動作にて疼痛が出現した．

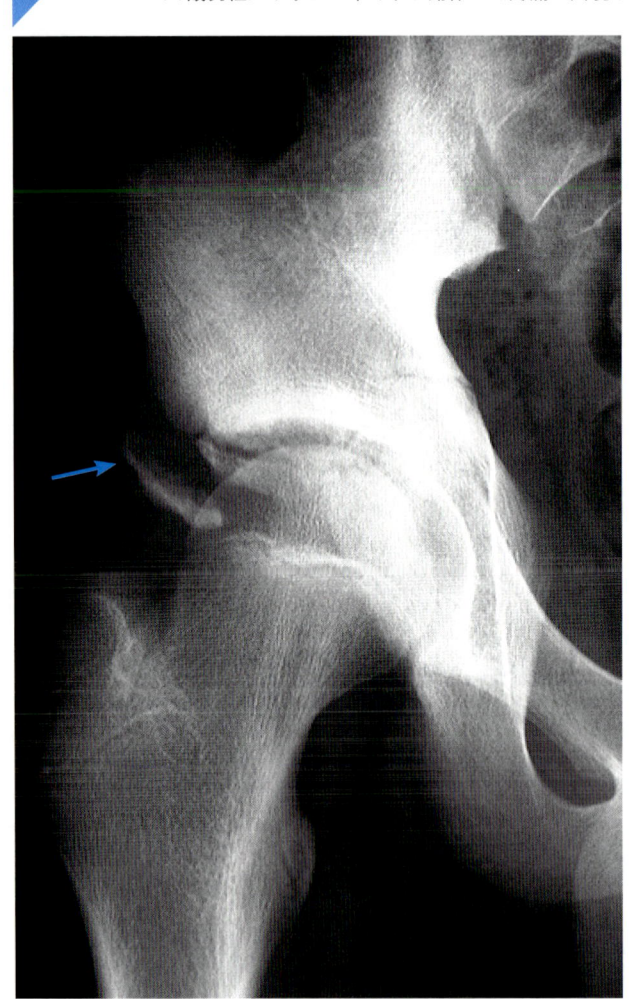

図1●右股関節単純X線正面像
→が裂離部位．

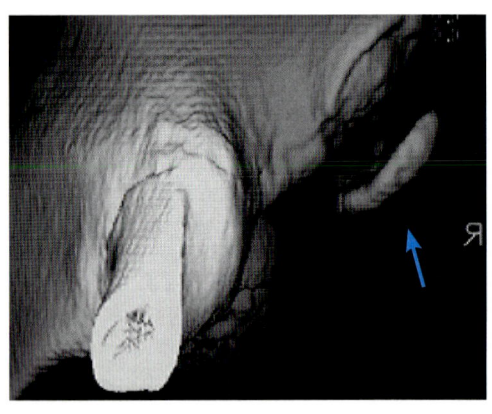

図2●右股関節3DCT
→が裂離部位．

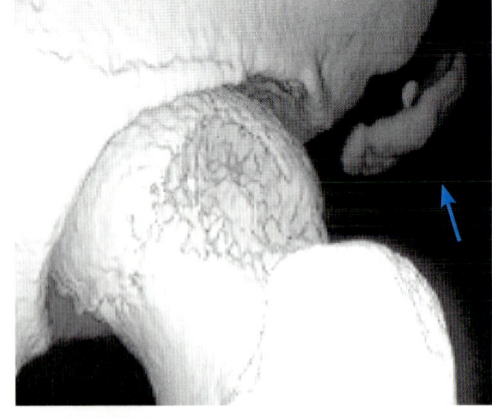

図3●右股関節3DCT
→が裂離部位．

症例❷ 上前腸骨棘裂離骨折.
16歳男性. 野球外野守備中, ボールを取ろうとして受傷した.

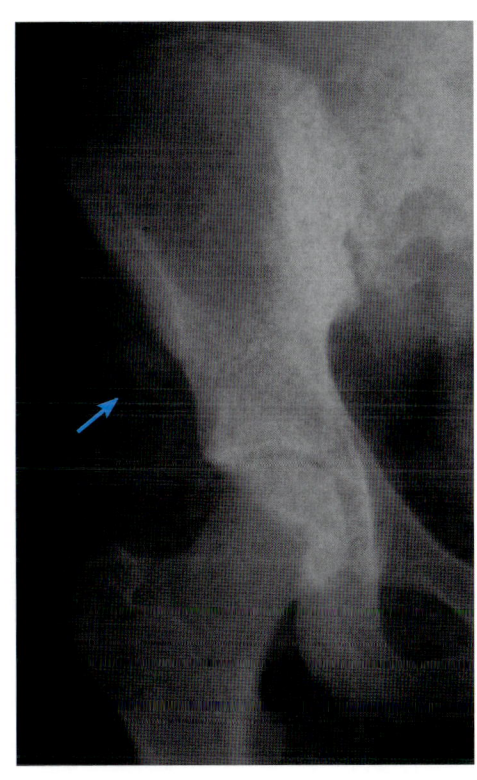

図4●右股関節単純X線正面像
➡が裂離部位.

症例❸ 左坐骨結節裂離骨折.
14歳男性. ハードル競技中に左臀部痛が出現した.

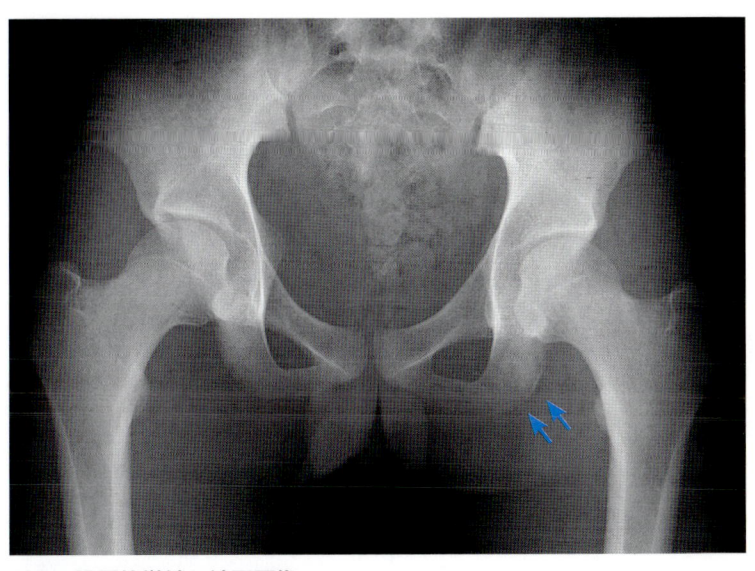

図5●股関節単純X線正面像
➡が裂離部位.

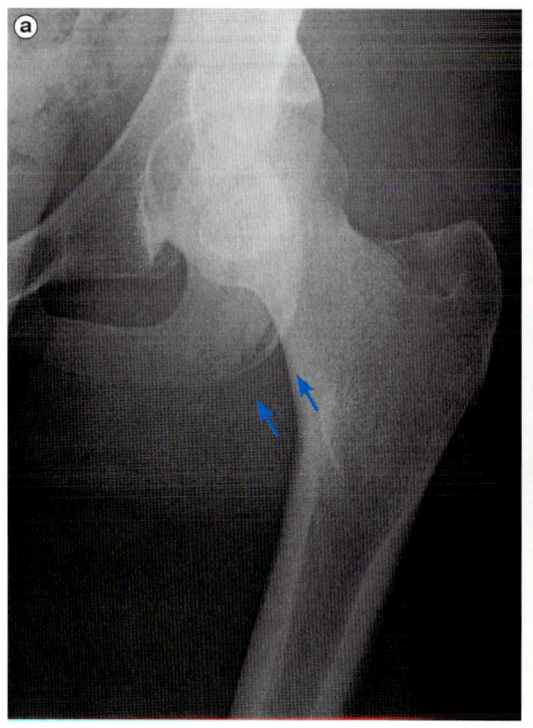

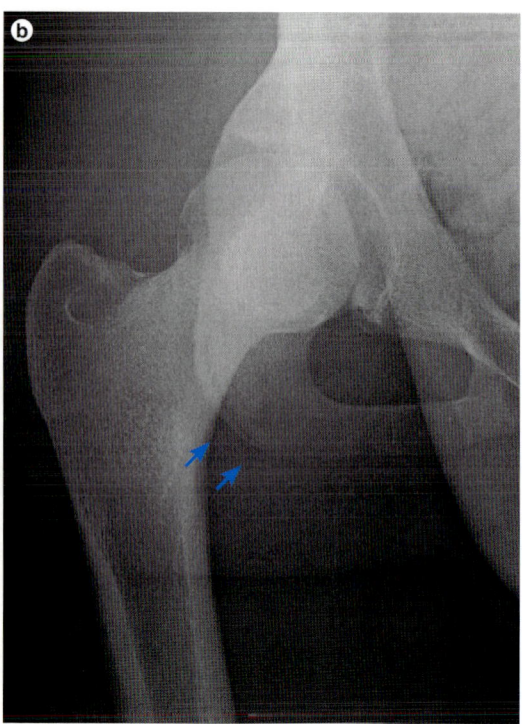

図6 ● 坐骨部単純X線斜位像
➡が裂離部位．

画像診断のポイント

- 単純X線で診断可能な場合が多い（図1，4〜6）．
- 単純X線での診断が困難な場合には3DCTが有用である（図2，3）．また，周囲の血腫評価は超音波検査で確認できることもある．
- 転位が軽度で単純X線で診断困難な場合は，健側を撮影することが有用である（図5．坐骨結節部位の左右差が確認できる）．
- 診断に至らない場合には骨盤斜位撮影（非検側を挙上し冠状面を45°斜位とする）もしくは角度を変えて撮影することで転位の確認が可能な場合がある（図6）．
- 不顕性裂離骨折が疑われる場合にはMRIが有用である．

疾患の特徴

- サッカーや短距離走など瞬発系の動作時に急激に股関節周囲に疼痛を感じ運動の継続が不可能になる．
- 下前腸骨棘裂離骨折：大腿直筋が起始しており，14〜15歳のサッカーのキック動作（インステップキックでの発症が多い）[1]や陸上競技の短距離走・ダッシュ動作で発生する．
- 上前腸骨棘裂離骨折：縫工筋・大腿筋膜張筋が起始しており，15〜17歳の短距離走者に多い．
- 坐骨結節裂離骨折：大腿二頭筋，半腱様筋，半膜様筋が起始しており，14〜17歳の短距離走行中に多くハードラーズ損傷とも呼ぶ．発症すると臀部に疼痛を生じるが，疼痛の程度が軽く，肉離れと自己診断し診断が遅れることがあるので注意を要する．

168　必ず診療に役立つ　スポーツ傷害の画像診断

◆ 鑑別疾患

- 下・上前腸骨棘裂離骨折では：大腿骨頭すべり症，化膿性股関節炎，ペルテス病など
- 坐骨結節裂離骨折では：ハムストリング筋挫傷，腰椎椎間板ヘルニア，梨状筋症候群など

◆ 治療方針

スポーツの完全中止による保存療法が基本である．およそ2～3カ月での競技復帰となる．なお，坐骨結節裂離骨折は2 cm以上の転位，坐骨神経症状を有する場合に手術適応となることがある．また，競技レベルによってはハムストリングの筋力低下を防ぐ目的で手術を施行する場合があるが，保存療法，手術療法の選択に一定した見解はない[2]．

◆ 患者，家族への上手な説明

安静加療で早期に疼痛改善するが，許可なしに復帰することで疼痛の再発もしくは異所性骨化などを誘発し治療を長期化する可能性を十分に教育する．

参考文献

1) 小島岳史：成長期のスポーツ外傷・障害と落とし穴 9 股関節痛．臨床整形外科，47 (7)：625-627, 2011
2) 三橋龍馬：成長期のスポーツ外傷・障害と落とし穴 19 臀部痛．臨床整形外科，47 (6)：581-584, 2012

第3章 画像診断 §5 骨盤・股関節・大腿部

B) 股関節の障害
1. 股関節唇損傷
acetabular labrum tear of the hip

中村嘉宏, 田島卓也, 帖佐悦男

Point
- スポーツや外傷, 臼蓋形成不全などが原因で生じる疾患で, 股関節の疼痛, 特に内外旋で強い痛みを生じる.
- キックボクシング, ヨガなど最大可動域までの伸展を余儀なくされる動作を必要とする競技やラグビー, 体操, 水泳選手に多い傾向を示す.
- 関節唇損傷やFAI (femoroacetabular impingement) などがある. 成長期に典型的なFAIを呈することは少ない. 正常股関節の場合, 変性が基盤にあることが多いが, 臼蓋形成不全がある場合, 応力が集中し前外側の関節唇が損傷されやすい.

症例
17歳(高校2年生)男子. ラグビー部. 4カ月前に右股関節の違和感およびひっかかり感を自覚した. 3カ月前にタックル動作で踏み込んだ際から右股関節痛が増強した. 近医にて骨には異常ないといわれ, 保存的に経過観察されていたが, 運動時痛で練習できず当院を紹介受診した.

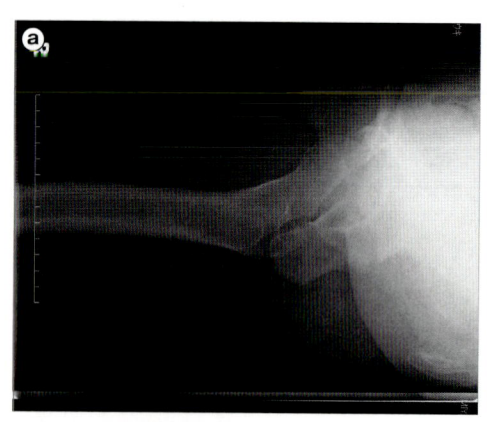

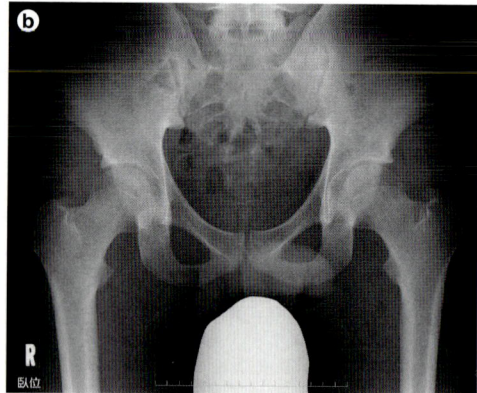

図1● 右股関節単純X線
a) 側面像, b) 正面像.

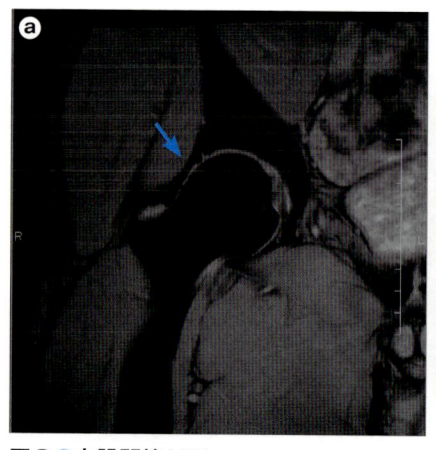

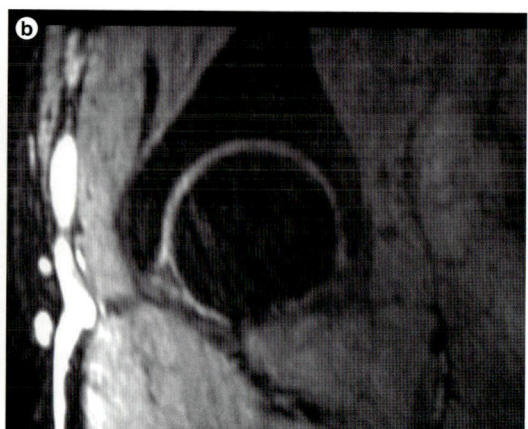

図2● 右股関節MRI
a) T2強調冠状断像, b) 放射状MRI T2強調冠状断像.

画像診断のポイント

- 股関節唇損傷は通常のX線検査やMRIのみでは診断が困難なことが多い．
- 画像検査として単純X線およびMRIなどを組み合わせ順次診断を進める．
- 単純X線では臼蓋被覆の状態（臼蓋形成不全，過剰な臼蓋被覆など），骨頭の状態（骨頭頸部移行部のbump形成など）を評価する（図1）．
- 最終画像診断は放射状MRIが診断に有用である（図2）．放射状MRIのT2強調像で関節唇内に高信号を認める所見や関節唇の損傷所見がみられれば，本症が強く疑われる．また，関節造影MRIはさらに詳細な関節唇損傷の診断に有用であるがやや侵襲的である．

疾患の特徴

- 股関節の疼痛，特に内外旋で強い痛みを生じる．痛みのみならず，時に股関節のひっかかり感や関節がずれる感覚を自覚することがある．
- 診断には股関節90°屈曲位での内転・内旋で痛みが誘発される股関節インピンジメントサインや股関節屈曲・外転・外旋位での痛みが誘発されるFaberサインが有用である[1]．
- 膝関節痛，大腿前面部痛が主訴の場合もあり，股関節周囲，大腿部の筋力低下や筋萎縮・筋拘縮そして隣接関節，特に膝関節や腰部のチェックも重要である．
- 透視下での局所麻酔テストブロックで症状が軽減すれば，病変が関節内に存在することを示唆する．

◆ 鑑別診断

- **恥骨結合炎**（図3）：股関節周囲，特に恥骨結合部の痛みがあり，時に慢性化する．X線で恥骨結合の変形や浸食像，MRIで恥骨内に脂肪抑制像で高信号をみることがある．明らかな外傷歴を有する者は少ない．
- **股関節周囲筋腱付着部炎**：股関節周囲筋，特に内転筋に圧痛や筋緊張亢進および関節可動域制限を認める．成長期の股関節周囲の痛みではよくみられる疾患で，物理療法やスタティックおよびダイナミックストレッチなどの理学療法が有用である[2]．

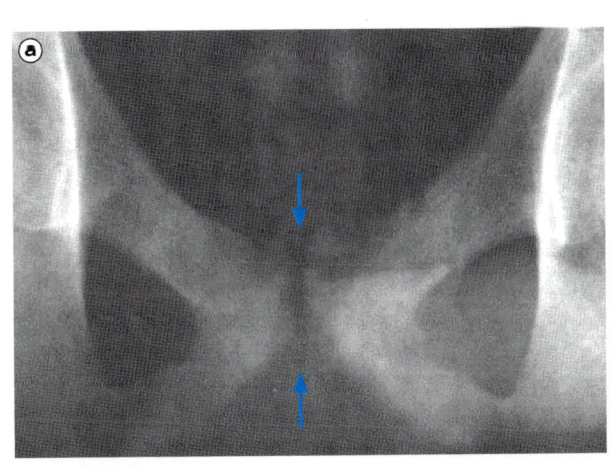

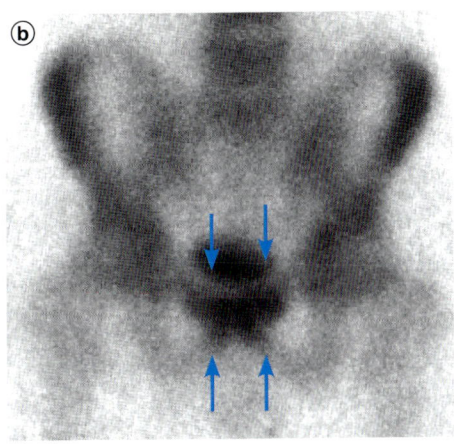

図3●恥骨結合炎
17歳男性，サッカー．
a) 単純X線正面像，b) 骨シンチグラフィ．骨溶解像がみられる（→）．

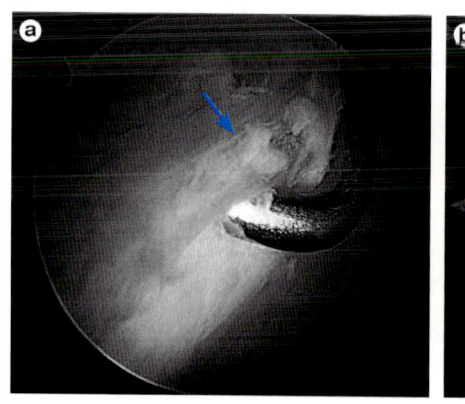

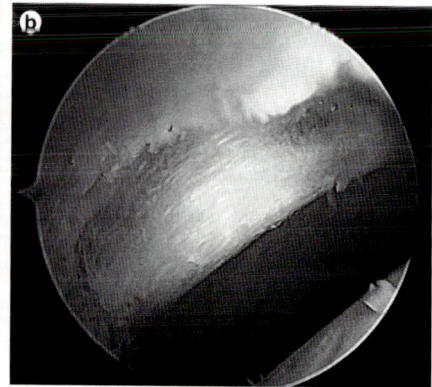

図4●関節鏡所見
a)関節唇損傷, b)部分切除後.

◆ 治療方針
- 急性期は治癒を期待して保存的加療およびリハビリテーションを進めていくが, 症状の遷延化がみられれば, 手術的加療に切り替える.
- 関節鏡視下で関節唇の断裂およびプロービングでの不安定性を認めたら診断確定となる. 損傷した関節唇をパンチ, シェーバーもしくは高周波で部分切除およびトリミングする(図4).
- 関節唇損傷は前方から前外方に生じることが多いため, 外側および前外側ポータルの2カ所で処置は可能である.
- 術後は1週の免荷の後に徐々に荷重を開始し, 3週で全荷重とする. ポータルの痛みが数週残存する症例もあるが, 術後10〜12週で競技復帰可能となる.

◆ 患者, 家族への上手な説明
- 診断や治療に関して苦慮し, 症状が遷延化することが多い.
- 漫然とした保存療法は, 部活動などのスポーツ活動の長期間休止, もしくはパフォーマンスの低下をきたし, 心理的ストレスを示す場合があるため積極的に手術療法を勧める必要性もある.

参考文献
1) 杉山 肇 ほか:股関節唇損傷に対する関節鏡. 関節外科, 27 (臨増):120-126, 2008
2) 仁賀定雄, 池田浩夫:骨盤・股関節・大腿の障害. MB Orthop, 23 (5):95-107, 2010

第3章 画像診断　§5 骨盤・股関節・大腿部

B) 股関節の障害
2. 大腿骨頭すべり症
slipped capital femoral epiphysis

中村嘉宏, 帖佐悦男

Point
- 発症形態として①acute type（急性型），②acute on chronic（亜急性型），③chronic type（慢性型）がある．
- 単純X線正面像のみでの診断は容易ではない．
- 大腿部痛，膝関節痛など股関節痛以外の主訴を呈することも稀ではない．
- 好発年齢9〜14歳，女性よりも男性の発生率が高い．
- スポーツ活動の活発化が本症発症の要因になっている．新学期からのスポーツ参加もしくはスポーツ活動の活発化により4月の発生が多い[1]．

症例 12歳男性，サッカー選手．2〜3週間前から左大腿部，股関節部に鈍痛自覚していたが，歩行困難を自覚し受診した．

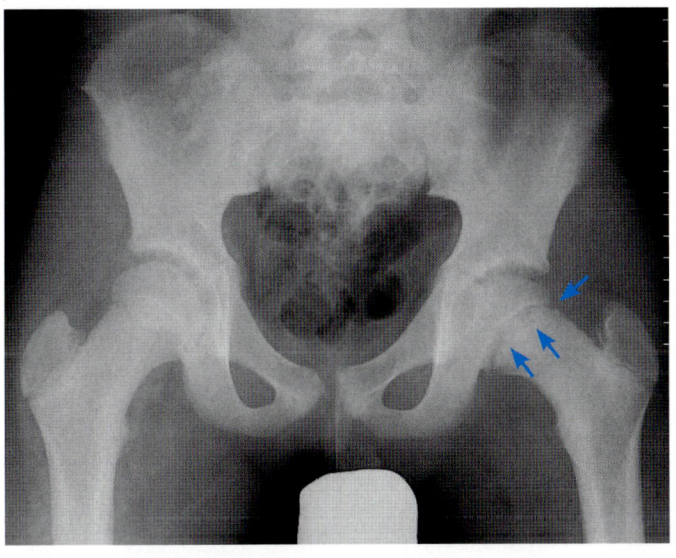

図1 単純X線正面像

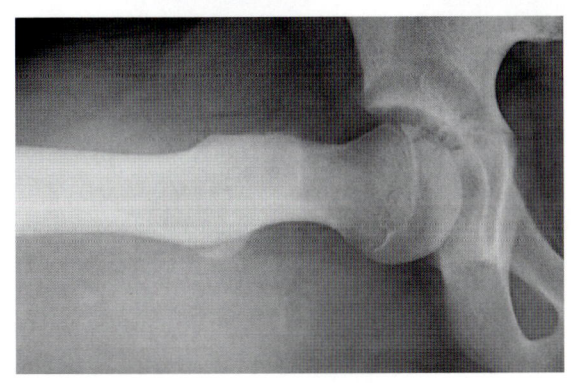

図2 単純X線Lauenstein像（右）

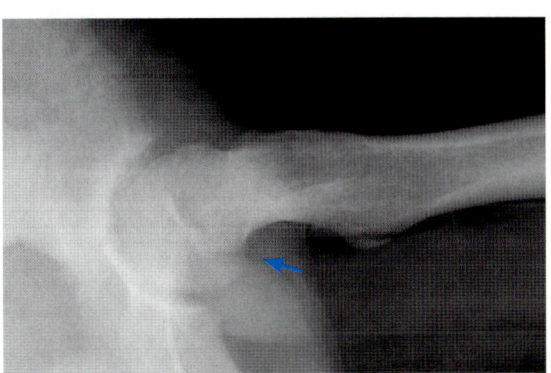

図3 単純X線Lauenstein像（左）

173

画像診断のポイント

- 股関節単純X線正面像において診断がつかない場合がある。そのため正面像（図1）よりも側面像（Lauenstein像，図2，3）が有用である。また，両側例も10〜20%認めるため，両股関節の撮影，ならびに両側の比較が診断精度を上げる。
- 単純X線正面像では，骨端の高さと骨端線の描出像の左右差を確認しながら，①metaphuseal branch sign（骨幹端部と骨端骨が重なり頸部後方に仮骨も形成されてこの部分の陰影増強が認められる）ならびに，②Trethowan signまたはKlein sign（大腿骨頭がKlein's lineよりも内側に落ち込んだ像を認める）をチェックする。
- 単純X線Lauenstein像では③PTA（posterior tilt angle）またはlateral head-shaft angle〔骨端骨の前後端を結んだ線に垂線を立てて，その線と大腿骨軸のなす角度（正常10°以下）〕ならびに，④Capener sign（骨端後方部が寛骨臼の外にはみ出した像を認める）をチェックすることが重要である。

疾患の特徴

- 多くは軽度の股関節痛で，跛行はあるが歩行可能な状態であることが多い（chronic type）。また，こうした症状の後に急に歩行困難を呈する場合もある（acute on chronic）。スポーツ時の外傷（転倒，ひねり）などを契機に強い疼痛をきたす場合（acute type）もある。
- 下肢は外旋位を呈し，外見上わずかな脚短縮を示す。
- 股関節の可動域制限は明らかで，特に内旋運動はほとんど不可能である。股関節を屈曲していくと，患肢が外旋するDrehman signが特徴的である。

◆ 鑑別診断

・大腿骨頸部骨折（図4）：acute typeの発症機転は本骨折と類似する。
・大腿骨頸部疲労骨折（図5）：acute on chronic，chronic typeの発症様式と類似する。

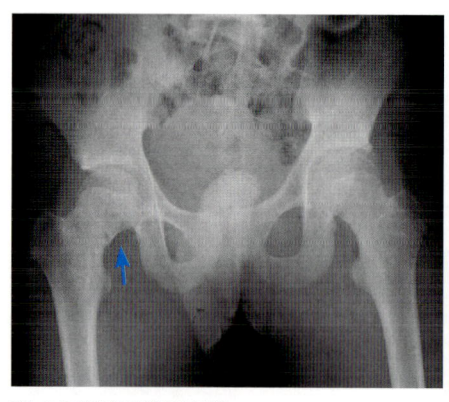

図4● 単純X線正面像
18歳男性．乗馬中転倒．

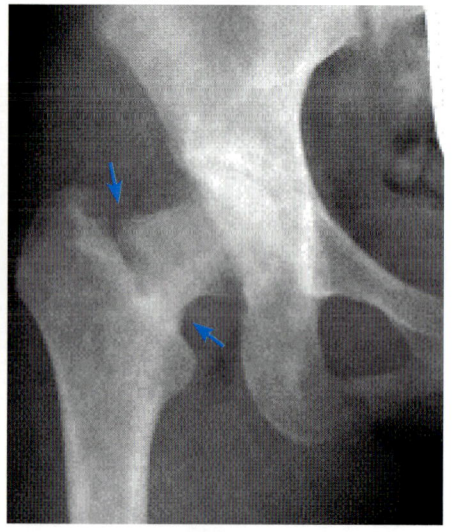

図5● 単純X線正面像
17歳女性．バスケットボール．
2カ月前より股関節痛示していた．ジャンプ着地時，急に激痛示した．

◆ 治療方針
- hip spicaを用いた保存療法を行うこともあるが，原則手術療法である．
- Lauenstein像によるPTAによって治療方針が決定されることが多い．
  - PTAが30°以下→*in situ* ピンニング
  - PTAが30〜60°→転子下骨切り（Southwick法，Imhauser法など），転子間骨切り術（Kremer法など）
  - PTAが60°以上→骨頭下頸部骨切り術，回転骨切り術
  - 反対側の処置→骨端線の不整等の画像的変化を示す場合や内分泌異常を示した場合には予防的ピンニングを行うことが多い．
- femoroacetabular impingementの概念の登場により，将来のインピンジメントによる関節症性変化の予防のため，最近では積極的にPTAやhead neck offsetの正常化を期待して手術を勧める場合もある．しかし，長期の術後成績が成長期の自然矯正に勝っていることなどは未だ証明されていない．

◆ 患者，家族への上手な説明
- 内分泌異常が誘因になるものがあるが，スポーツ活動の増加に伴う力学的負荷が原因と考えられるケースが非常に多い．
- すべりの程度によっては機能障害の出現，将来的な変形性股関節症の可能性を十分に説明する．
- 保存的治療は選択されることは少なく，早期の手術が望ましい．
- 手術を必要とした場合には，骨端線閉鎖，骨切り後の骨癒合等の画像評価から荷重時期，スポーツ復帰などが決定されることも伝える．

参考文献
1) 野口康男：大腿骨頭すべり症．「神中整形外科学（改訂22判）」（岩本幸英 編，杉岡洋一 監），pp.796-800，南山堂，2004

第3章 画像診断　§5 骨盤・股関節・大腿部

C）大腿部の外傷
1. 大腿四頭筋筋挫傷
muscle strain of quadriceps femoris

中村嘉宏, 帖佐悦男

Point
▶ 筋挫傷はスポーツ傷害でも日常的に認められる.
▶ 重症でない場合は軽視される傾向があり, 不十分な治療により不幸な転帰を示す場合がある.

症例
大腿四頭筋筋挫傷, 筋内血腫.
18歳男性. ラグビー中, 左大腿部にタックルをうけ受傷. 疼痛が改善しないため受傷後2週間経過し受診した.

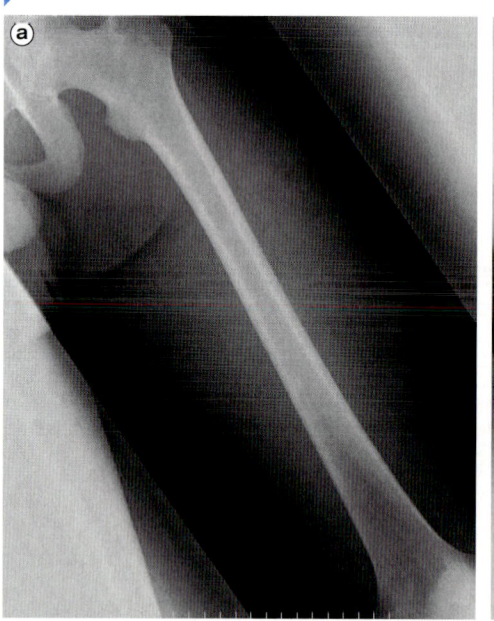

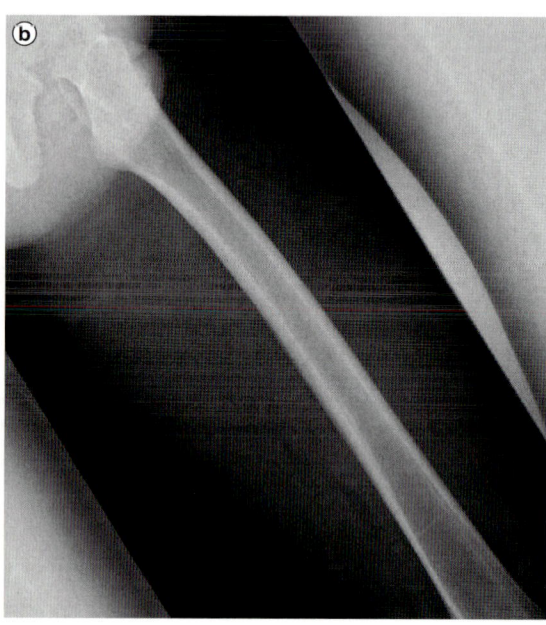

図1 ● 単純X線像
a）正面像, b）側面像.

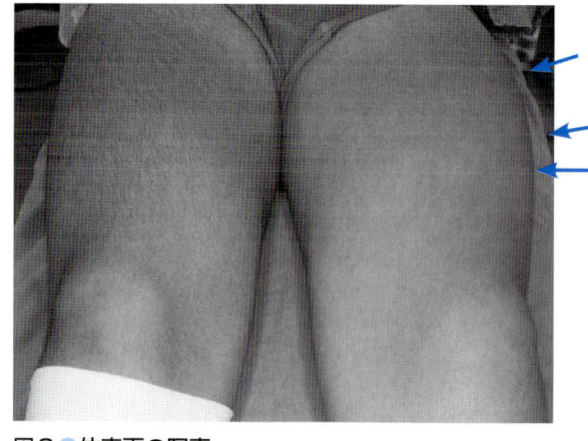

図2 ● 体表面の写真
受傷部位の腫脹（→）. p.9カラーアトラス参照.

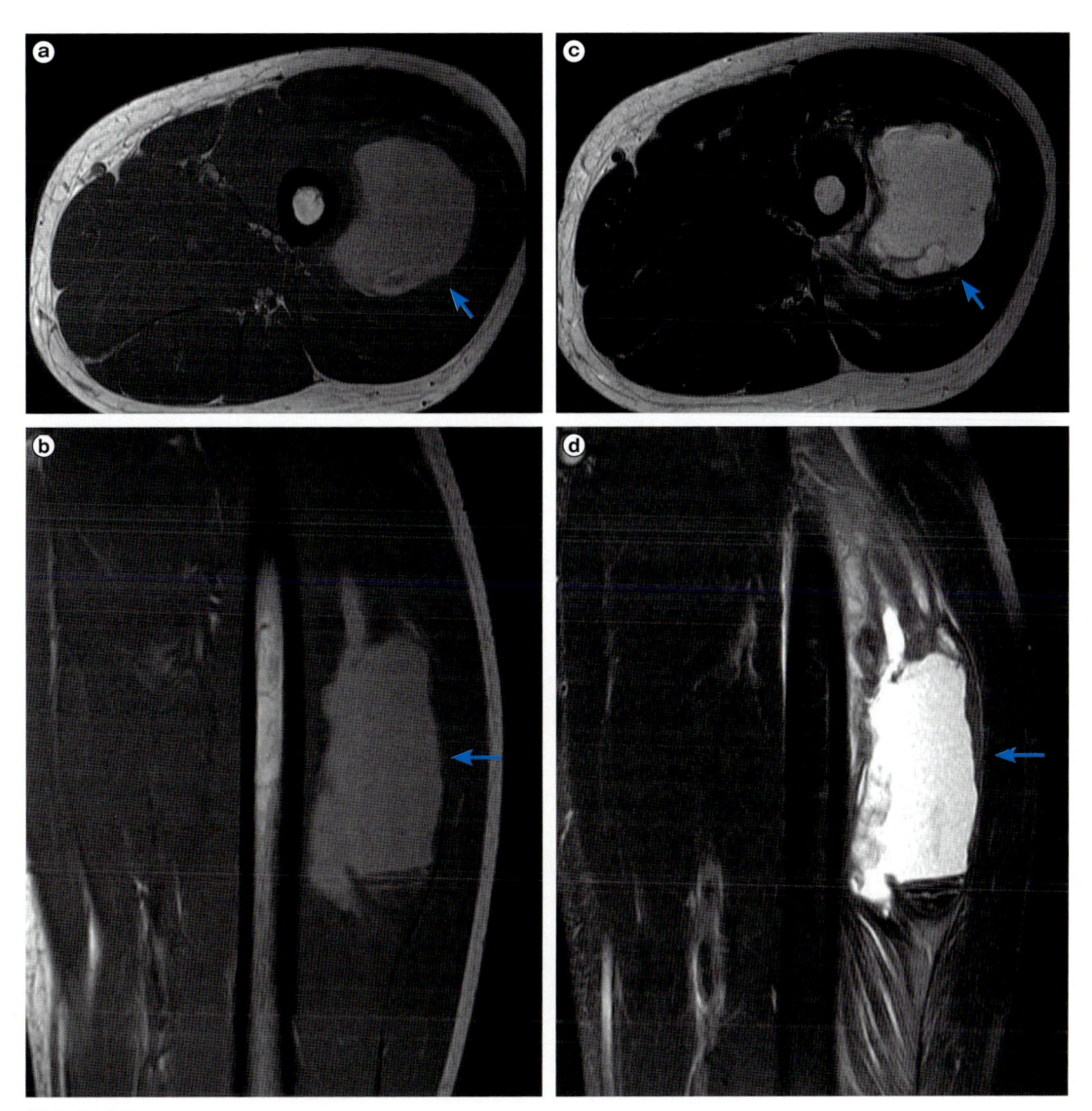

図3 ● MRI
a）T1強調横断像，b）T1強調矢状断像，c）T2強調横断像，d）T2強調矢状断像．

画像診断のポイント

- 筋挫傷は医療面接ならびに臨床所見にてある程度の診断は可能である．しかしながら，その程度，予後などの状況判断は困難であるため，状況によってはX線，MRI，超音波検査などの画像評価が有用である．
- 単純X線では軟部組織濃度の上昇を示し，詳しく観察すると大腿骨近傍に異所性骨化を疑う陰影を示す（図1）．
- MRIでは左中間広筋内にT1，T2強調像ともに高信号を示す血腫が認められ，筋肉の断裂，損傷も伴っている．なお信号強度からすると亜急性期血腫と判断される．T2強調像においては，血腫周囲の筋組織は浮腫性変化による高信号域が広範に認められる（図3）．
- MRIは任意の画像断面，高い組織分解能，可視範囲が有利である．また，超音波検査においてもMRIと同等の解像度を示す機種があり，筋収縮などのダイナミック評価，外来での経時的評価において必須検査と考えられる[1]．

> **疾患の特徴**
> - 筋の損傷の原因としては間接的外傷＝肉離れと直接的外傷＝筋挫傷かに分類され，結果として筋線維の損傷を生じる．
> - 肉離れは短距離やハードル競技に伴い，ハムストリング損傷が多く，筋挫傷はサッカー，ラグビーで大腿部に直接タックルをうけ大腿四頭筋の筋挫傷を示すことが多い[2]．
> - 筋挫傷は受傷した部位の腫脹や熱感を示し，圧痛もある（図2）．また，筋挫傷の程度によっては陥凹が外見上観察できたり触知できたりする．また，数日前の受傷では皮下血腫を受傷遠位に示すことがある．

◆ **鑑別診断**

・**軟部組織腫瘍**：四肢軟部腫瘍の場合，疼痛を伴わないことが多いとされている（良性腫瘍の80％，悪性腫瘍の70％）．診断はX線やMRIなどの画像評価で特徴的所見を呈する場合がある．好発年齢，発症部位などの診断に有用であるが，確定診断は生検である[3]．

・**膿瘍**：大腿部に発症する膿瘍は比較的稀であり，その原因ははっきりしないことが多いが，腹腔内敗血症が原因のことがある[4]．基礎疾患の有無，血液検査で炎症所見の確認が必要である．確定診断は穿刺液の細菌培養検査である．

◆ **治療方針**

筋挫傷に対する特別な治療はなく，ほとんどの場合には保存療法が選択され，受傷直後からのRICE療法（Rest, Ice, Compression, Elevation）を行う．早期であればエコー下の穿刺が有用である．なお，高度の筋肉内出血に伴う筋内圧の高度上昇を示し，著明な疼痛を示す場合には筋膜切開による血腫ドレナージが必要になる場合がある（図4）．

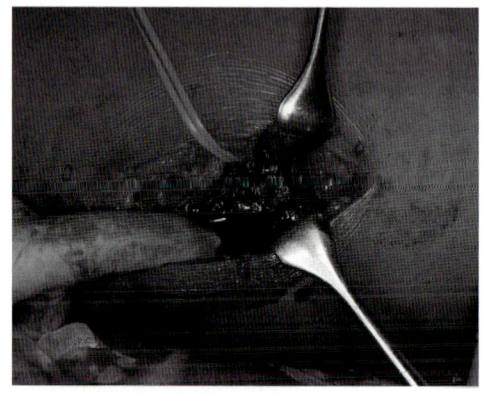

図4● 術中写真（提示症例）
p.9カラーアトラス参照．

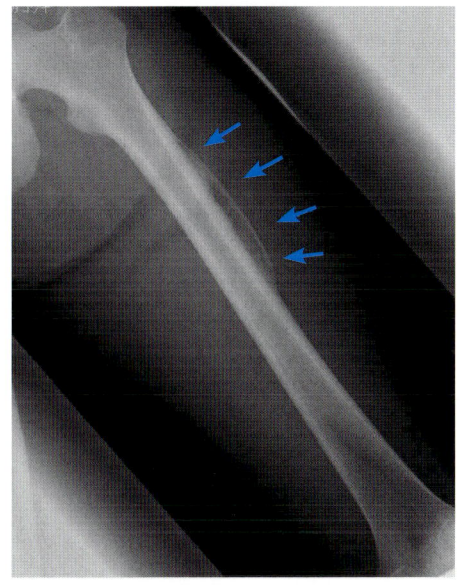

図5●単純Ｘ線正面像
提示症例最終観察時．異所性骨化の形成（➡）．

◆ 患者，家族への上手な説明

　保存療法を選択する場合，急性期のRICE療法の後，疼痛が改善する5日から1週間程度からストレッチを施行し，筋拘縮の改善を図り，約3週間程度からスポーツ復帰が可能となる．疼痛改善の後でも過度な運動負荷は異所性骨化を惹起する可能性があり，定期的経過観察が必要である．

　重症でないと自己判断した場合は医療機関を受診しない場合や治療自体を軽視する傾向がある．不完全な治療により血腫の瘢痕化，異所性骨化（図5）などの合併症を生じ，追加治療を必要とする場合がある．

参考文献
1) 河原勝博：成長期のスポーツ外傷・障害と落とし穴　20．臨整外，47（7）：655-658，2012
2) 武田 寧：スポーツ損傷としての肉離れの疫学調的調査．MB Orthop，23（12）：1-10，2010
3) 「骨・軟部腫瘍外科の要点と盲点」（岩本幸英 編），文光堂，2005
4) 浦田正彦：診断に難渋した大腿部膿瘍の一症例．整形外科と災害外科，43：（4）1157-1160，1994

第3章 画像診断 §5 骨盤・股関節・大腿部

Q&A ・骨盤・股関節・大腿部の傷害
18歳女性．ヒップホップダンス

中村嘉宏，帖佐悦男

受診状況 2カ月前から股関節痛を示すも，安静にて症状軽快を示していた．安静時にも大腿内側から膝関節にかけてしびれを示し，歩行困難を認めたため受診した．

臨床所見 左股関節中心に疼痛を示す．他動的に股関節伸展にて疼痛が誘発された．鼠径部に強い圧痛を示し腫瘤を認めた．大腿神経領域の知覚鈍麻，しびれを示したが明らかな麻痺症状はなかった．局所熱感，全身発熱はなし．既往症もなかった．

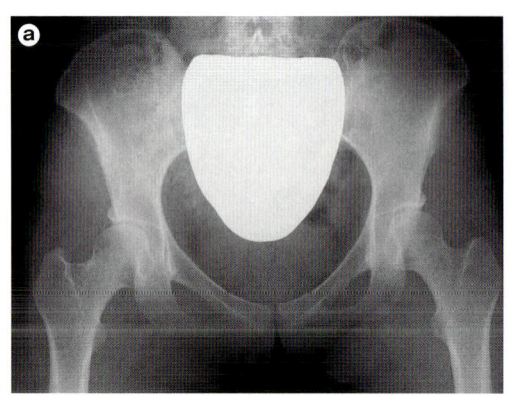

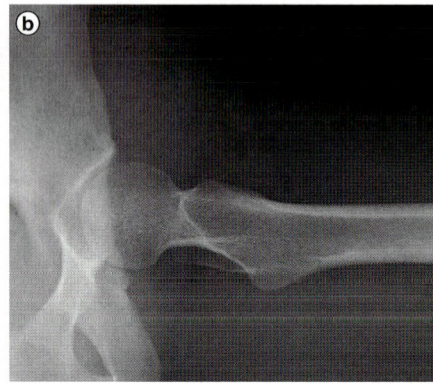

図1 ● 単純X線
a）正面像，
b）Lauenstein像．

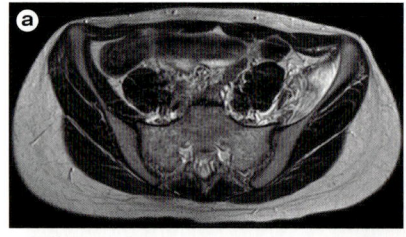

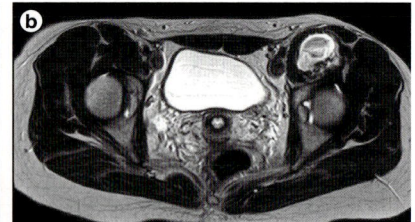

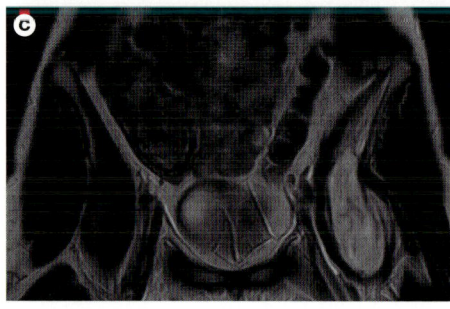

図2 ● MRI T2強調像
a, b）横断像，c）冠状断像．

Question

1）特徴的な身体所見は？
2）鑑別すべき疾患は？
3）医療面接で聞くポイントは？

Answer

1) 腸腰筋肢位（psoas position）．
2) 股関節疾患，裂離骨折，腸腰筋疾患（腸腰筋膿瘍もしくは腸腰筋血腫），大腿ヘルニア．
3) 基礎疾患の有無の確認（抗凝固薬，ステロイドなどの内服の有無）．

◆ 解説

単純X線では明らかな裂離骨折を示す所見はなかった．
腸腰筋肢位を示す疾患として腸腰筋膿瘍，腸腰筋血腫があげられる．腸腰筋膿瘍は糖尿病，ステロイドなどの基礎疾患を有する原発性のものから椎間板炎，脊椎カリエスなどの続発性のものがあげられる．腸腰筋血腫の原因としてはスポーツ等を契機とした外傷性と出血性素因（血友病など），腫瘍，血管疾患などによる特発性に分けられる．本症例は激しいダンス後に症状が出現し，基礎疾患を有さず，血液検査上明らかな炎症所見がないこと，MRIの所見から腸腰筋血腫と診断した．

MRI T2強調像で内部が不均一の腫瘤性陰影を示し，腸腰筋が内側に圧排され，神経血管束も同部位で圧迫されていたため大腿神経症状を示したと推測した（図3→）．

治療は安静などの保存療法が選択されることが多く[1]，本症例も4週間程度の入院加療にて疼痛，大腿神経領域のしびれ，感覚鈍麻も改善した．受診後4週のMRI T2強調像で血腫が著明に消失しているのを確認した（図4）．

◆ 患者，家族への上手な説明

血腫形成に伴う神経麻痺の程度や血腫のサイズにより経皮的ドレナージ，外科的血腫除去等の治療法が選択され，場合によっては緊急手術が必要になることを説明すべきである．

なお，保存的治療が選択される場合は1～2カ月で血腫の消退を認めることが多く，画像的確認の後，スポーツ復帰を考慮すべきである．

参考文献

1) 中川敬介：腸腰筋血腫による大腿神経・外側大腿皮神経麻痺に対して血腫除去術を施行した2例．中部整災誌，47：1293-1294, 2004

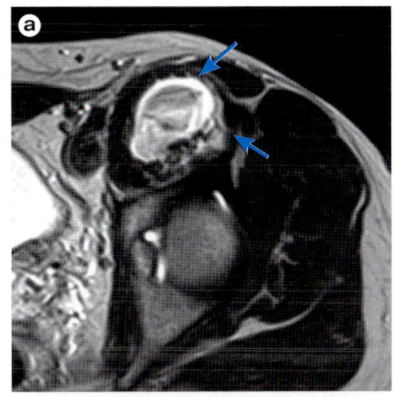

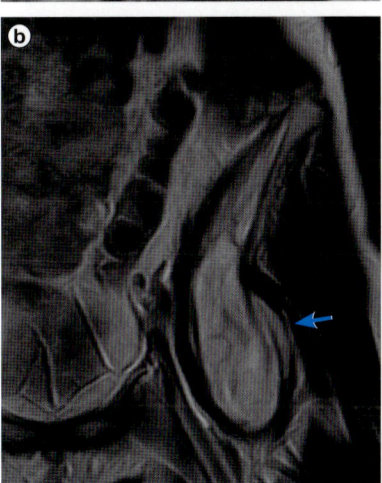

図3● 図2a, c拡大図

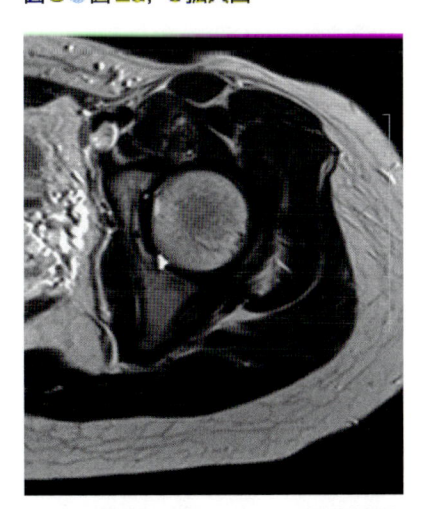

図4● 受傷後4週のMRI T2強調横断像

第3章 画像診断 §6 膝関節

A）膝関節の外傷
1. 膝前十字靱帯損傷
anterior cruciate ligament injury（ACL injury）

武田秀樹，増島 篤

Point
- バスケットボール，サッカーといった，方向転換やジャンプの動作を頻繁に行うスポーツに多い．
- 受傷機転として選手同士が衝突，接触する場合もあるが，多くは非接触性（ノンコンタクト）で受傷する．
- 受傷後数時間経過し，膝が腫脹している症例や疼痛が強い症例などは徒手的診断が難しいことが多い．
- 他の靱帯損傷や，半月（板）損傷（特に外側）を合併することが多い．

症例　17歳女性．バスケットボール中，ジャンプの着地時に右膝を捻って受傷．受傷時，膝の中でpop音が感じられた．

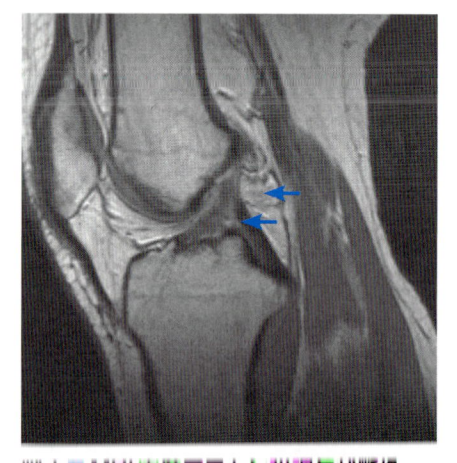

図1 ● MRI画像プロトン強調矢状断像

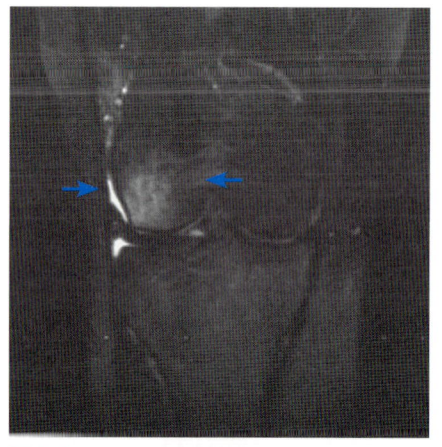

図2 ● MRI T2*脂肪抑制冠状断像

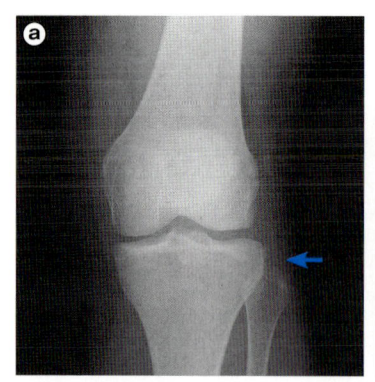

図3 ● X線正面像
a）膝全体，b）拡大図．

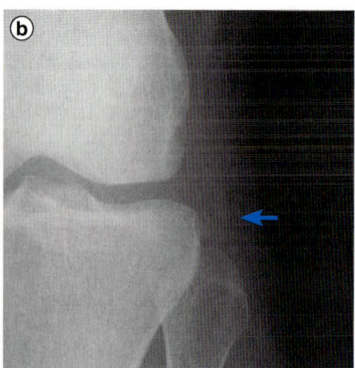

図4 ● 参考症例：MRI像プロトン強調矢状断像（正常画像）

画像所見のポイント

- 前十字靱帯が描出されず，信号強度が低くなることが多い（図1）．また，受傷時，大腿骨外顆部が脛骨後方に亜脱臼することが知られているが，このとき**大腿骨外顆部の骨挫傷（図2）を伴うことが多い**．また，稀に脛骨の外側関節包付着部の剥離骨折（Segond fracture，図3）を伴うこともある．なお，正常な前十字靱帯も参照（図4）．

疾患の特徴

- ラックマンテスト，前方引出テスト，ピボットシフトテスト，N-テストといった徒手不安定テストが陽性となる．このとき，**患者が痛みを怖がったりすると上手くできないことが多いため，リラックスさせることが大事である**．
- 受傷直後はあまり腫脹しないが，徐々に関節内出血が起き，数時間で膝関節血腫となり，荷重時および可動時に疼痛が起きる．2，3週間経過すると症状が落ち着き，荷重が可能となることが多い．

◆ 鑑別診断

膝周辺の骨折，膝後十字靱帯損傷（p.203Q&A参照），膝蓋骨脱臼．

◆ 治療方針

- 受傷後は急性期の炎症を沈静化させるため安静，クーリングなどを行う．また，腫脹などにより可動域制限が出現するため可動域訓練などの理学療法も併せて行うとよい．荷重は，疼痛を感じない程度に患肢に徐々に行っていくとよい．
- 急性期の症状が落ち着いたら，日常生活が過ごせるようになることが多い．スポーツ活動性が高い場合には，前十字靱帯損傷による膝の不安定性のためジャンプ，ストップ，カットといった動作の際，膝崩れを起こす可能性がきわめて高くなる．よって，不安定性で困る場合には再建術を行い安定性の回復を図る．
- **前十字靱帯不全の状態でスポーツ活動を続けていると軟骨損傷，半月（板）損傷（特に内側）を引き起こす可能性が高いため**，このような損傷を起こす前に再建術を行った方がよい．

◆ 患者，家族への上手な説明

- 受傷直後は的確な診断を行うことが重要であり，徒手的検査の他，MRI撮影を行う必要があることを説明する．
- 受傷後は膝の不安定性があり，受傷前の活動に戻れないことが多く，元のスポーツ活動に復帰することを希望するのであれば，再建術が必要になる旨を説明する．

参考文献
1）「整形外科クルズス」（中村耕三 監），南江堂，2003
2）「新版 スポーツ整形外科学」（中嶋寛之 監），南江堂，2011

第3章 画像診断　§6 膝関節

A）膝関節の外傷
2. 膝内側側副靱帯損傷
medial co-lateral ligament injury（MCL injury）

武田秀樹，増島 篤

Point

- コンタクトスポーツ（ラグビー，アメリカンフットボール）やスキーでの外傷で最も多い外傷の1つといわれており，膝を外反することにより起こる．
- 重傷度によりgradeⅠ～Ⅲに分類される．
- 膝内側の疼痛が起き，ほとんどが大腿骨の付着部からの剥離損傷である．
- 重傷度が低いと受傷直後でも荷重し歩行できる．
- 不安定性がほとんどない軽微なものから，不安定性が強い重度なものまでさまざまである．

症例

28歳男性．ラグビー中，ボールを持って走っていたところ下肢にタックルを受け左膝が外反し受傷．

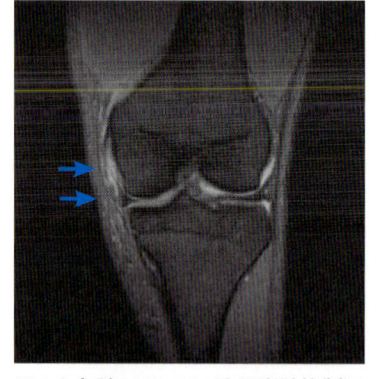

図1● 左膝MRI T2*強調脂肪抑制冠状断像

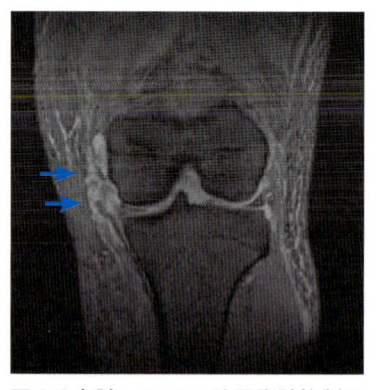

図2● 左膝MRI T2*強調脂肪抑制冠状断像

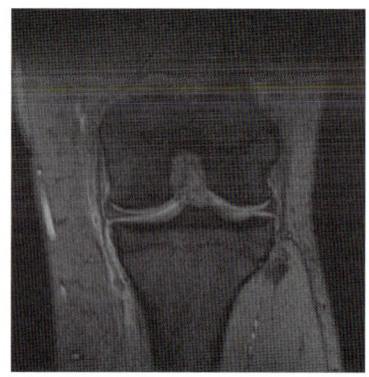

図3● 膝MRI T2*強調脂肪抑制冠状断像

画像所見のポイント

- MCLは大腿骨側で不連続であり，周辺に浮腫状変化がみられる（図1）．重傷度が高いと靱帯性の低信号成分がほとんどみられないことがある（図2）．また，稀に脛骨側での剥離損傷のことがあり，この場合，緊張が解除された糸のようにMCLが波状に描出される（図3）．

表●重傷度に沿った治療方法

grade		治療
grade Ⅰ	膝伸展および膝30°屈曲にても外反動揺性⊖	保存療法1～2カ月
grade Ⅱ'	膝伸展位にて外反動揺性⊖ 膝30°屈曲にて外反動揺性⊕	保存療法1～3カ月
grade Ⅲ'	膝伸展および膝30°屈曲にても外反動揺性⊕	保存療法2～6カ月 または外科的手術

疾患の特徴

- 膝伸展位および軽度屈曲位での外反動揺性で評価する．軽度屈曲位での不安定性がある場合が多く，重症例では伸展位でも不安定性がある．
- 膝内側に疼痛，腫脹といった症状があり，屈曲，伸展といった可動時に疼痛が強い．
- 大腿骨の付着部からの剥離損傷が多く，同部位に圧痛を伴う．
- ごく稀に脛骨側の付着部損傷があり，この場合は重傷のことが多く，前十字靭帯損傷を合併する頻度が高い．
- 軽傷であれば数週で治癒するが，重症例では数カ月かかる．

◆ 鑑別診断

膝前十字靭帯損傷（p.182参照），膝周辺の骨折，膝蓋骨脱臼．

◆ 治療方針

- 膝伸展位での動揺性がない場合，不安定性が少ないことが多く，そのほとんどが保存療法（可動域訓練など）で軽快する．
- 膝伸展位で動揺性がある場合，治癒後も動揺性が残存することが多い．このとき，不安定感が強い場合には修復術および再建術の適応となる．
- 脛骨側の損傷の場合，靭帯付着部が剥離し，断端が鵞足の上を乗り超えることがある．**このときは自然治癒があまり期待できないため修復術を行った方がよい．**

◆ 患者，家族への上手な説明

この外傷では重傷度を評価することが重要である．重傷度に沿って，治療方法を説明するとよい（表）．

参考文献
1) 「整形外科クルズス」（中村耕三 監），南江堂，2003
2) 「新版 スポーツ整形外科学」（中嶋寛之 監），南江堂，2011
3) Marchant, M. H. Jr. et al. : Management of medial-sided knee injuries, part 1: medial collateral ligament. Am J Sports Med, 39 : 1102-1113, 2011

第3章 画像診断　§6 膝関節

A）膝関節の外傷

3. 膝半月（板）損傷
meniscus injury

武田秀樹，増島　篤

Point
- スポーツ活動性の高い若年者と，半月（板）の変性が素因にある高齢者に多い．
- 方向転換を多く行うようなスポーツ（サッカー，バスケットボールなど）に多い．
- 靱帯損傷などで膝に不安定性がある場合，半月（板）損傷を罹患しやすい．
- 損傷した半月（板）はMRI検査でよく描出されるため，この検査は必須である．
- 円板状半月（板）の場合，軽微な外力で損傷しやすい．

症例　35歳男性．フットサル愛好家．主に休日に活動している．数カ月前より運動後，左膝痛および膝腫脹を自覚していた．フットサル中，切り返した際，膝を捻ってから疼痛が悪化．特に膝を屈曲させると引っかかり感を自覚．

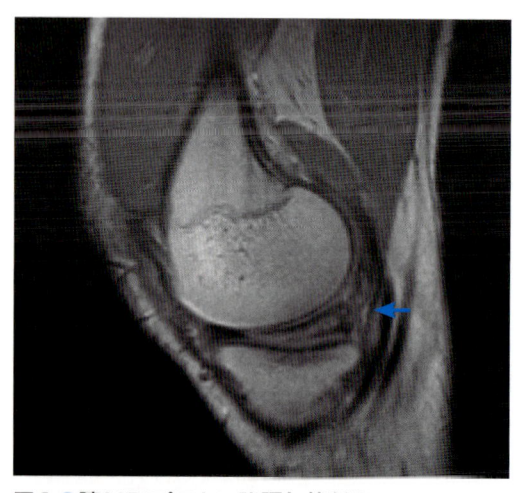

図1●膝MRIプロトン強調矢状断像1

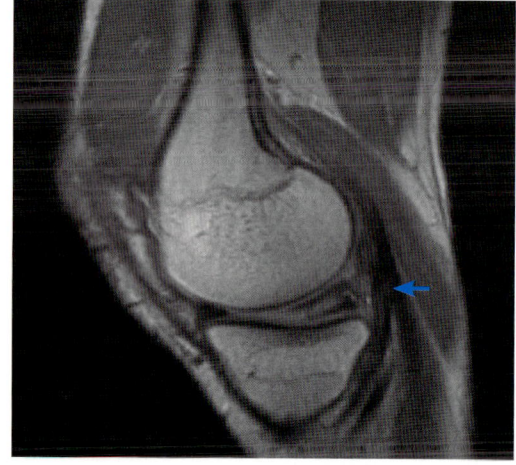

図2●膝MRIプロトン強調矢状断像2

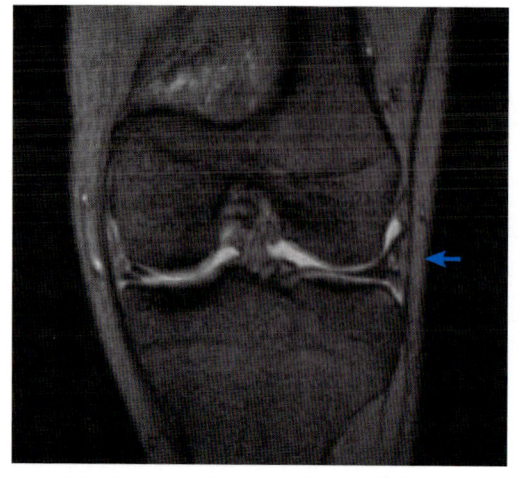

図3●膝MRI T2*強調脂肪抑制冠状断像1

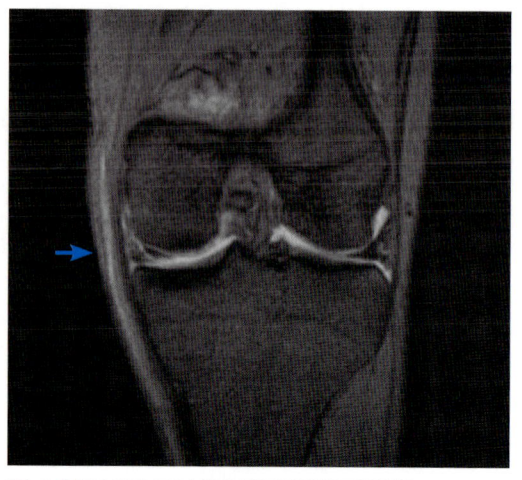

図4●膝MRI T2*強調脂肪抑制冠状断像2

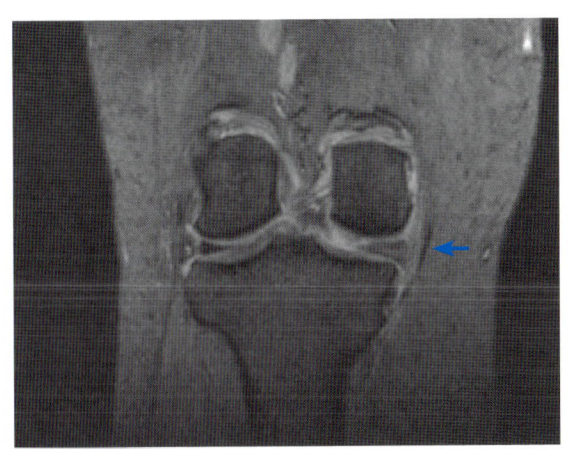

図5 ●膝MRI T2*強調脂肪抑制冠状断像3

画像所見のポイント

- MRIの画像は矢状断（図1, 2）および冠状断（図3, 4）あわせて，さらには1スライスのみならず，複数スライスをあわせて評価した方がよい．
- 中高年者では半月（板）実質に変性があると，高信号を呈することがある．このとき，断裂ではないことがあるため注意が必要である（図5）．

疾患の特徴

- McMurrayテスト，Applyテストといった徒手的検査が陽性となる．
- 関節裂隙に圧痛を伴うことが多い．
- 多くは損傷があっても荷重することは可能．
- バケツ柄状断裂（bucket-handle tear）となった場合は断裂した半月（板）が大腿骨および脛骨の果間の間にロッキングを起こし，膝の自動屈曲，伸展が不能になることが多い（図6参照）．
- 軟骨損傷がある場合，半月（板）損傷と臨床所見が類似することがあるので注意が必要である．

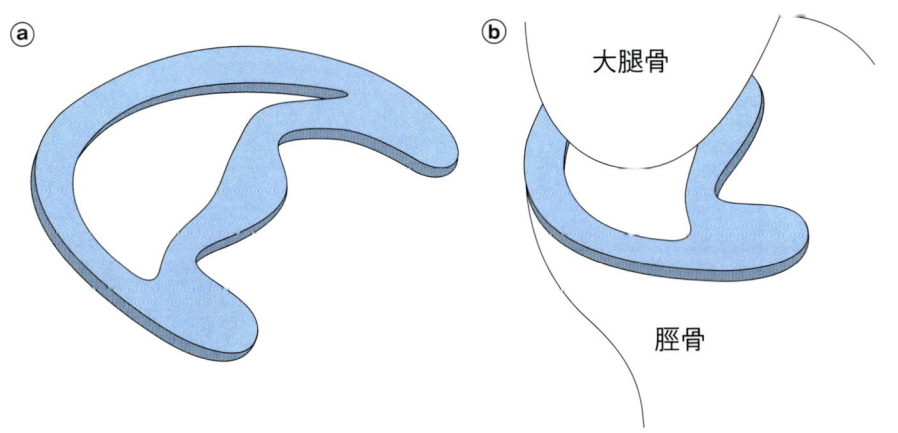

図6 ●バケツ柄状断裂
半月（板）前節から内節にかけて辺縁に断裂があり，断裂した半月（板）が顆間に転位している．

◆ 鑑別診断

軟骨損傷，離断性骨軟骨炎，膝靱帯損傷，膝周辺の骨折．

◆ 治療方針

- 損傷部位および形態により，治療方針は異なる．損傷した半月（板）は血行に乏しく自然治癒が難しいとされている．
- 症状が軽度であり，画像所見上も大きな損傷がない場合，可動域訓練や筋力訓練といった積極的な理学療法，足底板療法および，ヒアルロン酸の注射などで軽快することもある．
- 症状が強く，画像所見上も大きな損傷がある場合，保存療法は無効なことが多く，外科的治療（縫合または切除）となる．一般的に中心縁にある小さい断裂は部分切除がよく，辺縁の断裂は縫合術がよい．

◆ 患者，家族への上手な説明

- 半月（板）は膝関節の荷重分散，衝撃吸収，関節軟骨の保護の役割を担っている．よって，**できるだけ温存した方がよい**．しかし，半月（板）の内周は血行に乏しいといわれており，断裂した半月（板）には治癒能力が少ない．よって，損傷した半月（板）の治療は断裂した場所，大きさ，状態によって異なることを説明する．
- 一般的に，外側半月（板）は膝の屈伸により可動する部分も多く，内側半月（板）外科的手術後，症状が落ち着くまで時間を要することが多い．

参考文献
1) 「整形外科クルズス」（中村耕三 監），南江堂，2003
2) 「新版 スポーツ整形外科学」（中嶋寛之 監），南江堂，2011
3) Surgery of the knee, 5th ed（Insall, J. N. & Scott, W. N. ed.），Churchill Livingstone, New York, 2012

第3章 画像診断 §6 膝関節

B) 膝関節の障害
1. 離断性骨軟骨炎
osteochondritis dissecans（OCD）

林　大輝，丸毛啓史

Point
- 種々の原因（外傷説，血行障害説，骨化異常など）により生じ，関節軟骨の一部が軟骨下骨をつけて剥離する病態である．
- 10歳代の男子に多く，**大腿骨内側顆の顆間窩寄り**が好発部位である．外側顆や膝蓋大腿関節にも発生する．
- 本疾患の初期の症状は，運動時痛のみであり，安静にすると症状は改善する．また，単純X線像で初期病変はとらえにくいことから，診断に至らないこともあり，本疾患を疑った場合には，MRIなどの精査が必要である．
- 病期が進行すると骨軟骨片が関節内に遊離し，関節遊離体を形成する．遊離体は，運動時の激痛，関節液の貯留などの原因となる．
- 大腿骨外顆の発生例では，**外側円板状半月**との関連が報告されている．

症例　13歳男子．硬式野球部の外野手で，練習は週に5～6日である．約2年前から，誘因なく，右膝関節痛が出現したが，野球をすることが可能であったため，放置していた．最近疼痛が強くなったため来院した．

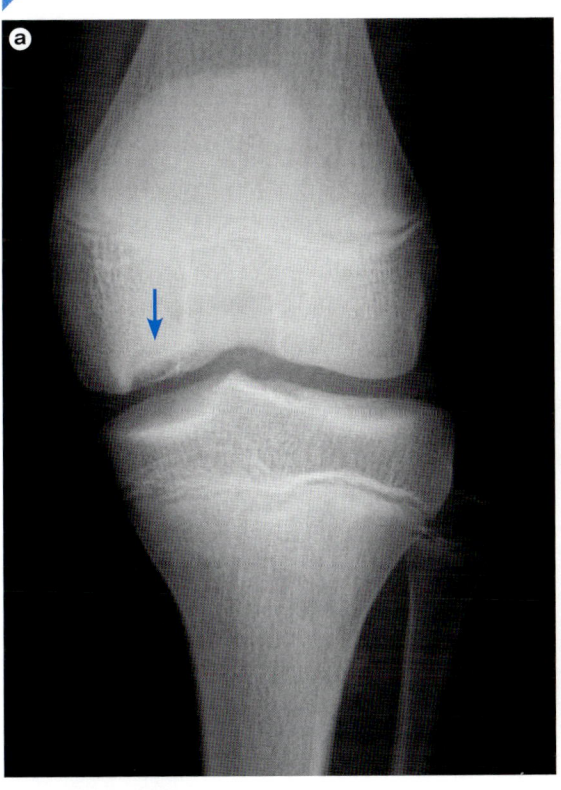

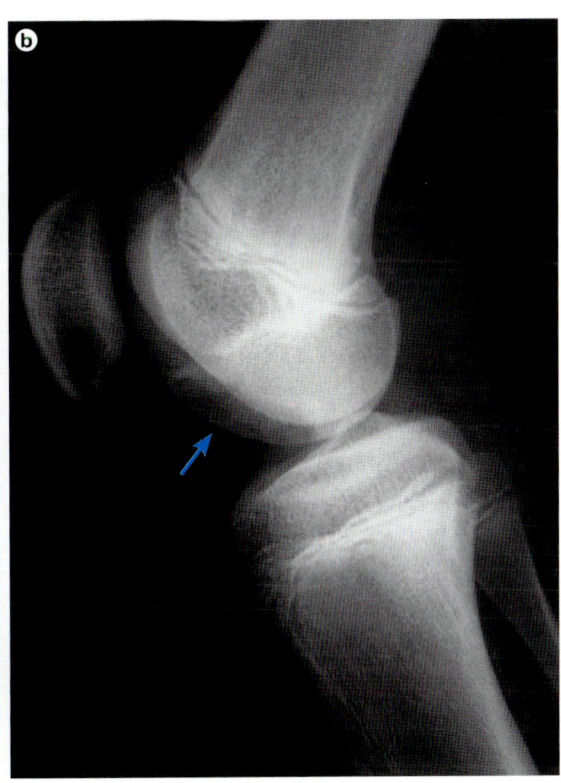

図1 ●単純X線像
a）正面像，b）側面像．病巣部：➡．
単純X線像で骨透亮像を認め，周囲に骨硬化を認める．Bruckl分類Stage2-3．

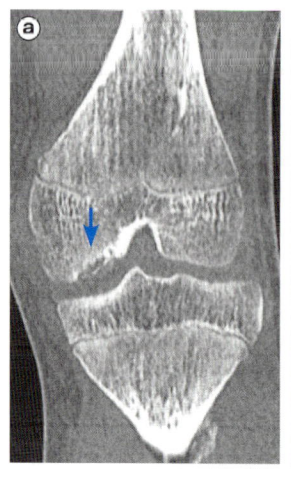

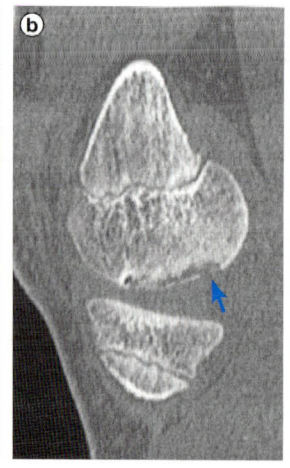

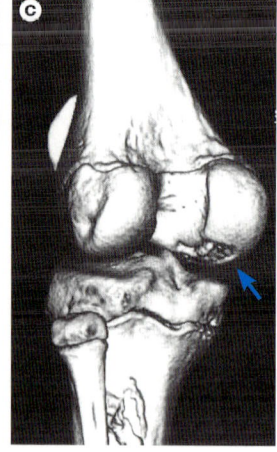

図2 ● CT
a）冠状断像，b）矢状断像，c）3DCT後方より．病巣部：➡︎．
CTで骨の陥凹を認めるが，遊離体はない．

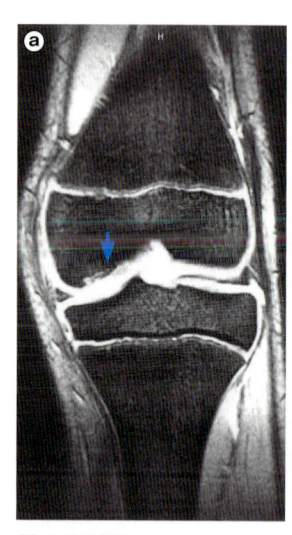

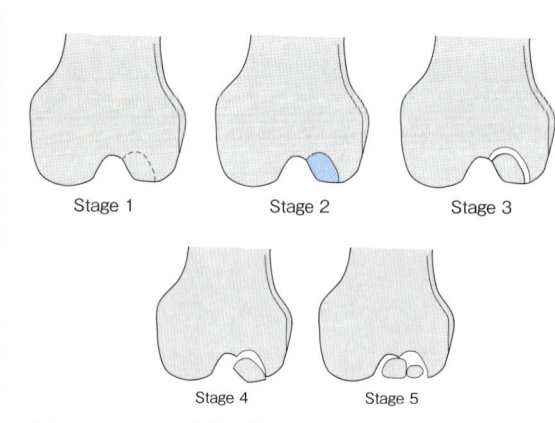

図3 ● MRI
a）T2強調冠状断像，b）T1強調矢状断像．

図4 ● Bruckl分類（単純X線像における分類）

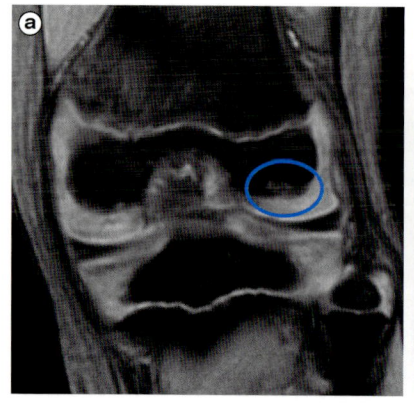

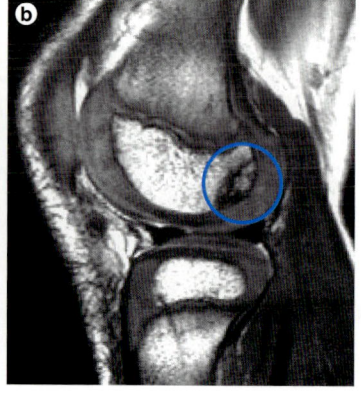

図5 ● 参考症例：FCI症例呈示（◯）MRI
a）T2*強調冠状断像，b）T1強調矢状断像．
a，bとも文献5より転載

画像所見のポイント

単純X線像で，病期が進むと関節面の陥凹内または関節内に遊離体が形成される（図1）．初期には，病巣をとらえることが困難な場合があり，顆間窩トンネル撮影が有効なことがある．また，病巣の範囲や病期を把握するには，CTやMRIが有用である．CTは，骨の陥凹部の把握や遊離体の検出に有効である（図2）．MRIは，病巣の安定性（軟骨面の損傷の有無，骨軟骨片の裂離の有無）を知るうえで有用であり，治療法や手術の術式の決定に参考となる（図3）．早期は，T1強調像で低信号，T2強調像で高信号であるが，進行すると骨硬化や壊死性変化を反映してT1強調像，T2強調像ともに低信号を呈する．骨片と母床との間に不安定性があると関節液の侵入によりT2強調像で帯状の高信号域が認められる．

＜Bruckl分類（単純X線像における分類，図4）＞

- Stage 1：黎明期　臨床症状のみで単純X線では異常所見がない状態
- Stage 2：透亮期　病巣の骨吸収が認められる状態
- Stage 3：分離期　病巣の周囲に骨硬化像を生じ病巣が分節化した状態
- Stage 4：遊離期　病巣の分節化が進行，病巣自体も硬化し不安定性が進行した状態
- Stage 5：遊離体形成期　遊離体が完成した状態

疾患の特徴

- 本疾患は，病巣部に叩打痛，圧痛を認めることが多い．
- 低年齢で，病期が初期の場合には，運動制限のみで治癒する可能性が高く，早期診断が重要となる．
- 背臥位で患側の膝関節を90°に屈曲し，下腿を内旋して伸展すると30°付近で内側顆前方部に疼痛が生ずるが，外旋して行うと疼痛が生じないものをWilson's signといい，本疾患（大腿骨内顆例）に特有とされる．

◆ 鑑別診断

- 半月板損傷：MRIで半月板に亀裂を認める．
- femoral condyle irregularity（FCI）：単純X線像で，骨不整像を認め，OCDと誤認されることが多い（図5）．MRIで，病変内に骨端軟骨と同じ信号強度の軟骨が認められること，骨髄浮腫像を認めず，正常な関節軟骨を描出することで鑑別される．また，OCDに比べて，好発年齢が若年であること，好発部位が外顆の後方に多いことなどがあげられる（p.207Q&A参照）．

> **Pit falls**　FCI[4]は，骨端の骨化遅延による正常変異であり，**病的意味はない．関節軟骨は正常**であり，不整像は数年で自然消失する．小児，特に10歳前後の膝関節痛で，MRIにより偶然FCIを認めることもあり，**慎重な診察とOCDとの鑑別が重要**となる．

◆ 治療方針

- 病期や骨年齢により治療法が異なるが，いずれも**症状の改善と関節軟骨の温存や機能再建が目標**となる．
- 骨端線閉鎖前のBruckl分類Stage 3までの症例は保存加療が原則である．装具，免荷，および運動制限などを3～6カ月間行い，身体所見や単純X線，CT，ならびにMRIなどで経時的に評価する．改善が認められない場合は，手術加療を考慮する．
- 成人例では，進行例が多く，手術療法になることが多い．

◆ **患者, 家族への上手な説明**

- 病期が初期で, 骨年齢が低い場合には, 3〜6カ月の免荷や運動制限, スポーツの休止などで病状が改善することが多い.
- 関節軟骨の不安定性がある場合には, 手術加療が必要である.
- 治療は, 疼痛の改善と関節軟骨の温存が目的となるため, 症状が改善しても骨軟骨の安定性が確認できるまでは, スポーツ復帰を急ぐべきではない.

参考文献

1) Kon, E. et al.：How to treat osteochondritis dissecans of the knee：surgical techniques and new trends：AAOS exhibit selection. J Bone Joint Surg Am, 94 (1)：1-8, 2012
2) Detterline, A. J. et al.：Evaluation and treatment of osteochondritis dissecans lesions of the knee. J Knee Surg, 21 (2)：106-115, 2008
3) 戸松泰介：離断性骨軟骨炎. Monthly Book Orthopaedics, 17 (3)：47-53, 2004
4) 「関節のMRI」（福田国彦 ほか 編）, pp.488-490, メディカル・サイエンス・インターナショナル, 2007
5) 坂本佳那子ほか：成長期のスポーツ選手にみられた Femoral condyle irregularity. 整スポ会誌, 32 (2)：55-59, 2012

第3章 画像診断　§6 膝関節

B）膝関節の障害
2. 有痛性分裂膝蓋骨
painful patella partita

林　大輝, 丸毛啓史

Point

- 膝蓋骨の他に数個の分離した骨片を認めるものであり，その成因については副骨端核の残存ともいわれているが，疲労骨折であるという説もあり，定まっていない．
- 男児に多く，好発年齢は10〜15歳である．
- 思春期になり，スポーツ活動が盛んになると，大腿四頭筋の強い牽引力が加わり骨端炎を生じ発症する．
- 自覚症状としては，運動時痛，特に階段や坂道のトリなどの踏み込んだ際の膝前面の疼痛が多く，他覚的には分裂部に一致した圧痛を認める．

症例　14歳男子．硬式野球部の投手で，練習は1日3時間，週5日であった．誘因なく，左膝関節痛を自覚したため，近医を受診した．1カ月の安静により，症状は軽快したが，野球を再開したところ，再び疼痛を自覚し，当科を訪れた．

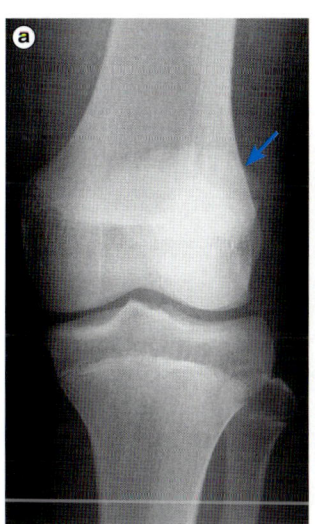

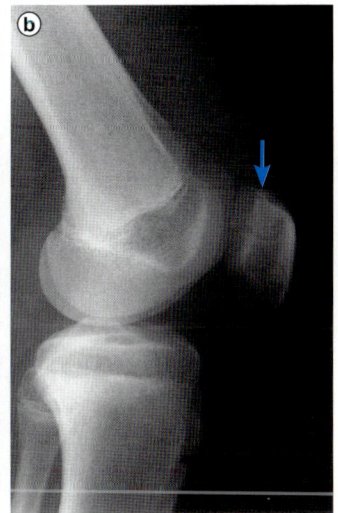

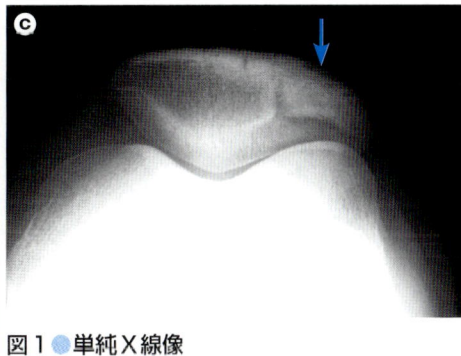

図1 ● 単純X線像
a）正面像，b）側面像，c）軸写像．
病巣部：→．

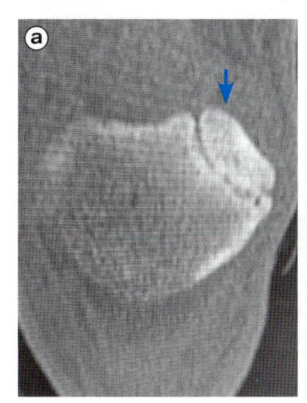

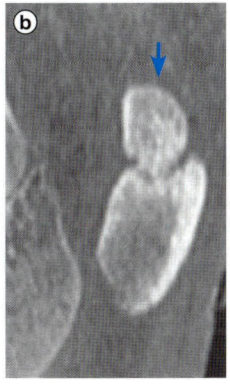

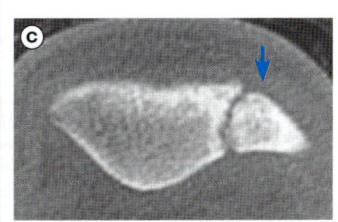

図2 ● CT
a）正面像，b）側面像，c）軸写像．
病巣部：→．

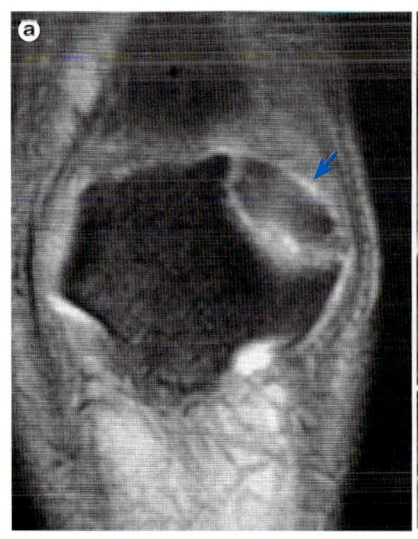

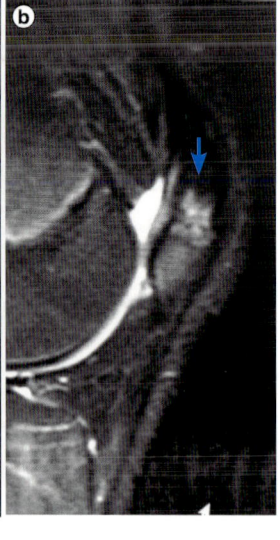

図3 ● MRI
a) T2*強調冠状断像，
b) T2*強調矢状断像．
病巣部：➡．

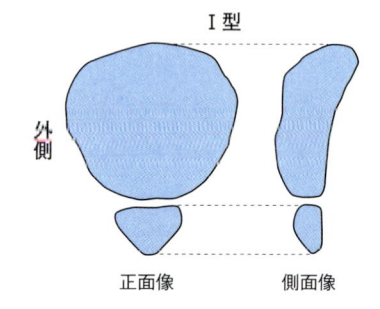

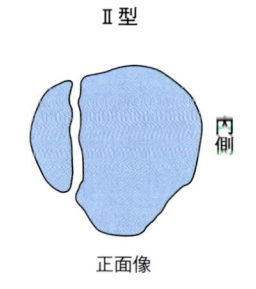

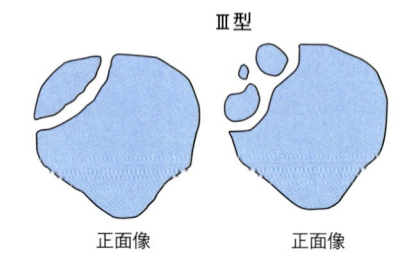

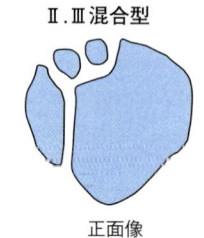

図4 ● Saupe 分類（単純X線の分類）
Ⅰ型：膝蓋骨下方に分裂骨片を認めるもの．
Ⅱ型：膝蓋骨外側方に分裂骨片を認めるもの．
Ⅲ型：膝蓋骨外上方に分裂骨片を認めるもの．
Ⅱ．Ⅲ混合型：Ⅱ＋Ⅲ型分裂骨片を認めるもの．
文献6，7を参照して作成

画像所見のポイント

- 単純X線像で，分裂骨片が確認できる（図1➡）〔Saupe分類：Ⅲ型が最も多い（図4）〕．
- CTで，なめらかな裂隙により大きな骨片と小さな骨片に分けられている像を認める．（図2➡）
- MRIは，横断像と冠状断像が有用である．
- MRIで，裂隙周辺に限局性の骨髄浮腫様の信号異常を認めることが多い（図3➡）．

> **疾患の特徴**
> - 日常生活では，症状がないことが多いが，運動時，特に着地や踏み込んだ際に膝前面に疼痛を自覚する．
> - 他覚的には，分裂部に一致した圧痛や叩打痛を認める．
> - 症状は，ダッシュや疾走，急停止などをくり返すスポーツとの関連が強く，膝関節の屈伸運動，大腿四頭筋の急激な収縮によって誘発される膝蓋骨分裂部に一致した疼痛が主症状である．
> - 大腿四頭筋の萎縮や分裂した骨片部の骨性隆起を認めることがある．
> - 膝蓋骨後面の軋音，関節水症，関節可動域制限などを認めることもある．

◆ **鑑別診断**

- **膝蓋骨骨折**：骨折線は鋸歯状を呈するが，分裂部の裂隙はなめらかである．
- **大腿四頭筋腱炎**：MRIで，大腿四頭筋腱の異常信号を認める．
- **腸脛靱帯炎**：MRIで，腸脛靱帯の周囲に異常信号を認める．
- **外側半月板損傷**：MRIで，半月板に亀裂や断裂像を認める．
- **タナ障害**：膝蓋大腿関節の近傍に，滑膜ひだを認める．

> **Pit falls**
> - 分裂骨片の存在だけで発症するわけではない．
> - 明らかな外傷が原因で，分裂膝蓋骨が疼痛を呈することがあり，膝蓋骨骨折と鑑別を要することがある．

◆ **治療方針**

- スポーツ活動の休止，装具，トレーニング（ストレッチ，筋力強化，体幹強化）．
- 疼痛が残存し，競技などに支障をきたす場合には，手術加療（骨接合術，摘出術，骨穿孔術，外側支帯解離術）が考慮される．

◆ **患者，家族への上手な説明**

- 骨折ではないため，安静で骨癒合が得られるものではない．
- 分裂が疼痛の原因ではなく，分裂部へのストレスが原因と考えられる．
- 治療は，**分裂部へのストレスを軽減**することであり，多くは保存加療で軽快する．
- 保存加療に抵抗する症例では，手術加療が有効となることもある．
- 装具などを用いてスポーツ復帰し，加療することも多い．

参考文献

1) 堀部秀二 ほか：膝のスポーツ傷害．関節外科，27（12）：77-78，2008
2) Atesok, K. et al.：Symptomatic bipartite patella：Treatment alternatives. J Am Acad Orthop Surg, 16（8）：455-461, 2008
3) Carney, J. et al.：Arthroscopic excision of a painful bipartite patella fragment. Am J Orthop（Belle Mead NJ），39（1）：40-43, 2010
4) Gaheer, R. S. et al.：Contemporary management of symptomatic bipartite patella. Orthopedics, 32（11）：843-849, 2009
5) Weckstrom, M. et al.：Excision of painful bipartite patella：Good long-term outcome in young adults. Clin Orthop Relat Res, 466（11）：2848-2855, 2008
6) Saupe, E.：Beitrag zur Patella bipartita. Fortschr. Röntgenstr., 38：37-41, 1921
7) Schaer, H.：Die Patella partita. Ergebn d. Chir., 27：1-53, 1934

第3章 画像診断　§6 膝関節

B) 膝関節の障害
3. Osgood-Schlatter病
Osgood-Schlatter disease

林　大輝, 丸毛啓史

Point
▶ 発育期の脛骨粗面の疼痛と骨膨隆を生じる骨化異常の一種である.
▶ 強力な大腿四頭筋の張力により脛骨粗面にくり返し負担がかかることで引き起こされる.

症例

12歳男児. サッカーを週4回程度行う. 4週間前より, 誘因なく左膝の運動時痛が出現し, 疼痛が増強してきたため, 当科を訪れた.

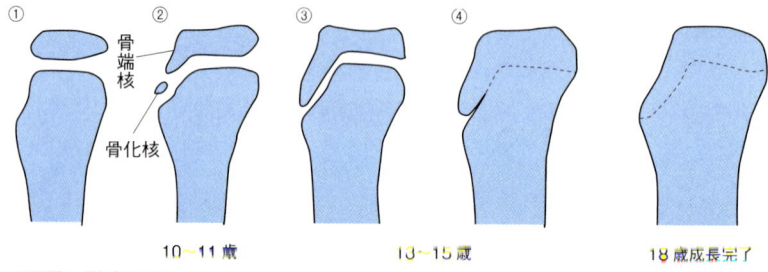

図1● 脛骨粗面の発育過程
① cartilaginous stage（軟骨性の時期）: 骨化核の出現していない時期.
② apophyseal stage（骨端性の時期）: 骨化核の出現した時期（10～11歳）.
③ epiphyseal stage（骨端性の時期）: 骨化核が脛骨の骨端核と癒合し, 舌状の骨形成をした時期（13～15歳）.
④ bony stage（骨性の時期）: 骨端核が閉鎖した時期.
文献1より引用

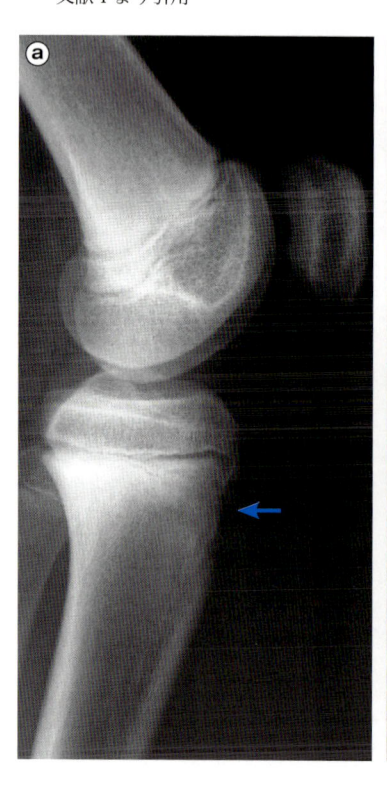

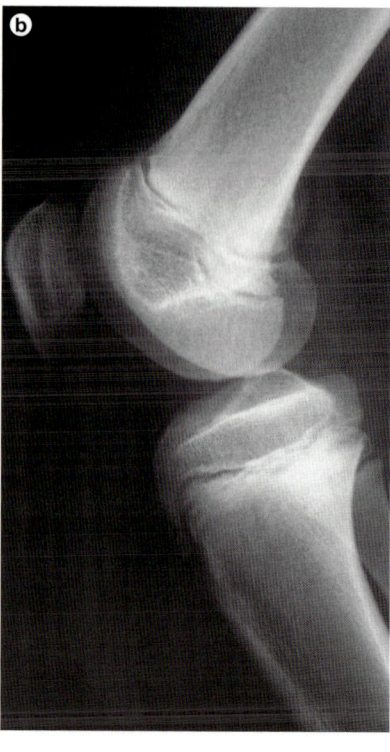

図2● 単純X線像
a) 患側側面像, b) 健側側面像. 病巣部: ➡.

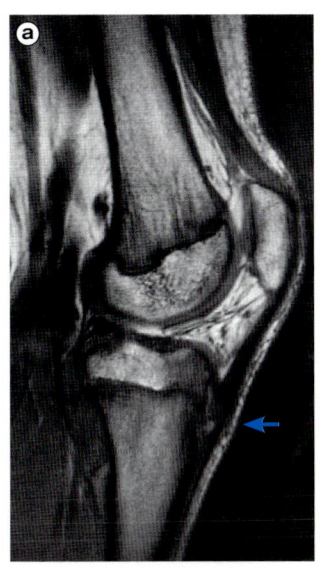

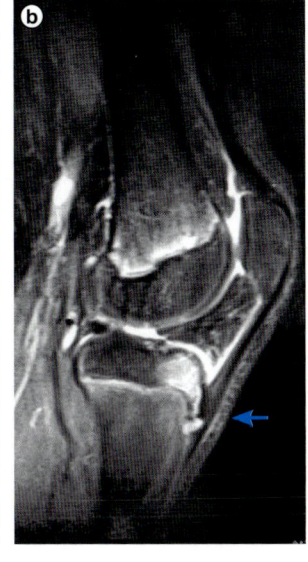

図3 ● MRI
a) T1強調矢状断像,
b) T2強調STIR矢状断像.
病巣部：➡.

画像所見のポイント

- 脛骨粗面の単純X線像は，発育段階によって4段階に分類される（図1）.
- 病期によって，脛骨粗面部に限局性透亮像のみられる初期（図2➡），分離，分節化を認める進行期，ならびに遊離体形成を認める終末期に分類される.
- 年齢に応じて，骨化か遊離骨かを判断する必要がある.
  ※脛骨粗面の発達段階と病期を把握すべきである.
- MRIでは膝蓋腱遠位部が肥厚し，T1強調像，T2強調像で信号上昇がみられる．また，脛骨粗面の分節化によって，前方皮下組織の浮腫，Hoffa脂肪体の浮腫，深膝蓋下滑液包の腫脹を伴うことがある．脛骨の骨幹端，骨端前方にT1強調像で低信号，T2強調像で高信号を示す骨髄浮腫を示す場合もある（図3➡）.

疾患の特徴

- 脛骨粗面部の疼痛を訴え，同部位の圧痛，腫脹，熱感を認める.
- 大腿四頭筋の緊張を認める症例が多い.
- 身体の重心が後方に位置すると，骨盤が後傾し，大腿四頭筋などを伸張することになり，膝蓋腱や脛骨粗面に対して，牽引負荷が増大すると考えられる.

◆ 鑑別診断

- 脛骨裂離骨折：裂離骨片を認める.
- 膝蓋腱炎：MRIで，膝蓋腱の肥厚などを認める.

◆ 治療方針

- ウォーミングアップやストレッチ，トレーニングの徹底，運動後のアイシング，抗炎症薬の投与，装具療法などの保存加療が主である.
- 正しいストレッチの習慣づけや，脛骨粗面の骨端部の圧痛チェックを指導し，予防させることが重要である.
- 痛みがある場合は，運動の制限などを行い，疼痛が続く場合には，医療機関を受診させる.

◆ 患者，家族への上手な説明

- 早期に，スポーツ活動の休止や装具療法，およびストレッチなどを中心とした保存療法を施行することによって，変形を残さず治癒できる場合もある．
- 安静により疼痛は軽減されるが，筋の緊張や姿勢，動作の改善が治療の主体となる．
- 変形が残存しても，症状がなく，スポーツ活動は可能な場合も多い．
- 変形が残存し，疼痛が強い場合は，骨軟骨片を摘出する手術を行う．

参考文献

1) Ehrenborg, G. & Lagergen, C.：Roentgenologic changes in the Osgood Schlatter lesion. Acta Chir Scand, 121：315-327, 1961
2) Odgen, J.：Osgood-Schlatterr's disese and tibial tubelosity and development. Clin Orthop, 116：180-189, 1976
3) De Lucena, G. L. et al.：Prevalence and associated factors of Osgood-Schlatter syndrome in a population-based sample of Brazilian adolescents. Am J Sports Med, 39（2）：415-20, 2011
4) Pihlajamaki, H. K. et al.：Long-term outcome after surgical treatment of unresolved osgood-schlatter disease in young men：surgical technique. J Bone Joint Surg Am, 92（2）：258-264, 2010
5) Zrig, M. et al.：Acute tibial tubercle avulsion fractures in the sporting adolescent. Arch Orthop Trauma Surg, 128（12）：1437-1442, 2008
6) 平野 篤・小児・成長期の下肢のスポーツ外傷・傷害．復帰を目指すスポーツ整形外科（宗田 大 編），pp.604-606, メジカルビュー，2011

第3章 画像診断　§6 膝関節

B) 膝関節の障害
4. 腸脛靱帯炎
iliotibial band friction syndrome

林　大輝, 丸毛啓史

Point
- 腸脛靱帯が膝屈伸時に大腿骨外側上顆の骨性隆起部と擦れることにより, 同部位に炎症が起こり, 疼痛が生じると考えられる.
- オーバーユース症候群の1つとして考えられる.
- 長距離走の選手に多い.

症例
26歳男性. ラグビーを週4回程度行っている. 1カ月前にラグビーの試合後に誘因なく左膝関節痛を自覚した. その後, 症状は軽快したが, 1週間前の試合後に再度症状が増悪したため, 当科を訪れた.

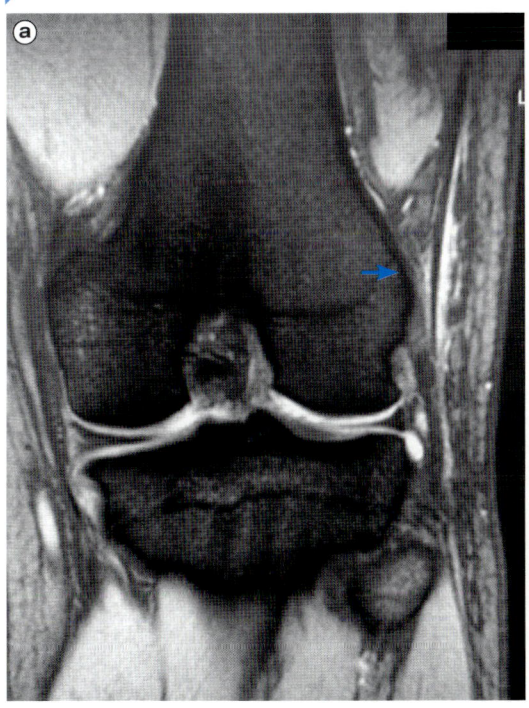

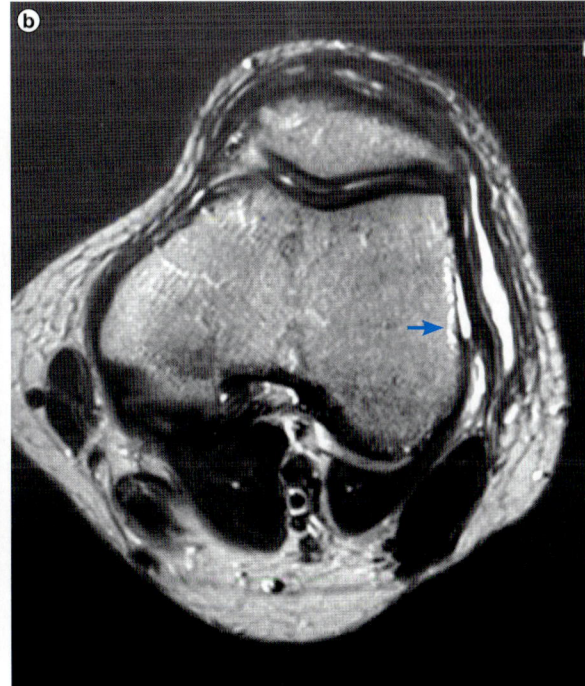

図● MRI
a) T2強調STIR冠状断像, b) T2強調横断像.
病巣部：→.

画像所見のポイント
- 単純X線像で大腿骨外側上顆の変形, 骨隆起, 石灰化などがみられることがある.
- 下肢のアライメント異常との関係が指摘されており, 単純X線下肢片脚立位正面像などでアライメント異常が確認されることがある.
- MRIで, 大腿骨外側上顆周辺に浮腫性変化が認められる (図→).

疾患の特徴
- 大腿骨外側上顆部に一致して圧痛や運動時痛を認める.
- 平地歩行での疼痛がない場合でも,階段の昇降時に疼痛を自覚することがある.
- 膝屈曲位で大腿骨外側上顆のやや中枢部を圧迫しながら伸展させると疼痛を訴える (grasping test).

◆ 鑑別診断
- **外側半月板損傷**：身体所見で,圧痛部位を正確に把握する.また,MRI所見を参考にする.
- **膝窩筋腱炎**：FABER位（股関節を屈曲,外転,外旋した肢位）で疼痛が増強する.MRI所見を参考にする.
- **ファベラ症候群**：ファベラは,腓腹筋外側頭内にある種子骨であり,大腿骨と関節面を形成する.単純X線像で,ファベラを認める.CTやMRIで,大腿骨外側後面にファベラと一致する陥凹がみられ,MRIで骨髄浮腫像がみられることもある（p.205Q&A参照）.

◆ 治療方針
- ウォーミングアップやストレッチ,トレーニングの徹底.
- 運動後のアイシング.
- 抗炎症薬の投与.

◆ 患者,家族への上手な説明
- **オーバーユース症候群**の1つとして考えられるため,症状の出現時には,運動量を減らす必要がある.
- 安静により,症状は軽減するが,競技復帰に関しては,**負荷に耐えられる身体**のリコンディショニングが必要である.

参考文献
1) Van der Worp, M. P. et al.: Iliotibial band syndrome in runners : a systematic review. Sports Med, 42(11) : 969-992, 2012
2) Strauss, E. J. et al.: Iliotibial band syndrome : evaluation and management. J Am Acad Orthop Surg, 19(12) : 728-736, 2011
3) 「関節のMRI」（福田国彦 ほか 編）, pp.488-490, メディカル・サイエンス・インターナショナル, 2007

第3章 画像診断　§6 膝関節

A) 膝関節の外傷
13歳女性．バレーボール

武田秀樹，増島　篤

受診状況　ラインを割りそうなボールを追いかけていたとき他の選手と接触，右膝を捻って受傷，膝の疼痛を訴え受診．同じようなことが数カ月前にもあった．

臨床所見　右膝関節の疼痛が強く，荷重不可，膝関節の腫脹あり．軽度屈曲位よりある程度屈曲ができるのみ，膝蓋骨周辺から外側にかけての疼痛の訴えあり．

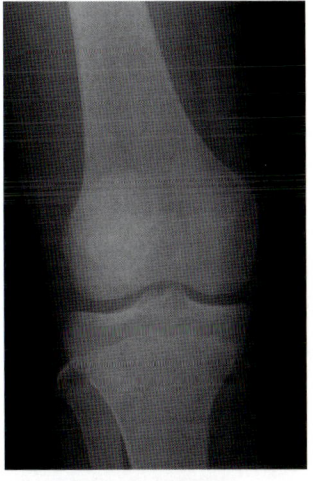

図1●単純X線正面像

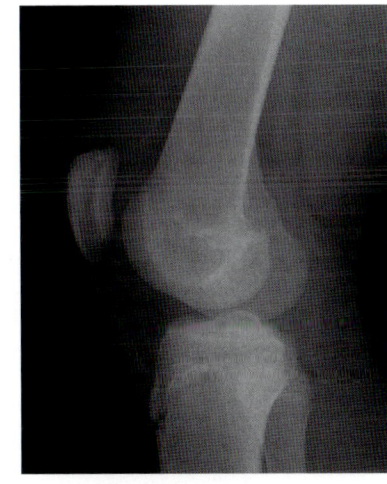

図2●単純X線側面像

図3●単純X線スカイライン像

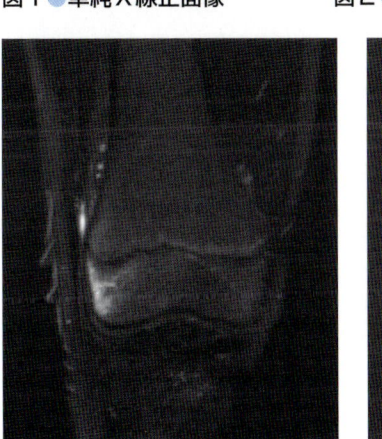

図4●右膝MRI T2*強調脂肪抑制冠状断像

図5●右膝MRI T2*強調脂肪抑制冠状断像

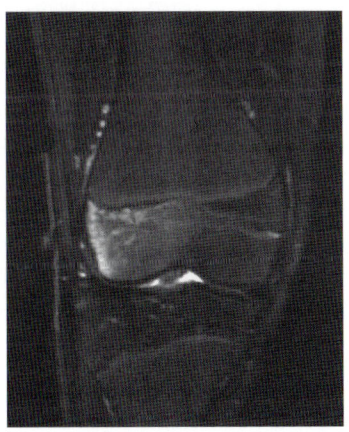

Question

1) X線画像およびMRI画像の所見は？
2) 本症例の診断は？

Answer

1) X線画像, メカニカル像にて, 膝蓋骨が外側に亜脱臼している. 膝蓋骨内側に剥離骨片あり. また, 大腿骨滑車部の低形成あり, MRI冠状断像にて大腿骨外顆外側に骨挫傷の所見がある.
2) 反復性膝蓋骨脱臼.

◆ 解説

　膝蓋骨脱臼とは，膝蓋骨が大腿骨滑車から大腿骨外顆を乗り越え外側に脱臼することを指す．ごく稀に内側に脱臼することもある．直達外力により脱臼することもあるが，ほとんどが大腿骨滑車の低形成，外反膝といったもともとの素因によるものが原因となる．

　また，一度脱臼すると，内側膝蓋大腿靱帯 (medial patell-ofemoral ligament：MPFL) が断裂することが多い．これにより再脱臼する可能性が高くなり，反復性膝蓋骨脱臼となる．

　脱臼した際，膝蓋骨内側関節面と大腿骨外顆外側が衝突する．このとき，大腿骨外顆に骨挫傷が，膝蓋骨内側面の骨軟骨骨折が起きることが多い．よって，この脱臼後に膝関節内遊離体が生ずることもある．

　膝蓋骨脱臼の受傷機転は膝前十字靱帯や膝内側側副靱帯の損傷と類似するので注意が必要である．特に受傷初期の臨床所見はどの損傷でも膝腫脹，疼痛と同じであり，前十字靱帯損傷と膝蓋骨脱臼では両者ともに大腿骨外顆の骨挫傷が起きるため疼痛部位も同様である（それぞれ骨挫傷の部位は異なるが）．徒手的検査は受傷初期では難しいことが多い．よって，膝MRI検査を行い診断するとよい．

　治療は，膝蓋骨を安定させるような装具の装着，大腿四頭筋（特に内側広筋）の筋力訓練といった保存的療法と外科的療法がある．外科的療法は主にアライメントおよび骨形態異常を矯正するものとMPFLを再建するものがある．

◆ 患者, 家族への上手な説明

　膝蓋骨の脱臼について説明する．初回の場合，まずは脱臼による膝の炎症を落ち着かせる治療を行い，日常生活に早期復帰させる．その間，膝MRI, CT検査を行い，膝のアライメントおよび骨形態異常を評価し，症例ごとに適切な治療法を選択するとよい．

　膝の可動域が完全に回復し，疼痛がとれたらスポーツに復帰する．また，膝蓋骨を固定するようなサポーターを着用すると，膝の不安定感が良くなることがある．

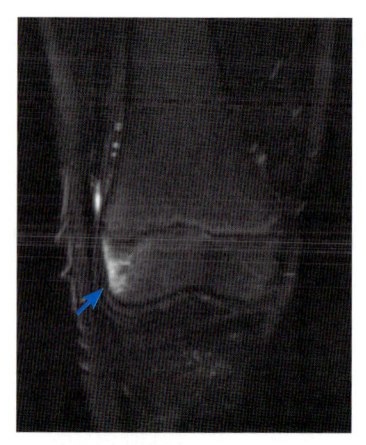

図6 ● 図4解説

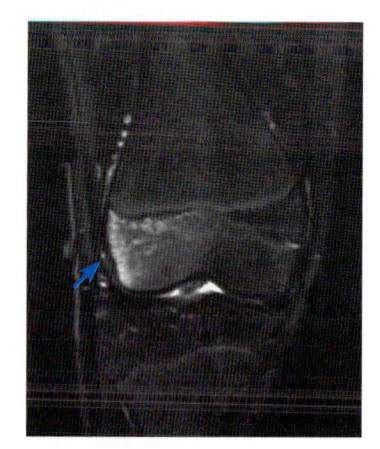

図7 ● 図5解説

第3章 画像診断 §6 膝関節

A）膝関節の外傷
21歳男性．アメリカンフットボール

武田秀樹，増島 篤

受診状況 ポジションはクォーターバック．ボールを持ってパスを出す相手を探していたところ後ろからタックルを受け，右膝をフィールドに打ちつけて受傷．受傷後2週間経ち，歩行は可能となったが，膝の不安定感あり受診．

臨床所見 膝の腫脹は軽度．膝可動時に疼痛あり．荷重は可能．関節の後方に疼痛の訴えあり．

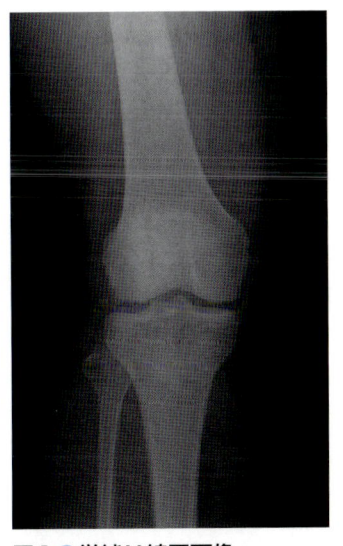

図1●単純X線正面像 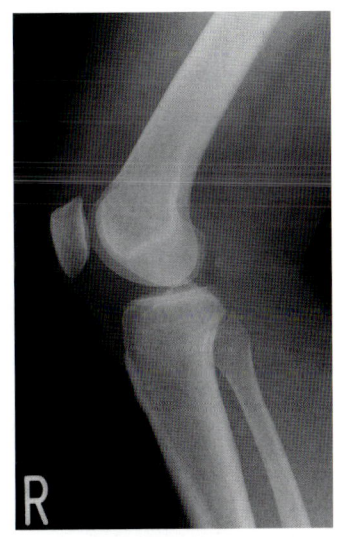　図2●単純X線側面像

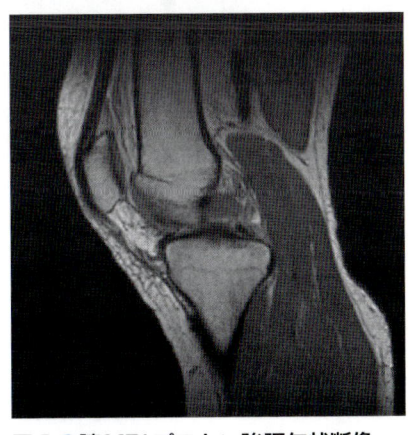

図3●膝MRIプロトン強調矢状断像 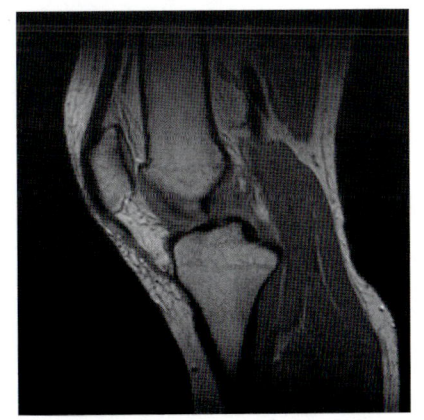　図4●膝MRIプロトン強調矢状断像

Question
1) MRI画像の所見は？
2) 本症例の診断は？
3) 診断に有用な徒手検査は？

Answer

1) MRI画像にて膝後十字靱帯の腫脹，靱帯成分の高信号化あり（図5，6）．
2) 膝後十字靱帯損傷．
3) 後方引き出しテスト．

◆ 解説

　後十字靱帯は大腿骨果間内側壁前方から脛骨果間部後方に走行する靱帯で主に脛骨の後方移動を制動させる靱帯である．後十字靱帯損傷はコンタクトスポーツや交通事故で主に膝屈曲位で膝前面からの直達外力で受傷することが多い（dashboard injury）．また，膝過伸展でも受傷する．

　症状は前十字靱帯損傷同様，膝関節の可動時痛，関節血腫などを呈する．主に膝後方の疼痛を訴えることが多い．診断は徒手検査，MRI検査などで行う．徒手検査の代表的なものに後方引き出しテストがあり，文字通り膝90°屈曲位にて脛骨を後方に押し込み，前後の不安定性を評価する．受傷後急性期，または関節内血腫が強いときには疼痛などのため大腿四頭筋が緊張し評価が困難なときがある．このようなときは膝90°屈曲位で脛骨結節付近を前方から軽く叩いてみると，後十字靱帯損傷の場合，膝後方に疼痛が誘発されることがあるのでこの方法も診断の補助となる．

　MRI検査では，通常後十字靱帯は矢状断像にて靱帯性の低信号で描出されるが，損傷した場合，輝度の上昇および膨隆するため診断がつきやすい．

　しかし，軽傷の場合は軽度の輝度上昇のみがみられるだけのこともあるため注意が必要である．

　治療は主に保存療法で行われることが多い．また，脛骨を前方に引き出す大腿四頭筋訓練を行うことにより，不安定性が残存するものの，不安定感が減少することが多く，この状態で競技に復帰できる症例が少なくない．不安定性が大きいものや他の靱帯損傷を合併している場合は外科的治療を選択する場合が多い．

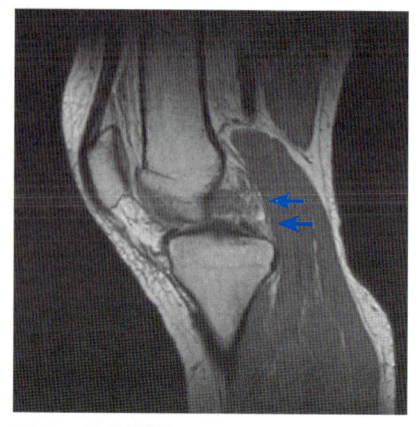

図5 ● 図3解説
（膝MRIプロトン強調矢状断像）

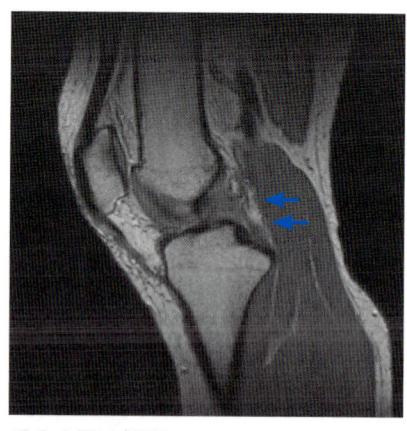

図6 ● 図4解説
（膝MRIプロトン強調矢状断像）

◆ 患者，家族への上手な説明

　後十字靱帯損傷はほとんどが保存療法で行われる．前後の不安定性が残存することがあるが，大腿四頭筋訓練を行うことにより，症状が緩和し，もとの競技に復帰できる可能性が高い．受傷後急性期は膝の炎症に対し，治療を行う．炎症が落ち着いたら大腿四頭筋訓練を行わせ，徐々に競技に復帰させていく．

第3章 画像診断 §6 膝関節

B) 膝関節の障害
17歳女子．空手

林 大輝，丸毛啓史

受診状況 空手を週6〜7回行う，全国大会レベルの症例．1年4カ月前に左下腿を軸にして跳び蹴りをし，以後，左膝後外側に疼痛を自覚するようになった．7カ月前に稽古中，再度，疼痛が増強したため，数カ所の医療機関を受診するが，改善なく紹介となった．

臨床所見
・踏み込み時の膝窩部の疼痛．膝関節の自動伸展時の疼痛．腓腹筋外側頭に圧痛．
・可動域制限なし．関節水症なし．

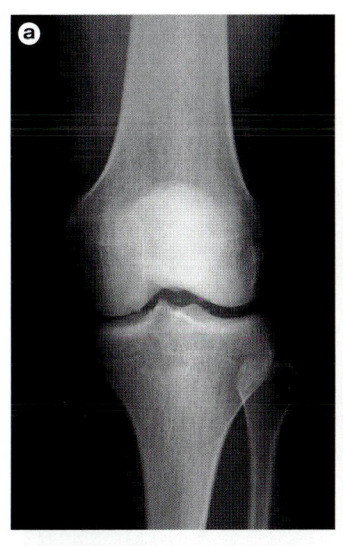

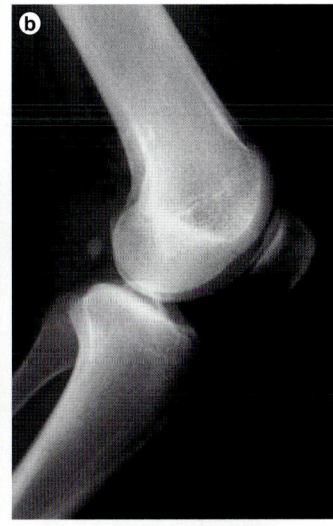

図1●単純X線像

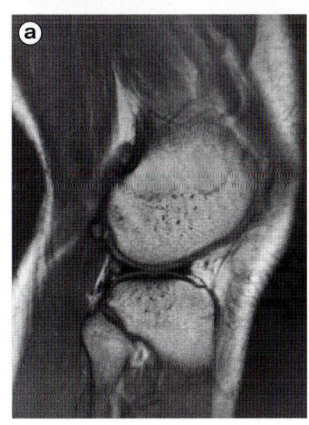

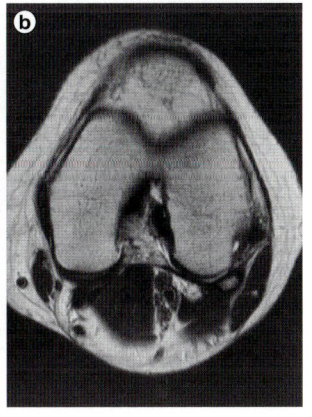

図2●MRI（T2強調像）

Question

1) 本症例の診断は？
2) 本疾患の診断のポイントは？
3) 治療法は？

Answer

1) ファベラ症候群.

2) Weiner[1]のあげる症状（膝窩部外側に限局した鋭い疼痛，圧痛，膝伸展時痛）のほかに，膝の伸展障害，腰部の前屈制限，足関節背屈時およびつま先立ちでの膝窩部外側部の疼痛，MRI関節造影やCTでみられるfabello-femoral関節の異常像，ブロック注射での症状改善などが診断の一助となる.

3) 本疾患の治療は，保存療法が主体で安静，非ステロイド性抗炎症薬の投与，fabello-femoral関節周辺へのステロイドの注入などにより軽快する場合が多い．しかし，保存療法に抵抗する場合には，ファベラ摘出術を行う場合もある.

◆ 解説

ファベラは腓腹筋外側頭の起始部に存在する種子骨で，一般的に臨床的意義は小さいとされている（図3）．しかしながら，ファベラの骨折や壊死および骨軟骨炎，また，ファベラにより引き起こされた腓骨神経障害などが報告されている．①ファベラにおける鋭い疼痛，②限局した圧痛，③膝伸展時痛の3症状がみられる疾患をファベラ症候群として治療している．診断者に疾患概念がない場合，膝関節炎，半月板損傷，腸脛靱帯炎などと混同されることが考えられる．診断するためには，十分な診察とMRIなどの画像診断が必要である．

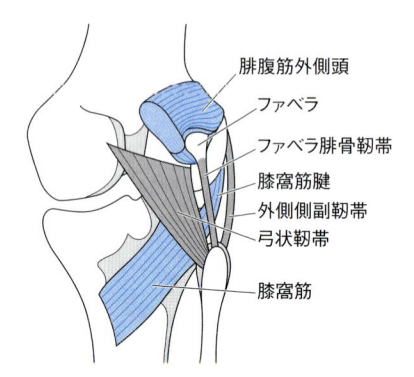

図3●膝関節後外方の支持組織

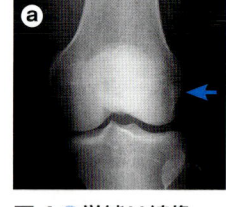

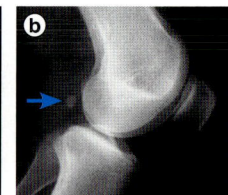

◆ 患者，家族への上手な説明

- ファベラは種子骨であり，ファベラの存在そのものが疼痛を引き起こしているわけではない.
- 疼痛の原因は，関節症性変化，軟部組織の炎症や滑膜炎などが考えられ，炎症が治まることにより，疼痛は軽減されると考えられる.
- 疼痛が残存し，競技に支障をきたす場合には，手術でファベラを摘出することも選択肢の1つとなる.
- 疼痛を誘発する動作はひかえ，ストレッチや筋力増強などのトレーニングを中心とする.

図4●単純Ｘ線像
a) 正面像，b) 側面像.
異常所見はみられない．側面像で大腿骨外顆後面に楕円形のファベラを認める（→）.

参考文献

1) Weiner, D. et al.: The fabella syndrome. Clin Orthop, 126: 213-215, 1977
2) 武部恭一 ほか：ファベラ症候群について．臨整外，17(9): 957-962, 1982
3) 高田警嗣 ほか：両側ファベラ症候群の1例．関東整災誌，24(4): 416-420, 1993

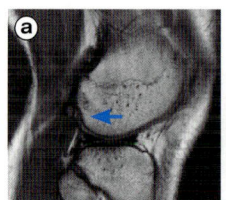

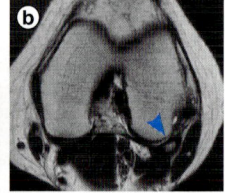

図5●MRI（T2強調像）
a) 矢状断像，b) 横断像.
大腿骨外顆後面の陥凹（→）と，ファベラに接する関節軟骨の限局性の信号異常を認める（▶）.

第3章 画像診断 §6 膝関節

Q&A B）膝関節の障害
9歳男児．サッカー

林　大輝，丸毛啓史

受診状況　クラブチームに所属するサッカー選手．練習は週5日である．4カ月前から，誘因なく運動後の左膝関節痛が出現した．最近になり，運動時の疼痛も自覚するようになり，当科を訪れた．

臨床所見
・踏み込み時に左膝蓋骨上外側に疼痛を自覚．
・同部位に圧痛あり．
・関節可動域制限なし．

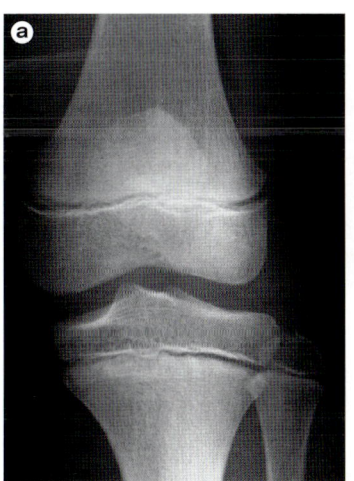

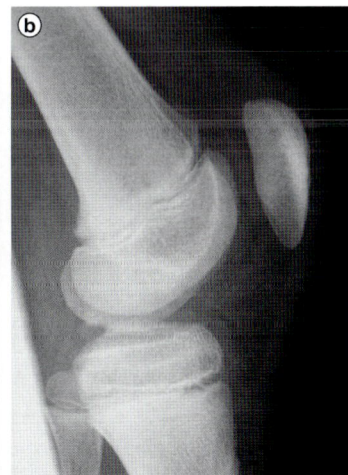

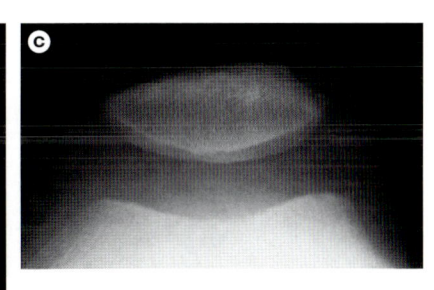

図1 ● 単純X線像
a）正面像，b）側面像，c）スカイライン像．

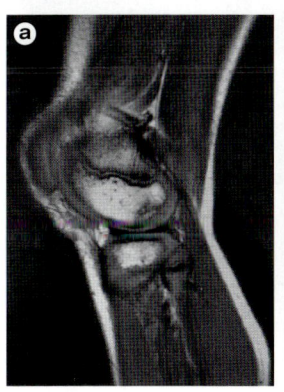

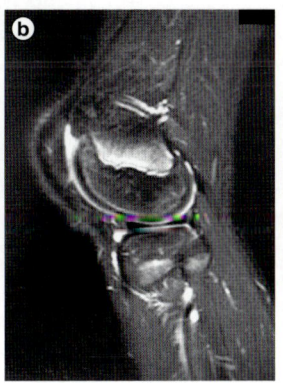

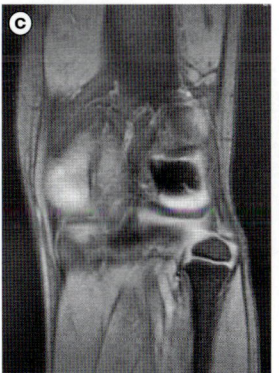

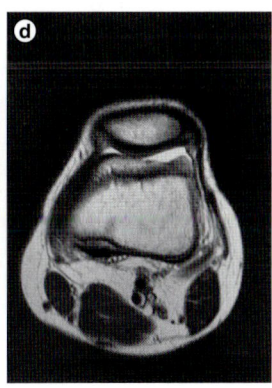

図2 ● MRI
a）T1強調矢状断像，b）T2強調STIR矢状断像，c）T2強調冠状断像，d）T1強調水平断像．

Question

1) 本症例の診断と，診断とは別の画像所見を述べよ．
2) この所見に類似しているOCDとの鑑別点は？

Answer

1) 診断は有痛性分裂膝蓋骨（図3）で，MRI所見でFCI（femoral condyle irregularity）が認められる．FCIは，成長期のMRI所見で，しばしばみられる大腿骨顆部の骨端の骨化遅延による正常変異であり，病的意味はない．関節軟骨は正常であり，不整像は数年で自然消失する（図4○）．

2) MRI所見が重要であるといわれており，軟骨の損傷，変性，菲薄化や囊胞性変化，さらに骨髄浮腫を認めないことが，FCIと考えられる所見である．また，離断性骨軟骨炎（osteochondritis dissecans：OCD）に比べて，好発年齢が若年であること，好発部位が外顆の後方に多いことなどがあげられる．

◆ 解説

1941年，Sontagらは，単純X線像で，小児の大腿骨顆部関節面に不整像を認めることを報告した[4]．MRIの普及とともに，同部位にみられる軟骨下骨髄の異常信号はFCIと呼ばれるようになった．FCIは，成長期のMRI所見で，しばしばみられる大腿骨顆部の骨端の骨化遅延による正常変異である．病的意味はなく，関節軟骨は正常であり，不整像は数年で自然消失する．しかし，成長期の膝関節障害に，この変化に類似するOCDがある．特にスポーツ選手においては，不必要なスポーツ活動の休止を避けるために，**OCDとの鑑別が重要**な問題になる．

◆ 患者，家族への上手な説明

- FCIは，疾患ではないが，初期のOCDと鑑別は容易ではなく，**経過観察が必要**であることが多い．
- 疼痛の原因は，他にある可能性が高い．本症例では有痛性分裂膝蓋骨が疼痛の原因であった（図3）．
- 疼痛を引き起こしている疾患に対しての治療が必要である．

参考文献

1) 坂本佳那子 ほか：成長期のスポーツ選手にみられたFemoral condyle irregularity．整スポ会誌，32（2）：165-169, 2012
2) 「膝MRI 第2版」（新津 守 著），pp.158-160, 医学書院，2009
3) Nawata, K. et al.：Anomalies of ossification in the posterolateral femoral condyle：assessment by MRI. Pediatr Radiol, 29：781-784, 1999
4) Sontag, L. W. et al.：Variations in the calcification pattern in epiphyses. AJR, 45：50-54, 1941

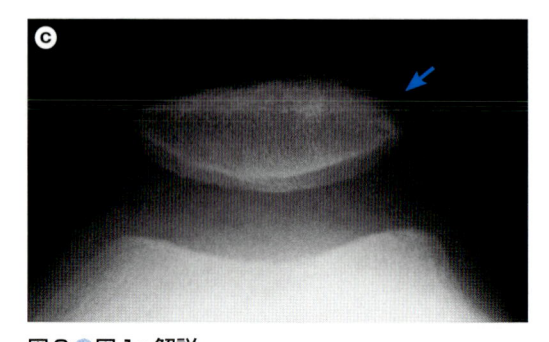

図3 ●図1c解説
分裂骨片を認める．
原疾患（有痛性分裂膝蓋骨）：→．

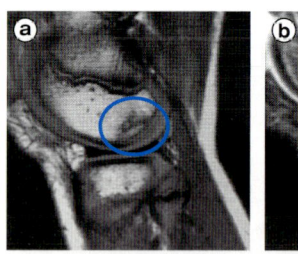

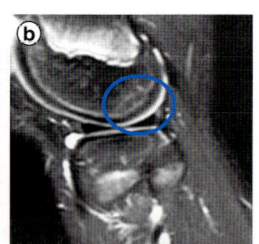

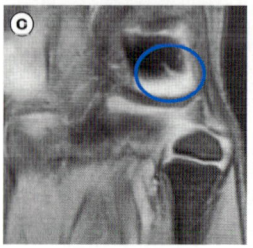

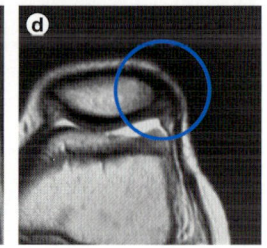

図4 ●図2拡大図
a) T1強調矢状断像，b) T2強調STIR矢状断像，
c) T2強調冠状断像，d) T1強調水平断像
大腿骨外顆の軟骨下骨に異常信号を認めるが，骨髄浮腫像は認めない．関節軟骨の損傷を認めない．
FCI：○．

第3章 画像診断　§7 下腿

・下腿の障害
1. 疾走型脛骨疲労骨折
stress fracture of tibia

亀山　泰

Point

▶ 脛骨の疲労骨折はスポーツによる下肢疲労骨折のうち最も多く，特に疾走型脛骨疲労骨折が最も多く発症する[1]．

▶ 脛骨骨幹部に生じる疲労骨折には疾走型と跳躍型があり，脛骨にはその他近位の内顆と遠位の内果にも疲労骨折が生じる[2]．

▶ 疾走型脛骨疲労骨折は脛骨近位1/3から遠位1/3を中心に脛骨の内側から内側後方の皮質に単純X線上骨膜反応が出現し，仮骨，骨肥厚，骨硬化像などが現れる[3]．

▶ 疲労骨折は発症初期ではX線上では変化がみられないことが多く，遠位1/3の疾走型脛骨疲労骨折はシンスプリント（P.213参照）と症状が似ていて，鑑別が難しいため，時間をおいてくり返しの検査が必要である．

▶ MRIでは，STIR像や脂肪抑制像で初期から広範な高信号変化を骨髄内に認める[4]．

▶ 診断においては詳細な病歴の聴取と疲労骨折部の限局した強い圧痛点，患側での片足ジャンプでの疼痛（hop test）の確認が重要である[5]．

症例

15歳，高校男子バスケットボール部．
高校入学後バスケットボール部に入部，練習量が増加し，右下腿に痛みがあるも我慢して練習を継続．ランニングやジャンプが不可能となり来院．
脛骨上1/3の内側皮質に限局した圧痛点があり，歩行は可能も，患側でのジャンプは不能（hop test 陽性）．
脛骨近位1/3の疾走型疲労骨折と診断して，ランニングやジャンプを中止した．

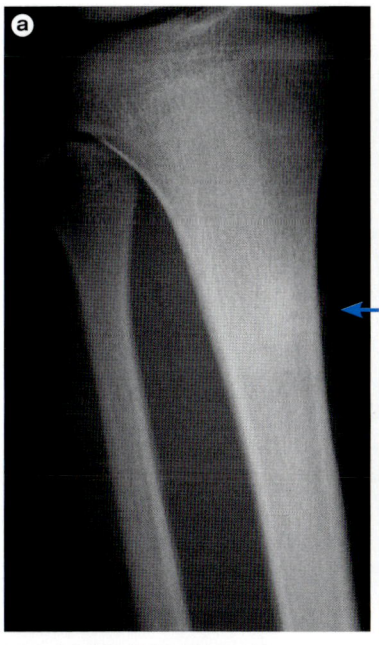

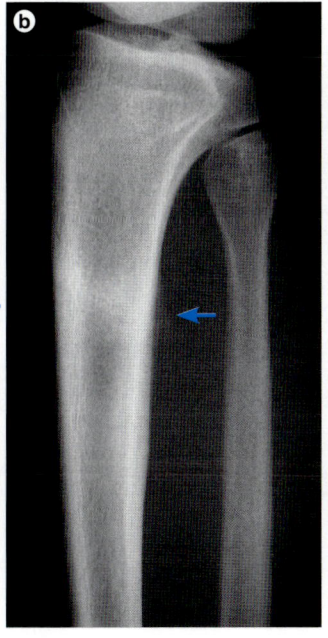

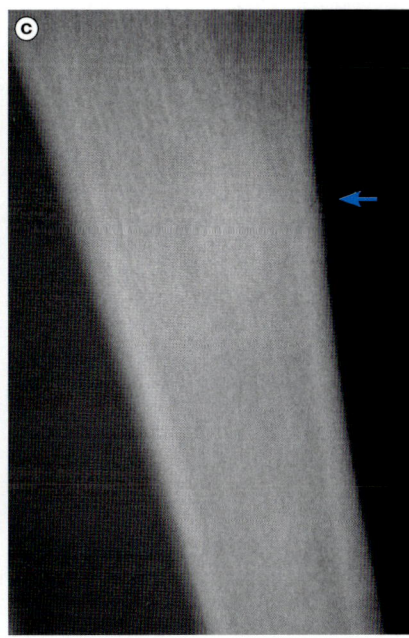

図1●初診時下腿単純X線
a) 正面像，b) 斜位像，c) 拡大正面像．わずかに骨膜反応を認める（→）．

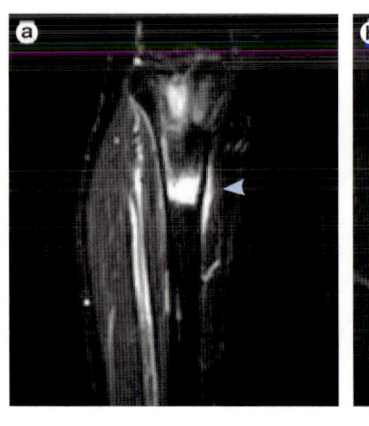

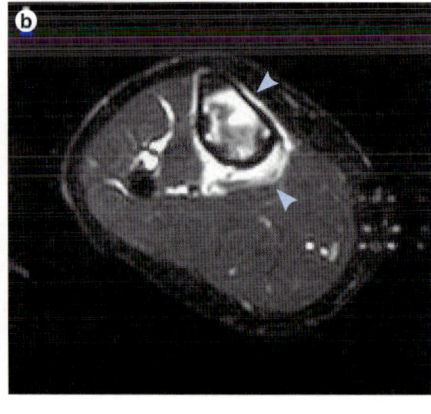

図2 ● 初診1週目の下腿MRI STIR像
a) 矢状断像, b) 横断像.
脛骨近位全体の骨髄内に広範に高信号変化を認め, 骨皮質周囲にも高信号変化を認めた (▷).

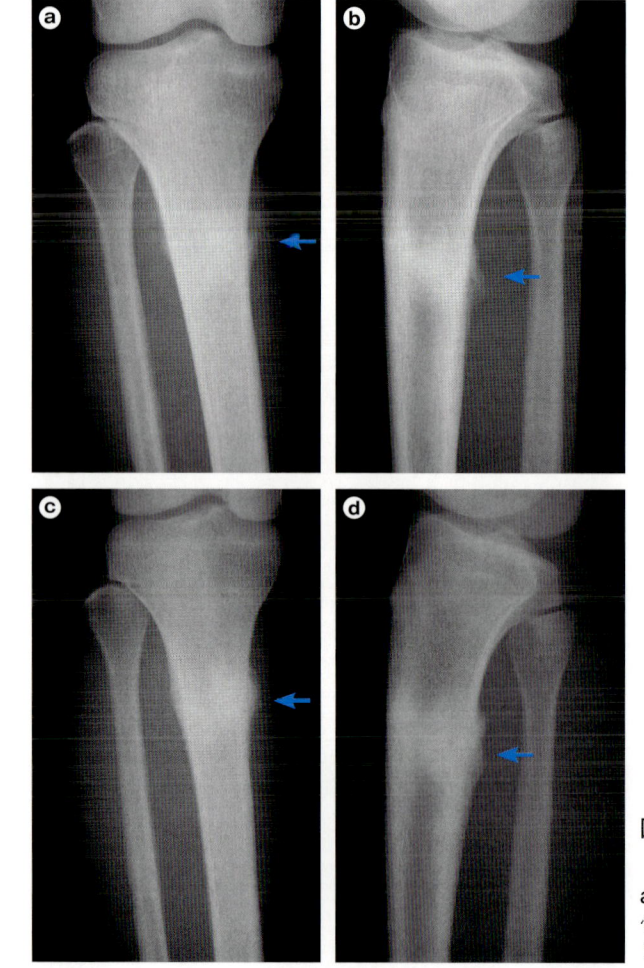

図3 ● 初診後4週後 (a, b) と8週後 (c, d) の下腿単純X線
a, c) 正面像, b, d) 斜位像. 初診後4週のX線では, 仮骨は拡大し明瞭となるもまだ淡い, 初診後8週ではしっかりした仮骨が形成され, スポーツに復帰可能であった (→).

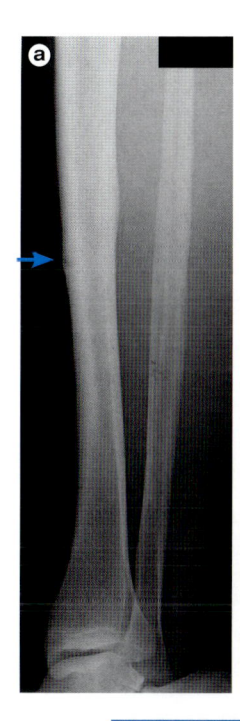

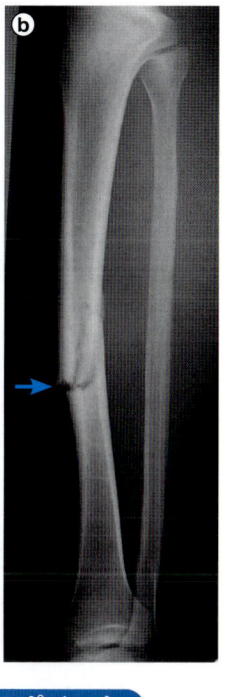

図4 ● 参考症例：跳躍型脛骨疲労骨折，完全骨折例
a) 17歳男子．バスケットボール．跳躍型脛骨疲労骨折．脛骨中央前方皮質に骨改変層を認める（→）．
b) 19歳男子．陸上ハードル選手．完全骨折例．以前より脛骨前方痛あり，ハードル着地にて完全骨折となる（→）．

画像所見のポイント

- 疾走型脛骨疲労骨折は，発症初期は単純X線ではまだ所見がみられないことが多い．
- 単純X線は正面像と側面像だけでなく，斜位像にて特に脛骨内側後方の圧痛部の骨皮質表層の病変を注意深く観察し，わずかな骨膜反応をチェックする（図1）[2, 3]．
- MRIではSTIR像や脂肪抑制像にて，発症初期から脛骨骨髄内全体と骨皮質周囲に高輝度信号を呈し（図2），単純X線で変化がみられない場合には有用である[4]．
- 初診時単純X線で異常がみられなくても，疲労骨折が疑われる場合は，1～2週ごとに再度，X線検査でチェックが必要（図3）．
- 脛骨中央前方に強い圧痛がある跳躍型脛骨疲労骨折はX線では骨改変層がみられ，難治性で治癒には長期を要し，無理をすると稀に完全骨折を起こすこともある（図4）．

疾患の特徴

- 中学生から大学生の部活動でランニングをすることの多い競技で，新チームや強化練習など急激な練習環境の変化やランニング量が増加した場合などに発症しやすい．
- 運動時の疼痛から，ランニングやジャンプが不能となり，初期は歩行時痛を生じて診察に訪れることもある．
- 疼痛部位は脛骨の内側後方で，近位1/3から遠位1/3にかけて強い疼痛部が1カ所に限局する場合は，疲労骨折を疑う．
- 患側で片脚ジャンプして強い疼痛があれば，疲労骨折を強く疑う（hop test）．

◆ 鑑別診断

・X線上変化がない場合にシンスプリントの可能性もあるが，疼痛が強い場合は1～2週後にも再度X線のチェックやMRIを行い，疲労骨折とシンスプリントの鑑別をする必要がある．
・単純X線で骨膜反応が著明な場合，好発年齢や部位が類似する原発性骨腫瘍や骨髄炎との鑑別

が重要となり，病歴が疲労骨折と類似していても安静にて症状の改善がみられない場合は，MRIなどで鑑別が必要である．

◆ 治療方針

- 疾走型の脛骨疲労骨折では完全骨折を起こすことはほとんどなく，保存療法で予後良好である．
- 発症初期で歩行時痛があれば，痛みに応じて杖歩行をさせるが，ほとんどの場合は免荷や固定は不要で，ランニングやジャンプなど疼痛の出る動作を禁止する．
- 痛みの出ない範囲で軽いウォーキング，エアロバイク，水泳や筋力トレーニングは許可し，局所の**圧痛の消失**と**hop testが陰性**となれば，ジョギングを開始する．
- 疼痛を感じる場合は，すぐにその運動は禁止して痛みに応じて練習量を増やしていく．

◆ 患者，家族への上手な説明

- 疲労骨折と診断された場合は，無理をしても疼痛が強く運動が続けられなくなり，我慢して運動を続けると長期化し，場合によって完全骨折となり手術を要することも稀にあるので，痛みに応じて無理しないことが重要である．
- 初期にX線上異常がなくても，強い限局した疼痛がある場合は疲労骨折の可能性があるため，疼痛が強い場合はランニングやジャンプの練習を控え，再度X線検査をくり返す必要がある．
- 症状が改善しても，急激な練習環境の変化や足底や足関節周囲の筋肉の筋力や柔軟性が悪いと再発することがある．

参考文献

1）内山英司：疲労骨折の疫学．臨床スポーツ医学，臨時増刊号 20：92-98, 2003
2）亀山 泰 ほか：脛骨疲労骨折例の検討．スポーツ医・科学，20：9-14, 2008
3）大西純二：脛骨疲労骨折の診断と治療．関節外科，30：763-770, 2011
4）石橋恭之 ほか：疲労骨折の臨床像と画像診断．MB Orthop, 25（13）：1-8, 2012
5）Matheson, G. O. et al.：Stress fracture in athletes. A study of 320 cases. Am J Sport Med, 15：46-58, 1987

第3章 画像診断 §7 下腿

・下腿の障害
2. シンスプリント
shin sprints

亀山　泰

Point

▶ シンスプリントはランニングやジャンプの反復運動によって生じる脛骨の過労性骨膜炎と呼ばれているが[1]，疲労骨折を除いた慢性の下腿内側痛（medial tibial stress syndrome）の総称ともいわれる．

▶ 練習中に痛みはあっても，我慢すれば走ることは可能で，休むと痛みは改善するが，練習量が増えると痛みが増強する．

▶ シンスプリントは単純X線では特異的な所見は認めないが[2]，慢性例では広範な骨皮質の肥大や骨形成を認めることもある[3,4]．

▶ シンスプリントと疲労骨折の鑑別は場合によって難しいこともある．

▶ 診断において圧痛部の確認が最も重要で，脛骨中央から遠位部の内側後縁にかけて広範囲に圧痛を訴える．

症例

16歳，高校女子バスケットボール部．
新チームとなり走り込み練習が多くなり，徐々にランニング練習中に右下腿内側中央から足関節の上にかけて疼痛出現．ランニングは可能も，練習後に歩行痛出現し，改善せず初診．右脛骨中央から遠位1/3の内側後縁に沿って，広い範囲で圧痛部を認める．腫脹，熱感などなく，やや扁平足気味でアーチの低下を認めた．シンスプリントと診断し，痛みに応じて，運動量を減らし，足部や足関節周囲の筋肉の強化とストレッチの指導，足底板を作りアーチを保持した．

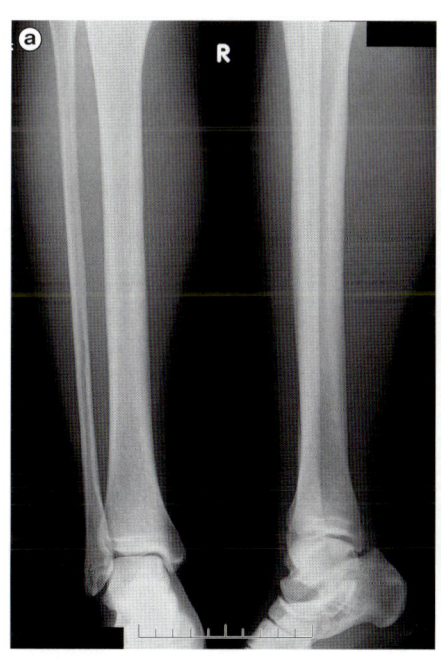

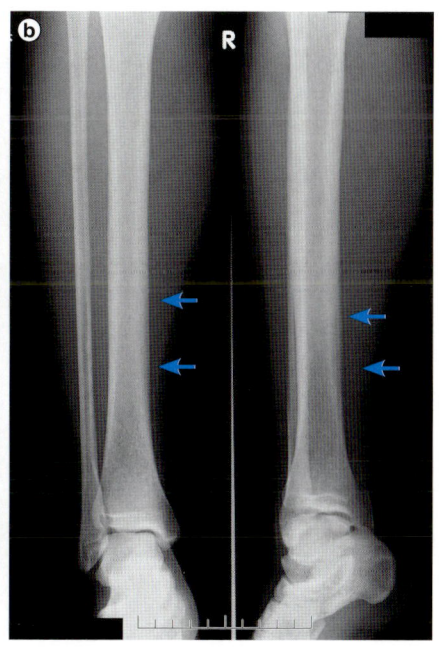

図1 ● 下腿単純X線
左）正面，右）側面像．a）初診時，b）2カ月後．
下腿単純X線では，明らかな所見がなく，2カ月後もX線上骨の変化はみられなかったが，初診時より全体的に骨皮質は肥大していた（b→）．

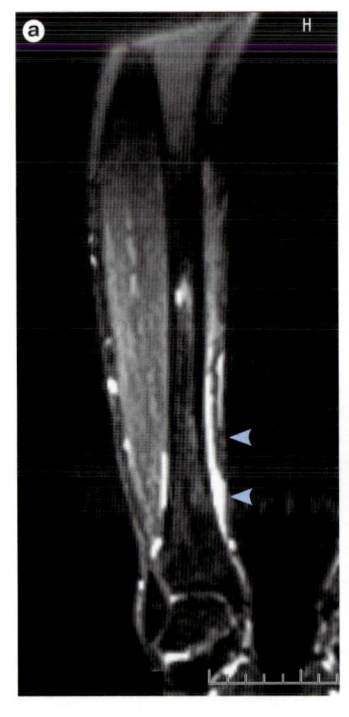

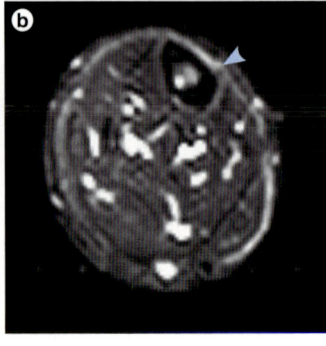

図2 ● 初診2カ月後の下腿MRI
a）STIR冠状断像，b）STIR横断像．
MRIでは脛骨前縁から内側後縁にかけて骨皮質に沿って骨膜に高信号変化を認め，骨髄内にもわずかに高信号変化を認めた（図2▷）．

画像所見のポイント

- シンスプリントは単純X線では特異的な所見は認めないが[2]，慢性例では広範な骨皮質の肥大や骨形成を認めることもある（図1）[3, 4]．
- MRIでSTIR像や脂肪抑制像にて，脛骨骨膜表面に骨膜浮腫の高信号な異常信号を示したり，骨髄内にも高信号の限局した部分がみられたりすることもあるが，疲労骨折のように骨髄内全体には及んでいない（図2）[4, 5]．
- 疾走型の脛骨疲労骨折（P.209参照）の場合もあり，疼痛が強い場合は1～2週間後にも再度脛骨のX線のチェックをして疲労骨折を鑑別する必要がある．
- X線上変化はないが，疼痛が増強したり，長期化したりする場合はMRIを行う．

疾患の特徴

- 中学・高校生などの陸上中・長距離選手やサッカー，バスケットボールなどランニングやジャンプすることの多い競技で，新入部員や強化練習などにて急激にランニング量が増加した場合など，練習環境，グラウンド環境が変化した後に発症しやすい．
- 扁平足や回内足など障害が起こりやすい足でないか，すり減ったかかとやクッション性の悪いシューズを使用していないか，使用状況をチェックする．
- 疼痛部位は脛骨の内側後方で中央から遠位1/3にかけて圧痛点が広範囲にあることが特徴で，疲労骨折の場合は，強い疼痛部が1カ所に限局する．

◆ 鑑別診断
- **疾走型脛骨疲労骨折**の可能性もあり，疼痛が強い場合は 1 〜 2 週後にも**再度脛骨の X 線**のチェックをして疲労骨折を鑑別する必要がある．
- X 線上変化はないが，疼痛が増強したり，長期化したりする場合は MRI を行う．

◆ 治療方針
- 痛みが強い場合は慢性化を避けるために運動量を減らす必要がある．
- 練習後のアイスマッサージや外用薬（消炎鎮痛軟膏）などの使用，足底や足関節周囲の筋肉の強化やストレッチングを行う．
- 扁平足，回内足などがある場合は，足底板で補正する．クッション性がよく，かかとの安定したシューズを選ぶことも重要．

◆ 患者，家族への上手な説明
- 疲労骨折の可能性もあるため，疼痛が強い場合はランニングやジャンプの練習を控え，再度 X 線検査をくり返す必要がある．
- 痛みを我慢して練習を続けると，慢性化して長期間疼痛が続くこともある．
- 症状が改善しても，急激な練習環境の変化や足底や足関節周囲の筋力や柔軟性が悪いと再発することがある．

参考文献
1) Slocum, D. B. : The shin splint syndrome : Medical aspects and differential diagnosis. Am J Surg, 114 : 875-881, 1967
2) Edwards, P. H. Jr. et al. : A practical approach for the differential diagnosis of chronic leg pain in the athlete. Am J Sports Med, 33 : 1241-1249, 2005
3) 万納寺毅智：スポーツ選手のシンスプリント．臨床スポーツ医学，5 : 489-491, 1996
4) 星川淳人 ほか：慢性下腿痛を訴え MRI で脛骨骨髄内に著しい信号変化を認めた症例 疲労骨折？シンスプリント？．整スポ会誌, 32 (1) : 53-58, 2012
5) Aoki, Y. et al. : Magnetic resonance imaging in stress fractures and shin splints. Clin Orthop Relat Res, 421 : 260-267, 2004

第3章 画像診断　§7 下腿

・下腿の障害

3. 腓骨疲労骨折
stress fracture of fibula

亀山　泰

Point

▶ 腓骨疲労骨折は諸家の報告では脛骨・中足骨疲労骨折に次いで3番目に多い下肢の疲労骨折である[1]．

▶ 腓骨に生じる疲労骨折は発症部位により近位1/3を跳躍型，遠位1/3を疾走型といわれているが[2]，ランニング例でも近位1/3に発症することもある[3]．

▶ 腓骨疲労骨折は発症初期ではX線上ではまだ変化がみられないことが多く，他の疲労骨折よりもさらに仮骨の出現は遅い．

▶ MRIでは，STIR像や脂肪抑制像で初期から広範囲に高信号変化を骨髄内や骨皮質周囲に認める．

▶ 診断においては詳細な病歴の聴取と疲労骨折部に限局した強い圧痛点の確認，患側での片足ジャンプでの疼痛（hop test）の確認が重要である[4]．

▶ 治療はほとんど保存的で，スポーツ復帰も比較的早く，予後は良好である．

症例

16歳，高校女子ハンドボール部．
ジャンプやダッシュにて右下腿近位外側に疼痛出現，近医にてX線検査では異常なく，疼痛増強しランニングが不能になり来院．
右下腿近位外側，腓骨頭より約8cm遠位に強い圧痛を認めた．病歴を詳しく聴取すると1カ月前よりハンドボールの強化練習にてうさぎ跳びやカエル跳び練習が行われるようになった．
腓骨近位1/3の跳躍型疲労骨折と診断して，うさぎ跳びやカエル跳びはもちろんランニングやジャンプを中止した．

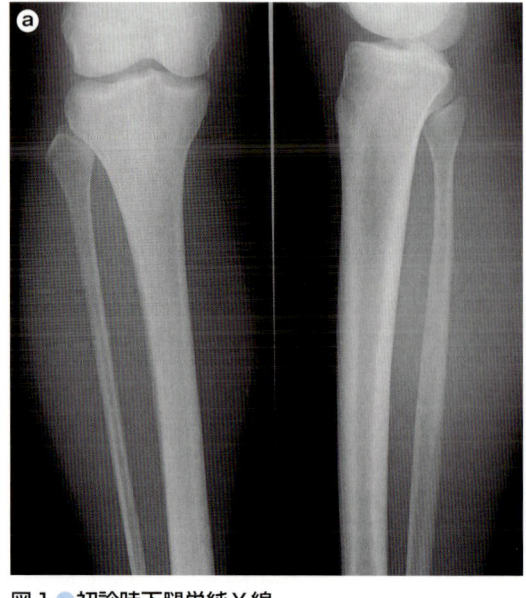

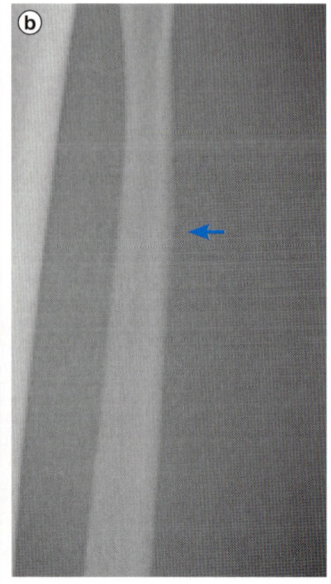

図1 ● 初診時下腿単純X線
a）正面・側面像，b）拡大斜位像．
下腿単純X線では，正面・側面像では明らかな所見がなく，斜位像にて圧痛部の腓骨を拡大するとわずかに骨膜反応を認めた（→）．

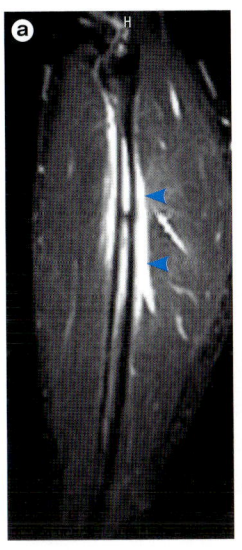

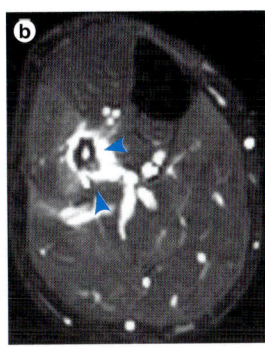

図2 ● 初診1週後下腿MRI STIR像
a) STIR矢状断像, b) 横断像.
MRIでは腓骨近位全体の骨髄内に広範に高信号変化を認め, 骨皮質周囲にも高信号変化を認めた (▶).

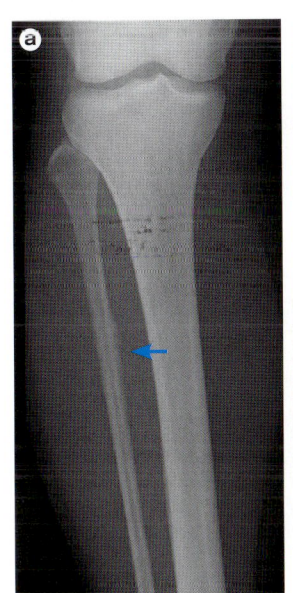

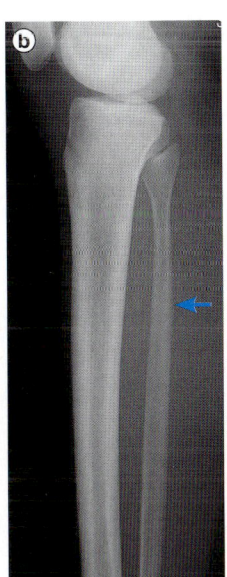

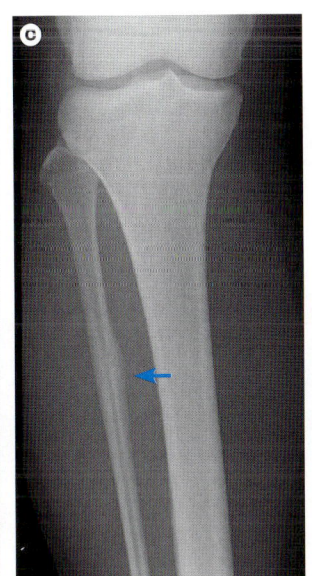

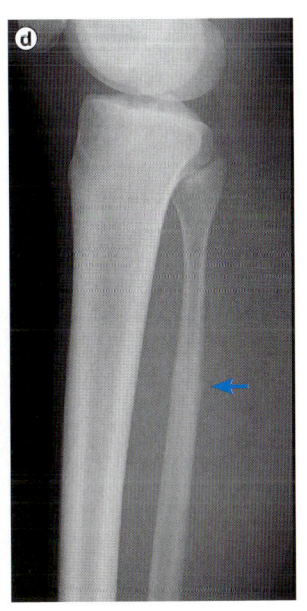

図3 ● 初診後3週後 (a, b) と8週後 (c, d) の下腿単純X線
a, c) 正面, b, d) 側面像.
初診後3週のX線では, 仮骨は増大して明瞭となるもまだ淡い, 初診後8週ではしっかりした仮骨が形成され, スポーツに復帰可能であった (→).

画像所見のポイント

- 腓骨疲労骨折は, 発症初期は単純X線ではまだ所見がみられないことが多い.
- 単純X線は正面像と側面像だけでなく, 両斜位像にて特に圧痛部の骨皮質表層の病変を注意深く観察し, わずかな骨膜反応をチェックする (図1).
- MRIではSTIR像や脂肪抑制像にて, 発症初期から腓骨骨髄内全体と骨皮質周囲に高輝度信号を呈し, 単純X線で変化がみられない場合には有用である (図2).
- 初診時単純X線で異常がみられなくても, 疲労骨折が疑われる場合は, 1〜2週ごとに再度, X線検査でチェックが必要 (図3).
- 外傷や腓骨筋腱損傷, コンパートメント症候群などとの鑑別にもMRIが有用である.

疾患の特徴

- 中学生から大学生の部活動でランニングやジャンプすることの多い陸上競技やバスケットボールなどで新チームや強化練習などにて，急激にランニングやジャンプ練習が増加した場合などに発症しやすい．
- 近位の腓骨疲労骨折はかつてうさぎ跳び練習で多発したことがあり，うさぎ跳びは腓骨の近位疲労骨折を引き起こすのみならず，膝半月板損傷も起こしやすくトレーニング効果も少ないため，すでにされなくなったトレーニングであったはずが[5]，まだ指導者はかつてのトレーニングを行って，選手が疲労骨折を起こしていることもある．
- 運動時の疼痛から，ランニングやジャンプが不能となり，初期は歩行時痛を生じて診察に訪れることもある．
- 患側で片脚ジャンプをして強い疼痛があれば，疲労骨折を強く疑う（hop test）[4]．
- 疼痛部位は腓骨の近位1/3と遠位1/3から外果のすぐ近位にかけてで，中央1/3に発症することは少ない．強い圧痛部が腓骨の直上に限局する場合は疲労骨折を疑う．

◆ 鑑別診断

- 外傷や腓骨筋損傷，コンパートメント症候群などとの鑑別が必要であるが，発症初期ではX線上変化がなく，他の疲労骨折よりも仮骨の出現は遅い．
- 疼痛が強い場合は1～2週後にも再度X線のチェックやMRIを行い，疲労骨折と他の疾患との鑑別をする必要がある．
- 単純X線で骨膜反応が著明な場合，好発年齢や部位が類似する原発性骨腫瘍や骨髄炎との鑑別も重要となる．病歴が疲労骨折と類似していても安静にて症状の改善がみられない場合は，MRIなどで鑑別が必要である．

◆ 治療方針

- 腓骨の疲労骨折では直達外力によるもの以外は完全骨折を起こすことはほとんどなく，すべて**保存療法**で予後良好で，ギプス固定や手術が必要になることは稀である．
- 発症初期で歩行時痛があれば，痛みに応じて杖歩行をさせ，**うさぎ跳び**をはじめランニングやジャンプなど疼痛の出る動作を禁止する．
- 痛みの出ない範囲で軽いウォーキング，エアロバイク，水泳などや筋力トレーニングは許可し，局所の**圧痛の消失**と**hop testが陰性**となればジョギングを開始する．
- 疼痛を感じる場合は，すぐにその運動は禁止して痛みに応じて練習量を増やしていく．

◆ 患者，家族への上手な説明

- 初期にX線上異常がなくても，**強い限局した疼痛**がある場合は疲労骨折の可能性があるため，ランニングやジャンプの練習を控え，再度X線検査をする必要がある．
- 疲労骨折と診断された場合，我慢して運動を続けると治癒が長期化するため，痛みに応じて無理をしないことが重要である．
- 保存療法では他の疲労骨折より早期に復帰可能であり，手術を必要とすることもなく，予後良好のため，焦らずに治療すれば痛みも残さず完全復帰できる．
- 症状が改善しても**うさぎ跳び**などの受傷前と同じ環境や運動量の練習を行うと再発する可能性があるので，誤ったトレーニングや急激な練習量の増加は避けて，練習復帰の際は再発予防が重要である．

参考文献

1) 岩噌弘志：アスリートの疲労骨折．総説，臨床スポーツ医学，27（4）：351-356，2010
2) 中山正一郎 ほか：腓骨疲労骨折の病態と治療．関節外科，19：755-760，2000
3) 大西純二：陸上長距離選手の腓骨疲労骨折．整スポ会誌，26：304-308，2007
4) Matheson, G. O. et al.：Stress fracture in athletes. A study of 320 cases. Am J Sport Med，15：46-58，1987
5) 武藤芳照：スポーツ外傷・障害の実際．疲労骨折（腓骨上部），臨床スポーツ医学，4：254-257，1987

第3章 画像診断 §7 下腿

・下腿の障害
38歳女性，市民ランナー

亀山 泰

受診状況 2カ月前よりジョギングを開始．マラソン大会出場を目標に20 kmまでランニング量を増やしたところ，左膝から下腿内側に疼痛出現．歩行は可能も，ランニングは疼痛のため困難となり初診．

臨床所見 左膝内側，脛骨内顆から脛骨上1/3に疼痛あり．歩行可能，膝関節可動域制限，不安定性なし．関節水腫はなく，脛骨内顆内側に圧痛あり．

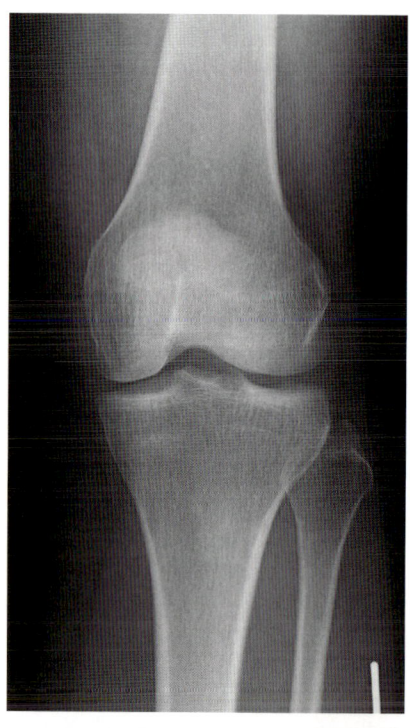

図1 ● 初診時膝関節から下腿の単純X線正面像

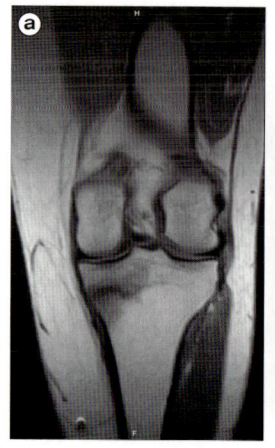

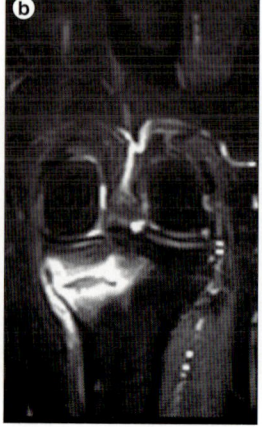

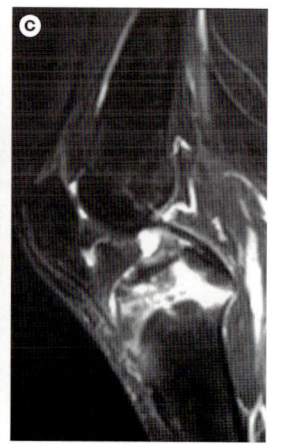

図2 ● 発症4週後のMRI
 a) T2強調冠状断像，b) STIR冠状断像，c) STIR矢状断像．

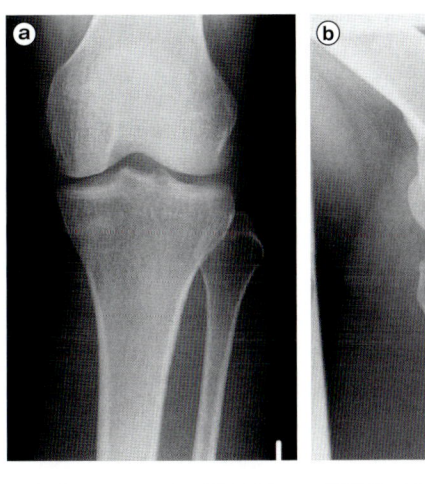

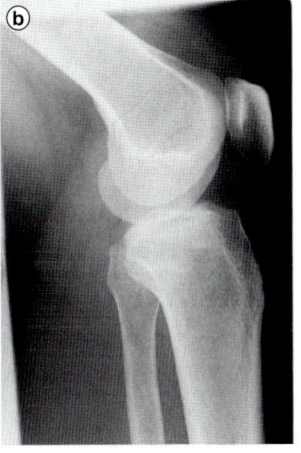

図3 ● 発症後2カ月の単純X線
a）正面像，b）側面像．

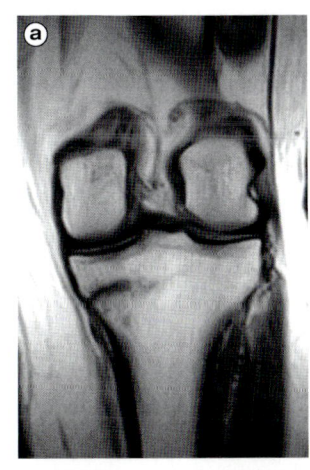

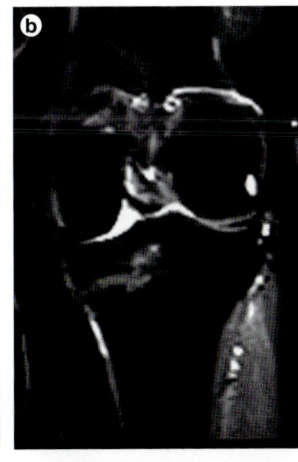

図4 ● 発症3カ月のMRI
a）T2強調冠状断像，b）STIR冠状断像．

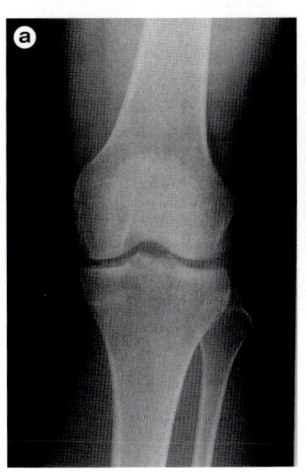

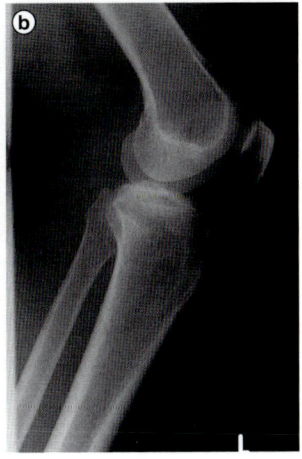

図5 ● 発症3カ月の単純X線
a）正面像，b）側面像．

Question

1）本症例の診断は？
2）本症の鑑別診断は？
3）治療，予後は？

Answer

1) 診断は脛骨内顆疲労骨折．
2) 鑑別診断としくては変形性膝関節症，内側半月板損傷，鵞足炎，骨髄炎，骨腫瘍がある[1]．
3) 治療は歩行時痛がひどければ杖歩行とするが，ランニングやジャンプなど原因となった運動を禁止するも，疼痛の出ない日常動作に加え，水泳やエアロバイク，ウォーキングは痛みがなければ禁止しない．安静1～2カ月で疼痛が消失したら，徐々にジョギングを開始する．予後は比較的良好である[2]．

◆ 解説

- **脛骨内顆疲労骨折**は，脛骨の疲労骨折のなかでも比較的稀であるが[2,3]，膝から脛骨の内側に疼痛がある例に，X線やMRIなど精査すれば認められる疲労骨折である．
- 発症初期は単純X線ではまだ異常を呈することが少なく（図6），時間とともに内側大腿脛骨関節裂隙の遠位2～3 cmに**帯状の骨硬化像**を認める[2]（図7a）．
- MRIでは脛骨内顆にSTIR像や脂肪抑制像で高信号域として早期から描出され，単純X線の骨硬化像と一致する部位には線状の低信号域が描出され，早期診断には有用である[4]（図2）．
- 30歳以上の**中高年の市民ランナー**などが急に運動量を増やして発症する場合[1,4,5]と，若いフィギュアスケート選手などがジャンプのくり返しにて発症する場合[3]に多い．
- スポーツ選手の場合，鵞足炎や内側半月板損傷として見逃されている症例が実際には多い可能性もあり[5]，くり返しのX線検査と詳細な圧痛点の確認，MRIが鑑別に重要である．

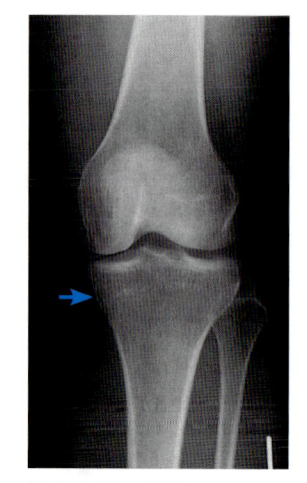

図6 ● 図1解説

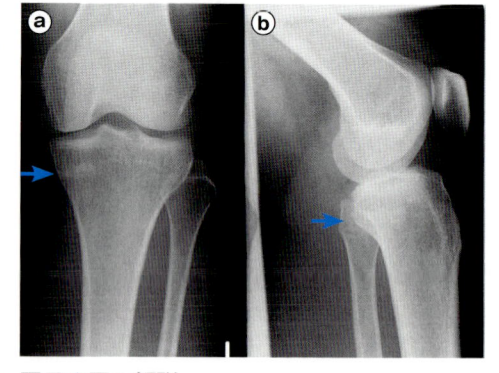

図7 ● 図3解説

◆ 患者，家族への上手な説明

- 急激なランニング量の増加やジャンプにて，脛骨内顆にくり返しの圧迫力が加わり，比較的稀であるが脛骨内顆に疲労骨折を発症した．
- 予後は良好で，1～2カ月の原因動作を含めたランニングやジャンプを禁止すれば，徐々に元のスポーツに復帰できる．

参考文献

1) 蟹澤 泉 ほか：脛骨内顆に生じた疲労骨折の2例．日本臨床スポーツ医学会誌，13：96-99，2005
2) 片山直樹：脛骨顆部疲労骨折．「スポーツと疲労骨折」（武藤芳照 ほか 編），南江堂，pp. 49-50，1990
3) 亀山 泰 ほか：脛骨疲労骨折例の検討．スポーツ医・科学，20：9-14，2008
4) 木村和正 ほか：脛骨内側プラトーに発生した疲労骨折の1例．整形外科，48（11）：1498-1501，1997
5) 清水邦明 ほか：健常な中年男性に発生した両側脛骨内顆疲労骨折の1例．東京膝関節学会会誌，20：149-151，1999

第3章 画像診断　§8 足関節・足

A) 足関節の障害
1. 距骨骨軟骨病変（離断性骨軟骨炎）
osteochondral lesion of the talus

熊井　司

Point
- スポーツによるものでは，内がえし損傷（inversion injury）により発生することが多く足関節捻挫との関連性が強い[1,2]．
- 足関節捻挫時には靱帯損傷のみに注目するのではなく，関節内病変の有無をチェックする必要がある．
- 足関節捻挫後に足関節痛や腫脹が遺残する症例では，本症を念頭に入れての再検査が必要である．
- 早期診断にはMRIが有効である．

症例　16歳男性．足関節捻挫歴あり．サッカーの練習にて左足関節内側痛と腫脹が出現し軽快せず来院．

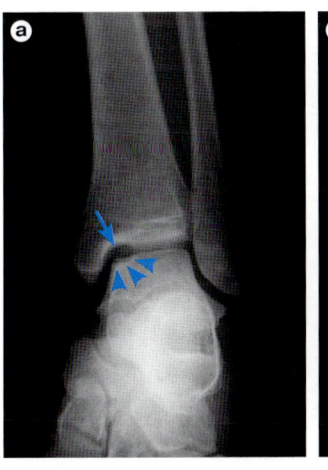

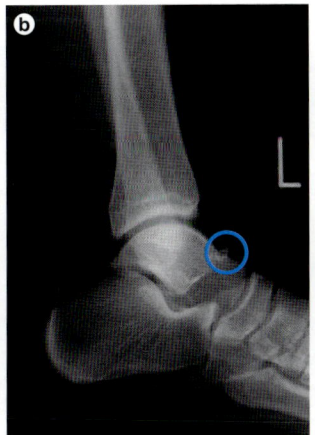

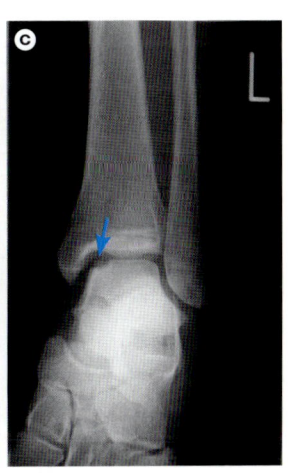

図1　左足関節単純X線
a) 足関節正面像．距骨滑車面内側に骨軟骨病変がみられ（→），母床の軽度骨硬化像（▶）も観察される．
b) 足関節側面像．距骨骨軟骨病変は不明瞭，滑車前縁に骨棘が観察される（○）．
c) 足関節底屈位正面像．滑車面の骨軟骨病変の離断像がより明瞭に写し出されている（→）．

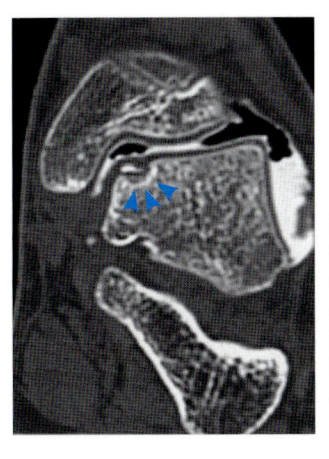

図2　CT（二重造影CT）
冠状断像．病変の骨形状と母床の骨硬化像（▶）がより明瞭となる．造影剤と空気による二重造影を行うことで骨軟骨片上の軟骨層が明瞭に描出されている．軟骨層の損傷は比較的軽度であるのがわかる．

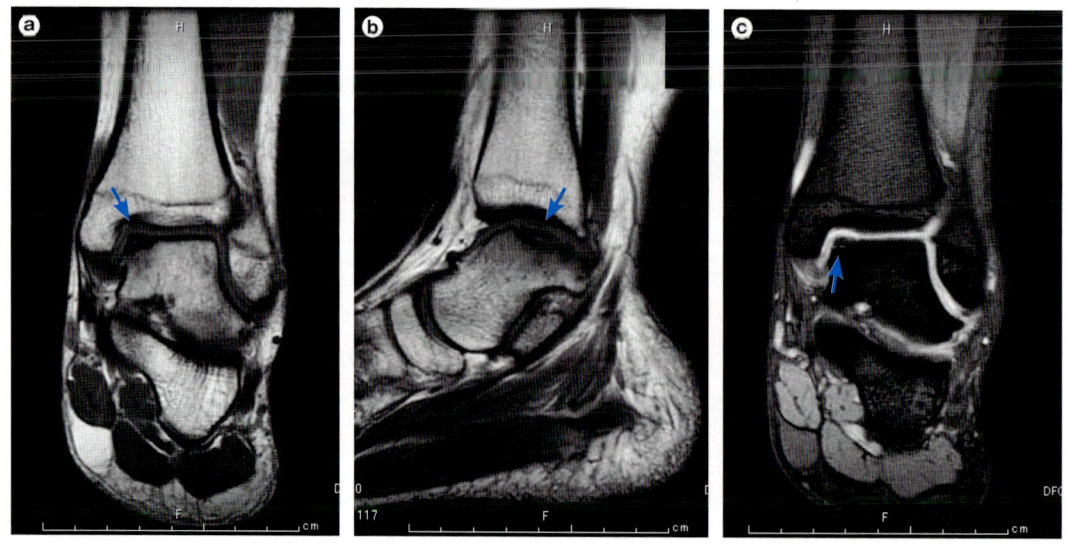

図3 ● MRI

T1強調冠状断像（a）および矢状断像（b）．病変部および母床骨硬化像に一致した低信号がみられる．母床を含めた異常信号の広がりを確認することができる．
T2*強調冠状断像（c）．病変と母床との間にわずかに高信号帯が観察されるが不連続である．

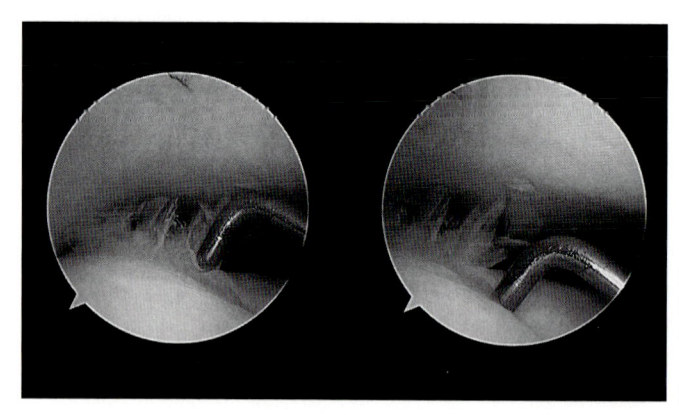

図4 ● 関節鏡所見

病変部は軽度膨隆，変性しているが軟骨に被覆されている．probingにより正常軟骨面との境界が把握できる．
p.10カラーアトラス参照

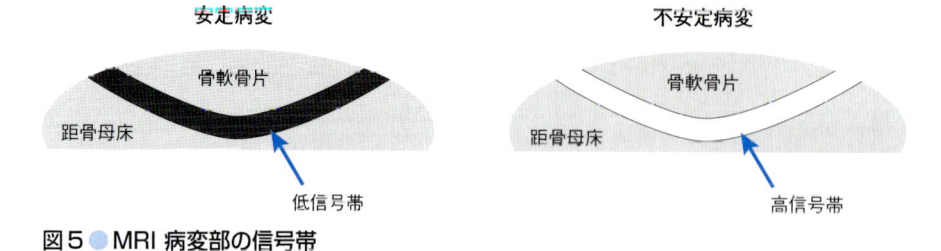

安定病変 — 骨軟骨片／距骨母床／低信号帯
不安定病変 — 骨軟骨片／距骨母床／高信号帯

図5 ● MRI 病変部の信号帯

画像所見のポイント

- 単純X線検査では足関節底屈位正面像（図1c）がしばしば有用となる（病変は距骨滑車のやや後方に位置することが多いため）．
- 足関節外側靱帯不全を伴っていることも多く，同時に足関節ストレスX線撮影を行うことも検討する．
- CT（図2）は，骨形状の把握や母床の骨硬化の評価に有用である．経過の長い症例では骨硬化像が著明となり，治療法の選択を左右する．

- MRI（図3）の有用性は非常に高く，病態を把握するうえで最も有効な画像診断法と考えられる[3,4]．単純X線像では確認できないときの確定診断法として，また骨軟骨病変の安定性を判断する方法として有効とされる．骨軟骨片と距骨母床部との間に形成される信号帯（signal rim）を評価することで骨軟骨片の安定性に関する情報を得ることができる．T2*強調像にて高信号帯を呈する症例では病変は不安定なことが多い（図5）．

疾患の特徴

- スポーツ種目では足関節捻挫の頻度が多いバレーボール，バスケットボール，サッカーなどジャンプ動作や切り返し動作を多用する種目での発生に留意する．
- 多くが反復性の微小外傷（microtrauma）を含めたいわゆる"外傷（trauma）"によるものと認識されているが[2]，全く外傷歴のみられない症例もあり，その病態についてはいまだ不明確である．
- 若年層においてはスポーツ活動中の受傷頻度が高くなる[5]．
- 足関節捻挫との関連性が強く，一般に足関節捻挫の約2〜6％に発症するとされている[1,6]．
- 底屈・内がえし強制により距骨滑車後内側，背屈・内がえし強制により前外側に病変が生じる（図6）[1]．
- 受傷後の経過が長い症例や中高年層では，経年的変化ともとれる軟骨下骨囊腫を伴っている症例が多くなる．

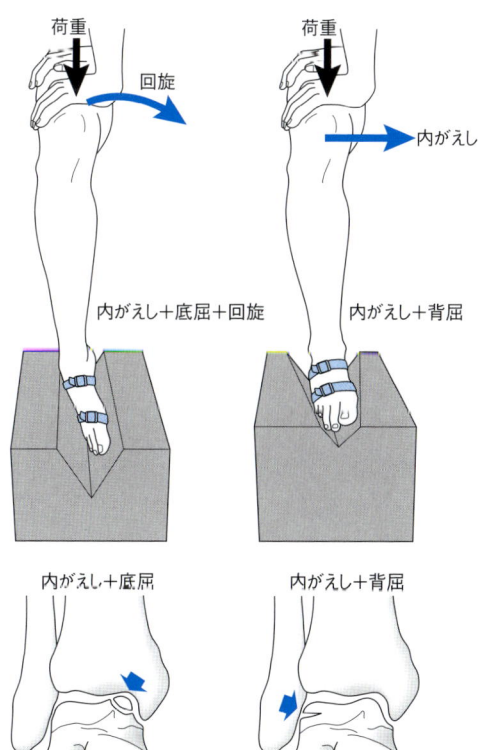

図6● 距骨骨軟骨病変の発生機序
Berndtらによる屍体を用いた実験．荷重時の足関節に底屈，内がえしが強制されることにより，滑車の内側後方が脛骨天蓋面と衝突するのに対し，背屈，内がえしが強制されることにより滑車の外側前方が外果の内側関節面と衝突し，その剪断力により骨軟骨骨折が生じる．
図の一部は文献1を参照して作成

◆ 鑑別診断

足関節外側靱帯損傷，色素性絨毛結節性滑膜炎，距骨壊死，足関節インピンジメント症候群（衝突性外骨腫，p.232参照）

◆ 治療方針

臨床症状の程度や病変の経過時期（急性期または慢性期）など，疾患の状況に大きく左右されるが，スポーツ活動へのかかわり方によっても大きく異なってくる．

一般的にはギプス固定や免荷による保存療法が行われるが，早期の競技復帰を望むスポーツ選手の場合，長期間の保存療法による筋力低下や運動感覚の鈍化が問題となるため，早期からの手術療法を勧める報告も多い[7,8]．しかし，小児例や外傷後の新鮮例では保存療法にて改善がみられることも多い．近年，ヒアルロン酸の関節内注入療法にて症状の改善が期待できるとの報告もみられる[9]．

手術療法は，低侵襲手術である関節鏡視下手術が多用されており良好な成績が期待できる．早期復帰を望むスポーツ選手にとっては鏡視下で不安定病変を切除したのち，母床の掻爬または骨穿孔を行う術式[6,7]（鏡視下病巣切除＋母床掻爬・骨穿孔術）が最も推奨されている．骨軟骨片整復固定術[8]（スクリュー，吸収性ピン，キルシュナーワイヤー，骨釘などによる），自家骨軟骨柱移植術（OATS），自家培養軟骨細胞移植術（autologous chondrocyte implantation：ACI）などが報告されているが，いずれも関節切開によるアプローチであり特に内側病変では内果の骨切りを要するためスポーツへの早期復帰は期待できない．

◆ 患者，家族への上手な説明

画像所見に比して症状が強くないことも多く，スポーツ活動による症状の変化（疼痛や腫脹）をしっかり観察し，定期的に報告するように指導する．

疼痛のためスポーツ活動が制限される場合には，運動後のアイシング，足関節周囲筋力の強化や捻挫予防サポーターの使用といった保存療法を提案する．外側楔状の足底挿板が有効なこともある．少なくとも6カ月間の保存療法を原則とするが，実際には競技復帰までのスケジュールに応じて早期の関節鏡視下手術を提案することも多い．

参考文献

1) Berndt, A. L. et al.：Transchondral fractures of the talus. J Bone Joint Surg, 41-A：988-1020, 1959
2) Canale, S. T. et al.：Osteochondral lesions of the talus. J Bone Joint Surg, 62-A：97-102, 1980
3) DeSmet, A. A. et al.：Value of MR imaging in staging osteochondral lesions of the talus (osteochondritis dissecans). Am J Radiol, 154：555-558, 1990
4) Higashiyama, I. et al.：Follow-up study of MRI for osteochondral lesion of the talus. Foot Ankle Int, 21：127-133, 2000
5) Thompson, J. P. et al.：Osteochondral lesions of the talus in a sports medicine clinic. Am J Sports Med, 12：460-463, 1984
6) VanBuecken, K. et al.：Arthroscopic treatment of transchondral talar dome fractures. Am J Sports Med, 17：350-356, 1989
7) Kumai, T. et al.：Arthroscopic drilling for the treatment of osteochondral lesions of the talus. J Bone Joint Surg, 81-A：1229-1235, 1999
8) Kumai, T. et al.：Fixation of osteochondral lesions of the talus using cortical bone pegs. J Bone Joint Surg, 84-B：369-374, 2002
9) Mei-Dan, O. et al.：Treatment of osteochondritis dissecans of the ankle with hyaluronic acid injections：a prospective study. Foot Ankle Int, 29：1171-1178, 2008

第3章 画像診断 §8 足関節・足

A）足関節の障害
2．アキレス腱付着部障害
insertional Achilles tendinopathy

熊井 司

Point
- スポーツによるものでは，過負荷（overload）や使い過ぎ（overuse）を基盤として発症することが多い．
- アキレス腱踵骨付着部とその近傍にある滑液包（bursa）や，症候性要因となる血管・神経組織が存在する脂肪性結合組織など，特徴的な構造を理解する必要がある．
- 画像診断ではMRIや超音波検査が有効である．

症例① 27歳男性．陸上長距離選手．走行にて左アキレス腱付着部に疼痛が出現し軽快しないため来院．

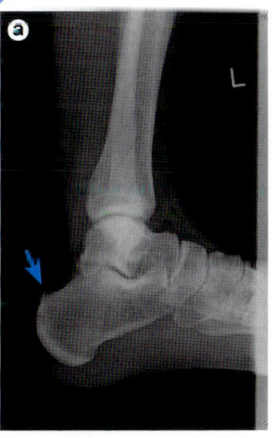

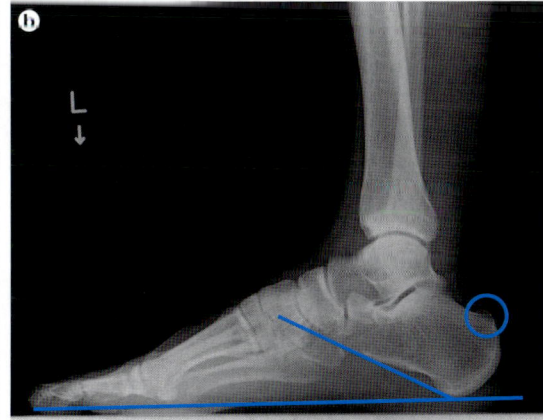

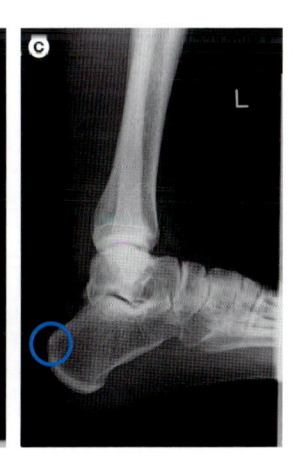

図1 ● 単純X線
a) 足関節側面像．踵骨後上部に骨性隆起（→）が観察される．
b) 足部荷重時側面（全長）像．踵骨後上部の骨性隆起（○）とともに，足部縦アーチの評価を行うことができる（calcaneal pitch angle：CP角）．本症例は27°であった．
c) 足関節側面像（術後）．踵骨後上部の骨性隆起は切除されている．

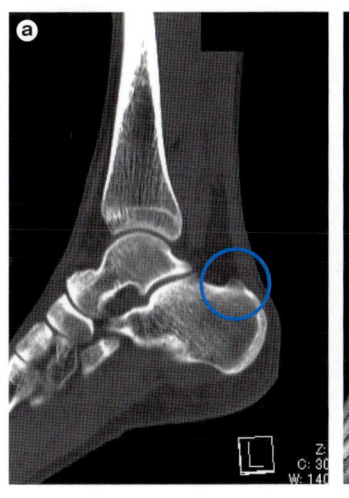

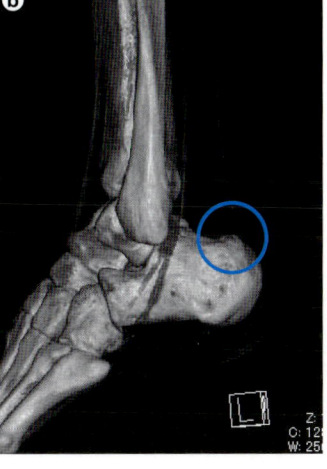

図2 ● CT
a) CT矢状断像．踵骨後上部の骨性隆起の形状が明らかになる．
b) 3DCT．踵骨後上部の骨性隆起の立体形状がより明らかになる．

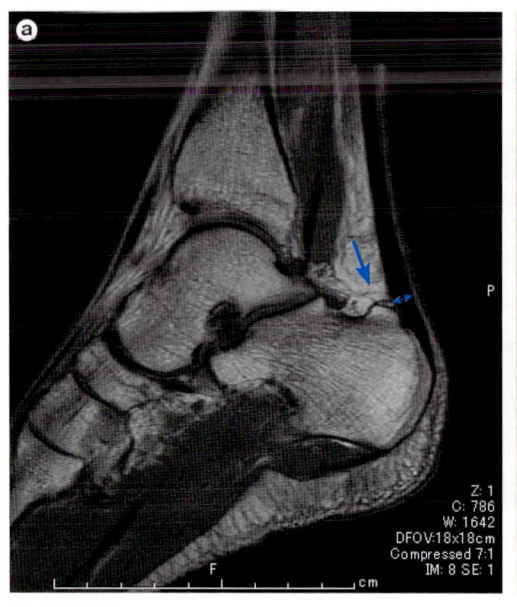

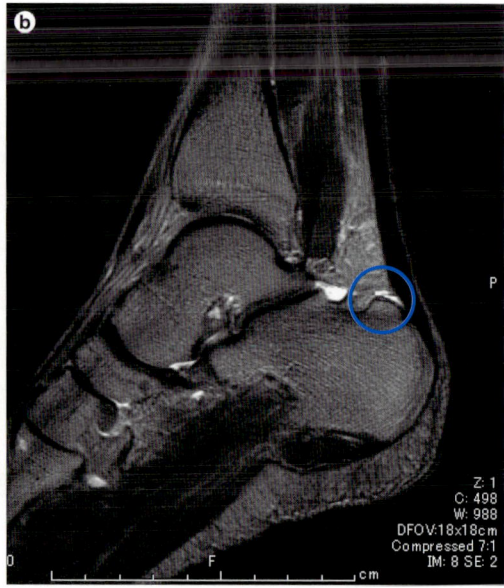

図3 ● MRI
a) T1強調矢状断像．骨性隆起とアキレス腱の関係が描出される（→）．アキレス腱付着部はわずかに肥厚しているのがわかる．
b) T2強調矢状断像．骨性隆起とアキレス腱間の滑液包炎が示唆される（○）．

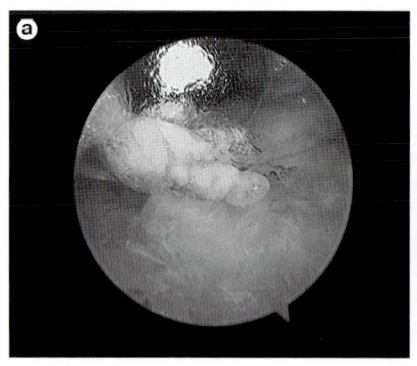

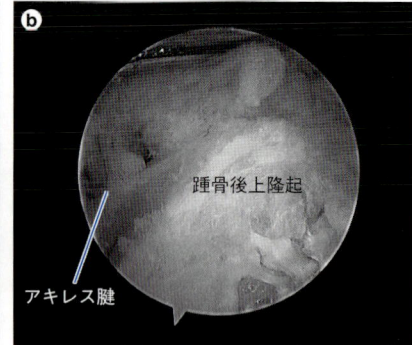

図4 ● 関節鏡所見
滑液包内には滑膜増生が認められ（a），踵骨後上隆起表面には線維軟骨組織のびらん像が認められる（b）．
p.10 カラーアトラス参照

症例② 17歳男性．アイスホッケー選手．アイスホッケーシューズとの接触によりアキレス腱付着部外側に有痛性腫瘤が出現（図5）．軽快しないため来院．

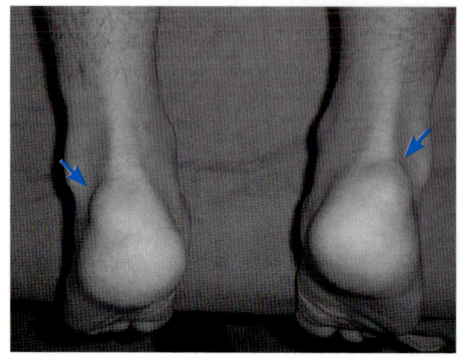

図5 ● 体表写真
両足のアキレス腱骨付着部やや外側に有痛性の腫瘤（→）を認める．
p.10 カラーアトラス参照

228　必ず診療に役立つ　スポーツ傷害の画像診断

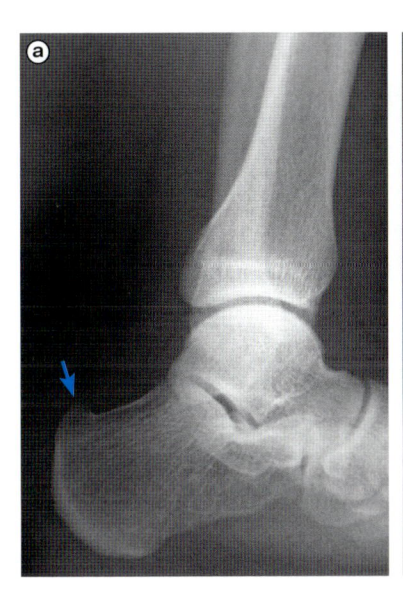

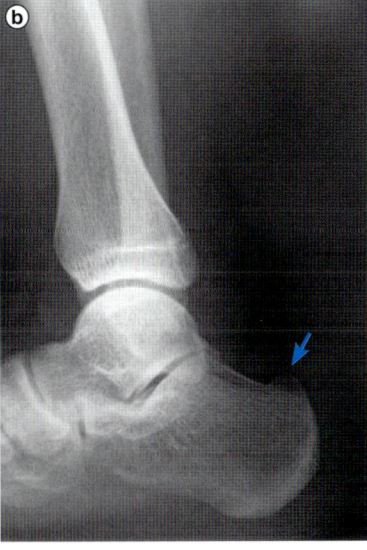

図6 単純X線
足関節側面像．踵骨後上部に著明な骨性隆起が認められる（Haglund変形）．

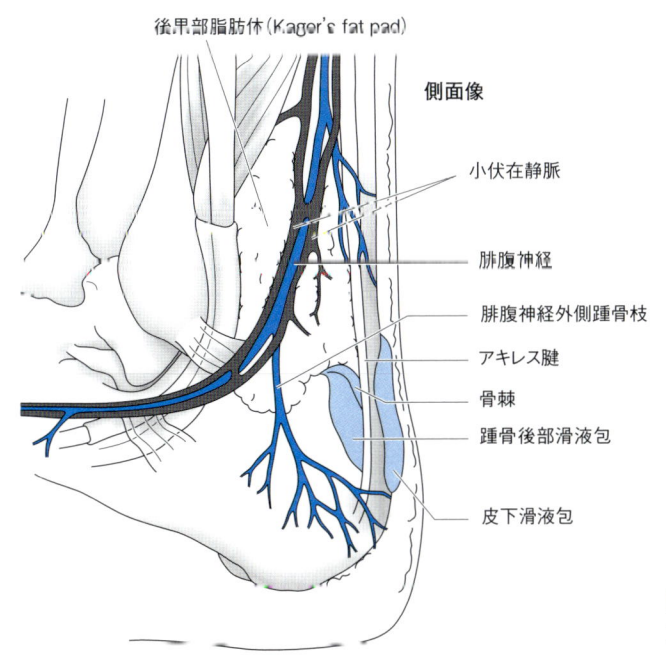

図7 アキレス腱付着部構造
文献2を参照して作成

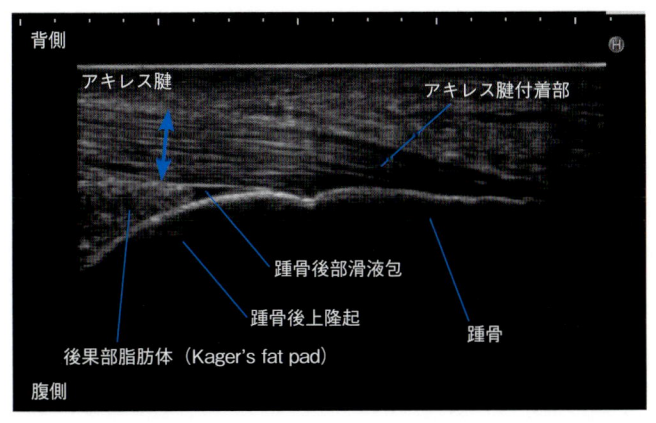

図8 超音波画像

画像所見のポイント

- 単純X線検査（図1, 6）では足関節側面像が有用となる．踵骨後上部に骨性隆起が認められる（Haglund変形，図6）．特に荷重時側面全長像では，縦アーチの評価が可能となり発症要因を考えるうえで有用である．CP角＞30°の高アーチがしばしば認められる．
- CTでは，骨形状の把握が可能であり，手術に際して切除範囲を予測するのに有効である（図2）．
- MRIは，病態を把握するうえで有効である．踵骨後上隆起と接する部位のアキレス腱の肥厚，腱実質内の変性が描出されることがある．踵骨後部滑液包炎の診断にも有用である（図3）．
- アキレス腱踵骨付着部とその近傍にある滑液包（bursa），脂肪性結合組織などの構造を念頭に入れて画像を評価することが重要である（図7）[1, 2]．
- 超音波画像での評価も有効である（図8）．

疾患の特徴

- スポーツ種目では，陸上競技（特に中・長距離種目）やアイスホッケーなど堅い靴を履く競技に多く発生する．
- アキレス腱付着部の滑液包炎（皮下滑液包炎，踵骨後部滑液包炎）では，踵骨付着部外側に母指頭大の有痛性腫瘤を認める（図5）．急性期には周囲の腫脹を伴い圧痛が著明であるが，慢性化すると圧痛は軽減し腫瘤は硬結となる．踵骨付着部よりやや近位に腓把持痛が認められる．
- 靴との関連性も高く，靴を新調したのを契機に発症することも多い．
- アキレス腱付着部症では踵骨付着部自体に圧痛が認められ，アキレス腱〜下腿三頭筋の拘縮を伴うことも多い．
- アキレス腱踵骨付着部自体の牽引ストレスによる変性と，やや近傍の圧迫ストレスによる滑液包炎が主な病態であり，双方が合併していることもある（図9）．

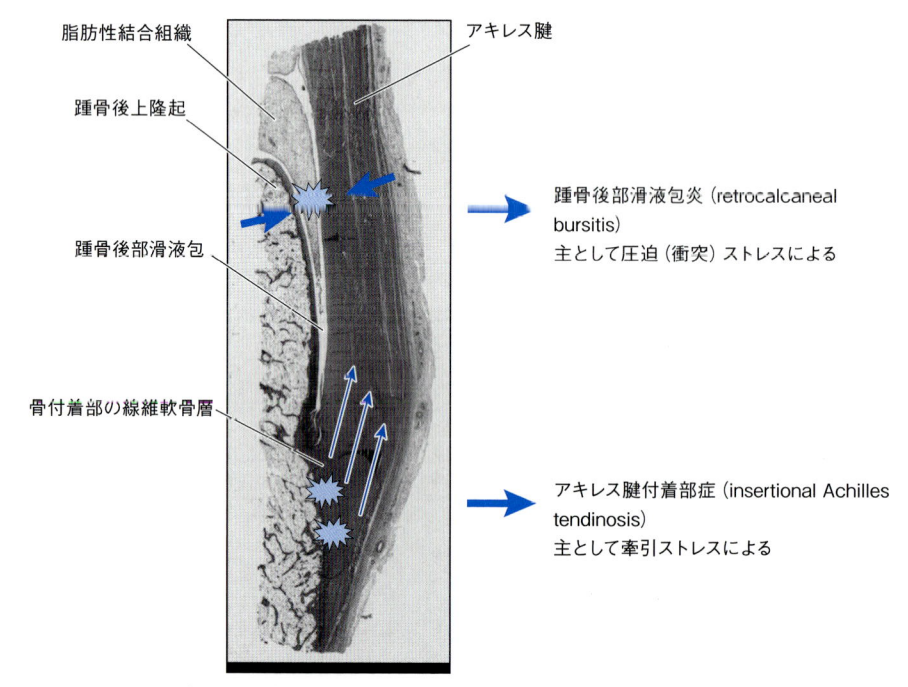

図9● アキレス腱付着部障害の概念図
p.11 カラーアトラス参照

◆ 鑑別診断

アキレス腱周囲炎，アキレス腱症，アキレス腱断裂，アキレス腱黄色腫，小学生ではSever病も念頭に入れる必要がある．

◆ 治療方針

初期治療は保存療法である．局所の安静，消炎鎮痛薬の投与，靴の修正などに加え，アキレス腱付着部症ではストレッチングや足底挿板によるheel-liftが有効である．超音波ガイド下での滑液包内ヒアルロン酸局所注入療法で良好な成績が得られている．一方，従来行われていた**ステロイドの滑液包内注入は，腱の脆弱性をきたすため多用しない方がよい**．一般にMRIでアキレス腱実質内に信号変化がみられるものでは保存療法の成績が劣ると報告されている[3]．

6カ月以上の保存療法に抵抗する症例には手術療法も考慮する．Haglund変形に起因するアキレス腱滑液包炎では，踵骨後上隆起および滑液包切除術で比較的すみやかに症状の軽快が得られる．スポーツ選手に対しては侵襲の小さい内視鏡下踵骨後上隆起切除術が推奨されている[4]．アキレス腱付着部症に対しては，パラテノン切除術，癒着剥離術，腱内変性部切除術などが報告されているが，スポーツ活動の再開とともに再発する症例も少なくない．

◆ 患者，家族への上手な説明

使い過ぎ（オーバーユース）や過負荷など各人の発症要因を聞き出し，同じことをくり返さないように制限することが重要である．トレーニング方法の見直しや，靴の変更などを含めた保存療法を積極的に取り入れ，多くの症例は保存療法で軽快していくことを説明したうえで，しっかりと守るように指導する．

再発をくり返したり，症状が遷延する症例では手術療法も選択される．なるべく侵襲の少ない内視鏡下手術での対応が望まれる．

参考文献

1) 熊井 司，高倉義典：腱・靱帯付着部障害の病態と治療法の選択．整形・災害外科，48：527-538, 2005
2) Ferkel, R. D.：Arthroscopic Surgery：the Foot and Ankle. Lippincott-Raven, Philadelphia, 1996
3) Nicholson, C. W. et al.：Prediction of the success of nonoperative treatment of insertional Achilles tendinosis based on MRI. Foot Ankle Int, 28：472-476, 2007
4) Leitze, Z. et al.：Endoscopic decompression of the retrocalcaneal space. J Bone Joint Surg, 85-A：1488-1496, 2003

第3章 画像診断　§8 足関節・足

A）足関節の障害
3．足関節前方・後方骨性インピンジメント
anterior and posterior ankle bony impingement, footballer's ankle

熊井　司

Point
- 前方骨性インピンジメントではキック動作，ストップ動作での踏み込み時，着地動作などの際に，足関節前面痛を訴える．
- 後方骨性インピンジメントでは足関節底屈強制時に足関節後方痛を訴える．
- 足関節不安定性を伴っている症例も多い．
- 画像診断では足関節側面動態撮影と3DCTが有効である．

症例　18歳男性．サッカー選手．足関節捻挫歴多数あり．サッカー練習中の足関節前方および後方痛が軽快せず来院．

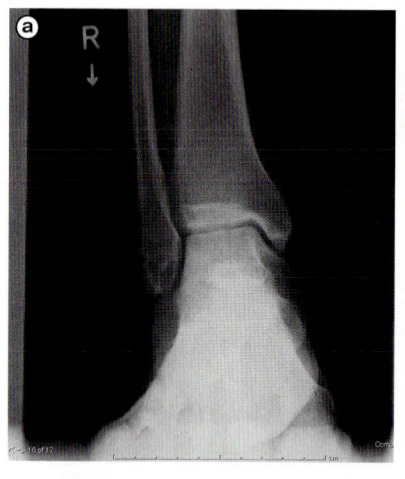

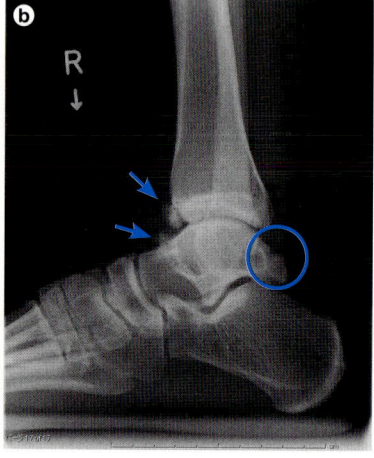

図1●右足関節単純X線
a) 足関節荷重時正面像．脛骨天蓋角は内反傾向にあるが，関節裂隙は保たれている．
b) 踵足関節荷重時側面像．脛骨下端前縁と距骨体部〜頸部背側に骨棘が形成されている（→）．距骨後突起は後方に突出しており，一部遊離体も観察される（○）．

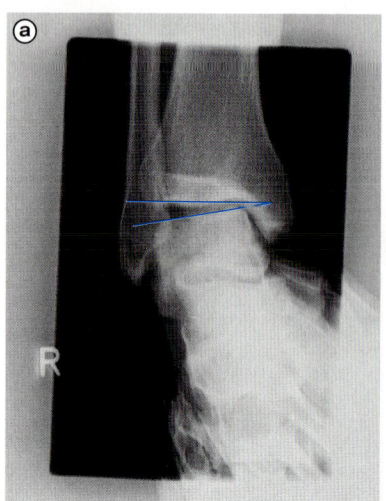

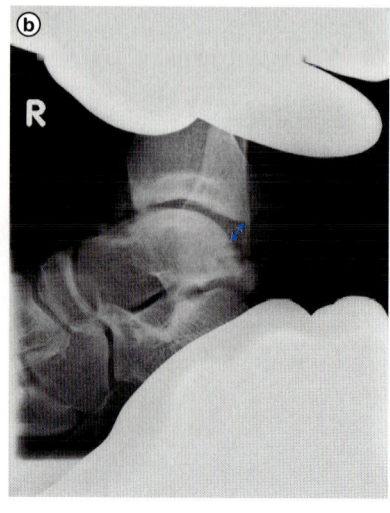

図2●単純X線ストレス撮影
a) 正面像，b) 側面像．
距骨傾斜角は約10°，前方引き出し距離は約6mmと，軽度の足関節不安定性が認められる．

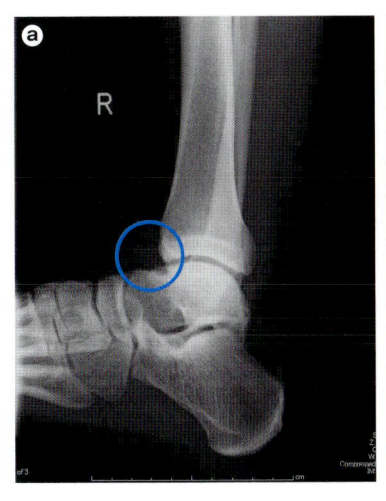

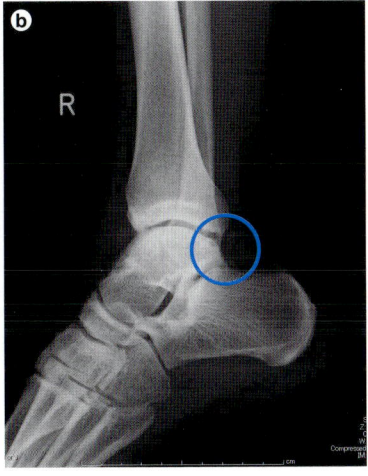

図3 ● 単純X線側面動態撮影（術後）
a) 側面背屈像．足関節前方でのインピンジメント（衝突）はみられない．
b) 側面底屈．足関節後方の後突起の突出，遊離体は取り除かれておりインピンジメント（挟み込み）は認められない．

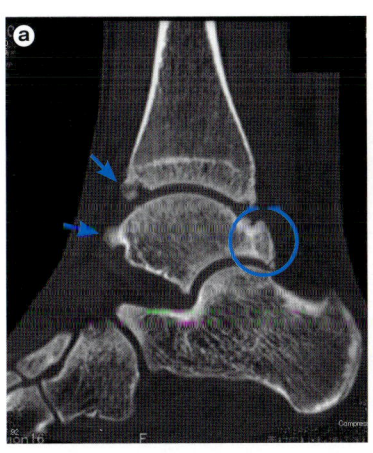

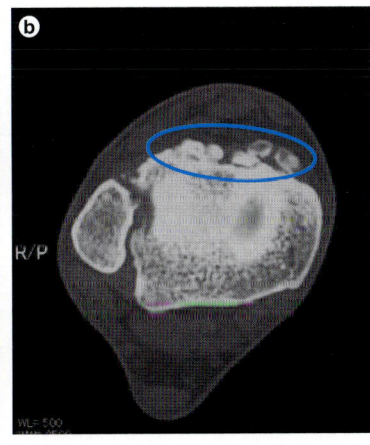

図4 ● CT
a) 矢状断像．脛骨下端前縁および距骨体部前縁背側の骨棘の形状が写し出されている（→）．
b) 横断像．脛骨下端前縁の骨棘形成が明らか．

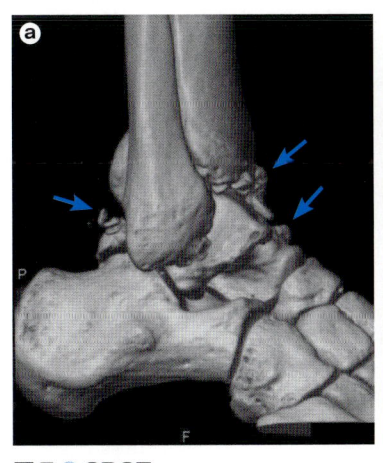

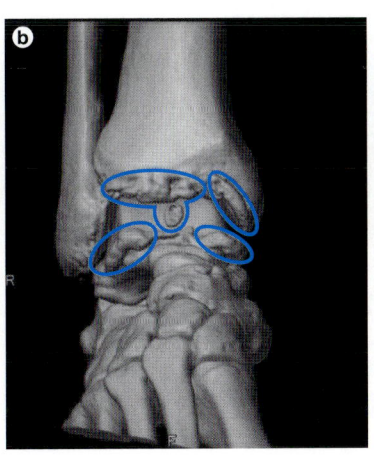

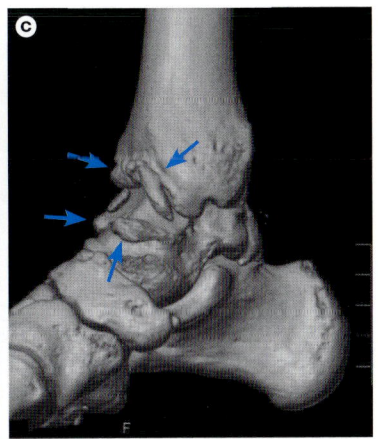

図5 ● 3DCT
a) 外側，b) 正面，c) 内側．
足関節周囲の骨棘や遊離体の形状，分布がより明瞭に写し出されている．

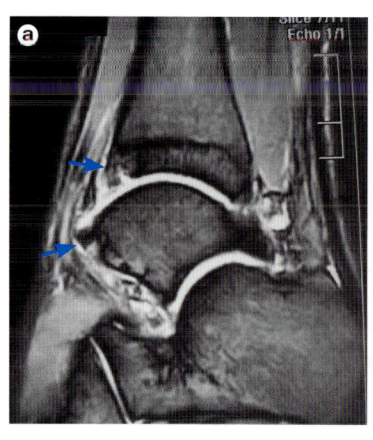

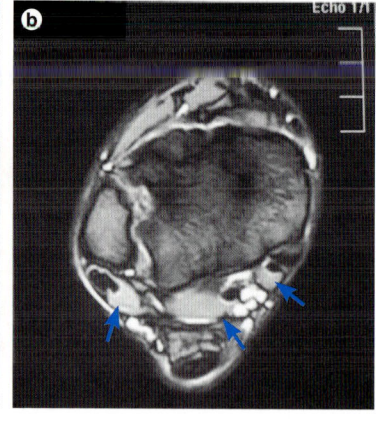

図6 ● MRI
a) T2*矢状断像．脛骨下端前縁および距骨体部前縁背側の骨棘（→）とともに，関節内水腫が明瞭．
b) T2*横断像．関節周囲の腱鞘内にも水腫（→）が著明に認められる．

画像所見のポイント

- 単純X線検査では足関節側面像が有用である．脛骨下端前縁と距骨体部前縁〜頸部背側にかけての骨棘が描出される．また後方骨性インピンジメントでは，距骨後突起の突出（Steida結節）や三角骨が明瞭に写し出される（図1，2）．
- 単純X線側面動態撮影では，骨棘のインピンジメント（衝突や挟み込み）が写し出されるため，確認に有用である（図3）．
- CT（図4）では骨棘の形状・分布を評価することが可能であり，特に3DCT（図5）は手術に際してアプローチや切除範囲を考えるのに不可欠である[1]．
- MRIでは，関節内の滑膜炎とそれに伴う水腫の存在を評価することができる．また，関節周囲の腱鞘内水腫の状態も把握することができる（図6）．

疾患の特徴

- スポーツ種目では，ボールのキック動作を伴うサッカー，アメリカンフットボール，ラグビーなどと，ジャンプ着地動作の多いバレーボールなどで多くみられる．
- 前方骨性インピンジメントでは，ボールキック時，ストップ動作での踏み込み時，ジャンプ着地時に足関節前方痛を訴える．
- 後方骨性インピンジメントでは，足関節底屈強制時に足関節後方痛を訴える．
- スポーツ活動後には，足関節滑膜炎による関節腫脹を伴うことが多い．
- 前方骨性インピンジメントは古くからfootballer's ankleとして知られ，サッカーなどのキック動作時に足関節前方でのボールのインパクトによる軽微な軟骨または骨軟骨損傷が頻繁に生じることで，その修復過程で骨棘（衝突性外骨腫）が形成されると考えられている．
- 足関節外側靱帯不全で不安定性を呈している足関節では，距骨が容易に前方に亜脱臼しやすく脛骨下端前縁と衝突することで同様に骨棘を形成する[2]．
- 痛みの原因は，前方関節腔内の軟部組織が足関節背屈時に骨棘と関節面にインピンジされること，あるいは骨棘周囲に増生している滑膜炎によると考えられている．

◆ 鑑別診断

距骨骨軟骨病変（離断性骨軟骨炎，p.223参照）．

◆ 治療方針

スポーツ活動が継続できている間は，できる限り保存療法で対処する．保存療法の主体は，足関節ストレッチング，運動後のアイシング，可動域を制限するためのテーピングや足関節不安定性に対するサポーターの装着などである．炎症所見が強い場合には，局所麻酔薬やステロイドの関節内注入も有効である．

保存療法に抵抗し，スポーツ活動に支障がある場合にのみ手術を行う．前方・後方ともに関節鏡視下での骨棘・滑膜切除術で良好な成績が期待でき，スポーツ活動への早期復帰が可能となる．足関節不安定性が残存している症例では骨棘の再発をみることも多く，靱帯再建術などによる安定性の獲得も検討すべきである．

◆ 患者，家族への上手な説明

単純X線像で骨棘を確認したからといって，必ずしも臨床症状を伴っているわけではなく，症状が認められる場合にのみ治療の対象となる．いったん症状が出現すると，保存療法のみで完全に症状が消失することは少なく，試合などのスケジュールに合わせて関節鏡視下での骨棘切除および滑膜切除術（クリーニング）を行うことになりやすい．術後成績は良好であり，比較的早期にスポーツ活動に復帰できるが，同じスポーツ動作を継続している限り再発する可能性も高いことを説明しておく必要がある．

参考文献
1) 池田浩夫：足関節衝突性外骨腫．整形外科，58（8）：956-962, 2007
2) Scranton, P. E. Jr. et al.：The relationship between chronic ankle instability and variations in mortise anatomy and impingement spurs. Foot Ankle Int, 21：657-664, 2000

第3章 画像診断　§8 足関節・足

B) 足・足趾の障害

1. 副骨障害, 種子骨障害
symptomatic sesamoids and accessory bones of the foot

仁木久照

Point

- 足部の代表的な副骨障害には外脛骨障害, 種子骨障害には母趾種子骨障害がある.
- スポーツ活動や捻挫などの外傷をきっかけに発症する.
- 後脛骨筋腱は外脛骨でいったん停止し, さらに外脛骨を起始部として各足根骨の底側に向かうので, 外脛骨部には強大なストレスが集中する[1]. 軟骨結合を有する外脛骨障害のII型に症候例が多い[2].
- 母趾種子骨は短母趾屈筋内に存在し, 第1中足骨頭と関節を形成する. 母趾背屈位を強制するクラシックバレエなどのスポーツに多くみられる[3].

症例❶ 外脛骨障害.
14歳男性. サッカー中の内がえし捻挫をきっかけに発症.

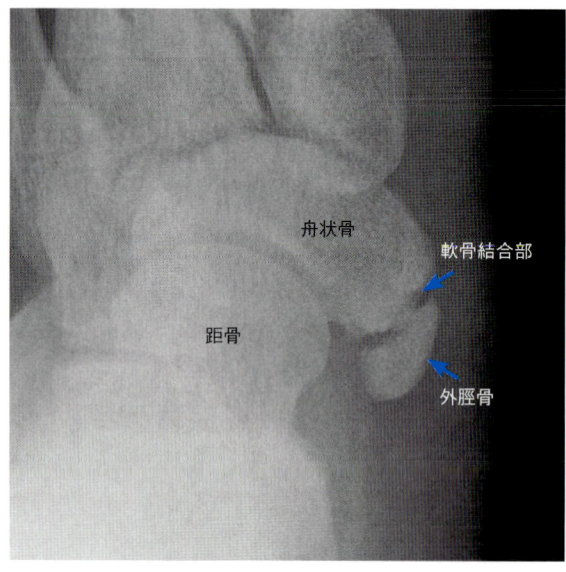

図1 ● 左足単純X線外脛骨撮影

図2 ● 外脛骨障害のMRI（STIR矢状断像）

画像所見のポイント

- 外脛骨は舟状骨結節の底内側に位置し, その間隙は足底面に約20°傾いている. 外脛骨撮影[4]を行う際には, X線中心は外脛骨と舟状骨間に入射し, 20°の背底射入とする（図1）.
- 症候性の外脛骨障害のMRI所見として, 軟骨結合部周囲の骨髄浮腫（図2▶）, 周囲軟部組織の信号上昇, 軟骨結合の開大がある[1].

症例❷ 母趾種子骨障害.
19歳女性.クラシックバレエ中に発症.

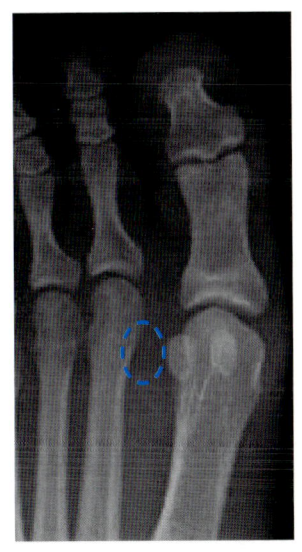

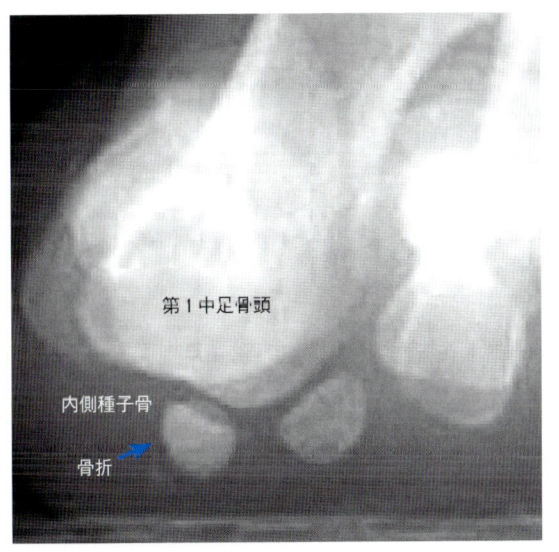

図3●単純X線背底像　　図4●単純X線種子骨軸射

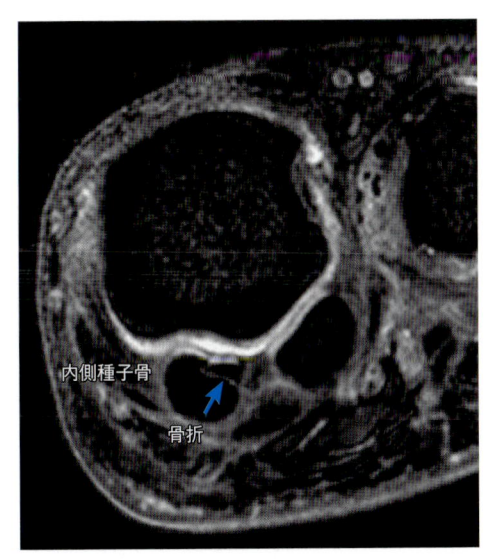

図5●MRI（水選択励起脂肪抑制GRE T1強調冠状断像）
骨折線を認める（→）.

図6●MRI（T1強調冠状断像）
内側種子骨は低信号を呈している（→）.

画像所見のポイント

- 単純X線背底像では病変を捉えられないこともある（図3）.種子骨軸射（図4）やCT，MRI（図5，6）で初めて診断できることがある.

> **疾患の特徴**
> - 外脛骨障害の発症はおおむね8歳以降で，骨端線閉鎖以前の症例が多い．ほとんどのスポーツや歩行で外脛骨部の疼痛，腫脹が増強する．扁平足を合併することもある[1]．
> - 母趾種子骨障害は母趾背屈位の強制をくり返すモダンバレエ，ダンス，剣道，長距離走に多い．内側種子骨に多く[3, 5]，圧痛はそれに局在する．

◆ 鑑別診断

- 外脛骨障害では扁平足を呈する後脛骨筋腱機能不全，ばね靱帯損傷との鑑別を要する．
- 母趾種子骨障害では新鮮骨折，疲労骨折，無腐性壊死など病態は多様である．骨折と鑑別を要する二分種子骨の頻度は10％で，その90％は内側である[5]．

◆ 治療方針

- 原因となるスポーツ活動の一時中止や運動制限を指導する．足底挿板も有効である．
- 保存療法に抵抗し疼痛が持続する場合や，再発をくり返し長期化している場合は手術を考慮する．
- 外脛骨障害では付着する後脛骨筋腱をできる限り温存する．腱と外脛骨の組織学的構造を温存できる骨癒合が力学的に有利である[1]．
- 母趾種子骨障害に対する種子骨摘出の際には短母趾屈筋腱をできる限り温存する[3]．

◆ 患者，家族への上手な説明

- まずは保存療法を行い，症状が改善しない場合に手術適応がある．
- 外脛骨障害では成人まで疼痛が遺残したり，扁平足を伴い難治例となることがある．
- 種子骨の摘出は母趾の屈曲力が低下することが指摘されている[5]．

参考文献

1) 仁木久照：難治性足部スポーツ障害の治療．扁平足に伴う外脛骨障害の診断と治療．臨整外，47：749-755, 2012
2) Veitch, J. M. : Evaluation of the Kidner procedure in treatment of symptomatic accessory tarsal scaphoid. Clin Orthop, 131 : 210-213, 1978
3) 仁木久照：Ⅲ．部位別のガイドライン．足・足関節部の疾患．母趾種子骨障害の診断・治療指針．「運動器診療最新ガイドライン」（中村耕三 編），pp.747-749, 総合医学社，2012
4) 藪内安成 ほか：有痛性外脛骨症における外脛骨撮影法の有用性（副舟状骨，単純撮影 下肢），日放技学誌，50(8) : 1028, 1994
5) Jahss, M. S. : Disorders of the Foot and Ankle: Medical and surgical management, 2nd ed, pp.1062-1105, WB Saunders, Philadelphia, 1991

第3章 画像診断　§8 足関節・足

B）足・足趾の障害

2. 足根骨癒合
tarsal coalitions

仁木久照

Point
- 2つまたはそれ以上の足根骨が先天的に線維性，軟骨性，骨性に癒合した状態で，距踵骨癒合と踵舟状骨癒合の頻度が高い[1,2]．診断にはまず疾患の存在を知ることが重要である．
- 時に，腓骨筋痙性扁平足を呈することがある[3〜5]．

症例❶ 距踵骨癒合．
14歳男性．サッカー中の足部の内がえし捻挫をきっかけに疼痛が出現し，持続するために来院．

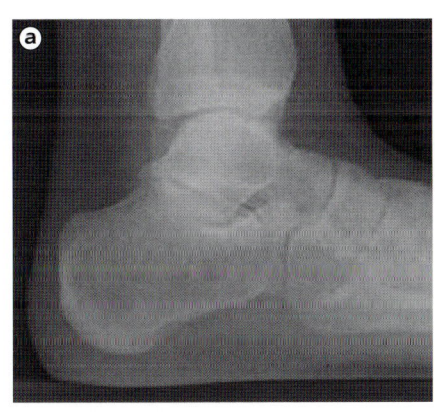

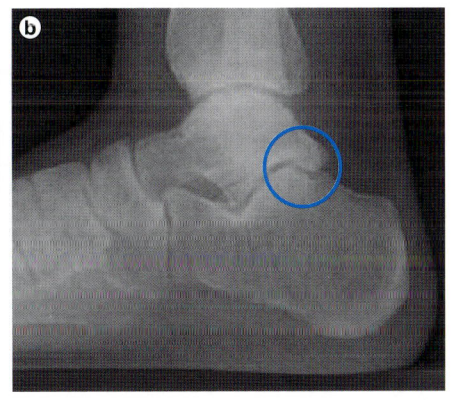

図1●単純X線側面像
a）左：健側，b）右：患側．距踵関節のposterior facetの後方に左右差（◯）を認める．

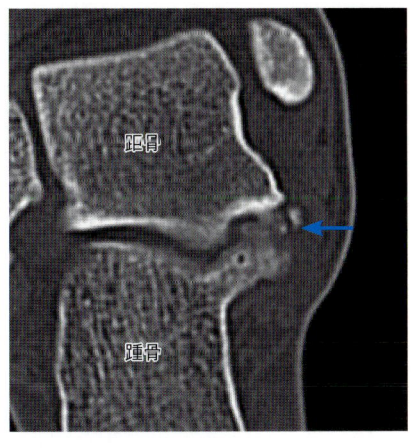

図2●CT冠状断像
距踵骨癒合部（→）の境界は不整である．

画像所見のポイント
- 単純X線像では癒合の診断が困難なことが少なくない（図1）．CT（図2），MRIは癒合の有無と範囲の評価に有用である．

症例❷ 踵舟状骨癒合．
10歳男性．剣道の練習量が増え，足底内側の圧痛が出現し来院．

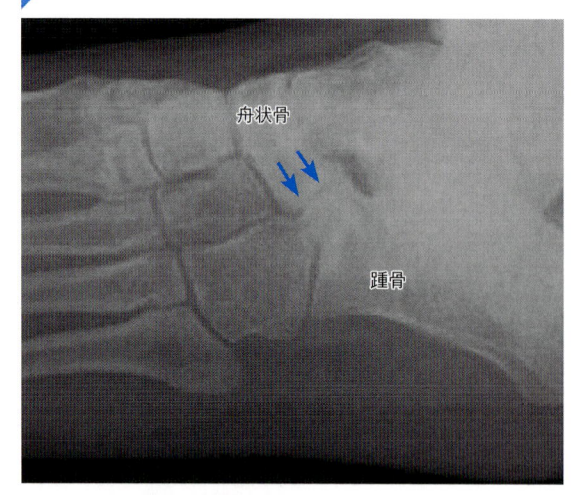

図3●足部単純X線斜位像

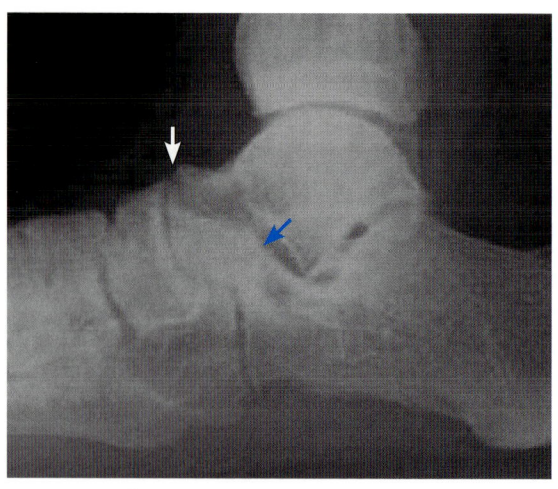

図4●足部単純X線側面像

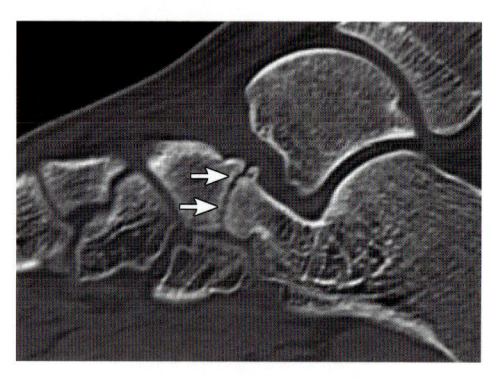

図5●CT矢状断像

画像所見のポイント

- 斜位像で踵骨前方突起と舟状骨外側の間が接近し，不整像（図3 →）がみられる．
- 側面像で踵骨前方突起が上方に伸びた「anteater nose」（図4 →）が特徴的で，時に距舟関節背側に代償性に距骨頭の嘴状変形（beaking）を認めることがある（図4 ⇨）．
- CTでは癒合部の評価がより容易である（図5 ⇨）．

疾患の特徴

- 疼痛と内外がえしの可動域制限がみられる．
- 距踵骨癒合では足根管部の疼痛と骨性膨隆がみられ，時に足根管症候群を呈することがある．踵舟状骨癒合では足根洞部のやや前方に疼痛を訴え，腓骨筋痙性扁平足を呈することがある[3〜5]．
- 発症時期は足根骨の骨化が進み，活動性や運動量が増す思春期以降に多い[1, 2]．
- 成人では過度の運動や捻挫をきっかけに初めて発症することがある．

◆ 鑑別診断

- 距踵骨癒合では，足根管症候群（ガングリオン，骨軟部腫瘍など）を呈する疾患．
- 踵舟状骨癒合では，二分靱帯損傷，踵骨前方突起骨折あるいは足根洞症候群など．
- 腓骨筋痙性扁平足を呈する他の疾患（足根洞症候群，距骨骨軟骨損傷[3]，accessory talar facet インピンジメント[4,5]など）．

◆ 治療方針

- まず，スポーツ活動，運動量の制限を指示する（2〜3カ月）．
- 疼痛が強い場合は，局所麻酔薬の注入が有効なことがある．
- 日常生活，就学（特に体育の授業），就労に支障が出る場合には手術療法を勧める．

◆ 患者，家族への上手な説明

- スポーツ活動への復帰が最優先の場合には，早期に手術療法を介入させる方がパフォーマンスの低下が避けられる．

参考文献

1) Kulik, S. A. Jr. & Clanton, T. O.：Tarsal coalition. Foot Ankle Int, 17 (5)：286-296, 1996
2) 熊井 司：IV 小児・思春期の主な疾患や病態による痛みの治療−私はこうしている．「運動器の痛みプライマリケア 下腿・足の痛み」（菊池臣一 編），pp.298-307，南江堂，2012
3) Shurnas, P. S. & Coughlin, M. J.：Arthritic condition of the foot. Chapter 16. 8th ed Surgery of the foot and ankle. pp.1073-1085, Mosby, Philadelphia, 2007
4) 西澤 外 ほか：腓骨筋痙性扁平足を呈した両側踵舟状骨癒合の兄弟発生例の治療経験．日足外会誌，33 (1)：157-160, 2012
5) 仁木久照 ほか：Accessory talar facet インピンジメントによる腓骨筋痙性扁平足．日足外会誌，34 (1)：210-214, 2013

第3章 画像診断　§8 足関節・足

B) 足・足趾の障害
3. 足部の疲労骨折
stress fractures of the foot

仁木久照

Point

- 荷重のかかる下肢の骨に好発する．一般的なスポーツ選手では1％以下だが，ランナーでは約20％に発症し，脛骨49.1％，足根骨25.3％，中足骨8.8％とされる[1]．
- 第5中足骨近位部の骨折は，①基部剥離骨折，②Jones骨折，③骨幹部疲労骨折に分けられ，通常は③のみが，くり返される運動負荷によって発生し，①，②は1回の外力で発生する[2]．①，②のほとんどが保存療法で治癒するのに対し，③は保存療法では遷延治癒や骨癒合不全に至り，再骨折の頻度が高い[2, 3]．
- 過去の論文ではJones骨折と骨幹部疲労骨折をまとめて"Jones骨折"として報告しているものも多く，用語が正しく使い分けられていない．これが報告者によってJones骨折の治療法や治療成績が大きく異なる理由の1つである[4]．

症例❶ 18歳男性．サッカープレー中に激痛が出現．

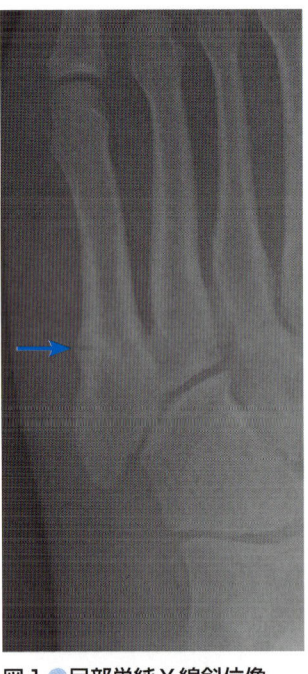

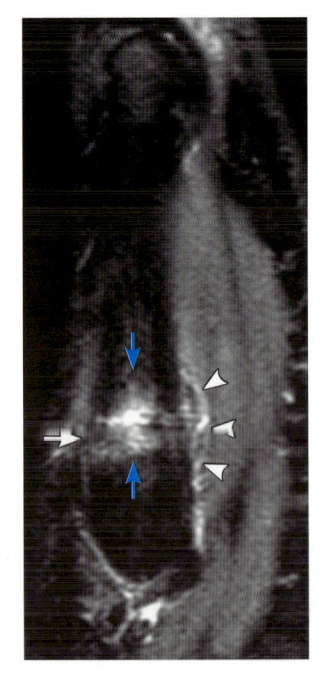

図2●MRI（STIR横断像）
骨折線（▷）周囲の髄腔には髄内信号の上昇（→），骨皮質表面には骨膜反応（▷）を認める．

図1●足部単純X線斜位像

画像所見のポイント

- 足部斜位像で第5中足骨近位骨幹端部の底側に骨折線を認める（図1→）．骨折部の片縁が鋭的か，皮質の肥大や髄腔の硬化像の有無，骨折線の開大，骨硬化による髄腔の消失などを評価する．
- MRI，特にSTIRは特異性が高く，スポーツ復帰までの期間を判断するのに有用な情報が得られる（図2）．

症例❷ 16歳男性．陸上部に所属し，練習量が増えて疼痛と腫脹が持続し来院．

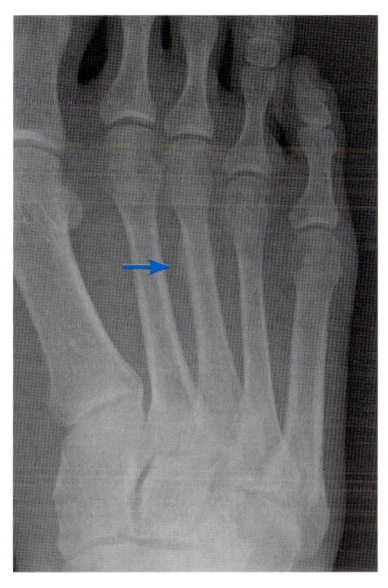

図3 ● 足部単純X線正面像
第3中足骨骨幹部に骨膜反応を認める（→）．

画像所見のポイント

- 受傷早期には異常は認められないが，受傷から2週間以上経過すると骨硬化像や骨膜反応がみられるようになる．中足骨に沿って局在する圧痛と腫脹を認める場合は本症を疑う．

症例❸ 14歳女性．新体操の練習量が増えて，次第に疼痛が持続するようになり来院．

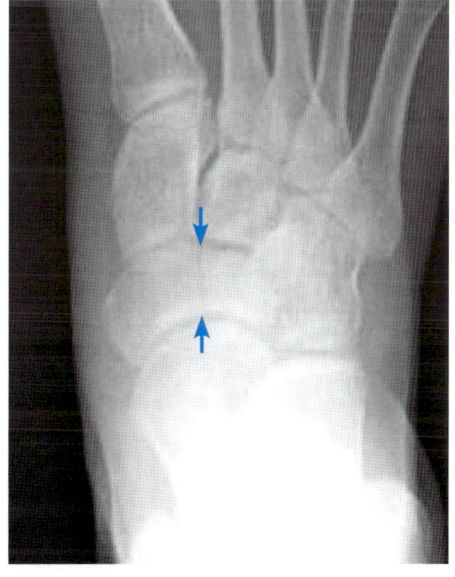

図4 ● 足部単純X線正面像
舟状骨体部中央での骨折が疑われる（→）．

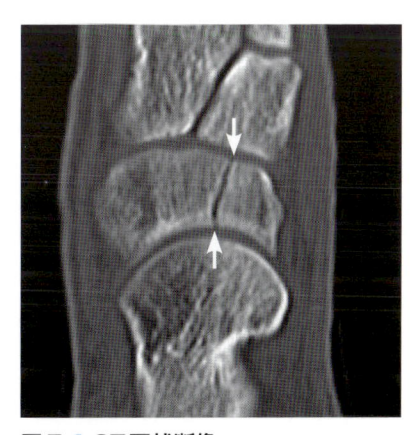

図5 ● CT冠状断像
明らかな骨折線を認める（⇒）．

画像所見のポイント

- 単純X線像では診断が困難なことが多く，疑ったらCT，MRI撮影を行うことが望ましい．
- 舟状骨中央部またはやや外側寄りは解剖学的に剪断力がかかりやすく，同時にこの部位は血流に乏しい．そのため，舟状骨中央1/3から外側1/3との境界部に好発する．

疾患の特徴

- 圧痛は最も重視すべき所見である．
- 発症前に数日間から数週間持続する疼痛を訴えていることが多い．
- 疼痛は運動負荷で悪化し，安静で軽快する．
- 練習メニューや競技内容の急な変化，ダイエットや月経異常が誘因となることがある．これらを聞き逃さない．

◆ 鑑別診断

骨膜炎，感染，剥離骨折，筋挫傷，滑液包炎，腫瘍，コンパートメント症候群，末梢神経絞扼障害など．

◆ 治療方針

- 外因（トレーニング方法，急激な運動負荷の増加など）を明らかにし，監督やコーチとともに解決することが，再発を防ぐにも重要となる．
- 内因（月経異常，栄養障害，下肢アライメント異常など）を評価し，その専門家とともに解決する[4]．
- 2〜3カ月のスポーツ活動制限で改善する．
- アスリートの場合は早期の手術療法も考慮する．

◆ 患者，家族への上手な説明

単純X線像では，通常疼痛が出現してから2〜3週間正常像を示し，その後骨膜反応や骨折線が明らかとなる場合がある．そのことをよく説明し，改めて単純X線を撮り直す可能性を話しておく．

参考文献

1) Matheson, G.O. et al.：Stress fractures in athletes：A study of 320 cases. Am J Sports Med, 15：46-58, 1987
2) Quill, G. E. Jr.：Fractures of the proximal fifth metatarsal. Clin Orthop North Am, 26：353-361, 1995
3) Torg, J.S. et al.：Fractures of the base of the fifth metatarsal distal to the tuberosity. Classification and guidelines for non-surgical and surgical management. J Bone Joint Surg-Am, 66：209-214, 1984
4) 髙尾昌人：疲労骨折．9　主な足のスポーツ傷害の診断と治療，「足の痛み　クリニカルプラクティス」（中村耕三総編集），pp.258-268，中山書店，2011

第3章 画像診断 §8 足関節・足

A) 足関節の障害
13歳男性，中学1年生．サッカー

熊井　司

受診状況　小学生時よりサッカー後に右足関節内側痛を自覚するようになったが，安静により軽快するため放置していた．中学生になり徐々に疼痛が増強するとともに，足底内側にしびれがみられるようになり受診となった．

臨床所見　足関節内果の後下方に軽度の腫瘤を触知，同部位の圧痛と足部内がえしでの疼痛を訴える（図1➡）．可動域は足関節背屈／底屈＝15／40°と底屈にやや制限がみられ，内がえし／外がえしは健側と比べかなり制限がみられる．

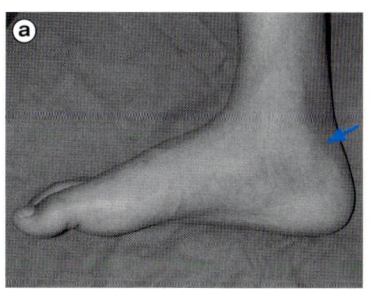

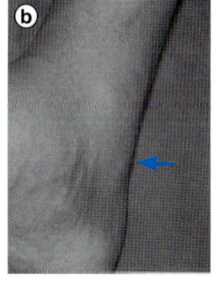

図1　体表写真
右足関節内側．➡の部位に軽度の腫瘤が触知され，圧痛および内がえし時の疼痛がみられる．p.11カラーアトラス参照．

図3　CT
a) CT冠状断像，b) 3DCT．

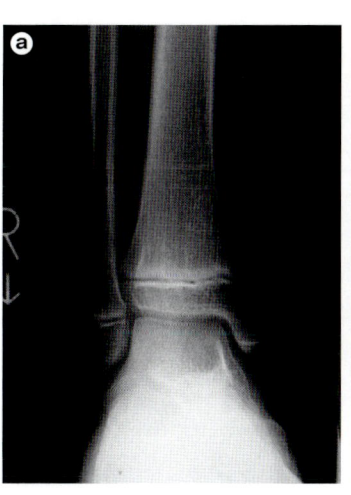

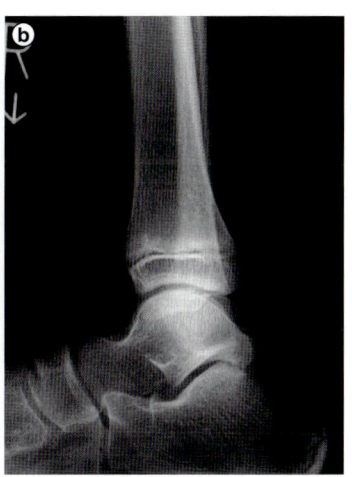

図2　単純X線
a) 正面像，b) 側面像．

Question

1) 足関節単純X線像での所見は？
2) CTでの所見は？
3) 診断は？

Answer

1) 単純X線正面像では特に所見はみられないが，側面像で距踵関節後方の不整像，狭小化が認められる（図4○）．
2) CT冠状断像では距踵関節後方の関節裂隙は著明に狭小化しており，不整像を伴って癒合しているのが明瞭である（図5→）．3DCTでは距骨と踵骨が距踵関節後方で癒合しているのがより明瞭に描出されている（図5⇒）．
3) 距踵骨癒合症（足根骨癒合症）．

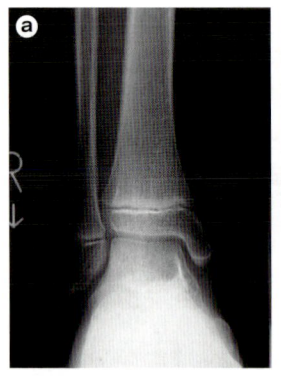

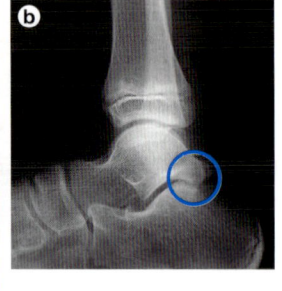

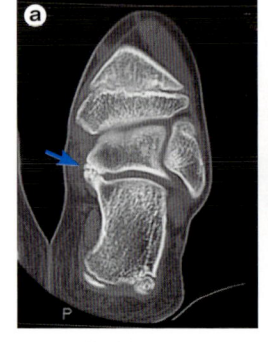

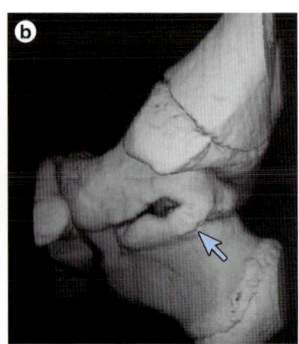

図4 ●解説：単純X線
a) 足関節正面像，b) 足関節側面像．

図5 ●解説：CT
a) CT冠状断像，b) 3DCT．

◆ 解説

1) 疾患の概要

2つあるいはそれ以上の足根骨が先天的に癒合している疾患で，わが国では癒合部位別に距踵骨癒合症，踵舟状骨癒合症，第1舟状楔状骨癒合症が多くみられる[1,2]．発生頻度はおおむね1％以下とされているが，近年の画像診断技術の向上（特にCT冠状断像，3DCT）と疾患の認識により距踵骨癒合症の診断率は飛躍的に向上しつつある．

癒合部の多くは軟骨性，線維性の混在した線維軟骨性癒合であり（図6），可動性が制限されることにより癒合部および軟骨下骨の機械的損傷とその修復・変性像が本態と考えられている[2]．代表的な症状は疼痛と可動域制限であることから，変形性関節症と診断されることも多い．

2) 症状

症状の発現時期は足根骨の骨化が進み，患者の活動性が増大する思春期以降に多くなる傾向にある．距踵骨癒合症では圧痛は癒合部位のみでなく距踵関節周囲や距舟関節にみられることもあり，腓骨筋痙性（peroneal spasm）のみられる症例では著明な可動域制限と踵骨外反を呈するようになる．内果後下方の骨性隆起が特徴的であるが[3]，小学生時ではいまだ明確でないことも多い．外骨腫など骨腫瘍と誤って診断されることもある．

3) 診断

診断は圧痛部位を正確に捉えることと，特徴的な単純X線像により比較的容易であるが，何よりも本症の存在を念頭において診察することが最も重要である．単純X線上，関節裂隙の狭小化，軟骨下骨の硬化像，不整像として認められ，時に囊腫形成や小さな副骨様の骨片を伴うこともある．距踵骨癒合症ではCT冠状断像が癒合範囲や局所の形態把握に最も有用である．

4) 治療

初期治療としては，スポーツ活動などの制限，消炎鎮痛薬の内服，外用とともに，アーチサポート付き足底挿板の装着など保存療法が選択される．保存療法に抵抗する若年者には癒合部切除術が有効である．年長者で距踵関節外側や隣接関節における変形性関節症性変化，後足部の外反変形が認められる症

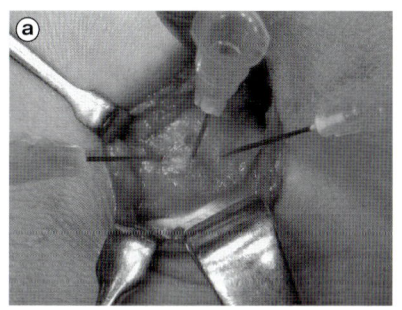

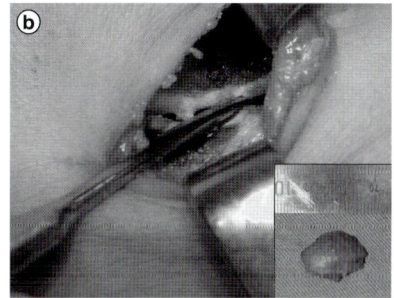

図6 ●解説：術中所見
a）距踵関節後方の癒合部，
b）癒合部を切除し（右下小写真），本来の関節面が確認される．
p.11 カラーアトラス参照．

例には，距踵関節固定術が適応となるが，実際には早期診断に留意すれば，ほとんどの症例に癒合部切除術で対処することが可能であり，良好な成績が得られている[4]．特にスポーツ選手など若年症例に対しては早期の癒合部切除術が勧められる．

◆ 患者，家族への上手な説明

スポーツ活動が盛んになる小学校高学年から中学生時に発症することが多いため，単なる使い過ぎによる痛みとして放置されていることも多く注意を要する．先天性癒合によるものであるが，無症状で経過中であることもあり，保存療法が効果的なことも多い．手術は骨成長がある程度落ち着く年齢（15～17歳）まで待機する方がよいことを説明し，それまでは保存療法を徹底するように指導する．定期的な診察で経過観察する必要があることを説明する．

参考文献

1) Kumai, T. et al.：Isolated first naviculocuneiform joint coalition. Foot Ankle Int, 17：635-640, 1996
2) Kumai, T. et al.：Histopathological study of nonosseous tarsal coalition. Foot Ankle Int, 19：525-531, 1998
3) Takakura, Y. et al.：Symptomatic talocalcaneal coalition, its clinical significance and treatment. Clin Orthop, 269：249-256, 1991
4) Scranton, P. E.：Treatment of symptomatic talocalcaneal coalition. J Bone Joint Surg, 69A：533-538, 1987

第3章 画像診断 §8 足関節・足

B) 足・足趾の障害
14歳女性, 野球

仁木久照

受診状況 野球のベースランニング中，足部を捻って受傷したが放置．走行での足背の疼痛が遺残し，受傷後3カ月で来院．

臨床所見
・右足背の軽度腫脹と局在する圧痛．
・荷重で右足背の疼痛が増強．

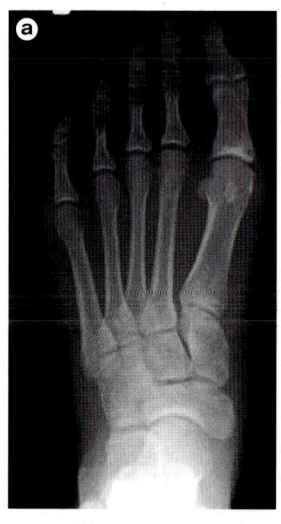

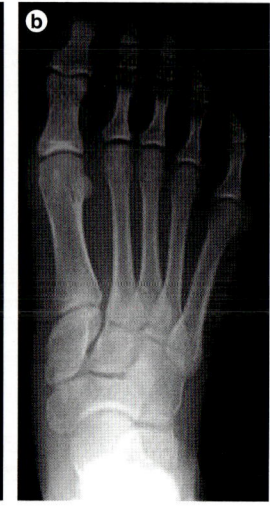

図1● 単純X線足部背底像（非荷重時）
a) 健側，b) 患側．

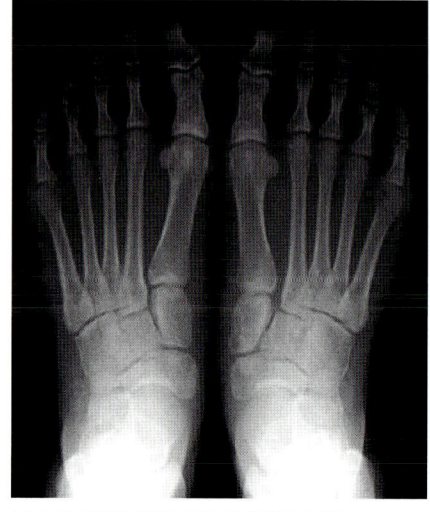

図2● 単純X線足部荷重時背底像
右が患側．

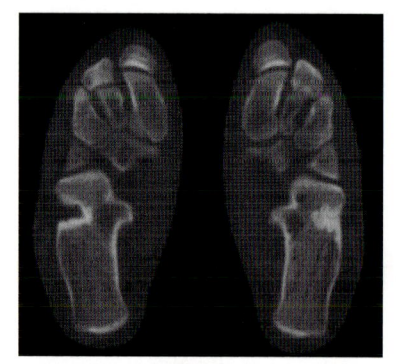

図3● CT（横断像）
右が患側．

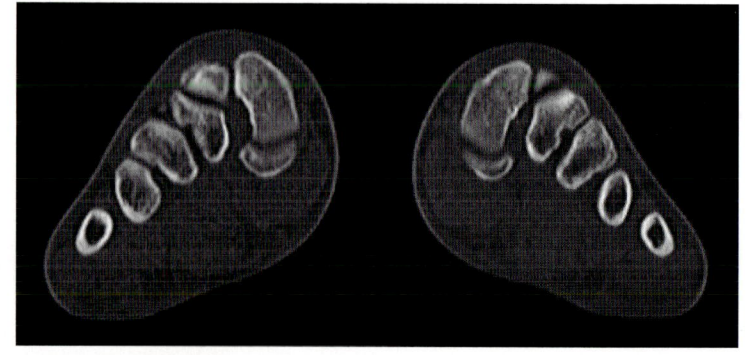

図4● CT（冠状断像）
右が患側．

Question
1) 本症例の所見は？
2) 本症例の診断は？

Answer

1) 第1楔状骨－第2中足骨間の離開.
2) Lisfranc靭帯損傷（subtle injury, midfoot sprain）（陳旧性）.

◆ 解説

　足部背底像で第1楔状骨－第2中足骨間の距離が，非荷重時では左右差がないが荷重時で増大している（図1，2，5）. **必ず左右を比べ，離開を見逃さないことが重要**である．CTでは横断像，冠状断像でも離開が認められる（図6）. 骨折を伴うことがある．

　一般的に，離開が5mm以内のものをsubtle injury（midfoot sprain）と定義する[1, 2]. 足部の捻挫やつま先の着地で受傷することが多い[1, 2]. 足背の腫脹と疼痛を訴え，Lisfranc関節上に局在する圧痛がある場合は本症を疑う．

1）確定診断の根拠

　第1楔状骨－第2中足骨間の離開とLisfranc関節に局在する圧痛．透視下の前足部外転ストレス撮影での離開の増大[3]や，MRIによるLisfranc靭帯損傷[4, 5]の有無（図7）を確認．

2）治療

　新鮮例であれば整復後，螺子固定，陳旧例では靭帯再建や関節固定を要する．

◆ 患者，家族への上手な説明

　わずかな離開でも頑固な疼痛を残すことがある．新鮮例で明らかな離開がある場合は，初期治療として観血的治療が望ましい．

参考文献

1) Faciszewski, T. et al. : Subtle injuries of the Lisfranc joint. J Bone Joint Surg Am, 72 : 1519-1552, 1990
2) Nunley, J. A. & Vertullo, C. J. : Classification, investigation, and management of midfoot sprains: Lisfranc injuries in the athlete. Am J Sports Med, 30 : 871-878, 2002
3) Kaar, S. et al. : Lisfranc joint displacement following sequential ligament sectioning. J Bone Joint Surg Am, 89 : 2225-2232, 2007
4) 橘川 薫 ほか：MRIによるリスフラン関節損傷の診断．「特集：リスフラン関節損傷」，整・災外，53（6）：691-696, 2010
5) 平野貴章，仁木久照：リスフラン関節の解剖—リスフラン靭帯を中心に．特集：リスフラン関節損傷，整・災外，53（6）：685-690, 2010

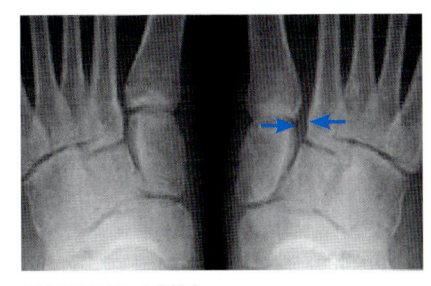

図5 ● 図2の解説
右が患側．第1楔状骨と第2中足骨間の離開．

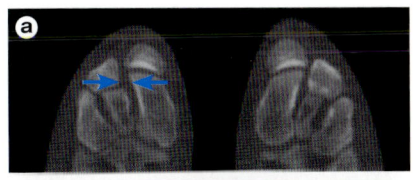

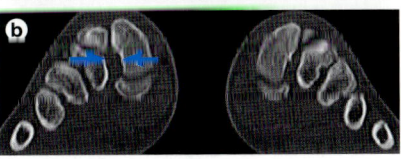

図6 ● 図3・4の解説
a）右が患側，b）右が患側．第1楔状骨と第2中足骨間の離開．

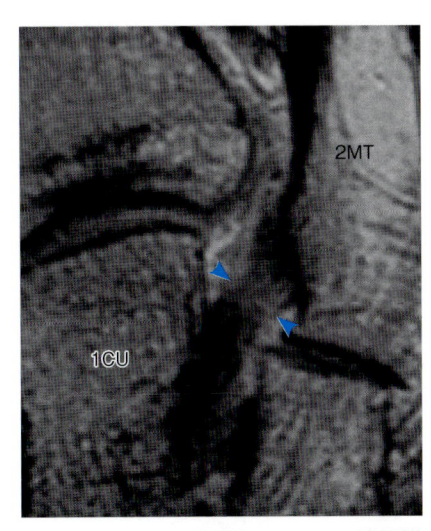

図7 ● Lisfranc関節のMRI T1強調横断像（47 mm micro coil使用）
Lisfranc靭帯の連続性は途絶し（▶），実質部の断裂と診断される．
1CU：第1楔状骨，2MT：第2中足骨．

INDEX

スポーツ

アイスホッケー	228
アメリカンフットボール	79, 203
ウォーキング	61
腕相撲（アームレスリング）	101, 129
空手	152, 153, 163, 205
体操	89, 243
競輪	81
剣道	240
ゴルフ	96
サッカー	166, 173, 196, 207, 223, 232, 236, 239, 242, 245
柔道	85, 112, 121
乗馬	174
ジョギング	220
スキー	83, 142
スノーボード	56, 59, 123
テニス	99, 119, 126, 132, 139, 160
ハードル	167, 211
バスケットボール	75, 174, 182, 209, 213
バレエ	42, 237
バレーボール	201
ハンドボール	216
ヒップホップダンス	180
フットサル	186
モータースポーツ	70
野球	73, 93, 109, 114, 117, 134, 136, 149, 158, 167, 189, 193, 248
槍投げ	89
ラグビー	77, 103, 106, 152, 156, 170, 176, 184, 199
陸上	146, 227, 243

欧文

A〜E

APL	126
Bennett骨折	151
biceps crease interval	130
Bruckl分類	190
Capener sign	174
chemical shift artifact	35
crepitus	126
CRPS	146
de Quervain病（腱鞘炎）	127
double malleolar	43
Drehman sign	174
ECRB	120, 126
ECRL	126
ECU	161
EPB	126
extensor carpi radialis bravis	120, 126
extensor carpi ulnaris	161

F〜K

Faberサイン	171
FCI	190, 208
femoral condyle irregularity	190, 208
fibro-osseous tunnel	161
FNST	69
Hill-Sachs病変	87, 107
hook test	130
hop test	209, 216
hyper external rotation test	91
intersection	126
jersey finger	164
Jones骨折	242
Klein sign	174
Klippel-Feil症候群	56

L〜P

late cocking phase	109
lateral ulnar collateral ligament	133
Lisfranc靱帯損傷	249
LUCL	133
magic angle phenomenon	35
magnetic susceptibility artifact	35
motion artifact	35
MRI	40
nephrogenic systemic fibrosis	36
Nirschl法	120
O'Brien test	91
Osgood-Schlatter病	18, 196
Panner病	116
passive forearm pronation test	130
PLRI	133
pop音	129
posterolateral rotatory instability	133
pronation-abduction test	46

R〜W

radial collateral ligament	133
radial inclination	147
RCL	133
RICE療法	178
Rockwood撮影	77, 78
Saupe分類	194
Segond骨折	46
SLAP病変	89, 110
SLAP病変の分類	91
SLRT	69, 73
Surfer's myelopathy	65
tangential view	135
tangential view撮影	114
TFCC	139
TFCC損傷	139
tight hamstring	69
Trethowan sign	174
ulnar variance	147

INDEX

volar（dorsal）tilt ……………… 147
watershed line …………………… 148
wraparound artifact ……………… 35

和文

あ〜お

アキレス腱付着部障害 …………… 227
うさぎ跳び ………………………… 218
腕相撲骨折 ………………………… 101
腋窩神経麻痺 ……………………… 79
嚥下時痛 …………………………… 77
遠心性収縮 ………………………… 130
オーバーユース …………………… 231
オーバーユース症候群 …………… 199

か・き

外脛骨障害 ………………………… 236
外傷性肩関節後方不安定症 ……… 80
外傷性肩関節前方不安定症 ……… 85
外側尺側側副靱帯 ………………… 133
外側側副靱帯複合体損傷 ………… 122
下肢伸展挙上テスト ………… 69, 73
下前腸骨棘裂離骨折 ……………… 166
肩関節後方脱臼 …………………… 104
肩関節前方脱臼 …………………… 79
滑膜ひだ …………………………… 119
過負荷 ……………………………… 227
ガングリオン ………………… 45, 97
環状骨端核 ………………………… 74
関節鏡視下 outerbridge-柏木法 … 118
関節内遊離体 ……………………… 117
胸鎖関節 …………………………… 78
胸鎖関節後方脱臼 ………………… 77
胸腰椎損傷 ………………………… 64
棘窩切痕 …………………………… 97
距骨骨軟骨病変 …………………… 223
距踵骨癒合 ………………………… 239
距踵骨癒合症 ……………………… 246
筋性腰痛 …………………………… 67
筋損傷（肉離れ） ………………… 130

け・こ

脛骨内顆疲労骨折 ………………… 222
頚椎椎間板ヘルニア ……………… 61
頚椎椎体破裂骨折 ………………… 59
肩関節 ………………………… 80, 104
肩甲上神経麻痺 …………………… 96
腱板関節面断裂 ……… 89, 91, 110
腱板断裂 …………………………… 99
後外側回旋不安定症 ……………… 133
交差点／腱交差 …………………… 126
後方骨性インピンジメント ……… 232
後方脱臼 ……………………… 78, 104
股関節インピンジメントサイン … 171
股関節唇損傷 ……………………… 170
骨幹部疲労骨折 …………………… 242
骨シンチグラフィー ……………… 16
骨性 Bankart ……………………… 87
骨性 Bankart 病変 ……………… 107
骨端症 ……………………………… 22
骨端障害 ……………………… 18, 25
骨端線損傷 …………………… 20, 155
骨端線離開 ………………………… 22
骨盤部裂離骨折 …………………… 166

さ・し

坐骨結節裂離骨折 ………………… 167
鎖骨幹部骨折 ……………………… 81
鎖骨バンド ………………………… 82
三角線維軟骨複合体 ……………… 139
指節骨骨折 ………………………… 155
膝蓋骨不安定症 …………………… 17
疾走型脛骨疲労骨折 ……………… 209
膝内側側副靱帯損傷 ……………… 184
ジャージーフィンガー …………… 164
尺側手根伸筋 ……………………… 161
尺側手根伸筋腱炎 ………………… 141
尺側手根伸筋腱腱鞘炎 …………… 161
尺骨鉤状突起骨折 …………… 122, 133
ジャンパー膝 ……………………… 16
舟状骨骨折 ………………………… 142
舟状骨の疲労骨折 ………………… 41
終板障害 …………………………… 74
種子骨 ……………………………… 22

種子骨軸射 ………………………… 237
踵舟状骨癒合 ……………………… 239
上前腸骨棘裂離骨折 ……………… 167
上腕骨骨幹部骨折 ………… 101, 112
上腕二頭筋 ………………………… 129
上腕二頭筋腱遠位皮下断裂 …… 129
上腕二頭筋長頭腱断裂 …………… 99
深指屈筋腱皮下断裂 ……………… 164
シンスプリント ……………… 209, 213
腎性全身性線維症 ………………… 36
新法：TV watching view 法 … 87, 107

す〜そ

スコッチテリアの首輪 …………… 66
ストレッチング ……………… 127, 137
脆弱性骨折 ………………………… 27
正中神経麻痺 ……………………… 146
成長軟骨層 ………………………… 74
脊髄円錐 …………………………… 65
脊髄症 ……………………………… 61
脊髄損傷 ……………………… 56, 59
脊柱管狭窄症 ……………………… 28
前方骨性インピンジメント ……… 232
前方脱臼 …………………………… 79
足根管症候群 ……………………… 240
足根洞 ……………………………… 240
足根骨癒合 ………………………… 239
足根骨癒合症 ……………………… 246

た・ち

第1楔状骨−第2中足骨間の離開 249
第2中足骨基部 …………………… 41
大結節 ……………………………… 84
大結節不顕性骨折 ………………… 83
大腿骨頚部骨折 …………………… 174
大腿骨頚部疲労骨折 ……………… 174
大腿骨頭すべり症 ………………… 173
大腿四頭筋挫傷 …………………… 176
大腿神経伸展テスト ……………… 69
脱臼予防装具 ……………………… 88
脱神経電位 ………………………… 97
短橈側手根伸筋腱 …………… 120, 126
短母指伸筋 ………………………… 126
恥骨結合炎 ………………………… 171

251

つ〜と

中手骨骨折 ····· 151
超音波診断 ····· 15
腸脛靱帯炎 ····· 199
長橈側手根伸筋腱 ····· 126
長母指外転筋 ····· 126
長母指伸筋腱皮下断裂 ····· 146
跳躍型脛骨疲労骨折 ····· 211
腸腰筋血腫 ····· 181

つ〜と

椎間関節性腰痛 ····· 67
椎間板ヘルニア ····· 28
椎体間自然癒合 ····· 56
使い過ぎ ····· 227
低出力超音波 ····· 150
投球骨折 ····· 101
投球障害肩 ····· 93
投球フォーム ····· 95
橈骨遠位端骨折 ····· 146
橈骨掌側横走骨性隆起 ····· 148
橈骨神経管症候群 ····· 119
橈骨神経麻痺 ····· 112
等尺性収縮 ····· 130
橈側側副靱帯 ····· 133

な・に

内果の疲労骨折 ····· 41
内側側副靱帯 ····· 121, 122
肉離れ ····· 137

は〜ほ

ハードラーズ損傷 ····· 168
半月（板）損傷 ····· 28, 182
反復性膝蓋骨脱臼 ····· 202
腓骨筋痙性扁平足 ····· 239
腓骨疲労骨折 ····· 216
膝後十字靱帯損傷 ····· 204
膝前十字靱帯損傷 ····· 182
膝半月（板）損傷 ····· 186
非接触型損傷 ····· 15
疲労骨折 ····· 16, 22, 25, 242
ファベラ ····· 206
ファベラ症候群 ····· 206
複合性局所疼痛症候群 ····· 146
副骨 ····· 22
不顕性骨折 ····· 83
変形性関節症 ····· 27
変形性脊椎症 ····· 28

や・ゆ・よ

変形性肘関節症 ····· 116, 117
扁平足 ····· 236
ボクサー骨折 ····· 151
母趾種子骨障害 ····· 236
ポパイ様の膨隆 ····· 99

や・ゆ・よ

野球肘 ····· 15
有鉤骨鉤骨折 ····· 149, 159
有鉤骨骨折 ····· 141
有鉤骨の疲労骨折 ····· 41
有痛性分裂膝蓋骨 ····· 193, 208
腰椎高度すべり症 ····· 76
腰椎後方隅角解離 ····· 74
腰椎すべり症 ····· 28
腰椎椎間板ヘルニア ····· 67, 68
腰椎分離症 ····· 66, 69

ら〜れ

螺旋骨折 ····· 112
離断性骨軟骨炎 ····· 114, 189, 223
リトルリーグショルダー ····· 18, 93, 95
轢音 ····· 126
裂離骨折 ····· 20

◆編者プロフィール

帖佐悦男（Etsuo Chosa）
宮崎大学医学部整形外科教授・附属病院リハビリテーション部部長・副病院長

- 宮崎市生まれ　本籍；鹿児島県
- 大分医科大学卒業　宮崎医科大学医学博士取得
- 宮崎医科大学整形外科で研修開始．運動器疾患（整形外科疾患）のなかでも，変形性股・膝関節症，スポーツ疾患，関節リウマチ，骨粗鬆症や腰痛症などの治療・研究・教育に従事し，2004年より現職
- 資格：日本整形外科学会専門医，スポーツドクター（体育協会・医師会・整形外科学会，障害者スポーツ協会），日本リハビリテーション医学会専門医，日本リウマチ学会指導医など
- 学会活動：日本整形外科学会（代議員），日本整形外科スポーツ医学会（理事），日本臨床スポーツ医学会（理事），日本股関節学会（理事），日本股関節研究振興財団（理事），日本運動器科学会（理事），International hip society（active member）など

必ず診療に役立つスポーツ傷害の画像診断
スポーツ傷害ならではの診断・撮影の基本と読影のポイント、治療方針の考え方と患者への上手な説明

2013年11月10日　第1刷発行

編　集	帖佐悦男
発行人	一戸裕子
発行所	株式会社　羊　土　社
	〒101-0052
	東京都千代田区神田小川町2-5-1
	TEL　03（5282）1211
	FAX　03（5282）1212
	E-mail　eigyo@yodosha.co.jp
	URL　http://www.yodosha.co.jp/
装　幀	関原直子
印刷所	株式会社加藤文明社

© YODOSHA CO., LTD. 2013
Printed in Japan

ISBN978-4-7581-1176-8

本書に掲載する著作物の複製権，上映権，譲渡権，公衆送信権（送信可能化権を含む）は（株）羊土社が保有します．
本書を無断で複製する行為（コピー，スキャン，デジタルデータ化など）は，著作権法上での限られた例外（「私的使用のための複製」など）を除き禁じられています．研究活動，診療を含み業務上使用する目的で上記の行為を行うことは大学，病院，企業などにおける内部的な利用であっても，私的使用には該当せず，違法です．また私的使用のためであっても，代行業者等の第三者に依頼して上記の行為を行うことは違法となります．

JCOPY　＜（社）出版者著作権管理機構　委託出版物＞
本書の無断複写は著作権法上での例外を除き禁じられています．複写される場合は，そのつど事前に，（社）出版者著作権管理機構（TEL 03-3513-6969, FAX 03-3513-6979, e-mail：info@jcopy.or.jp）の許諾を得てください．

羊土社のおすすめ書籍

整形外科専門医になるためのスタンダードシリーズ

1 脊椎・脊髄

監修／戸山芳昭，大谷俊郎
編集／千葉一裕，松本守雄

脊椎損傷，椎間板ヘルニアなど30の疾患，外傷を解説．整形外科診療に欠かせない知識はもちろん，経験に裏付けされたノウハウ，判断に迷う場面で役立つアドバイスが満載．

- □ 定価(本体 6,800円+税)
- □ B5判　□ 252頁
- □ ISBN 978-4-7581-0210-0

2 上肢

監修／戸山芳昭，大谷俊郎
編集／池上博泰，佐藤和毅

重要な上肢疾患について，実際の診療の流れに沿って解説し，診療のスタンダードとポイントがわかる1冊．専門医を目指すあなたに，ベテランが診療の極意を教えます！

- □ 定価(本体 8,500円+税)
- □ B5判　□ 286頁
- □ ISBN 978-4-7581-0211-7

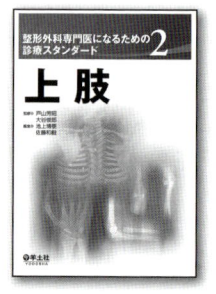

3 下肢

監修／戸山芳昭，大谷俊郎
編集／松本秀男，柳本　繁，須田康文

変形性関節症，膝靭帯損傷など42の重要疾患を豊富なカラー図表とともに解説．整形外科診療に必須の専門知識はもちろん，経験に基づく診療ノウハウやアドバイスが満載！

- □ 定価(本体 7,200円+税)
- □ B5判　□ 302頁
- □ ISBN 978-4-7581-0212-4

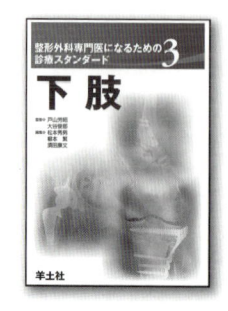

4 骨・軟部腫瘍
および骨系統・代謝性疾患

監修／戸山芳昭，大谷俊郎
編集／森岡秀夫

整形外科で出合う36の骨・軟部腫瘍を収録．各疾患は実際の診療の流れに沿って，受診→検査→診断→治療の選択→治療後のフォローまでを解説．専門医を目指す方はもちろん，若手医師の指導に携わる方にもおすすめ．

- □ 定価(本体 7,200円+税)
- □ B5判　□ 214頁
- □ ISBN 978-4-7581-0213-1

発行　羊土社 YODOSHA　〒101-0052　東京都千代田区神田小川町2-5-1　TEL 03(5282)1211　FAX 03(5282)1212
E-mail：eigyo@yodosha.co.jp
URL：http://www.yodosha.co.jp/
ご注文は最寄りの書店，または小社営業部まで

羊土社のおすすめ書籍

ビジュアル実践リハ
整形外科リハビリテーション
カラー写真でわかるリハの根拠と手技のコツ

監修／神野哲也，編集／相澤純也，中丸宏二

効果的なリハのための根拠と工夫が満載！関節炎，骨折，スポーツ障害など現場で遭遇頻度の高い疾患を厳選．豊富なカラー写真とイラストで，病態や臨床経過に即したリハの流れ，手技のコツが目で見てマスターできる！

- 定価（本体 6,500円+税）
- B5判　106頁
- ISBN 978-4-7581-0787-7

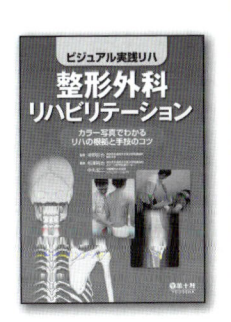

救急・当直で必ず役立つ！
骨折の画像診断
全身の骨折分類のシェーマと症例写真でわかる読影のポイント

編集／福田国彦，丸毛啓史

全身50種類以上の代表的な骨折を網羅し，読影のポイントを骨折分類のシェーマと豊富な症例写真を用いてわかりやすく解説！さらに，部位ごとに基本的な撮像方法と正常解剖も掲載．骨折を診るすべての医師必携！

- 定価（本体 5,000円+税）
- B5判　268頁
- ISBN 978-4-7581-1168-3

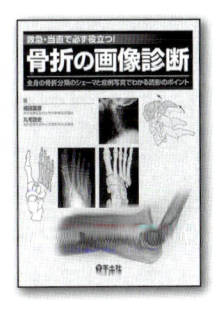

改訂版
ステロイドの選び方・使い方ハンドブック

編集／山本一彦

どの薬を何錠，何日間？　効果がなかったら？副作用が出たら？使い方が難しいといわれる，ステロイドの基礎知識と使用の根拠から，疾患別の処方とコツまでわかる1冊．

- 定価（本体 4,300円+税）
- B6判　343頁
- ISBN 978-4-7581-1706-7

NSAIDsの選び方・使い方ハンドブック

編集／佐野統

どの薬を1日何錠？　何日間？　効果がなかったときの代替薬は？副作用が出たときの対応は？NSAIDsの基礎知識と疾患別の処方のポイント・使い分け・禁忌までわかる．症例つきで「経験」も積める充実の1冊！

- 定価（本体 4,300円+税）
- B6判　319頁
- ISBN 978-4-7581-0687-0

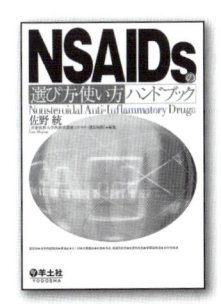

発行　羊土社 YODOSHA　〒101-0052　東京都千代田区神田小川町2-5-1　TEL 03(5282)1211　FAX 03(5282)1212
E-mail：eigyo@yodosha.co.jp
URL：http://www.yodosha.co.jp/

ご注文は最寄りの書店，または小社営業部まで

羊土社のおすすめ書籍

骨軟部画像診断の ここが鑑別ポイント 改訂版

編集／福田国彦
シリーズ監修／土屋一洋

1疾患が見開き完結で一目瞭然！鑑別すべき疾患画像を並べて比較でき，鑑別ポイントもしっかり掴める．疾患画像は800点掲載！画像診断医，研修医にオススメ！

- 定価（本体5,400円＋税）
- B5判　247頁
- ISBN 978-4-7581-0776-1

頭部画像診断の ここが鑑別ポイント 改訂版

編集／土屋一洋，大久保敏之
シリーズ監修／土屋一洋

132の頭部疾患を網羅！各疾患の典型例と，その鑑別疾患を見開きで解説．CT（単純・造影），MRI（T1・T2・FLAIR・造影）等，モダリティによる所見の違いもよくわかる！

- 定価（本体5,400円＋税）
- B5判　308頁
- ISBN 978-4-7581-0773-0

よくわかる リウマチ治療薬の 選び方・使い方

症例でわかる
抗リウマチ薬・生物学的製剤の使い分け

編集／松原　司

従来のリウマチ薬はもちろん，生物学的製剤を使いたいという医師におすすめ！同種・類似薬との使い分けなどエキスパートが実践的に解説．症例提示で具体的な使い方も理解できます！

- 定価（本体5,000円＋税）
- B5判　206頁
- ISBN 978-4-7581-1703-6

すぐに使える リウマチ・膠原病 診療マニュアル

目で見てわかる，関節痛・不明熱の鑑別，治療，専門科へのコンサルト

編集／岸本暢将

豊富な写真・イラストで，リウマチ診療のコツが目で見てわかる！病変部位や症候ごとに「一発診断」するためのポイントが満載．病棟・外来・救急と，状況に応じたアプローチを丁寧に解説！

- 定価（本体5,000円＋税）
- B5判　277頁
- ISBN 978-4-7581-0662-7

発行　羊土社 YODOSHA
〒101-0052　東京都千代田区神田小川町2-5-1　TEL 03(5282)1211　FAX 03(5282)1212
E-mail：eigyo@yodosha.co.jp
URL：http://www.yodosha.co.jp/

ご注文は最寄りの書店，または小社営業部まで